작은소리 큰울림

경청 귀를 기울여 주의 깊게 듣다 Vol.2

작은 소리 큰 울림 2집_경청은 하나님을 찬양함으로 주님과 교제하고 주님을 높이길 원하는 크리스천을 위해 만들어진 찬양악보집입니다.

총 900여곡이 수록 되어 있습니다. 국내외 교회 및 선교단체 등에서 가장 많이 불리는 곡 700여곡과 약 200여곡의 신곡 및 잘 알려지지 않은 개인적인 고백을 담은 곡을 함께 선곡했습니다. 또한 젊은 세대들이 선호하는 예배곡과 기성세대에게 은혜를 끼쳤던 수많은 기존의 예배곡의 비율을 적절하게 조정하여 모든 연령층이 함께 사용하도록 편집하였습니다.

■악보가 더욱 보기 편합니다.

작은 소리 큰 울림 2집_경청에서는 한 작은악절(4마디)은 한 줄에 있어야 한다는 생각에서 벗어나 음표가 많은 마디는 간격을 넓혀 최대한 보기에 편하도록 편집을 했습니다. 악보집을 보면서 찬양을 하는 경우 음표를 보면서 가사를 봐야하기 때문에 한 악보는 음표, 코드, 오선, 글씨체의 두께와 크기 등, 전체적인 비율이 적절해야 합니다. 그렇지 않은 악보는 한 눈에 들어오지 않아 불편한 경우가 많이 있었습니다. 작은 소리 큰 울림 2집은 이러한 불편을 최대한 감소시켜 누구나 보기에 편한 악보로 편집했습니다.

■곡을 찾으실 때에는...

가사첫줄과 원제목 가나다순의 색인을 하나로 통합하여 보다 손쉽게 원하는 곡을 찾을 수 있도록 편집했습니다. 예를 들면 "가서 제자 삼으라"의 곡의 경우 "갈릴리 마을 그 숲속에서"로 찾거나,"가서 제자 삼으라"로 찾아도 됩니다. 작은 소리 큰 울림 2집에서는 두 가지 색인을 통합하여 원제목과 가사첫줄을 한 번에 검색할 수 있도록 했습니다. 그 밖에 기타반주자를 위한 기타코드표를 수록하여 예배반주에 도움이 되도록 하였습니다.

■깊이 있는 찬양 묵상을 위하여...

중간 중간에는 찬양묵상이 더 깊어질 수 있도록 다양한 글들을 제공합니다. 경청에 관한 통찰력을 줄 수 있는 글로서 하나님의 소리에 경청하고 이웃의 소리에 경청하는 예배자가 되길 원하는 간절한 마음으로 글을 발췌하였습니다. 글을 실을 수 있도록 허락해 주신 각 출판사 관계자님께 감사의 말씀을 드립니다.

■악보의 구성...

악보구성은 가사첫줄을 위에, 한글제목 or 영어제목을 밑에 괄호 표시하여 제목을 표기하였습니다. 곡의 우측 상단에는 작곡자와 작사자의 이름, 하단에는 작곡년도, 저작권, 저작기관, 번역기관 등을 나타내는 카피라잇을 넣었습니다.

경청의 은혜

우리는 간혹 사역과 일을 중요시하다가 중요한 관계를 놓칠 수 있습니다.

하나님과 나. 그리고 이웃과 나.

이 관계를 회복할 수 있는 효과 빠른 처방 중의 하나가 바로 경청입니다. 관계의 질을 회복하는데 있어서 경청은 필수적인 요소입니다. 하나님의 소리에 경청하고 주변사람의 소리에 경청한다면 예배의 회복과 영적 삶의 성장이 일어날 것입니다.

구약부터 하나님의 외침은 "이스라엘아 들어라"(신 6:4)입니다. 예수님께서도 여러 곳에서 "귀 있는 자는 들을지어다"(마 11:15)라는 말을 하셨습니다. 예수님의 말씀을 듣기 위해 몰려온 사람들에게 한 번 더 강조해서 "들을지어다"고 말씀하신 것은 이유가 있을 것입니다. 바로 귀는 있지만 영적 귀머거리들을 향한 탄식이 아닐까요? 마태복음 11장 16, 17절에서는 듣지 않은 완악한 세대를 비유로 말씀하고 있습니다. 멋진 파티를 준비하고 이웃들을 불러 악기를 연주하는데, 앞에서 아무런 반응이 없다면 어떨까요? 큰 슬픔이 닥쳐와 슬피 울고 있는데, 함께 아픔을 같이 해야 할 이웃에게서 어떠한 애도의 표현조차 읽을 수 없다면 어떨까요? 예수님께서는 반응이 없는 그들을 가리켜 완악한 세대라 부르셨습니다. 피리를 불어도 춤추지 않고, 슬피 울어도 가슴을 치지 아니하는 장터의 이웃이 그런 사람들입니다.

그리고 보면 하나님은 수없이 우리에게 말씀 하셨습니다. 찬양하는 시간, 성경읽는 시간, 예배중의 설교, 개인적으로 갖는 큐티, 세상과 주변에 일어나는 사건과 사고, 주변 사람의 말과 행동 등, 수 많은 매체를 통해 지금도 말씀하고 계십니다.

경청은 찬송을 부르는 순간에도 적용이 됩니다. 가사의 의미가 무엇을 말하는지, 하나님이 찬송을 통해 나에게 무엇을 말씀하시는지, 가사에 나의 모습을 덧입혀 생각하고 묵상하면서 그분의 높으심을 고백 할 때, 진정한 찬양이 될 수 있습니다. 그것은 곧 경청, 하나님의 마음을 알기위해 듣는 자세로부터 시작됩니다.

찬양인도자와 찬양팀원에게 많이 인용되는 본문이 있습니다. "마리아는 이 좋은 편을 택하였으니 빼앗기지 아니하리라."(눅 10:42) 예수님의 발밑에서 말씀을 듣고 있는 마리아를 칭찬하신 내용입니다. 마르다와 같이 열심히 봉사하는 것도 필요한 일이지만 이보다 좋은 편은 주님의 말씀에 귀 기울이는 것에서 시작됩니다. 듣는 귀를 가진 좋은 마음 밭은 30배 60배 100배의 결실의 복이 있습니다. 예배를 위해 악기를 설치하고 예배당을 정리하며 훌륭한 연주기법을 배우는 것도 중요하지만, 이보다 우선순위 되어야 할 것은 주님의 말씀에 경청하는 것입니다.

주님의 말씀에 경청하는 사람들은 사람을 향해서도 마음과 귀가 열리는 경청의 은혜를 누리기 시작합니다.

왜일까요? 하나님의 음성을 들음으로 마음을 비울 수 있기 때문입니다. 듣지 못하는 것은 청력이 약해서가 아니라 자신의 마음이 자기주장, 교만, 탐욕, 편견, 고집으로 가득 차 있기 때문입니다. 듣기가 얼마나 어려운지 상대의 말을 듣고 있어야 하는 순간조차 내 할 말을 속으로 준비하기 급급해합니다.

요셉은 하나님의 말씀뿐 아니라 사람의 말에도 귀 기울일 줄 알았던 경청의 고수입니다. 노예출신 강간미수범에게 왜 고위관직인 관원장이 꿈 이야기를 했을까요? 평소에 주위 사람들의 말을 잘 들어주었던 사람이기 때문입니다. 죄인들로 가득한 감옥에서 울부짖는 영혼들의 고통과 아픔에 공감해줄 수 있었던 사람이었습니다. 들어주기를 통해 다른 사람을 위로하고 격려하는 것 자체가 거룩한 사역은 아닐까 생각해 봅니다. 우는 자와 같이 울어주고 다른 사람의 고통에 같이 아파하고 기쁨에 같이 기뻐하는 것이 주님을 섬기는 거룩한 사역인 것입니다.

"내가 진실로 너희에게 이르노니 너희가 여기 내 형제 중에 지극히 작은 자 하나에게 한 것이 곧 내게 한 것이니라."(마 25:40)

왜 하나님은 입은 하나인데 귀는 둘을 만드셨을까요? 듣기를 말하기보다 두 배나 잘 하도록 하기 위함은 아닐까요? 또 한 쪽 귀로 먼저 하늘의 음성을 듣고 한쪽 귀로 이웃의 소리를 경청하도록 두 개의 귀를 만드신 것은 아닐까요? 물론 경청은 우리에게 쉽지 않습니다. 죄인의 본성을 가지고 있기 때문에 듣는 것을 참지 못하고 말하고 싶은 욕망으로 가득 채워져 있는 것이 우리입니다. 그래서 우리는 항상 말씀과 기도 가운데 영적 채널을 주님께 맞추고 늘 주님과 교제하는 것이 중요합니다.

하나님과 통하고 경청의 대가가 되어 사람과 통하고 사람을 얻는 경청의 은혜를 누리는 모두가 되기를 간절히 기도합니다.

CCM2U 편집부

목차

A~Z

◆ 경청기도

[기도가 통하지 않을 때]

막 위원회 회의를 마치고 나온 나는 회의를 망쳐놓은 한 남자 때문에 속상한 마음으로 차 안에 앉아있었다. 저녁 어스름이 나를 가려주었다. 그를 위원회에서 제명(X)하고 싶을 만큼 내 분통이 터졌으니 그의 이름을 "X"라 하자. 그는 자기 방식을 고집하며 우리 모두에게 강요했고 그 바람에 위원회는 우리 대 엑스로 양극화되었다. 그가 새로 제안을 내놓을 때마다 우리는 일어나 맹비난을 퍼부었다. 제자리걸음이었다. 회의가 끝난 것이 차라리 다행이었다.

이제 나는 차 안에서 아들의 회의가 끝나기를 기다리고 있었다. X를 위해 기도하면서, 그것도 기도라면 말이다. 나는 하나님께 열변을 토했다.

"이 사람의 부정적 태도가 위원회를 망쳐놓고 있어요. 이 사람을 변화시켜 주세요!"

내 마음에 그런 말들이 난무하는 중에 변화가 일어났다. 말 이면의 내 진짜가 들렸다. 이 남자가 나를 화나게 합니다. 그러니 하나님, 그가 내 방식대로 하도록 하나님이 그를 움직이셔야 합니다. 비단 처음은 아니었지만 내 기도가 얼마나 나 중심적일 수 있는지 깨달았다. 나는 X 때문에 생긴 내 기분을 근거로 그를 판단하고 있었다. 내가 속상하고 화났다는 이유로 최선의 행동노선을 내가 결정해 버렸다. 내 계획을 수행하는 방법을 내가 하나님께 알려드리고 있었다. 숨이 막혔다. 도대체 내가 누구이기에 이 사람을 판단하고 하나님께 이래라저래라 한단 말인가?

나는 속상한 마음을 한숨으로 내뿜고는 지그시 눈을 감았다. 내 생각을 가라앉히고 고요해질 필요가 있었다. 무릎에 손을 얹고, 구부렸던 어깨의 힘을 뺐다. 긴장이 약간 사라졌다. 나는 다른 종류의 기도를 드려야 함을 알았다. 내 멋대로 하려는 기도가 아니라 사심 없는 기도를.

몇 차례 심호흡을 한 후 손바닥이 위로 가게 앞으로 손을 폈다.

"하나님, 그는 하나님의 것입니다. 그를 하나님께 맡깁니다."

숨소리가 잦아들면서 고요함이 내 영혼을 감쌌다. 나는 잘 알던 말씀을 되뇌었다.

"너희는 가만히 있어 내가 하나님 됨을 알지어다."(시 46:10)

나는 깊은숨을 들이쉬며 기도했다. "예수님은 흥하고."

다시 숨을 내쉬며 기도했다. "저는 쇠하게 하소서."

바짝 약이 올랐던 마음이 가셨다. 저녁 공기가 상큼하게 느껴졌다. 한결 침착해진 나는 하나님의 동행하심과 X에 대한 하나님의 뜻을 생각해볼 기회를 가질 수 있음에 감사했다. 하나님께 X에 대한 긍정적 계획이 있을 수도 있다는 생각은 나로서는 꽤 도약이었다. 수년째 나는 이런 경청기도를 연습해 왔다. 하나님 앞에 앉아 단순히 그분의 임재를 누리는 기도다. 일상생활의 압박감이 한창 고조되면 하나님의 임재를 잊고 자기중심적 구습으로 되돌아가기가 너무나 쉽다. 그러나 2천년 동안 그리스도인들이 사용해온 이 오래된 전통으로 돌아갈 수 있다면 그 보람은 엄청나다. 나는 내 영혼에 질서가 회복되고 평안이 살아나는 것을 느꼈다. 여태 나를

삼켰던 불안정한 복수의 감정 대신 거룩한 고요함을 느꼈다.

[오래된 습성]

그리스도인으로 살아오면서 오랜 세월 내 기도는 내가 원하는 것들 투성이었다. 내가 배운 복음주의 기독교에는 이런 고요한 기도를 가르쳐준 부분이 전무했다. 초대 그리스도인들, 교회 교부들, 위대하든 무명의 그리스도인이든 고금의 성도들이 경청기도를 실천해 왔음에도 말이다.

가장 단순한 형태의 경청기도란 내 생각과 감정을 가라앉히고 하나님 자신께 집중하는 기도다. 그런 상태에서 우리는 하나님의 임재를 더 잘 느낄 수 있고, 나를 교정하시고 인도하시고 지도하시는 하나님 음성을 더 잘 들을 수 있다. 이 때 하나님의 '업무 목록'을 들고 오늘 것이 아니라 아무런 속셈도 없이 온다. 근본 개념은 내 생각을 가라앉히고 단순히 하나님의 동행하심을 누리는 것이다. 그러면 하나님이 입을 여실 경우 그 음성이 들린다. 그래서 경청기도를 때로 '침묵기도'라고도 한다.

경청기도를 배우면서 나는 내가 기도를 좋아한다는 것을 알았다! 좌절과 산만함과 혼란에 빠졌더라도 나는 하나님과 다시 소통할 수 있다. 사람이나 상황에 대한 제한된 시각에 갇히지 않고 더 높은 시각에 마음이 열리며, 그래서 기분대로 반사 작용하지 않고 인내의 지혜로 반응할 수 있다.

결국 나는 왜 내적 변화가 일어나는지 깨달았다. 경청기도를 시작할 때만 해도 나는 내 욕심, 요구, 필요에 집중해 있다. 말도 '내 원대로' 일색이다. 그러나 나를 사랑하시는 하나님께 시선을 고정시키면 뭔가 새로운 일이 벌어진다. 나는 사람과 상황과 나 자신과 감정을 내려놓고 자유로이 이 영원한 것들에 관심을 고정한다. 어느새 이런 고백이 나온다.

"하나님, 저는 하나님을 아는 것으로 족합니다."

[하나님과 미스터X]

위원회 회의가 있던 그 저녁, 침착함과 질서가 되돌아오자 나는 고요히 하나님께 질문을 올렸다.

"제가 X에 대해 무엇을 알아야 할까요?"

이렇게 하나님께 물으면 아이디어가 떠오를 때도 있다. 새로운 것이 전혀 떠오르지 않을 때도 있지만 그래도 하나님과 다시 통하게 됐다는 기분으로 나는 족하고도 남는다.

나는 가장 즐겨 쓰는 호흡기도를 올렸다.

"그 사람의 마음을 보여 주소서." "그 자에게 마음이 있기나 하다면" 이라고 덧붙이고 싶어 혼났다.

몇 분간 나는 긴장을 풀고 침묵했다. 그 기도가 내안에 잔잔히 퍼졌다. 바로 그때 아들 제프가 차에 뛰어오르더니 약국에 들어야 한다고 말했다. 함께 가면서 나는 X의 이름을 꺼냈다. 제프는 X가 월남전에서 싸운 이야기를 직접 들려준 적이 있다며 이렇게 보충설명을 했다. "자기 삶에 대한 통제권을 모두 잃고 무력감에 빠졌었답니다. 복종하기 싫은 명령에 복종해야 할 때도 있었고요."

제프가 약국에 간 동안 나는 다시 하나님과 단둘이 남았다. X가 큰 회사의 컴퓨터 부서장으로 일하다 해고당한 일이 떠올랐다. 그의 아들도 생각났다. 훌륭한 아이였지만 고분고분하지는 않았다.

나는 눈을 감고 하나님께 다시 여쭈었다.

"제가 무엇을 알아야 할까요?"

정적 속에서 나는 여태 생각지 못했던 것을 보았다. 이 남자는 자신의 과거, 직업, 아들 등 아주 많은 것들의 통제권을 잃었었다. 그래서 지금 그는 위원회를 비롯해 매사를 그토록 보란 듯이 집요하게 쥐락펴락 하려 드

는 걸까?

제프가 차로 돌아왔다. 집에 왔을 즈음에는 내 마음에 위원회의 딜레마에 대한 타협안이 떠올라 있었다. '프로젝트의 작은 부분을 그의 통제에 맡기고 나머지는 위원회가 관할하자.' 위원장에게 전화하니 내 아이디어를 좋아했다. 결국 모두가 만족하는 쪽으로 일이 잘 풀렸다. 얼마 후 깨달은 것이 또 있다. 나는 평안을 누린 것만이 아니라 그 결과로 화평케 하는 자가 되었다. 평소 내 작업방식은 평화롭게 해결 짓는 쪽이 아니라 싸움을 불사하고라도 내 뜻을 관철시키는 쪽이었으므로 나는 자못 신기했다. 침착하게 갈등을 푸는 사람들을 보며 나는 늘 놀랐었다. 나도 화평케 하는 자가 되려 했으나 실패했었다. 그런 내가 이번에는 정말 평화를 일구어 냈다.

그러나 내게 더 중요한 것은 내 마음 상태의 진보였다. 불평만 늘어놓던 내가 하나님이 원하시는 대로 할 마음이 생긴 것이다. 전에는 그 사람을 보면 딴 길로 돌아간 적이 많았지만 이제 그럴 마음이 없었다. 그의 마음을 보았기에 그가 긍휼히 느껴졌다. 이는 그리스도를 닮은 모습으로 성장하고 싶던 내게 또 하나의 진일보였다.

[영혼에 회복이 필요할 때]

나는 하나님의 이런 도전과 교정과 능력을 수없이 경험했다. 그것은 다분히 경청기도의 열매이다. 여기에 중대한 전환이 수반된다. 즉 번번이 하나님께 내 세계를 바꿔주시고 고쳐달라고 구하던 것을 그만 두고 그분 임재 안에 쉬면서 나를 속에서부터 다시 빚으시게 해드려야 한다.

내 경우 변화는 느렸다. 나는 많은 기도 방식을 배웠으나 그 중 대부분은 내 뜻을 진척시키는 것이었다. 오랜 세월 그리스도인으로 살면서 나는 순전히 하나님 자신을 위해 하나님을 구해본 적이 없었다. 하나님께 징징거리는 내 구습을 저리기란 쉽진 낳았다. 그러나 동행하시는 하나님의 평안을 맛보면서 어느새 나는 최대한 자주 경청기도를 하게 되었다. 그날 밤 차안에서 그런 것처럼 작은 자투리 시간에까지 말이다. 지금은 경청기도가 없었다면 내 삶이 어찌되었을지 아찔하다.

오랜 세월 그리스도인들은 왜 경청기도를 그토록 삶의 소중한 부분으로 여겨왔을까?

예수님의 가장 큰 약속 중 하나는 "내가 너희와 항상 함께 있으리라"(마 28:20)는 것이건만 우리는 그것을 누리지 못하고 있을 수 있다. 대신 우리는 늘 "하나님, 우리와 함께해 주소서" 기도한다. 이는 빈 시간을 오락으로 채우는 습관과 삶의 오만 가지 요구 때문에 우리가 산만해져 있기 때문이다. 우리 생각은 늘 꽉 찬 채 이 일 저 일 바삐 오간다. 일주일에 한번 교회에 가는 것으로 이 분주함을 꿰찌르기에는 어림도 없다. 경청기도는 이 분산의 와중에서 우리를 하나님과 다시 이어준다. 내 앞에 산적한 일들과 남편의 계획, 아이들의 필요, 대외적인 관계, 추구하고 싶은 꿈 등 삶은 여러 방향으로 나를 잡아끈다. "사슴이 시냇물을 찾듯이 내가 하나님께 갈급하다"고 말하면서도 그 순간 눈앞에 닥친 일들을 해야 한다.

그러나 잠시 멈추고 경청기도를 하며 하나님과 함께 있을 때 나는 우주를 붙들고 계신 하나님이 나 또한 붙드실 수 있음을 느낀다. 고요한 중에 나는 지난날 하나님이 나를 어떻게 도우셨는지 회상한다. 주변에 아우성치는 요구 없이 내가 하나님께서 이처럼 사랑하시는 자임을 기억한다.

위 글은 '경청기도'(CUP. 잰 존슨 지음, 윤종석 옮김)의 일부(p25~32)를 발췌한 글입니다.

작은소리 **큰울림**

[경청]

001 가난한 자와 상한 자에게
(한라와 백두와 땅 끝까지)

김용래

가난 한자와 - 상한 자에 - 게 - 복된
소식을- 전케하- 소 - 서 - 포로 된자와- 갇힌 자에
-게 - 은혜의 -해를- 전케하-소 - 서 -
오직 성령이- 내게 임하면- 권능 을받고- 증 -인되
주님 의성령- 내게 임하사- 성령 의기름- 부어주소
리 라 예루 살렘과- 온유 대 -와- 사 성
서 - 주님 의성령- 내게 임하사- 성
마 리아- 와 땅-끝 까 지 가난
령의권- 능 부어주소 서
많은 물들아 이제일 어-나- 주가
쓰 시는- 반석이 -되 - 라 많은 산들아- 이제선
포하라- 그리 심산과- 에발산- 명령 - 살아
계 신- 하 나님-말 씀 - -임-하옵소
서 - 주-님의성 령 - 하-늘가르 고 임하옵소서
서 - 성-령의단 비 - 이-땅한라 에 부어주소서
- -불-어오소 서 성령의바 - 람- 구름 가
- -내-려주소 서 성령의불 -을- 이땅 백
-르고- 불어오-소 서 -부-어주소 서 -
-두에- 내려주-소

002 거룩 거룩 거룩 만군의 주여
(거룩하신 주 / Holy is the Lord of hosts)

Nolene Prince

거 룩거-룩 거 -룩 만군 의주- 여
존 귀하-신 예 -수 하나 님어린 양
거 룩거-룩 거 -룩 만군 의주- 여 - -
존 귀하-신 예 -수 하나 님어린 양 - -
그 영-광이온 땅에 충 만 그 영-광이온 땅에 충만
온 세상죄를구 속하 셨 네 온 세상죄를 구속하 셨네
그 영-광이온 땅에 충 만 거룩하 신 주
온 세상죄를구 속하 셨 네 어린양 예 수

| 기타코드 |

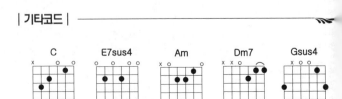

C   E7sus4   Am   Dm7   Gsus4

Chris Bowater

거 룩 하 신 - 성 령 이 여 - - -
우 리 에 게 - 임 하 소 서 -

성 령 의 - 불 - 로 오 셔 서 -

세 상 헛 된 마 음 태 우 소 서 -

손 들 고 - 주 를 바 랄 때 -

성 령 이 여 - - 성 령 이 여 - -

성 령 이 여 - - 임 하 소 서 -

Reuben Morgan

거 리 마 - 다 기 - 쁨 으 - 로 -
- 앞 에 - 행 할 - 때 -

춤 을 추 - 게 하 - 시 고 -
주 의 빛 - 비 추 - 시 고 -

주 의 백 - 성 기 - 도 할 - 때 -
물 이 바 - 다 덮 - 음 같 - 이 -

이 땅 회 - 복 하 - 소 서 -
주 영 광 - 채 우 - 소 서 -

산 위 에 서 - 계 곡 까 지 -

우 리 찬 양 - 울 리 네

하 늘 에 서 - 열 방 까 지 -

우 리 노 래 - 가 득 하 네 - -

Fine

십 자 가 할 렐 루 야 -

할 렐 루 - 야 - 할 렐 루 야 -

할 렐 루 야 - - 할 렐 - 산 위

D.S.

| 기타코드 |

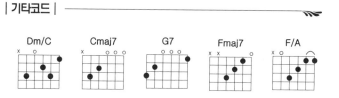

Dm/C   Cmaj7   G7   Fmaj7   F/A

005 거룩하신 하나님
(온 세상 찬양하네 / All The Heavens)

Reuben Morgan

거룩하-신 하나님- 온 세상-주의 영--광

가득-해 열방들-아 일어-나- 경배-와찬-양--드

-려- 주얼-굴 비출-때- 주사심- 모두- 알

리- -온하늘 --찬양하 네 아름다-우신-주 온

우주찬-양해- 할렐-루-야- 우리왕--께 - 온하늘

-할렐 루야-우리왕-께 -할렐 루야- 우리왕--께-

006 경배합니다
(나의 손 들고 / I Will Lift My Hands)

Bruce Ellis

경 배합 -니 다 - 오 직주-만 높 - 여

경 배합 -니 다 - 나 의삶-을 드 - 려

주 영광앞-에 머 - 리숙 - 여- 엎드립니다 -

선 포해- 존 귀하신 -주난 오직한 - 분 주님을보-네

나의 손 - 들 고 -주 께 -사랑해 - 요아버 -지 주

님필요해 - 요 나의 목 - 소 리 -높 여 -찬양해

- 주 의 영 - 광 나 의왕-주 께 -

007 광대하신 주님
(Great and mighty is He)

Todd Pettygrove

광대하-신주 님 전능하-신주 님

찬란하 - 게빛 난영광-으로 옷입으-신주 님

주의이름높 -이 며 - 주은혜찬양 -

우릴구원하 -신주 -통치 하 - 시 네 -

| 기타코드 |

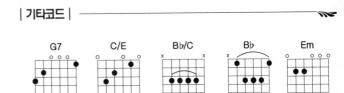

G7   C/E   Bb/C   Bb   Em

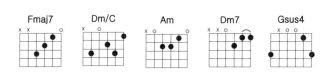

010 나는 아네 내가 살아가는 이유
(불을 내려주소서)

천관웅

1. 나 는 아 네 내가 살아 가는이유
   작 은 불 이 큰산 모두 태우듯이
2. 주 발 앞 에 신을벗고 기도하니
   성 령 으 로 연단받은 불의사람

불이 되 는 것 나를쓰소서
불을 주소서 되게하소서

불을- 내려주- 소서 -내게- 성령의-불을 -

죽 어진-영혼 - 살 릴수있-도록 - 나를-

태 워주- 소서 - 제단- 위에나-를드-리니-

열 방의-불로 -세우-소서 - -

태 -우 소 -서 부 -으 소 -서

성 -령 의 -불 을 불을-

011 나 비로소 이제 깊고
(항해자)

조영준

나 비로소 이제- 깊고 넓은 바다- -다- 두려
나 비로서 이제- 폭풍 우를 뚫고간 -다- 비바

움에- 떨고있는 -내손을주는-결 코 놓치지
람에- 흔들리는 -나약한나를-잡

않으셨다 아 주시는-그분 은 나의주 님

주나를놓지마 소서- 이깊고넓은 바다에- -홀로

- -내삶의 항 해의-끝이되 시는 주 -님이시 -여- 난

의 지합-니 다 - - - 날포기하지 마 소서-

나잠시나를 의 지하- -여도 - - 내 삶의

항 해의- 방향을 잡아 주 -시옵소 -서-

| 기타코드 |

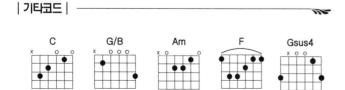

| 기타코드 |

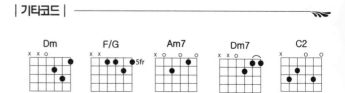

012 나 실패 거듭해 다시 넘어져도

(내 안의 중심이 주를 찬양 / From The Inside Out)

Joel Huston

나실패거–듭해–다시넘–어져도–주자비

와은혜–로–날안아–주시네 변함없–는 주님의빛비

추 시 네 영원하 – 신 주영광온땅 가 득 해

내 삶의 소–망은 – 주뜻 –구하며 – 나자신

을버리–고– 주님–을찬양 변함없–는 주님의빛비

추 시 네 영원하 – 신 주영광온땅 가 득 해

내 맘과영혼 – 모두드리리 – 성령의불로 태우소서

주님의의로 – 날감싸소서 – 주를더사랑하도록

하 도 록 변함없 – 는 주님의빛비 추 시 네 영원하

–신 주영광온땅 가 득 해 내맘의 –소망은–주님을 – 찬양

내안의 – 중심이주를 – 찬 양 변함없 – 찬양해 –

013 나 여기 주님을 찾네

(You, You are God)

Michael Walker Beach

C

나여기 – 주님을찾 –네 – 나여기 –
나여기 – 주님께감 –사 – 내삶을 –

주를 보네 – 감 사의 제–물 드
바꾸 셨네 – 십 자가에 –그 아

–리 며– 내 영혼 향–해 외–치 네 –
–들 을– 죽 이시 고 날 살 –렸네 – 이제

나오 직–주 님 –만 을–찬 양 – – –찬 양

– – 주 하나 님 – 하나 님 – 내삶 의

–모 든–이 유 – 나의 왕 – 내모 –든 것

– 내 삶을 드 –려 주 – 찬 양 –

014 나의 만족과 유익을 위해
(Knowing You)

Graham Kendrick

나의 만족과 유익을 위-해 가지려 했던 세
의 능력 체험 하면-서 주의 고난에 동

상 일들 이젠 모두다 해로 여기-고 주님을 위해 다
참 하고 주의 죽으심 본을 받아-서 그의 생명에 참

버리 네 내안에 가장 귀한것 주
예 하 네

님 을앎이라 모든 것 되시며- 의와 기쁨되신주 사랑

합니다 - 부활 - 나의 주 -

016 나의 피난처 예수

Herlin Pirena

나의 피난처 -예수- 의지해 요 나의 피난처-예수-
나는 영원히 -주님- 사랑해 요 나는 영원히-주님-

의지해 -요- - 나의 가는길- 에거 센바-람
사랑해 -요- - 세상 어떤것-도나 의사-랑

몰아쳐-와도- 나의 피난처- 예수- 의지해 요
끊을수-없네- 나는 영원히- 주님- 사랑해 요

아바 아 버지 나를 사랑하시니 나의 모든것주께 드려 요

아바 아 버지 내가 여기있으니 주님 영광위하여 써주세 요
교회위하여 써주세 요

015 나 지치고 내 영혼
(날 세우시네 / You Raise Me Up)

Brendan Graham & Rolf Loyland

나지치 고 내영혼연약- 할-때- 근심속
열망없 는 그런삶은없- 으리- 끊임없

에 내마음- 무거 워 주오셔 서 함께하실-- 때
이 고동치- 는가 슴 주오셔 서 경이로날-- 채

까지- 나잠-잠 히 주님-을기-다 려 날세우
우고 영원-한 삶 나에-게주-시 네

사 -저산에우-뚝 서리- 날세-우 사- 풍랑가운- 데

도 함께 하 -심나강하- 게 하 네 날세우

사 모든것할수- 있네

017 내가 산을 향하여

김영기

내가 산을 향하여- 눈을 들리 라
내가 손을 들고서- 기도하리 라

나의 도움 이 어디 서 올- 꼬
나의 응답 이 어디 서 올- 꼬

천지 지으신 여호와- 나의 왕이 여
전지 전능한 하나님- 나의 주시 여

영원 무궁 히 지키시 리로 다
나의 출입 을 지키시 리로 다

018 내가 산 향해 눈을 들리라

(시편121편 / I Lift My Eyes Up)

Brian Doerksen

doo — — doo — — doo — — doo —

doo — — 내가 산 향해 눈을 들리 라

도움 어디 서울 — 꼬 — 나의 도움 — 이

천지 지으 — 신 여호와께 로 — 다 주님 필요 해요

주님 만 내 — 소망 — 나의 참 기 — 도 주님 기다 리니

날 구원하 — 소서 — 생명 주 소 — 서 다 —

019 내게 음악 주신 분

이유정

내게 음악 주신 분 — 이 기쁨의 노래 주님 이 주신 선물 —
모두 모여 부르자 — 이 기쁨의 노래 주님 이 주신 선물 —

높은 하늘과 — 푸르 른 저 나무 — 모두 나의 노 래
밝은 하늘과 — 지저 귀는 새들 — 모두 나의 노 래

내게 음악 주신 분 — 이 사랑의 노래 주 님이 주신 선물 —
모두 모여 부르자 — 이 사랑의 노래 주 님이 주신 선물 —

주님의 사랑 — 그 이 름의 비밀 — 모두 나의 찬 양
주님의 백성 — 그 나 라의 소망 — 모두 우리 찬 양

할 렐 루야 찬 양을 드리자 — 나의 영혼을 다해 찬 양
할 렐 루야 찬 양을 드리자 — 우리 영혼을 다해 찬 양

할 렐 루야 찬 양을 드리자 — 나의 영혼을 다해 찬 양

내게 음악 주신 분 — 영혼 깊은 곳 흘러 나는

그 사랑을 — 그 기쁨을 — 그 생명을 — 다 찬 — 양 해

| 기타코드 |

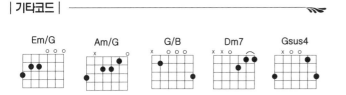

Em/G Am/G G/B Dm7 Gsus4

020 내가 처음 주를 만났을 때
(주를 처음 만난 날)

김석균

내가 처음 주를만났 을 때외롭 고도 쓸쓸한모습 -
내가 다시 주를만났을 때죄악 으로 몹쓸병든몸 -
내가 이제 주를만남으 로죽음 의길 벗어나려네 -

말없이 홀로걸 어가신길 은영-광을 다- 버린나그네 -
조용히 내손잡 아이끄시 며병-든자 여- 일어나거라 -
변찮는 은혜와 사랑베푸 신그-분만 이- 나의구세주 -

정녕 그분이내형제구원했 나 나의영혼도구 원하려 나
눈물 흘리며참 -회하였었 네 나의믿음이뜨 거웠었 네
주예 수따라항 -상살리로 다 십자 가지고따 라가리 라

의심 많은 도 마처럼울었 네 내가 주를 처 음만난 날
그러 나죄 악 이나를 삼키 고 내영 혼갈 길 을잃었 네
할렐 루야 주 를만난 이기 쁨 영광 의찬 송 을돌리 리

021 내 구주 예수님
(Shout To The Lord)

Darlene Zschech

내구주 예수님 주같은분 -없-네 - 내평생에
위로자 되시며 피난처되 -신주님 - 나의영혼

- 찬양하리 --놀라운주의 사 랑 을 - 주를경배
- 온맘다해

합니 다 온땅이여 -주님께 - 외쳐라 -
주행한일 -기뻐노 -래하며 - 영

능력과위 -엄의왕 -되신주 - 산과바다 -소리쳐
원히주님 -을사랑 -하리라 - 신실하신 -주의약

-주의-이름 을--- 높이 리 - -속나받- 앉 네 -

| 기타코드 |

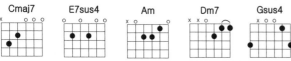

Cmaj7   E7sus4   Am   Dm7   Gsus4

| 기타코드 |

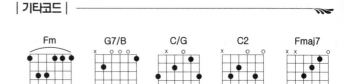

Fm   G7/B   C/G   C2   Fmaj7

022 내 세상이 끝났을 때
(하늘을 봐)

이동호 & 홍의석

내 세상이 끝-났-을 때 -두려 움과어-두움- 이유모

를답답- 함이- 내 생명을- 짓누를- 그 때 -

포기하고 싶-어-질 때 -외로 움과아픔들로---썩어

가 는세-상속에- 무 기력 히내가던져질때- 위 -를봐

- 하늘을 바 -라봐-- -너의 삶은끝-이아냐 -- -아름

다 운삶이있-어- 너의 삶을- 포기하지 마   하늘위에

- 하늘을 바 -라봐-- -주님 께서함-께하시-는 -참의

미의세-상을봐- 너의 눈물닦으시-고용서하는 예수를봐 -

죽어가는아이들-의 고통스-런슬픔의-소 리 이제그

만 들었으-면 좋겠네 - 만약 하늘이- 없다-면우 리는

얼 마나- 답답하고- 괴로운지- 몰 라 -위-를봐

023 내 안에 사는 이
(Christ In Me)

Gary Garcia

내 안에 사는 이   예수 -그리스 도-니

나의죽 음-도 유 익 -함이 라

나의 왕 내노래 내생 명 -또내기 쁨

나의 힘 나의 검 내평 화 나의 주 -

024 내 안에 살아계신 주
(주님만이)

정종원

내 안에 -살아계 -신 주- 나 따 -르기원 해 그

음 성 -따라살 -기 를- 나 간 -절히원 해 헛된

것 을구하지않 -으 리-더이상 마음주지-않으리 - 주님만

- 항상섬 -기며-그영광 -안에 --살리 - 주님만

- -이나의 구원- 주님만 - -이나의 전부- 주님만

- 을사랑 해요- 주님만 --- - 주님만 -

025 내 영혼아 여호와를 송축하라
(Bless the Lord O my soul)

Pete Sanchez Jr.

내영혼 아 – 여호와 를 – 송축하

라 – 내영혼 아 – 거룩하

신 – 주–이름 찬양 내맘과

정성다해주 –찬양 해 송축하라

송축하 라 – 내영

내영혼 아 송축하라 내–영혼 아

혼 아 – 송축하라 – 내–영혼아 – 송축하

송축하라 내영혼 송축하

라 – 내–영혼아 – 송축하

라 내영혼아 송축하 라 내영혼아 내맘과

정 성다 해찬 양 해 –

026 내 입술로 하나님의 이름을

정종원

내입술로– 하나님의– 이 름을 –찬송하며

황소롤드림보–다 진정한예배를기 쁘게받–아주시는

– 내맘으로– 하나님을– 즐

– 주 님– 찬송을부르며– 영원히섬기리 주

겁게 –찬양 하네 – 할 렐루–야–

님께 영 –광돌리 –리– 할 렐루–야–

할 렐루– 야–할 렐루 –할렐루야 –

할렐루–야– 할렐루–야–할 렐루–할렐루야 –

| 기타코드 |

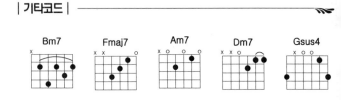

027 내 입술의 말과
(시편 19편 / Psalm 19)

Terry Butler

내입 술 의 - 말 과 나의마음 에 묵 - 상 이 주께
열 납 - 되 - 기 원 - - 하 네 내입
기 원 하 네 내 반 - 석 나의 - 구 원
- 자 나의 - 노 래할 - 이 유 - 주 님 -
눈 에축 - 복 되 - 길 원 하 - 네 모 든 -
순 간순 - 간 마 - 다 주 의 - 종 되길 - 원 해 - 주 님 -
눈 에축 - 복 되 - 길 원하 - 네 원 하 - 네

028 내 지친 마음에 찾아온
(낙타 속눈썹)

김도현

내지친 - 마음에 찾 아 - 온 - 순하디 순 - 한 - - - -
낙타의 - 아름다운 속눈썹 - - 을 가 - 진그 - 대 -
내 고단한삶 - 위에 건 강한격려 - 와 조
용히보내주었 던 - 너의미소 - 아직은철 - 없는 아
이같은날 - 말없 이믿어준 - 그대 - 습관처럼 - 절망
하 던날 햇살을 - 많이닮아있 던 - 너의그
따뜻한시 - 선 때 - 문에 차가운 - 세상을 - 견뎌낼
- 수 있었 - 지 - - 내 지친 - 수 있었 - 지 -
- 넌알 고 있니 - 나조차나에게 지 쳐갈즈음 에 -
니 가날견뎌 - 준 세월만큼 삶을더사랑할수있었
- 다 는걸 습관처럼 - 절 망 하 던날 - 햇살을
- 많이닮아있 던 - 너의 그 따뜻한시 - 선 때
- 문에 차가운 - 세상을 - 견뎌낼 - 수 있었지 -

기타코드

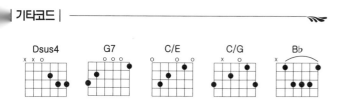

Dsus4   G7   C/E   C/G   Bb

029 너 결코 용기 잃지 말아라

한웅재

너 결-코- 용-기잃지 말 아-라- 주-가너와
함 께- 하 시 리 니-
너 결-코- 용-기잃지 말 아-라- 주-가너와
함 께- 하 시 리 라-

Fine

너는 결 -코 작-지 않 도다- 너를위해
- 이루 신 - 주님의 -능력을 보 -라-
너는이제 - 약 하지 않 도다- 네안 에
-계신주님 -이- 세 상보다크시 -니-

D.C. al Fine

030 너는 담장 너머로 뻗은 나무
(야곱의 축복)

김인식

너 는 담 장너머로뻗 은 -나무 가지
는 어떤시련이와 도 -능히 이겨
에 푸른 - 열매처럼 - 하나님의 -
낼 강한 - 팔이있어 - 전능하신 -
귀 한축 -복-이 - 삶에 - 가득히 -
넘 쳐날 -거-야 - 너 하나님 -께-서
- 너와 - 언제나 - 함 께하-시 -니 -
- 너 는하나님의 -사 -람- 아름다운하나
- 님의-사 -람 - 나 는널위 -해 -기 -도하며
- 네길 을- 축 복할- 거야 너 는하 나님 의
- 선 -물 - 사랑스런하나 -님 의-열 -매
- 주 의품에 -꽃피운 - 나 무가되어줘 - -

| 기타코드 |

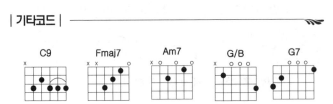

C9 Fmaj7 Am7 G/B G7

031 능력 위에 능력으로
(He is able)

Rory J. Noland & Gregory F. Ferguson

능력 위에 – 능력으 – 로 – 나를 향한주뜻이 루시
고 – – – 능력 위에 – 능력으 – 로 – 내
앞의일을주 – 관하시 네 – 능력위 – 에능력
으 – 로 내 생각보다더크신 – – 주 님 – 능력
위에 – 능력으로 주 뜻대로날빛으소 서

032 많은 이들 말하고
(다시 복음 앞에)

김영표

많은 이들말 – 하고 – 많은 이들노 – 래는 – 하지 – 만정
– 작 – 가지 않는 길 – 두려 운생각 – 보다 – 많이
힘들고 – 험한 – 길보 – 단그 – 저 – 말로 만가려 – 가에 – 점
점 멀어 – 져 만 가네 – 내게 생명주 – 었던 – 그길
– 점 점 이용 – 하 려 하네 – 내게
사랑주 – 었던 – 그 길 다시복 음앞에 – 내영혼
서네 – 주 님만난그 때 나다시 돌아가 – 주님께예 – 배
드 리 – 며 – – 다시 십 자가 – 의길 – 걸으 리

033 먼저 그 나라와 의를 구하라
(Seek Ye First)

Karen Lafferty

먼 저그나 – 라와 의를구하라   그 나라 와 그의 를
사 람이떡으로만 살것아니요   하 나님 말 씀으 로
구 하라그리하면 주실것이요   찾 으라찾을것이 요

그 리하면이 – 모 – 든것을   너희에게더 하시 리 라
그 리하면이 – 모 – 든것을   너희에게더 하시 리 라
두 드리라문이 열릴것이니   할 – 렐 – 루 할렐 루 야

할 렐 루 야 할 렐 루 – 야

할 렐 루 야 할 렐 – 루 할렐 루 야

034 매일 스치는 사람들
(주가 필요해 / People Need The Lord)

Phil McHugh & Greg Nelson

매일스치는 사람들 - 내게무얼 - - 원하나 -
캄캄한 - 세 상 에서 - 빛으로 - 부름받아 -

공허한 그 눈 빛은 무엇으로 채우 나
잃어버린 자 들과 나누라고 하시 네

모두자기 고 통과 - 두려움 - 가 득
주의사랑 으로만 - 사랑할수있 네

감춰진울 음소리 - 주님들으시 네 - -
우리가나 눌 때에 - 그들알 - 겠 네 - -

그들은 모 두 주가필 요 해

깨지고 상 한 마음 주가여 시 네 - -

그들은 모 두 주가필 요 해

모두 알 게 되리 사랑의 주 님

035 멈출 수 없는 사랑

김영표

멈출수없는 - 사랑 - 주소 서 끊을수없는 - 사랑 - 주소

서 십자 가에 - 달린 주 님 계시니 - 그누 가이사랑 - 끊으

리 멈출 수없는 - 사랑 - 주소 서 끊을수없는 - 사랑 - 주소

서 주께 서주신 - 비전 - 그 말씀있으니 주가

명하신 - 이길 - 걸어가 리 주님 의 나라 - 영원하 며 주님

의 영광 - 무궁하 니 나그 네된나의삶 - 감 사 하리마음

다해주님을 - 찬 - 양해 - 멈출수 없는 - 사랑 내

게 주 소서 - 아버 지의 - 눈물 그 사 랑을끊을수

없는 - 사랑 내 게 주소서 - 십자 가에 - 달린 그 사 랑

| 기타코드 |

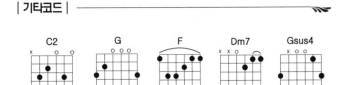

| 기타코드 |

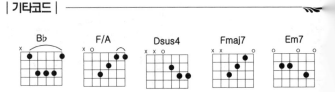

036 메마른 우리 마음
(Send Your Rain)

Don Dalton & Valerie Dalton

메 마른우- 리마 -음- 황 폐한이-땅에 - 강물
같 은주 - 의은 -혜 부어 주소 서
성 령의- 비내 -려 - 우리 를씻 -으소 -서-
우리 마음을 - 새 롭게 하소 서
- 성령 의 - 단비 를 - - - 온
세 계위 에 부 어주 - 소서 - - - 성령 의
- 단비 로 - - - 주의 빛과 능력
넘쳐 나 - 도록 - - 하소 서 -
주성령 -부으 -사 우릴 온유케 -하시 -고 주의
생 수 샘 물같 -이 넘치 소 - 서
성 령을 -부으 -사 모든민 족모든 -방언 - 모든
나라 주 께무 -릎꿇 게 하소서 - 성령

037 모두 다 나아와
(Come And See)

Graham Kendrick

모두 다 나아와 사랑 의왕을보라 가시 면류관쓰신주를보 라
너희 의 허물이 주에 수를찔렀네 못보 다더깊은아픔주었 네
우리 의 영혼을 구원 하려오신주 그앞 에엎드려경배드리 네

멸시 와 조롱의 십자 가를지시고 골고 다언덕길올라가시 네
교만 과 탐심과 우리 모든연약함 주가 대신하여징계당했 네
주님 의 눈물이 우리 기쁨되시고 주의 죽음우리생명샘되 리

주 경배합니다 그 발에엎드려 죄악 된세상을주가씻 었 네

우 리죄위하여 기 도하신주님 아 버지저들용서하소 서

주 경 배 주 경 -배 귀 한 어린 양

038 목마른 사슴
(As The Deer)

Martin Nystrom

목 마른사슴 시 냇 물을찾아 헤 매이듯 이
금 보다귀한 나 의 주님내게 만 족주신 주

내 영혼 주를 찾 기 에 -갈급 하 -나 이 다
당 신만 이- 나의 기쁨또한 나 의참 보 배

주 님만 이- 나의힘 나 의방 패 나의 참 소망

나 의몸 정성 다 바 쳐서주님 경 배합 니 다

C

039 무엇이 변치 않아
(십자가)

조은아

무엇이변 – 치 않 아   내 소망이 – 되며 –

무엇이한 – 결 같 아   내 삶을 품 으 리

그 누가 날 – 만 족 케 해 –   내영 이 – 쉬 며 –   그

누굴 기 – – 다 려 –   내 영이 기 쁘 리 –

십 자 가 –   십 자 가 –   그 그늘 아래 –   내 소망이 있 – 네

십 자 가 –   십 자 가 –   그 그늘 아 – 래 내 생 명 이 있 네

– 주여 내영을 고요케하사 –   십

자 – 가 를 – 품 게 하시면 – 주여 내영을 잠잠케하사

– 십 자 가로 – 만 족 케 하 소 서

040 바람이 어디서 부는지
(새 술을 부어주소서)

천관웅

1. 바람이 – 어디 – 서부는지 – 어디 – 를향해가
   – 갈급 – 한영혼에 – 바람 – 처럼불어
2. 성령이 – 임하 – 시기까지 – 기도 – 하며기다
   – 하나 – 님자녀들 – 겸손 – 히무릎꿇

– 는지 – 알 수없 듯이 – – 성령님 – –
– 와 – – 채 워 주 시 네
– 리라 – 말 씀 하셨 네 – – 주믿는
– 어 – – 간 구 합 니 다

임 하 소 서 부 으 소 서 성 령 님 기

름을 부으 – 사 – 내 영의빈잔 – 을 – 채 – 우소서 – – –

새 술을 부 어주 – 소 – 서 –   우리에게 – – –

성 령 님 열 방을 살리 – 는 – 권 능의기름 – 을 – 부

– 으 – 사 – 부 흥의 – 불 – 전 – 케하 – 소 – 서 – –

| 기타코드 |

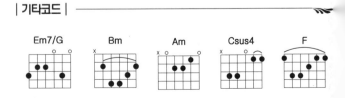

Em7/G   Bm   Am   Csus4   F

041 보이지 않는 영원한 왕
(Honor and Glory)

Gary Oliver

보이 지않는영원한왕 - 홀 로하나이신하 -나님- 모든

영광과존 -귀를주 - 께영 - 원 -히 보이 원 -히아멘

영광과존 - 귀영원 - 히 영광과존 - 귀영원 - 히

영광과존 - 귀영원 - 히아 멘

영광과존 - 귀영원 - 히아 멘

043 복음 들고 산을
(주 다스리시네 / Our God Reigns)

Leonard E Jnr. Smith

복음들고 산 을 넘는자들 의 발길

아름답고 도 아름답도 다

평화전하 며 복 된소식을외 치 네

주 다 스 - 리 시 네

- 주 다 스 - 리 시 네

- 주 다 스 - - - 리 시 네 네

042 보좌에 계신 어린양께
(열방을 내게 주옵소서)

도영준

보 좌에계신어린 - 양 께 내삶 -을모두 -드립

- 니 다- 보 좌에계신어린 - 양 께 내삶 -을드립니 다

- 보 열방을내게 -주옵소서 - 모든민족을

-주옵소서 - 모든나라 모든 -방언이 - 나와주앞에

- 예배 하도록 - 아무도능히 -셀 수 없 는

- 흰옷을입은 -큰무리가 - 보좌앞 과

- 어린양앞에 -서 리 오주님 -곧오소서 -

| 기타코드 |

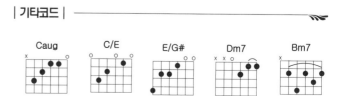

Caug   C/E   E/G#   Dm7   Bm7

044 비바람이 갈 길을 막아도
(나는 가리라)

김석균

비바람이앞길을 막 아도 나는 가리– 주의길을가 리
험한파도앞길을 막 아도 나는 가리– 주의길을가 리

눈보라가앞길을 가 려도 나는 가리– 주의길을가 리
모진바람앞길을 가 려도 나는 가리– 주의길을가 리

이 길 은 영광의길   이 길 은 승리의길
이 길 은 고난의길   이 길 은 생명의길

나를구원하신 주 님 이   십자가지고가신 길

나 는 가 리 라   주의길을가리 라

주님발자취 따 라   나는가리라

나 는 가 리 라   주의길을가리 라

주님 발자취 따 라   나는가리 라

| 기타코드 |

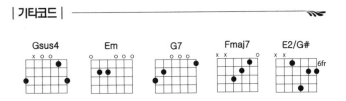

Gsus4   Em   G7   Fmaj7   E2/G#

045 빛이 있기 이전부터
(예배하기 위해 / Made To Worship)

Chris Tomlin, Stephan Sharp, Ed Cash

빛 이있기– 이 전부터– 세 상이온–행하–기도–전에

– 하나님 이 땅에 –계셔 – 우 릴위한

– 사랑 –이야 –기쓰 –셨네 – 주가주신

경 이 로움   우린항상 기 억 하 네

주 를예 – 배하 –기위–해 우린지 –음받 –았네
주 를사 – 랑하 –기위–해 우린지 –음받 –았네

주님우 –릴 자유케했네 – 주 님께기 –쁘게 –엎드 –려순

종하며 –주믿 – –을때–우 리는보리라 – 주님 –의부 –르심

– 내모습 – 나 가진것 – 모

두주가 –주신 –선물 –이네 – 새생명 – 내눈을열

–어 –서 – 주님의영 –광과위엄 –을보 겠네 –

– 주님 –의부 –르심 – 바위도소 –리쳐 – 하늘도노 –래해

– 주님 –의음성 들을 –때– – 온열방들노 –래해

– 모두무릎 –꿇고 – 주님께 찬 양 드 –려– – –

– 오 – – 주 –의부 –르심 –

046 빛나는 왕의 왕
(위대하신 주 / How Great Is Our God)

Chris Tomlin, Jesse Reeves & Ed Cash

빛 나 는왕 - 의왕 -　　영 광의 - 주님
영 원 한주 - 의주 -　　시 간 의주 - 관자

- 온 땅 기뻐 - 하라 -　- 온 땅 기뻐 - 하라 -　광채
- 알 파 와오 - 메가 -　- 알 파 와오 - 메가 -　삼위

- 의 옷 - 입고 -　　어 두 움물 -　리쳐
- 의 하 -　나님 -　　아 바 성령 -　예수

- - 저 원수는 - 떠네 -　- 저 원수 는 - 떠네 -
- - 사 자와어 - 린양 -　- 사 자와어 - 린양 -

위대 -　　하신주 -　찬양해 - 위 - 대 -　하신주

- 모두알게 되리 라 - -　위대 -　　하신주 -

모 든이 - - 름위에 -　　뛰 어나신 이름 -

다 찬 양해 - 위대 -　　하신주 -

047 사랑하는 나의 아버지
(Blessed be the Lord God almighty)

Robert D Fitts

사랑하는 나의 아버지 -　이 름높여드립 니 다

주의 나라 찬양속에 임하 시니 -　능력 의 주께찬송하 네

전능하 - 신 하 나 님 찬 - 양 언 제나동일하 신 주 - -

전능하 - 신 하 나 님 찬 - 양 영 원 히다스 리 네

나주의이름높 - 이 리　　나주의이름높 - 이 리 - - -

하늘높이올린깃 - 발 - 처럼 - - -　주의이름높 - 이 리전능하 - 신

| 기타코드 |

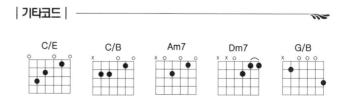

C/E　　C/B　　Am7　　Dm7　　G/B

048 사랑하셔서 오시었네

이수아 & 송명희 & 이동희

사랑하 – 셔서 – 오시었 – 네 말씀하 신 대로 – 본이되신
아버지 – 의뜻 – 이루소 – 서 저며오 는 아픔 – 모두거두

– 예수 얼마나 아프실 – 까 갈보리 언덕
– 시리 얼마나 아프실 – 까 처절한 고통

그십자 가 피흘림 없 인이룰수없 네 고난받

을 이유없으신주 순종하 셨네그십자

가 지셨네 – 우릴위해

050 살아 계신 성령님
(Spirit of the living God)

Paul Armstrong

살 아계신 성 령님 날 붙드 – 소 서

살 아계신 성 령님 날 살피소 서

채 우소서 늘 새로움으 로

성 령하나 님 새롭 게 하 소 서

049 산과 시내와 붉은 노을과
(오셔서 다스리소서 / Lord Reign in me)

Brenton Brown

산과시내 – 와 붉은노을 – 과 땅의모든 – 것
생각을넘 – 어 모든말보 – 다 나의생활 – 이

주다스리 – 네 내안에갈 – 망 유일한소 – 망
말하게하소 – 서 세상그어 – 떤 것보다소중 – 한

– 주님날 다스리는것 주 오셔 – 서
– 내주님 날이끄심을

통치하소 – 서 헛된나의 – 꿈 어둠거두 – 사

내모든 – 것 다드리 – 니 – 오셔서

다스리소서 – 주오셔 – 서 통치하소 – 서

헛된나의 – 꿈 어둠거두 – 사 다시한 – 번

나의주 – 님 – 오셔서 다 스리소서 – 오셔서

다스리소서 – 오셔서 다 스리 소서 –

| 기타코드 |

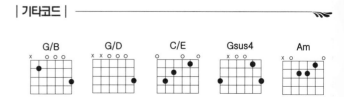

G/B   G/D   C/E   Gsus4   Am

051 심령이 가난한 자는

여명현

심령 이 – 가난한자 는 천국 이 – 저희것이 요
한 자복이있나 니 땅을 기 업으로받겠 네

애통 하 –는자는복있 네 위로를 –받을것이 요 온유
의에 주 리고목마른자 는 저희 배 –부를것이

요 긍휼 히 여기는자 는 긍휼 히 여김받겠 네

마음 이 청결한자 는 하나 님 을볼 것이 요

화평 케 –하는자– 는 하나 님의아들이라일컫 네

의를 위 하여핍박받는 자 천국 이 –저희것이 라

내게 도 주소 서 내가 복 을받기원하 네

오– 내 –주– – 여 주소– 서 아 – – – 멘

052 아무 것도 두려워 말라
(Don't Be Afraid)

현석주

아 무 – 것 도 두려워말라 주 나의하나님이

지켜주시네 – 놀라지마라 – 겁내지마라 –

주님 나를 지켜 주 시네 – –

내 맘이힘에겨워 지칠지라도 주님나를지켜주시 네

세 상의험한풍파 몰아칠때도 주님나를지켜주시 네 –

주 님은 나의산 성 주 님은 나의요 새

주 님은 나의소 망 나의힘이 되신여호 와

C

| 기타코드 |

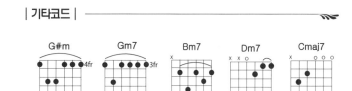

G#m   Gm7   Bm7   Dm7   Cmaj7

아버지 당신의 마음이
(하나님 아버지의 마음)

박용주 & 설경욱

C / G / Am
아버지 당신의 – 마음이 있는곳에 – 나의 마음이 – 있기를

G / F / G / Em / A
원해요 – 아 버지 당신의눈물 이고인곳에 – 나의

Dm / Dm/C / G/B F/G / C
눈물이 – 고 이길원해 요 아버지 당신이 – 바라보는

G / Am / G
영혼에게 – 나의 두 눈이 – 향 하길 원해요 – 아

F / G / Em / Am / F / D7
버지당신이울고 있는어두운땅에 – 나의 두발이 – 향하길원해

Gsus4 / G / C / E / Am / Bb/C C7
요 나의 마 음이아버지 의마음알아 – 내

F / C / Dm / G / C / E
모든뜻 – 아버지의 뜻이될수있기를 – 나의 온 몸이아버지

Am / C / F / Fm / C
의마음알아 – 내 모든삶 – 당신의삶되기를 –

아주 먼 옛날
(당신을 향한 노래)

천태혁 & 진경

C2 C/B Am7 Dm7 / G
아주먼옛 – 날 – 하늘에서 – 는 –

CM7 / Em7 Dm7 / Gsus4 G7
당신을향 – 한 – 계획있었 – 죠 –

C2 C/B Am7 Dm7 / G
하나님께 – 서 바라보시 – 고 –

CM7 / Em7 Dm7 / Gsus4 G7
좋았더라 – 고 – 말씀하셨 – 네 –

FM7 / G/F Em7 / Am7
이 세상 그 무엇 – 보 – 다 – 귀 하게 – 나의

Dm7 / G / C / Bb/C C7
손 으로 – 창 조 하였 – 노 – 라 – –

FM7 / G/F Em7 / Am7
내가너로 – 인하여 – 기 뻐 하노라 – 내가

Dm7 / Gsus4 G / C / C/G G7
너 를사 – 랑 하 노 라 –

C G/B Am Bb2/G C7 F C/E Dm7 G7
사 랑해 요 – 축 복해 요 –

C E7/B Am7 C/G
당 신의 마 음 에 우 리의 – –

Dm7 G7 C
사 랑을 드 려요 –

055 약한 나로 강하게
(What the Lord has done in me)

Reuben Morgan

약한– 나로 강하게 가난한 날 부하게 눈먼–
날 볼 수있게 주내게 행하셨네 –호–
산 나 호– – 산–나 죽임 당한어린양 호–
산 나 호– – 산–나 예수– 다 시사셨네 호–
네 – 내가– 건너야할 강 거기서 내 죄 씻겼
네 이제– 주의 사랑이 나를 향해 흐르네
– 깊은– 강에서주가 나를일 으키셨도 다 구원의
노래 부르리 예수 자유 주셨네 –

056 어두운 밤에 캄캄한 밤에
(실로암)

신상근

어두 운 밤 에캄캄한 밤 에새벽을 찾
가 처음 만난 그 때는 차가운 새
아 떠난 다 –종이 울리고 닭이 울어도
벽 이었소 –당신 눈속에 여명 있음을
내눈 에는 오직 밤 이었소 –우리 –
나는 느낄 수– 가 있었소
오주 여 당신 께 감사 하리 라실로 암 내
게 주심을 – 나에게 영원한 이꿈
속 에서 깨이 지 않 게하소 서 –

C

| 기타코드 |

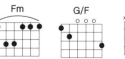
Fm   G/F   Am7   Dm7   Gsus4

057 어찌하여야
(나의 찬미 / My tribute)

Andrae Crouch

어 –찌하여야 그크신 은혜갚으리

무 –슨말로써 그사랑 –참감사하리요

하 늘의– –천군천사라도– –나의마음 –모르리라

나이제새 소망이있음은 – 주님의은혜라

하 나 님께영 광하나 님께영광

하 나 님께영 광날사랑 하신주

그피로 날구하사 죄에서 건지셨네

하 나 님께영 광날사랑 하신주

바치리라 모 두 나의일생을 당신께

세상영광 명예도 갈보리로 돌 –려보내 리

그피로 날구하사 죄에서 건지셨네

하 나 님께영 광날사랑 하신주

058 언제나 내 모습
(주님 내 안에)

임미정 & 이정림

언제나– 내모습 – 너무나– 부끄러워 –

무릎으– 로주님께 – 기도로– 가오니 –

나홀로– 서있는 – 죽은내영깨우 사

주님만 나 를 깨워내 영 살게하소서 –

주님 내안에– 주님 내 안에– 내 안에 계 시고 –

주님 내안에– 주님 내안에– 나를세워주소서 –

| 기타코드 |

Cmaj7   Gm6   G6   Dm7   F#m7

059 언제 어디서나 무엇하든지
(할렐루야 Echo)

민호기

언제어디서 ―나― 무엇하―든지― 내맘속의기―쁨―

숨길수―없네― 할렐루 ―야― 할렐루 ―야― 할렐루

―야― 할렐루 ―야― 어느곳에가―도― 누굴만―나도―

내게있는생―명― 전하고―싶네― 할렐루 ―야― 할렐루

―야― 할렐루 ―야― 할렐루 ―야― 할렐

루 ―야―할렐루 ―야―할렐루 ―야―

― 주 님께 ― 할렐 ― 찬미의―제사 ―

060 여호와 우리 주여
(시편 8편)

최덕신

여 호와 우리 주―여― 주의 이름이― 온 땅―에―

어 찌 그리아름다 운지요― 어 찌 그리아름다 운지요―

여 호와 우리 주―여― 주의 이름이― 온 땅―에―

어 찌 그리아름다 운지요― 어 찌 그리아름다 운지요―

주의손가락으로 지으 신― 주 의 하늘 과 ―

주가베풀어주신 달과 별― 내 가 보오 니 ―

사 람이 무엇 이관대― 주께 서저를― 생각 하시며―

인 자가 무엇 이관대― 저 를 권고 하시 나이까―

| 기타코드 |

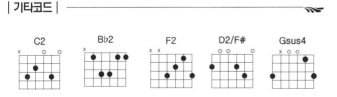

C2   B♭2   F2   D2/F#   Gsus4

061 예배합니다 내 모습
(나의 예배)

박지영

예 배 합 니 다 - 내 모 습-이 대- -로 내안을

주의성소만드-시 고 주와살기원합-니 -다

예 배 합 니 다 - 내 모 습-이 대- -로 주께가

길 원합니 다 - 주의얼굴볼때-까 -지 나의찬

양 나의소 망 내삶이 되 신 주- 님 나의영

주 께 주-만 향해 달 려-갑 니- -다 나의목

적 나의 -길- 내삶 -의 끝이되-신 주 찬양합

니다 송축합 니- -다 나의예-배의 주인되 신주님 -찬양합

니 다 송축합 니- -다 나의예-배의 주인되 신 주님

- 신 주님-찬양합 니 다 송축합

니 -다- - - 나의예-배의 주인되 신 주 -님

062 예수 감사하리 주의 보혈
(Thank You For The Blood)

Matt Redman

예수 감사하리주의보혈 - 축복속에우린자유
예수 감사하리주의승리 - 승리안에우린구원

-를 노-래 해 - -구원 -을노-래-해
-을 노-래 해

새롭 고산길이되신 예수 길과 진 리생명되셨 네

우릴 주 의자녀 삼으 셨 네 자유를 -노 래-할-때 -

주 행한 일-찬 양 - 주 행한일-찬 양

- 승 리하 시 -고 -구 -속하신 -주님찬

- 양 해 주 - 양 해 - - - -

| 기타코드 |

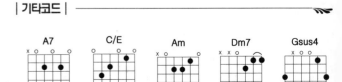

063 예수는 선한 사람
(나는 외치리 / Shout Your Fame)

Jonas Myrin/Natasha Bedingfield & Gio Galanti/Paul Nevison

예수는 선한사 -람- 친절 했 지만- -
예수는 선 -지-자- 지혜롭던 한사 -람
예수는 메시 -아- 생 명을 주신분- -

무 덤 에 묻 힌자라- - 사 람들 말 하- -죠-
사 람 들 말 하지만- - 주 는 살 아계
길 과 진 리 되시네- - 예 수 는 나 -

-신 주 하나
-의 주 하나

-님 나는 외 치리- 주의 -위 엄-세상모

- 두듣 -도록 - 홀로위 - 대하 -신주 -이름-

세 상 향 해 나 는 외 치 리 -

D.C. al Coda

나 의 맘 은 정 -했네 - 주의 위 엄 외 치 리 (외치리)

064 예수님은 나의 모든 것
(모든 것 되시는 예수)

백승남

예수님은- 나 의 - 모든것되-시 어 - 늘

바 른길 -로 오직한길 -로 인도하 시 네

예수님은- 나의 - 모든것되-시 어 -가

르 치시 -며 서로나누 -라 말씀하 -시 네 -

우 리모두다주 - 찬양 사랑나누 며 -

크 고작은만물 -들아- 다 주께찬양해 - -

모 든 것 되 신 그- -이 름 영 광 과 찬 송

주 님께- 모두 모두드- -리 리 놀 라 운 예 수 그- -이

름 영 광 과 찬 송 주 님 께 -모 두 모 두 드 -리 리

| 기타코드 |

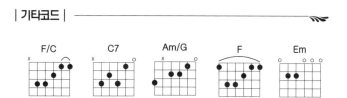

065 예수로 나의 구주 삼고

F. J. Crosby 캠퍼스워십 편곡 & P. P. Knapp

예수로나의 - 구주삼 -고 - - 성령과피로써 - 거듭나 니 -
온전히주께 - 맡긴내 -영 - - 사랑의음성을 - 듣는중 에 -
주안에기쁨 - 누리므 -로 - - 마음의풍랑이 - 잔잔하 니 -

이세상 에서 - 내영혼 -이 - - 하늘의영광 - 누리도 다 -
천사들 왕래 - 하는것 -과 - - 하늘의영광 - 보리로 다 -
세상과 나는 - 간곳없 -고 - - 구속한주만 - 보이도 다 -

이것이 나의 - 간증이 요 - 이것이 나의 - 찬송일세 -

나사는동안 - 끊임없 -이 - - 구주를찬송 - 하리로 다 -

066 예수 안에 능력있네
(오직 예수)

Shawn Craig & Don Koch

예수안에 - 능력있 -네 - - 나 힘이없 - 어쓰러 -질때
예수안에 - 영광있 -네 - - 주 은혜로 - 나구원 -얻었

도 넘치는은 - -혜와사 -랑 - - 그 능력으 -로승 -리얻으
네 나오직주 -의은혜로 -써 - - 나 의부족 -함이 -길수있

리 오 나는인생의 -성공 -을 너무소중히여
네 난 이제세상명 -예보 -다 주 -님알 -기

-겼네 - 세상 영광보다 귀 -한 주 -님 -의그 -은혜
-원해 - 주의 축복감사 하 -며 주의 영 -광높 -이리

- 오직 -예 수 나의 -믿음 - 십자 -가

능력속 -에 빛나는 -영광 - 내모 -든승 -리로 -주님께

영 광을 - 나의 -힘 - 나의 -소망 -오직 -예수 -

067 예수 사랑해요
(Alleluia)

Jude Del Hierro

예 -수사랑 해요 나주 앞에 엎드려

경 -배와찬 -양 왕 께드 리 네

알 -렐루 -야 알렐 루 -야

알 -렐 루 -야알 렐 -루

| 기타코드 |

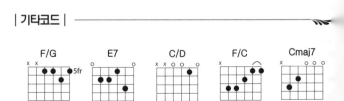

F/G   E7   C/D   F/C   Cmaj7

068 오 하나님 받으소서
(왕께 드리는 제사 / Song of offering)

Brent Chambers

오- 하 나님받 으소 서 왕께 드 리는제 사- 를

소 리높여 주님 을 찬 양 해 -

홀로 하 나이신 하나 님 자녀 된 우리경 배하 고

나 의몸과 찬양 을 -드 리 네 -

할렐 루 -야 -할렐 루 -야 -

입 술의열 매 를드 리 오 니 -

오- 하 나님받 으소 서 왕께 드 리는제 사- 를

소 리높여 주님 을 -찬 양 해 -

069 온 땅과 만민들아
(Let all the earth hear his voice)

Graham Kendrick

온 땅과만 민들 아 주님음성듣 고 모두기뻐하 라 -
땅 들아기 뻐하 라 죄인구하시 러 주님오신다 네
모 두다소 리높 여 주님찬 -양 해 힘있게찬양 해 -

산 들과나 무들 도 즐겁게춤추 며 함께손뼉쳐 라 -
십 자가구 원으 로 우린물리쳤 네 어둠의세력 을 -
외 치세온 세상 에 열방과만민 을 주가통치하 네 -

사 랑과정 의를 주시는주 영 원한그의 나 라

좌 우 에날 이선 검 과같은 진 리의그 분말

씀 - - 승 리 해 - - -

C

| 기타코드 |

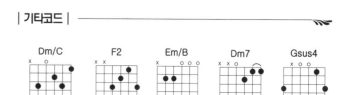

Dm/C   F2   Em/B   Dm7   Gsus4

070 완전한 사랑 보여주신
(예수 좋은 내 친구 / My Best Friend)

Joel Houston & Marty sampson

완전한 사랑 보여주신 - 구세주 그분아나요
구원하신주 나는 믿네 - 부활하신주 나 믿네

그 아들 우리에게 주신 - 하나님 그분아나요
다시오실왕 나는 믿네 - 그분과 영원히 살리

그 사랑 알 - 기에 - 그 아들 나 - 는 믿 - 네 날 이 끄

소 - 서 예 수 좋은 내 - 친구 - 내곁에 계시네

- 영원히 변 - 치않 - 네 - 예 수 좋은 내 - 친구

- 내곁에 계시네 - 영원히 변 - 치않 - 네 - -

영원히 변 - 치않 - 네 영원히 변 - 치않 - 네

- 영원히 변 - 치않 - 네 영원히 변 - 치않 - 네 - -

071 왜 나만 겪는 고난이냐고
(주님 손 잡고 일어서세요)

김석균

왜 나만겪는 고난이냐고 불평 하지마세요
왜 이런슬픔 찾아왔는지 원망 하지마세요

고난의 뒤 편에있는 주님이주실축복 미리 보면서감사하세요
당신이 잃은것보다 주님께받은은혜더욱 많음에감사하세요

너무 견디기힘든 지금이순간에도 주님이 일하고계시 잖아요

남들은 지쳐앉아 있을지라도 당신만은 일어서세요

힘을 내세요 힘을 내세요 주님이 손 잡고계시잖아요

주님이나와함께함을 믿는다면어떤 역경도이길수있잖아요
고난도견딜수있잖아요

| 기타코드 |

E7   Am7   Fmaj7   Cmaj7   Csus4

072 우리가 악한 길에서 떠나
(부흥의 세대 / Revival Generation)

Scott Brenner

우리 가 악한 – 길 – 에 – – 서 떠 – 나 –
거룩 함 으로 – 부르 – 심에 – 답 – 해 –
주여 세 월을 – 아 – 끼 – 겠나 – 이 – 다 –

스스 로 겸비 – 하 – 고 – 기도하 – 며 –
우리 가 – 성 – 회 로 – 모 – – – 여 –
지금의 – 때 – 가 – 악 – 하 – 니 –

주 얼 굴 구하 – 오 – 니 –
울며 기 – 도 – 하 – 고 –
아 멘 주 – 예 – 수 – 여 –

이 땅 고치 – 소 – 서 –
금 식하 – 오 – 니 –
오 시옵 – 소 – 서 –

주 – 여 들 – 으 – – 소 – 서 – 주 이 – 름 으 – 로 – 일 컫

는 백 성 – 에 – 게 – 부 흥 을 주 – 소 – 서 –

하나님 얼굴 – 구 – 하 – 는 – 세 – 대 – 되 – 게 – 하

– 소 서 – – 온 땅 덮 는 주 – 의 – 영 – 광 – 보 – – – 게 – 하

– 소 서 – 모 든 나 라 족 – 속 – 가 – 운 – 데 – 부 – 흥 – – 임

– 하 기 까 – 지 – 밤 낮 울 부 짖 – 는 – 부 – 흥 – 의

– 세 – 대 – 로 – 세 – 우 – 소 – 서 – –

073 우리는 모두 다
(주님의 증인)

최덕신

우리는 모두 다 – 주님의 증 – 인 –

땅끝 까지 이르러 – 주 복음 전하 세

우리는 모두 다 – 주님의 증 – 인 –

땅끝 까지 이르러 – 주 복음 전하 세

죄인 위 해 십자 가 – 지신 고 난 의 주님 –

사망 권 세 이기 고 사 신 – 부 활 의 증 인 –

다시 오 심 약속 하 – – 신 재 림 의 주님 –

땅끝 까지 이르 러 – 주 복음 전하 세

세 주 님 – 전 하 세 아 멘 – –

| 기타코드 |

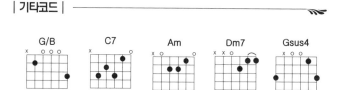

074 우리 모두 양과 같이
(All we like sheep)

Don Moen

우리모두- 양 과- 같이- 길을잃고- 제갈길
멸시받고- 거 절당하신- 죽임당하- 신어린

-로 갔네- 범죄하여- 주 영광 을- 잃어버
-양 예수- 우리고통- 우 리의 죄악가져가

-렸네- 주의영- 광을다- 시보게
-셨네- 아들예- 수의피- 로정결

-하소서 주의임 재가운데- 살 게- 하소-서 오
-케하사 아버지 앞에경배- 하 게- 하소-서

주- - 여 은혜와자- 비베푸- 소서

이땅을고- 치고서- 우리죄를- 사하 소서

- 주의 영광- 다시 보-게 하 소서-

075 우리에겐 소원이 하나있네
(우릴 사용하소서)

김영표

우리 에겐소원이- 하나있 네 주님 다시오-실- 그날까

지 우리 가슴에- 새긴 주의 십 자가- 사랑 나의

교회를- 사랑케-하 네 주의 교회를향한- 우리마 음 희생

과포기-와 가난과고- 난- 하물 며 죽음조-차- 우릴

막을수없네 우리 교회는- 이땅의- 희 망 교회를

교회되-게-예밸 예배되-게- 우릴사용하-소-서- 진정한

부흥의-날- 오늘 임하도-록- 우릴사용하-소 -서-

성령안- 에예배 하 리라- 자유의-마음으 로

사랑으-로사역 하리라- 교회는-생명이니 - 교회를

076 위대하신 주
(The Great God)

정신호

위대 – 하 –신 –주– 열방 –의 –빛 –소망되

– 신 – 하 – 나 – 님　주의 –영 – 광 –을 –나타내

– 소 – 서 –　주의 –위 –엄 –과– 그광

– 대 – 하 – 심을나 –타 –내 –소 –서　주만 –높

– 여 –드 –릴 –때 –　–　우 리 가

기 –도 –할 –때 –에 –　우 리 가

찬 –양 –할–때 –　열방이 –　주의크

–심 –을 –보 –네 –　열방이 –　주의영

–광 –을 –보 –네 –––　–

077 은혜로만 들어가네
(Only By Grace)

Gerrit Gustafson

은혜로만 –들어가 – 네 –　은혜로만 –선다네 –

우리의노 –력이아 – 닌 –　어린양의 –보혈로 –

그분의임 –재가운 – 데 –오 라 –하시네 –

우리를부 –르신그 – 곳　은 혜로들어 –가 네 –

주님의그 –은 혜 –　　범죄한우 –리가어

–찌 서 리 요　　어린양의 –보혈이

– 깨끗케 –하시네 –

주님의그 –은 혜 –　　주님의 –그은 혜

주님 의그 –은 혜 –

| 기타코드 |

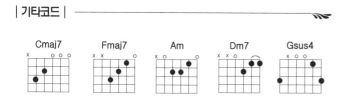

Cmaj7　　Fmaj7　　Am　　Dm7　　Gsus4

| 기타코드 |

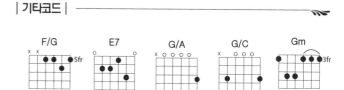

F/G　　E7　　G/A　　G/C　　Gm

078 이 땅의 동과 서 남과 북
(한라에서 백두까지 백두에서 땅 끝까지)

고형원

이 땅의 동 과 서 남 과 북 - - 가 득 한 - 죄악 용서
한 라에서 - 백 두 까지 - 백 두 - 에서 땅 의

하소서 - - 모 든 우상들은무 너 지 고 주님
끝 까지 - - 주 님 오신길을에 비 하 며 주님

만 높이는 나라 되 게하 - 소서 이 땅 의지 친 모
만 섬기는 나라 되 게하 - 소서 이 땅 의주 님 교

든 영혼 - - 주 예수 - 사 랑 알 게 하소서 - 저
회 위에 - - 하 늘의 - 생 기 부 어 주소서 - 열

들 의 아픔과눈 물 씻 는 주님 의 보혈이땅치 유 하소서 -
방 을 치유하는 주 백성 주님 의 군대를일으켜 주소서 -

성 령의 - 새 바람 - - 이 땅 에불어오 - 소 서

주 의영 - 그 생 기로 - - 우 리 를다시살 - 리 사

이 땅 에 하나님영광 거하 - 는 그 런나라가 - 되게 하소서 -

열 방에하나님영광 비 추 - 는그 런나라가 - 되게 하소서 -

079 이렇게 좋은 날

최택현

이렇게좋 - 은날 - 아름다운 - 우리의 만남을기뻐합 - 니다

- 하나님의 - 사랑 - 가득한오 - 늘이시간

- 우리의만 - 남을 - 기뻐 해요 - 때론 슬플때 - 도있
Fine

- - 고 - 견디기 힘들 때도있 - 겠 지 - 만 -

우리예수님 - 당신과함 - 께 - 늘 동 행하셔 - - 요 -
D.C.

080 임마누엘
(Emmanuel)

Bob McGee

임 마 누 엘   임 마 누 엘
그 리 스 도   그 리 스 도
할 렐 루 야   할 렐 루 야

그 이 름 은   임 마 누 엘
그 이 름 은   그 리 스 도
찬 양 하 라   할 렐 루 야

우 리 와   함 께 하 네
우 리 를   구 원 하 신
하 나 님   찬 양 하 라

그 이 름 은   임 마 누 엘
그 이 름 은   그 리 스 도
찬 양 하 라   할 렐 루 야

081 이시간 이곳에 모인
(주안에서)

유상렬

C / Em7/B / Am7 / C/G
이 시간- 이 곳에 모인사람들- 우리

F / Dm7 / G7 / C / Em7/B
주안 에서서- 로사랑 해요- 마음을- 열고서

Am7 / C/G / F / D7/F# / C/G / G
주를찬 양해- 이- 곳에 주님사랑 넘 치리-

C G/B Am7 / Dm7 G7 / C G/B Am7
주 안에서- 우리들 은 늘하나- 마음다하여- 우리들

D7 G7 / Em7 E7 / Am7 F#dim7
은 늘하나-언 제나주안 에서 찬양합시다- 주님

F Fm7 C
께 영광 찬-양- -

082 전능하신 나의 구주
(모든 것 가능해 / All Things Are Possible)

Darlene Zschech

C2 / Am7 / C2
전능-하신 -나의-구주 안전-한나

Am7 / F2
-의 피-난-처 주같-으신 -분없-네--

F2 / G / C2 / Am7
어느-누가 -비기-리- 날반-석위 -에세-우시니

C2 / Am7 / F2 / G
나흔-들리 -지않-네-- 나의-유일 -한소-망--

F2 / G / A A/C# / D2
나의-주 나 -의구-원 - 내입-술 주

Bm7 / D2 / Bm7
-를찬 -양-해 주말-씀 내 -맘에-있-네

G / A / D/A A / G / A / D/A A
새노-래로 -주찬양하리-- 내영-혼송 -축해-

D2 / Bm7 / D2
기쁨-으로 -채우-시-니 나항-상주

Bm7 / G / A / D/A A
-기 뻐-하-리 새노-래로 -주찬양하리--

1. G / A / D/A / C2 Am7 C / Am7
내영-혼송 -축해- -

2, 3. G / A / D/A A / Bm / A / G
내영-혼송 -축해 약할때내 힘되-시고 -

D/F# / G / Bm7 A / Bm7 A / G
날부요- 케 하시며 그이름 의권능-으로 -

A / G A / G
모든것가 -능해- 모든 것가 -능해-

A / G A
모든 것가 -능해- 모든 것가 -능해-

C

| 기타코드 |

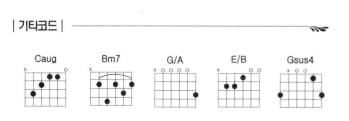

Caug   Bm7   G/A   E/B   Gsus4

083 저 높은 하늘 위로 밝은 태양
(나로부터 시작되리)

이천

저높은하늘위 로 밝은태양 떠오르듯이

난 주저앉지 않으리

어떤어려움에 도 주의길을 선택하리

빛 가운데로 걸으리

주님을 크게보는 믿음가지고 세상에 나

타내리라 놀라운 주의사랑을

주의꿈을안고 일어 나리라 선한능력으로

일어 나리라 이땅의부 흥 과 회복은

바로 나로부터시작되리

084 전능하신 하나님
(With Me)

심형진 & 이규헌

전능하 신하 나님 지금함 께하 시니
주의영 이가 득해 풍성하 신은 혜로

기쁨으로 주찬 양해 한없는 사랑 으로

두려움 떠나 가고

모든걸 박푸 셨네 자유해

위대한 하 나님 나와함께하 시니

내모든 삶 주께속 했네

온세상구 하신 하나님독 생자 주와함

께 땅끝까 지 가리라 주와함 께

Last time Fine   1st time D.C.

두려움 떠나 가고 모든걸
주와함 께찬 양해 주와함

박푸 셨네 자유해 위대한
께선 포해

D.S. al Fine

| 기타코드 |

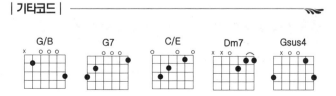

085 주께 감사하세
(O Give thanks to the Lord)

Brent Chambers

C Am G Em/G Am Em

주 께 감 사 하 세 그 는 선 하 시 며

F C/E Dm Bb/F Gsus4 G7

인 자 하 심 이 영 원 함 이 라

C Am G Em/G Am Em

주 께 감 사 하 세 그 는 선 하 시 며

F C/E Dm G7 F/C C

인 자 하 심 이 영 원 함 이 라

086 주님 다시 오실 때까지

고형원

C G/B Am FM7 G C

주 님 다 시 오 실 때 까-지 나- 는 이 길 을 가 리 라

Am Em F G7 C G

좁 은- 문 좁 은- 길 나 의 십 자 가 지 고

C G/B Am FM7 G C

나 의 가 는 이 길 끝 에-서 나- 는 주 님 을 보 리 라

Am Em F G7 C G/B

영 광- 의 내 주- 님 나 를 맞 아 주 시 리

Am Em F G7 E/G#

주 님 다 시 오 실 때 까- 지 나 는 일 어 나 달 려 가 리 라

Am Em F Dm7 Gsus4 G

주 의 영 광 온 땅 덮 을- 때 나 는 일 어 나 노 래 하 리

C Am F Gsus4 G

내 사 모 하 는 주 님-- 온 세 상 -구 주 시 라

C Am F G7 C

내 사 모 하 는 주 님-- 영 광 의 왕 이 시 라

C

087 주께 와 엎드려
(I Will Come And Bow Down)

Martin Nystrom

C Am Dm F/G G7

주 께 와 엎 드 려 경 배 드 립 니 다

G/F Em A7(b9) Dm Gsus4

주 계 신 곳 엔 기 쁨 가 득 -

G7 Am Bsus4 B/D# Em A7

무 엇 과 도 누 구 와 도 바 꿀 수 없 네

Dm F/G G7 F C/E Dm C

예 배 드 림 이 기 쁨 됩 니 다 -

| 기타코드 |

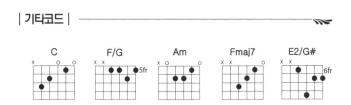

C F/G Am Fmaj7 E2/G#

088 주님 내게 힘 주시네
(불가능 가능케 돼 / Nothing Is Impossible)

Joth Hunt

주님 내 -게힘 주시네 - 그 -분의 능-력

모든것 - 할수-있 네 --- 불 -가능가능케돼

주님 눈 -열어 주시네 강 - 한진깨지고

- 믿음으 - 로-살리 -- 불 -가능가능케돼

보는 대로

살 지않-으 리 느낌 따라 가 지않-으

리 - - 주님-내 맘 속에 계시-네

- 모든-것 가 능케 하신-주 -

주님 내 -게힘 주시네 - 그 -분이 능-력

모든것 - 할수-있 네 --- 불 -가능가능케돼

주님 눈 -열어 주시네 강 - 한진깨지고

- 믿음으 - 로-살 리 -- 불

- 가능가능케돼 - 가능가능케돼

난믿네 난믿 네

난 믿 네 난믿 네 주 - 님 난믿네 난믿

네 난믿네 난믿 네 주-님 네 주-님

| 기타코드 |

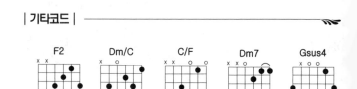

F2   Dm/C   C/F   Dm7   Gsus4

089 주님 뜻대로 살기로 했네
(돌아서지 않으리 / No Turning Back)

김영범

주님뜻 대로 – 살기로 했네 –
이세상 사 람 – 날몰라 줘도 –
세상등 지고 – 십자가 보네 –

주님뜻 대로 – 살기로 했네 –
이세상 사 람 – 날몰라 줘도 –
세상등 지고 – 십자가 보네 –

주님뜻 대로 – 살기로 했네 –
이세상 사 람 – 날몰라 줘도 –
세상등 지고 – 십자가 보네 –

뒤돌아서 – –지 – 않겠네 – – – –

뒤돌아서 – –지 – 않겠네

어떠한 시련이–와도 – 수많은 유혹속–에도
이해못–하고 – 우리를 조롱하–여도

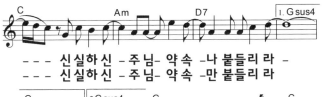

– – – 신실하신 – 주님– 약속 –나 붙들리라 –
– – – 신실하신 – 주님– 약속 –만 붙들리라 –

– 세상이 – 결코 돌아서지 않으리

090 주님은 나의 사랑
(My Love And My Light)

Don Moen

주님은나 – 의사랑 – 내삶의이 – 유되시 – 며

어둠속에 – 내소망 – 내노래되 시 – 네 –

주님이주 – 신기쁨 – 날이 갈수록커 – 져가리 – 라 –

영원영원히 – 감사를드 리 – 리 –
Fine

주님주 – 신 것 – 다 알수가없 – 네 –
주의이 – 름 을 – 영 원히높이 – 며 –

우 릴 선 택해–불 러 주–셨 네
찬 양의 제 사주– 께 드 리 리 라

보좌로 –부터– 생명과강건 –함 –
주계신 – 곳에– 나살기원하 –니

어 느 곳에나–흘 러넘–치 네 –
주님 닮도록–날 빛으–소 서 –
D.C.

| 기타코드 |

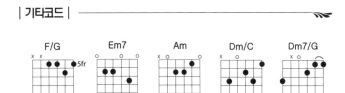

091 주님의 시간에
(In His time)

Diane Ball

주 님 의 – 시 간 에 –
기 다 려 – 그 때 를 –

그 의 뜻 이뤄 지 리 기 다 려 –
그 의 뜻 이뤄 지 리 기 다 려 –

하 루 하 루살 동 안 주 님 인 도 하 시 니
주 의 뜻 이 뤄 질 때 우 리 들 의 모 든 것

주 뜻 이 룰 때 까 지 기 다 려 –
아 름 답 게 변 하 리 기 다 려 –

093 주를 향한 나의 맘

심형진

주 를 향 – 한 나 의맘 – 누 구 도 – 뺏 지 못 해
주 는 나 – 의 구 세 주 – 항 상 날 – 인 도 하 네

이 세 상 – 어 딜 가 도 – 그 사 랑 – 넘 쳐 나 – 네
이 세 상 – 어 딜 가 도 – 그 사 랑 – 전 하 리 – 라

주 를 향 – 한 나 – 의사랑 감 출 수 – 없 으 – 리 –

세 상 사 – 람 비 – 웃 어 도 멈 출 수 – 없 네 –

예 수 만 이참된 – 소 망 – 예 수 만 이참된 – 기 쁨 –

예 수 만 이참된 – 내 구 – 세 주 – –

092 주를 보라
(For You Are Glorious)

David W. Morris & Mike Massa

주 를 보 라 고 난 으로면 류 관 을 쓰 시 고

만 민 위 해죽 임당 하 사 모 든 만 물 회복 하 셨

네 – – 주 예 수 보 라 보 좌 오 른편에앉 으

사 우 리 위해기 도 하 시 고 그 말 씀 만물다 스 리시

네 – – – – – 영 광 의 주 예 수 – 승 리 의하나님 모

든 권 세 이 기 – 셨네 – 영 광 의 주 예 수 –

승 리 의하 나 님 원 수 를 정 복 하 – 셨 네 – 이

세 상 권 – 세 를 – 그 발 아 래 – 두 신 – 왕 되

신 주 통 치 – 하 네 –

| 기타코드 |

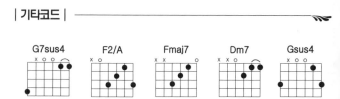

G7sus4   F2/A   Fmaj7   Dm7   Gsus4

094 주를 영원히 송축해

(내 기쁨 되신 주 / Made Me Glad)

Miriam Webster

주-를- 영원히-송축-해-

항--상- 주의지-하리----

두--렴- 속에서날-건지- 사--
내--가 사모할자-오직- 주--

반--석- 위에날-세우셨-네--
주--와- 같은분- 없으리---

요동하지-않고- -주를고백-하리
내기쁨되-시는- --

-나의-방패- -힘-과- -내-기

-업-구원- -자-피난- 처-강한성

-루-언제- 나나-의도- 움되-시네-

095 주 안에 우린 하나

(기대)

천강수

주안에우린하 나 모습은달라 도 예수님 한

분만바라네 사랑과선행으로 서롤 격려

해 따스함 으로 보듬어-가리- 주님 우리안에

함 께하시니- 형제자-매의- 기 쁨과슬-픔느끼네-

네안에 있는 주님 모습보네 그분기뻐하시네

주 님우릴통-해 계획하-신일-

부족한-입술로-찬양 하게하-신일- 주 님우릴통-해

계획하-신일- 너 를통해하실일기대 -해-

C

| 기타코드 |

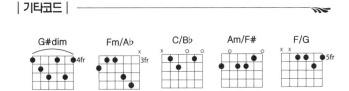

G#dim   Fm/Ab   C/Bb   Am/F#   F/G

098 주 은혜 날 채우시네
(Your grace is sufficient)

Martin Nystrom

주 은혜날채—우시네 — 나 약할때주— 날
온전케해 — 내마음모—두 주 께드리니 — 그
은혜 날채 — 우시네 — 주 —

나 주님의약 — 속을의 — 지하니— 그 사랑날붙—드시네
그 피로내죄 — 를대속 — 하시고— 날 의롭다부—르시네

— 보 혈로내죄 — 모두씻 — 어지니 — 주
— 심 판대신긍 — 홀올베 — 푸시니 — 은

자비만구 — 합니다 — 주 —
헤로자유 — 합니다 —

099 주의 거룩하심 생각할 때
(주께 경배해 / When I look into Your holiness)

Wayne Perrin & Cathy Perrin

C

주의 거룩하심생 각 할때— 주의 크신사랑느 낄 때
주의 영광의빛 나의 생활 비춰주 실 때 —
주가 주신기쁨맛볼때 에 — — 주의 사랑속에나잠길 때
주의 영광의빛 나의 생활 비춰주 실 때 —

경 배 하 리 — 경 배 하 리 —
나 사 는 동 안 주께경 배 해 — —
경 배 하 리 — 경 배 하 리 —
나 사 는 동 안 주께경 배 해 —

| 기타코드 |

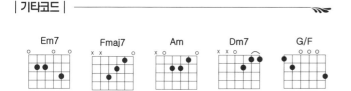

Em7　　Fmaj7　　Am　　Dm7　　G/F

100 주의 성령의 강물이
(주의 성령의 강물)

송요셉

주의 성령의 - 강물 - 이 나를 채우고 - 넘쳐 - 온땅

에 흘러 - 가는 - 꿈을 - 꾸네 - 주의

성령의 - 강물 - 이 나를 채우고 - 넘쳐 - 온땅

에 흘러 - 가는 - 꿈을 - 꾸네 - 채워주 - 소 - 서

- 부어주 - 소 - 서 거룩하 - 신 - 주 - 성령내 - 안 - 에

- 넘쳐흐 - 르 - 는 사랑의 - 노래 - 열방을향

- 하여 흘러가 - 리 - 주의 -

101 주의 임재가 있는 곳
(지성소)

김영진

주의임재가있 는곳 - 그지성소에들 어가 -

나는바라보네 주의영 광의얼 굴

주의영광이있 는곳 - 그보좌앞에나 아가 -

나는경배하네 아름다 우신주 님

전 능 - 하신 - 주 - 주는거 - 룩 - 주는거

- 룩하 - 신주 놀라 - 우신 - 주 - 주는존

- 귀 - 주는존 - 귀하신 - 나의주 -

102 주 품에 품으소서
(Still)

Reuben Morgan

주 품 에 품으소 서
주 님 안 에 나 거 하 리

능 력 의 팔 로 덮으 - 소 - 서 -
주 능 력 나 잠 잠히 - 믿 - 네 -

거친파도 날 향해 - 와도 - 주와함께 날 아오 - 르리 -

폭풍가운 데나의 - 영혼 - 잠잠하게 - 주를보 - 리라 -

103 찬양을 드리며
(Into Your Presence Lord)

Richard Oddie

찬 양 을 드 리며 주 앞 에 옵 니 다

내 삶 을 드 리네 두 손 들 고

주 경 배 드 릴때 주 님 을 느 끼네

내 눈 보 게 하 소서 주 님 얼 굴 -

104 천사들이 찬양하며
(I Hear Angels)

Gerrit Gustafson

천사 들-이 찬양하-며 보좌앞-에 모든민-족
불꽃같-은 주님의-눈 뇌성같-은 주의음-성

절하며-- 엎드리 네 많은물-의 소리같-이
빛나는-- 주의위 엄 무지개-의 온갖빛-이

크게부-는바-람같-이 큰 무리가-- 찬양하 네 모든
주의보-좌둘-렀으-니 아 름다움-- 가득하 네

족 속방-언사 람들-의 찬 양소-리울-릴때 그

모 든눈-물 씻 겨지-리 라 - 거룩

거 룩 - 전능 의-주 - 항 상 동일 하신주-
모든 만-물 영광돌 리-네-

님 - 모든 천-사 외치네 거-룩-보좌
모든 만-물 영광돌 리-네-

에 계신 어린-양-께 - 거룩 께

105 하나님 오른편에 앉아 계신
(You Sat Down)

Mark Altrogge

하나 님 오른편 -에 - 앉아계 -신 - 영광의 주

하나 님 오른편 -에 - 앉아계 -신 - 영광의 주

왕의 왕 주의주 - 의와 진리 신실하 신 주

나의주 -님 - 나의생 -명 - 영원 히 섬기 리

106 하나님 한번도 나를
(오 신실하신 주)

최용덕

하나님한 번도 나를 - 실망시킨적없으 시고 -
지나온모 든세 월들 - 돌 -아보 -아 - 도 --

언제나공 평과 은혜 -로 나를-- 지키셨 네
그어느것 하나 주의손길 안미친것 전혀없 네

오 신실 하 신 주 오 신실 하 신 주

내너를떠나지도 않으리라 내너를버리지도 않으리라

약 속 하셨던 주님 - 그 약속을 지키 사

이 후 로도 영원 토록- 나를 지키시리라 확신하 네

기타코드 |

Caug C2 Bb G7 F#

C

107 하나님의 음성을 듣고자
(시편 40편)

김지면

하 나님의음성을 듣고 자 _ 기 _ 도하 면
주 를의지하 _ 고 교만 하 지않 _ 으 면

귀 _ 를 기울이고나 의 기도를 들어주신다_ 네
거짓 에 치우치지아 니하 _ 면 복 이있으리_ 라

깊 은웅덩이 _ 와 수 렁 에 서끌어주시 고
여 호와나의주 는 크 신권 능의_ 주 _ 라

나의 발 을반석위 _ 에 세 우시사 나 를 튼튼히하셨 네
그의 크 신권능으 _ 로 우 리들을 사 랑 하여 _ 주시 네

새 노 래로 _ 부르 자 라라라 하나 님 께올릴찬송 을

새 노 래로 _ _ 부르 _ 자 하나 _ 님 _ 사랑 을

108 하나님이시여
(주는 나의)

유상렬

하나님이시 _ 여 하나님이시 _ 여 주는 나의 하나님이

시 로다 나의몸과마 _ 음 주를갈망하 _ 며 이제

내가 주께고백 하 는말 여호 와는 _ 나의

빛 이요 _ 여호 와는 _ 나의 구원이시니 _ 내가

누구를 _ 두려워 하리요 _ 여호 와는 생명의

피난처시니 _ 주의 인자가 _ 생명보다 나으므로 내

입술이 _ 여호와를 찬 양하리 _ 내 평생에 _ 주를찬양

하며 _ 주의 이 름으 _ 로내 손들리라 _

| 기타코드 |

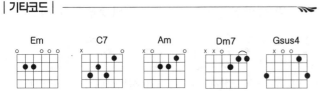

| 기타코드 |

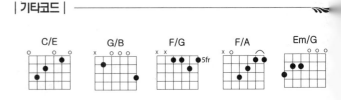

109 하늘보다 높으신 주 사랑
(하나님께서 세상을 사랑하사 / God So Loved The World)

Scott Brenner

하늘보다 – 높으신주사랑 – 바다보다 – 넓으신주사랑

– 나를 – 향한 – 크고높 – 으신 – 사 – 랑

– 헛되고헛된 – 그모 – 든것 – 내게서멀리 – 거두 – 셨 – 네

– 나의 – 수치 – 찬양되 – 었네

– 찬양되 – 었네 영원 – 히감 – 사드 – 리리 주님

– 의그 – 은 – 혜 – 날찾 – 아주 – 신그 – 사랑 – 오주

– 님 내 – 전 – 부 – 사랑 – 해요 – 경배 – 해 요 – 나주

– 위해 – 살 – 리 – 영원토 – 록신 – 실하 – 신주 – 사랑

– 을전 – 하 – 리 –

하나님 – 께서 – 세 – 상을 – 사랑 – 하사 독생자를주셨

– 으니 믿는 – 자는 영생 – 을얻 – 으 – 리 –

– 을얻 – 으 – 리 난믿네 – 난 – 믿네 – 난 – 믿네

– 다시사 – 신독 – 생 – 자 – 난 믿 네

– 난 – 믿네 – 난 – 믿네 –

110 하늘의 별들처럼
(You are special)

천관웅

하늘의별 – 들처럼 – 해변의수 – 많은모 – 래처럼 –
손끝의지 – 문처럼 – 그대의가 – 치는유 – 일하듯 –
키작은애 – 벌레가 – 아름다운 – 나비로 – 변하듯 –

내모습작 – 다 느 – 껴질때 – 이노랠불 – 러봐 – 요 –
주형상따 – 라 – 지 – 음받은 – 그대는특 – 별해 – 요 –
시간이되 – 면 우 – 리들도 – 그렇게변 – 하겠 – 죠

– 때론내 – – 모 습 – – 너무평

– – 범 해 – 아무도 – 내 – 게관 심없

– 을거야 – 주 저 앉고 – 싶어 질때 –

– 이세상 – 의 단 한사 – 람 하나님

손 이지 – 은 최 – 고의작 품 아 – 직은 – 온

– 전 치 못 할 – 지 라 – 도 – 조 금 씩

– 완 성 되 가 – 는 오직그 대 – 를향 – 한 완

– 전한계 획하 – 늘의 – 축복받 – 은 You are s-pe-cial
언 – 제나 – 기억해 – 요 You are s-pe-cial

111 하늘의 영광을 다 버리고
(섬김)

전종혁 & 강찬

하늘의 영광을 다 버리고 낮은 이곳에
내려오신 주 죽기까지 나를 사랑하신
그 사랑 얼마나 큰지 우리가 높아지면 그가
낮추시리 우리가 낮아지면 그가 높
이 시리 하나님이 원하시는 세상
으로 나 자신을 낮추는 섬김으로
내 발을 닦아 주사 먼저 섬기시고 서로 사
랑하라고 말씀하시었네 하나님이
원하시는 세상 으로 나 자신을 드
리는 섬김의 모습이 되기를

112 할렐루야 그 성소에서
(시편 150편)

정종원

할렐루야 그 성소에서 찬양하며
그 권능의 궁창에서 찬양할지어다
그 능하신 행동을 인하여 찬양하며
그 지극히 광대하심을 좇아 찬양할지어다
나팔 소리로 찬양하며 비파와
수금으로 찬양할 지어다 소고 치며 춤추며 찬양
할렐루야 현악과 통소로 찬양하며
모든 제금으로 찬양할 지어다
호흡이 있는자마다 할렐루야

| 기타코드 |

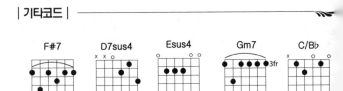

113 할 수 있다 하신 이는

이영훈 & 장욱조

할수있다 하신이는 나의 능력 주하나님

의심 말라 하-시고 물결 위 로오라하시 네
나를 바라 보-시고 능력준 다하-시-네
주저 말라 하-시고 십자 가 를지라하시 네
변치 말라 하-시고 성령 충 만하게하시 네

할수있 -다하신주 할수있 다하신 주

믿음만이 믿음만이 능력이 라하 시 네
사랑만이 사랑만이 능력이 라하 시 네
희생만이 희생만이 능력이 라하 시 네
성령만이 성령만이 능력이 라하 시 네

믿음만이 믿음만이 능력이 라하 시 네
사랑만이 사랑만이 능력이 라하 시 네
희생만이 희생만이 능력이 라하 시 네
성령만이 성령만이 능력이 라하 시 네

115 항상 진실케
(Change My Heart O God)

Eddie Espinosa

항상진실케 - 내맘바꾸사 -

하나님 닮 게 - 하여주소 서
Fine

주 는토 기 장이 나 는진흙 -

날빛으소 -서 기도 하오 니
D.C.

114 허무한 시절 지날 때
(성령이 오셨네)

김도현

허무한시 절지날때 - 깊은한 숨내쉴때 -
억눌린 자갇힌자 - 자유함 이없는자 -

그런풍경보 -시며 -탄식 하는분 -있네 -
피난처 가되 -시는 --성 령님계 -시네 -

고아같 이너희를 -- 버려두 지않으리 -
주의영 이계신곳에 - 참자유 가있다네 -

내가 너희와영원히 - 함께하 -리라 -
진 리 의영이신 - 성 령이오 -셨네 -

성령이오 -셨네 - 성 -령이오셨네 -

내 주의보 내신 - 성 령이오 -셨네 -

우리인 생가운데 - 친히찾아 -오셔서 -

그 나 라꿈꾸게하시 네

C

| 기타코드 |

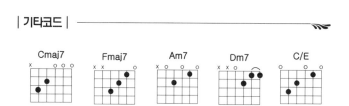

Cmaj7   Fmaj7   Am7   Dm7   C/E

116 힘든 일 있었나요

(당신은 예배자)

민호기

힘든일있었나요 - 기쁜일많았나요 - 있는

모 습 그 - 대 - 로 - 오 세 요 -

두려운맘있나요 - 죄의짐무겁나요 - 주님의

- 넓 - 은 - 품 당 - 신 을 - 기다리시 죠

당신은 예배자 - 세상이 감당치 - 못하는
세상을 이 기게 - 되리라

당신은 예배자 - 주님의 기쁨 -
이땅의 소망 -

117 힘들고 지쳐 낙망하고

(너는 내 아들이라)

이재왕 & 이은수

힘들고지-쳐낙망하고넘-어져-일어 날힘전혀없-을때

-에 - 조 - 용히다가와 - 손 잡아주시며 - 나

에게 말씀 하시네 - 나에 게 실망하 - 며 - 내

자신연 - 약해 - 고통 속에 눈물 흘 - 릴때 - 에 - 못자

국난그손길 - 눈물 닦아주시며 - 나 - 에게 말씀하 - 시네

- 너 는내아들 - 이 라 오늘날내가 -

너 를 낳았도다 - 너 는내아들 - 이 라 나의

사랑하는내 아들이라 - 언제나변함 - 없이 -
Fine

너 는내아들이라 - 나의 십자가고통 - - 해산의

그고통으로 - 내가 너 를 낳았으니 -
D.S.

118 너는 크게 자유를 외치라

김영선

너는 크게 자유를 외치라 이 땅 에 주의 나팔 불어 –

그 거룩한 나라의 소식을 만 백성에게 알리 어라 –

네게 약속된 땅으로 돌아가 내 가 준 자유를 누리고
너희 포로된 형제를 놓아라 갇힌 자마 – 음 상한 자
너는 찬양의 제사를 드려라 네 손의 쟁기를 버리고

내 – 법도를 지켜 행하며 안식을 취하리 라 – 너는
그 흘린 눈물을 네 가 닦으며 해방을 선포하 라 – 너는
넓은 땅 가득한 나 의 식물을 너희가 먹으리 라 –

라 – 나는 너희의 하나님 이라 – 약속 한 땅을 네게 주 리라 –

나는 너희의 여 호 와 – 너희를 인도한 하나님 이라 –

119 들어주소서 나의 주여

정은경

들 어주소 – 서 나 – 의 주 – 여

내 영 – 의 소원을 – 살 피소서 –

주 가 주신 나의 이 생명 주 뜻대로 이끄 사

어 두워진 이 – 세 상에 한 빛 되게 하소 서
썩 어가는 이 – 세 상에 소 금 되게 하소 서

120 성령의 비가 내리네
(Let it rain)

Michael Farren

성 령 – 의 – – – 비가 내 리네 –

하 늘의 문 – 을 여소 – 서 –

성 령 – 의 – – – 비가 내 리네 –

하 늘의 문 – 을 여소 – 서 –

| 기타코드 |

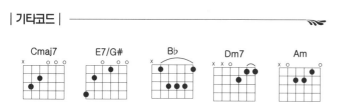

Cmaj7 E7/G# B♭ Dm7 Am

121 성령님 오시옵소서

도영준

성령님 오시옵소 -서 오주님 임하옵소 -서

황폐한 이 땅 가운 -데 성령님 오시옵소 -서

성령님 오시옵소 -서 오주님 임하옵소 -서

메마른 뼈 들 가운 -데 성령님 오시옵소 -서 -

물이바 다 덮음 같 이 -주영광 가득 하리 -라

물이바 다 덮음같 이 -주영광 충만 하리- 라

라 -물이바 다 덮음같 -이 물이바 다 덮음같- -이-

물이바 다 덮음같 - -이 성령님 오시옵소 -서- -

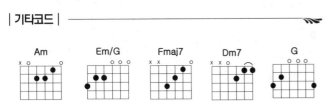

122 주님이 홀로 가신
(사명)

이권희

주님이 홀로 가 신그길 나도 따 라가 오

모든 물 과 피를 흘리신 그길 을 나도- 가 오

험한 산 도나는 괜찮소 바다 끝 이라도나는 괜찮소

죽어 가 는 저들 을위해 나를 버 리길바 라 오

아버 지 나를보내주 오 나는 달 려가 겠 소
세상 이 나를미워해 도 나는 사 랑하 겠 소
생명 을 버리면서까 지 나를 사 랑한 당 신

목 숨도아끼지 않겠소 나 를 보내 주 오
세 상을구원할 십자가 나 도 따라 가 오
이 작은나를받 아 주오 나 도 사랑 하 오

| 기타코드 |

Am   Em/G   Fmaj7   Dm7   G

123 하나님 거룩하신 분

(우리 겸손하게 / We humble ourselves)

Malcolm du Plessis & Paul Baloche, Rita Baloche

하 나님 – 거룩 하 신분 – 그의 길 –완–전하며 –

긍 휼과 – – 크신 사랑으로 – 아버 지맘–보이 셨네 –

그 러 나우–린주를 –떠나– 그 은혜를멸 – 시하여 –

제 갈길로 – –방황 – 하며 – 쓰러 지고– 길잃 었네 –

우리 겸손히주 – 앞에나 –와 – – 우리 허물을고 – 백합니

–다 – 죄 와 수치 – 거 두 소서– 교 회의회 –복 위

– 하여 – 주의 부흥내려 – 주소서 – 이 땅에 –

| 기타코드 |

 F   Em7   Em7/G   C/E   B♭

◆ 장벽을 넘어

　하나님은 모든 민족에게 복음이 전파되기를 원하셨습니다. 하지만 제자들은 이방인을 사람 취급도 하지 않았습니다. 하나님은 그 생각을 바꿔 주시려고 이방인 고넬료와 유대인 베드로를 만나게 해주십니다. 그 이야기가 바로 사도행전 10장의 사건입니다.

　사도행전 10장은 복음의 확장을 가로막는 선민의식을 바꿔 주기 위해 나오는 너무나도 중요한 장입니다. 사도행전 10장 1절에 나오는 이방인 고넬료는 로마 사람이었고 군대의 백부장이었습니다. 당시 로마는 지중해를 호수 삼아 북부 아프리카와 팔레스타인까지 점령하여 식민 통치하고 있었습니다. 로마는 욥바와 가까운 항구 도시인 가이사랴에 총독부를 설치했습니다. 어느 날, 고넬료가 기도하는 중에 천사가 나타나 "고넬료야, 욥바에 있는 베드로를 청하여 말씀을 들으라."고 하셨습니다. 천사의 지시를 받은 고넬료는 베드로를 초청하기 위해 욥바에 종을 보냈습니다. 그러나 문제는 이방인들과는 상종도 하지 않는 베드로에게 있었습니다.

　"유대인으로서 이방인과 교제하며 가까이 하는 것이 위법인 줄은 너희도 알거니와"
　(사도행전 10:28)

　성경에 나온 것처럼 유대인이 이방인의 집에 들어가 교제하는 것은 철저한 금기 사항이었고 베드로도 예외는 아니었습니다. 주님은 그 생각을 바꾸시기 위해서 아래와 같은 환상(Vision)을 보여 주십니다.

　"이튿날 그들이 길을 가다가 그 성에 가까이 갔을 그 때에 베드로가 기도하려고 지붕에 올라가니 그 시각은 제 육 시더라 그가 시장하여 먹고자 하매 사람들이 준비할 때에 황홀한 중에 하늘이 열리며 한 그릇이 내려오는 것을 보니 큰 보자기 같고 네 귀를 매어 땅에 드리웠더라 그 안에는 땅에 있는 각종 네 발 가진 짐승과 기는 것과 공중에 나는 것들이 있더라
　또 소리가 있으되 베드로야 일어나 잡아 먹어라 하거늘 베드로가 이르되 주여 그럴 수 없나이다 속되고 깨끗하지 아니한 것을 내가 결코 먹지 아니하였나이다 한대 또 두 번째 소리가 있으되 하나님께서 깨끗하게 하신 것을 네가 속되다 하지 말라 하더라 이런 일이 세 번 있은 후 그 그릇이 곧 하늘로 올려져 가니라"(사도행전 10:9-16)

　유대인에게 뱀이나 돼지 같은 동물은 부정한 것이며 유대 마인드를 가지고는 절대로 먹을 수 없는 것들이었습니다. 유대마인드를 가지고 있던 베드로가 어떻게 돼지나 뱀을 잡아먹을 수 있겠습니까?
　제가 감비아에서 사역했을 때입니다.
　"똑 똑 똑!"
　어느 날 조심스럽게 문 두드리는 소리가 들려 밖을 살펴보았습니다. 그런데 밖을 내다보는 순간 저는 기절할 뻔했습니다. 평소 기독교 무리들이라고 가까이 오지도 않던 모슬렘 원주민이 서 있었기 때문입니다. 그것도 두 명의 덩치 큰 장정이 땀을 뻘뻘 흘리며 멧돼지 한 마리를 메고 있었습니다.
　이유는 이랬습니다. 두 청년이 어깨에 둘러맨 멧돼지는 여태껏 그들의 농작물을 헤치고 쑥대밭으로 만든 주

범이었습니다. 여러 명이 동원되어 전쟁을 치른 끝에 멧돼지를 잡는 데 성공했는데, 문제가 있었던 것입니다.

무슨 문제였을까요? 더 이상 농작물 걱정을 안 해서 좋고, 투실투실 살찐 멧돼지를 잡아먹을 수 있어서 좋았을 텐데요. 바로 그들은 모슬렘이었기 때문입니다. 아시다시피 모슬렘에게 그것은 그림의 떡입니다. 모슬렘도 아브라함을 자기들의 조상으로 여기고 있기 때문에 절대로 부정한 동물(레위기11장)을 먹지 않습니다.

모슬렘 형제는 멧돼지를 잡기는 잡았는데 그냥 버리기에는 아깝고, 그렇다고 먹을 수도 없고, 고심 끝에 저희 센터로 찾아온 것이었습니다. 형제는 슬금슬금 눈치를 보며 조심스럽게 물물교환을 요청했습니다.

솔직히 그동안 고기 맛을 본지도 꽤 오래 됐고, 또 그 정도 크기의 멧돼지라면 센터 안에 있는 사람들이 실컷 먹고도 남을 양이었기 때문에 저는 어떻게 해서든 계약을 성사시키기로 마음먹었습니다. 저는 은근히 그들이 멧돼지의 값어치에 버금갈 만한 것을 요구할 것 같아 걱정이 되었습니다. 그런데 그들이 우리에게 요구한 것은 어이없게도 달랑 축구공 하나였습니다.

세네갈에 둘러싸여 있는 감비아 사람들은 아프리카 대륙의 다른 나라들처럼 엄청 축구를 좋아합니다. 축구공 하나 갖는 게 소원인 청소년이 많습니다. 그러니까 멧돼지 한 마리와 축구공을 바꾸자고 한 것입니다. 그들은 돼지가 얼마인지, 축구공이 얼마인지 그 가치를 몰랐던 것이죠. 그들의 제안을 듣고 저는 속으로 얼마나 기뻤는지 모릅니다.

"하나님, 감사합니다. 우리의 연약함을 아시고 이렇게 살찐 멧돼지로 먹이시나이다!"

그들이 제 표정을 볼 수 없도록 문을 닫고 펄쩍펄쩍 뛰며 춤을 췄습니다. 은근히 장난기가 발동한 저는 방에 있던 축구공을 들고 나가 그들에게 천연덕스럽게 얘기했습니다.

"너희들, 이 축구공이 얼마나 좋은 것인지 알아? 봐라, 까맣고 하얗고 반들반들한 이 축구공하고 어떻게 이렇게 하찮은 멧돼지와 바꿀 수 있냐? 너희 같으면 이렇게 예쁘고 귀한 축구공을 함부로 내 줄 수 있겠느냐?" 그랬더니 그들이 저에게 사정을 하며 다음에 한 마리 더 잡아다 주겠다는 것이었습니다. 그날 저와 제 아내는 축구공 하나와 멧돼지를 바꾸고 신바람이 나서 멧돼지 요리를 준비했습니다. 기름기가 좔좔 흐르는 멧돼지를 맘껏 먹을 수 있다는 기쁨에 그동안 힘들고 고생스러웠던 기억이 모두 사라지는 듯했습니다.

숯불위에서 돼지고기가 노릇노릇 익어 갈 즈음, 함께 센터에서 생활하던 우리 감비아 청년들을 불렀습니다.

"얘들아 빨리 와라, 철판구이 바비큐 파티하자!"

돼지고기를 먹는다는 마음에 들떠 있는 저와는 달리 어쩐지 아이들의 표정은 심상치 않아 보였습니다.

모두들 머뭇거리고 있는데 '맛싸네'라는 청년이 말했습니다.

"우리는 그리스도인이야. 이제는 먹어도 돼."

그러고는 당당하게 앞으로 나가 고기를 하나 집어 드는가 싶더니 이내 뻣뻣하게 얼어버렸습니다. 그렇게 몇 번 주저하다가 결국 먹지 못하고 내려놓고 말았습니다. 비록 개종을 해서 크리스천이 되었다고는 해도 그들의 머릿속에는 여전히 돼지를 먹는 것은 끔찍하고 부정한 것으로 남아 있었던 것입니다. 모슬렘들도 이토록 철저히 돼지고기를 먹지 않는데 하물며 정통 유대인인 베드로는 어땠겠습니까? 당연히 먹지 않지요. 그래서 하나님은 베드로에게 미리 환상을 보여 주시고, 그 후 고넬료에게 보내신 것입니다.

고넬료는 가이사랴 로마 총독부 사람입니다. 유대인이 개만도 못하게 취급하는 이방인에다 자신들을 식민통치하고 있는 로마총독부 사람이니 얼마나 미워했겠습니까? 그야말로 그를 돼지나 뱀처럼 여겼을 것입니다. 그러니 베드로가 따라가려고 하겠습니까? 당연히 가지 않지요. 그렇지만 성령님의 음성을 듣고 베드로는 순종합니다. 유대인으로서 이방인과 교제하는 것이 위법이라고 생각했던 베드로의 생각은 고넬료를 만나면서 깨어집니다. 고넬료에게 역사하셨던 하나님에 대한 이야기를 듣는 순간 베드로는 자신이 보았던 부정한 동물들에 대한 환상의 뜻이 무엇인지 깨닫습니다.

"Now I realize. 이제야 알겠다!"

이방인에게 편견이 없으신 하나님의 생각을 알게 된 베드로는 난생 처음 그들에게 설교를 시작합니다. 베드로가 설교할 때 그의 말씀을 듣는 모든 이방인들에게 성령이 임합니다. 제2의 오순절 사건이 일어난 것입니다. 사도행전 2장의 오순절 사건이 유대인들에게 성령님이 임하신 것이라면, 사도행전 10장의 사건은 이방인에게 성령님이 임하신 것입니다.

베드로가 누구입니까? 성령 세례를 받기 전에 예수님을 부인하고 저주했던 인물이 아닙니까. 그러니 성령님이 어떤 분인 줄 베드로만큼 잘 아는 사람이 또 어디 있겠습니까. 베드로는 성령을 받고 하나님의 쓰임을 받아 능력의 종이 되었습니다. 그렇지만 그는 그 성령님이 이방인들에게도 내려올 줄은 꿈에도 생각하지 못했을 것입니다. 베드로는 이방인에 대한 하나님의 뜻을 깨달은 후에 예루살렘으로 갑니다. 그런데 아직까지 하나님의 뜻을 깨닫지 못한 다른 사도들은 베드로가 할례 받지 못한 이방인과 교제했다는 소식을 듣고 힐난하기 시작합니다.

그들은 유대로 내려온 베드로를 보고 "네가 뭔데 할례도 받지 않은 이방인들의 집에 들어가 함께 먹었느냐"고 호통을 칩니다. 그것은 사도들이 성령 충만하지 못해서 그런 것이 아니라 선민의식을 바꿀 기회를 갖지 못했기 때문입니다. 베드로는 고넬료 집에 간 자신을 힐난하는 자들에게 자초지종을 자세하게 설명합니다. 베드로가 말하기를 마쳤을 때 다른 사도들과 형제들은 놀라운 하나님의 생각을 발견하게 됩니다.

"그들이 이 말을 듣고 잠잠하여 하나님께 영광을 돌려 이르되 그러면 하나님께서 이방인에게도 생명 얻는 회개를 주셨도다 하니라" (사도행전 11:18)

그들이 이렇게 고백한 것으로 보아 그전에는 이렇게 생각하지 않았음을 알 수 있습니다. 그러니까 그전에는 "이방인에게는 생명 얻는 회개를 주시지 않았다"고 생각한 것입니다.

예수님과 살을 부비며 살았던 베드로와 초대 교인들도 이처럼 선교 마인드를 이해하는 데 우여곡절을 겪었고, 받아들이는 데 시간이 필요했습니다. 이것이 무엇입니까? 마인드의 장벽입니다. 눈에 보이지 않는 생각의 장벽입니다. 이러한 마인드의 장벽은 첨단 미사일로도 부수기 어렵습니다. 앞으로 살펴보겠지만 복음이 전해지는 곳곳마다 문화의 장벽, 마인드의 장벽, 언어의 장벽이 얼마나 높았는지 알게 될 것입니다. 그 수많은 장벽을 뚫고 우리에게 복음이 전해졌다는 것이 신기할 정도로 말입니다.

저는 개인적으로 사도행전 10장을 읽을 때마다 하나님께 감사합니다. 하나님께서 이방인 고넬료를 통해서 베드로 사도의 생각을 바꿔주셨고, 하나님이 이방인을 사랑하신다는 생각의 전환이 유대인과 모든 믿는 자들에게 일어났고, 이러한 마인드의 변화는 이방인들에게 복음이 증거 되는 놀라운 역사의 출발점이 되었기 때문입니다. 그래서 오늘날 성경을 보는 우리에게까지 복음이 미쳤기 때문입니다.

그들에게 마인드의 변화가 없었다면 우리는 아직도 돼지만도 못한 이방인 취급을 받았을 것입니다. 복음에는 확장성이 있습니다. 그래서 나 혼자만의 복음이 아닌, 유대인만의 복음이 아닌 모든 민족이 복음인 것입니다.

위 글은 '복음에 미치다'(두란노. 이용남 지음)의 일부(p26-33)를 발췌한 글입니다.

작은소리 큰울림
[경청]

124 갈릴리 작은 시골길

한웅재

갈릴리작-은시골-길따라-우 리에게오-신주-님---
그분가는 곳그어-디든지- 하신말씀 무엇이든지--
가진것아-무겄없-다는것 내 세울이름-하나없는것-

그 겸손하고-깊-은-마-음-- 사람들알지 못-했지만-
그 눈길닿는-이-누-구든지-- 세상의것-과는다른--
지은잘못-이-많-다는것- 건강치못-한-것도--

그빛이우-리가운-데오사- 우리의어-둠을비-추시며-
다른힘을-느낄수-있었네- 다른기쁨-느낄수-있었네-
아무런문-제되지-않았지 이 마우린그-분의형-제였네-

우리가있-었던어-둠에서- 우리를구-원-했 네
다른평안-가질수-있었네- 그 분만난날-부-터-
우리는그-분의친-구였네- 그사랑앞-에-서-

우리를구-원했네- 친구를위-하-여- 자기
그 분만난날-부터--
그이해안-에서--

목 숨을-줄-수 있다면 이보 다더큰-사-랑 --없-나

-니 - 말씀하신-대-로- -그분은

우릴-위-해-죽 -으사 나의모든짐-을- 대신지신-하

-나님 다시사셔-서내안 -에계신-

그분은나-의주 -님- 이세상많-은-이 -름-중-

가장귀한- 이름- 그 갈릴리작-은시골- 길따라-

나의이길-도-시 작되리니- 내가살아-간-다 -는것은-

그분을닮-는-것 - 그 길위에서-는것 -

125 감사해요 깨닫지 못했었는데
(또 하나의 열매를 바라시며)

설경욱

감사 해요깨닫지못했 었는데- 내가 얼마나-소중한존재

라는걸- 태초부터지금까지 하나님의사랑은- 항

상 날향하고있었 다는걸- 고마워요- 그사랑을가르

쳐준당신께- 주 께서허락하-신당신 께 그리스

도의사랑으-로더욱 섬 기며- 이제 나도세상에-전하리

라 당신은 사랑받 기-위 해 그 리고

그사랑 - 전하기-위 해 주께서 택 하시고 - 이땅에

심 으셨네 또 하 나의 - 열 매를 바라시 며

126 감사해요 주님의 사랑
(감사해요 / Thank you Jesus)

Alison Revell

감사 해요 주님의 사랑 -

감사 해요 주님의 은 혜

목 소 리 높 여 주 님 을

영 원 히 찬 양 해 요 나 의 전 부 이 신 -

나 의 주 님 -

127 거룩 거룩 거룩 전능하신 주
(Holy, Holy, Holy)

Scott Brenner

거 -룩- 거 -룩- 거 -룩- -전능하
예 -수- 예 -수- 예 -수- -전능하

-신-주하 -나님- 존 - -귀 존 - -귀
-신-주하 -나님- 예 -수- 예 -수-

존 - -귀 -죽임당 - 하 -신어 -린양 -께능
예 - -수- -

-력 -부 -와 -지 -혜와힘 -과존 -귀와영 -광찬

-송보좌위주와 - 어 -린양께 - - 영원 -영원토 -록능

- -영원 -영원토 -록 -

128 나는 믿음으로
(As For Me)

Daniel Dee Marks

나 - 는 믿음으로 주 얼굴보리니 -

아 침 에 깰 때 에 주 형상에 만족하 -리

나 주 님 닮 기 원 하 네

믿 음 으 로 주 얼 굴 보 리 라 -

129 나는 주를 부르리
(I will call upon the Lord)

Michael O'Shields

나 는 주를부 -르 리 찬 양 받으실 -주 님

날 건 지 리 원 수들로부터 - - -오 살 아계신

반석이신주찬양 -구 원의하나님을높이 세 - 오 살 아계신

반석이신주찬양 - 구 원의하나님 을높이 세 -

130 나를 세상의 빛으로
(Light Of The world)

Scott Brenner

나 를세 – 상의빛 – 으 – 로 – 부 르신 – 주님

– 비추소서 – 나도주님의 – 빛을비추리라

– – – –어 둠 을밝 – 히는빛 –

온 세상 – 을 – 비 – 추는빛 – 산 위의 – 마 – 을이숨

–기 – 지 – 못 – 하 –네 – 어 –

132 나 무엇과도 주님을
(Heart And Soul)

Wes Sutton

나 무엇과 – 도주님을바 – 꾸지 – 않으리 –

다 른 어떤 – 은혜 – 구 하 지않 – 으 리 – 오직

주님 만 – 이내 삶에 – 도 움이 – 시 니 – 주의

– 얼굴 보기 – 원합 니다 – 주님 사 랑 해요

– 온맘 과 정성다해 – 하나 님 – 의

신 실 – 한 친구되기 – 원합니다 –

131 나를 지으신 이가
(하나님의 은혜)

조은아 & 신상우

나를 지으신이 가 – 하나 님 나를 부르신이가 – 하나

님 나를 보내신이도 – 하 나 – 님 – 나의

나된것은다 하나님 은혜라 – 나의 달려갈길 다 가도록

– 나의 마 지막호흡 – 다하도록 – 나로

그십자가 – 품게 하시니 – 나의 나된것은다 – 하나님

은혜라 – 한량없는 은혜 – 갚을길없는

은혜 내삶 을에워 싸는 – 하나님의 – 은혜

– 나주저함없 이 – 그땅을밟음 도

– 나를붙드시 는 – 하나님의은혜 –

| 기타코드 |

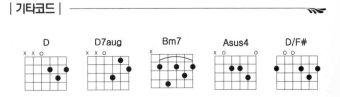

133 나를 향한 (My God)

Marty Sampson

나를-향한 주의-신-실한-사랑

그큰-사랑 나어-찌-다-알-까

아 낌-없 이 내게- 모든 것 내 어주신

주를-위 해 나무-엏드-리-리

주 나-의 -왕- -주 하-나 -님-

온마음-다-해- -찬양-하-리-

날위-하 여 행하-신 모든일 오직주님-만이-내

하나-님되 시-네- -찬 -양-

주님-만 이 - 내하-나 님 -

주님-만 이 - -내하-나 님 -

주님-만 -이 내하-나 -님

주님-만 -이 내하-나 -님 날위-하

134 나의 갈망은 (This Is My Desire)

Scott Brenner

나의갈망 -은 - - 주께서날알 -듯 - - -나도주님
-은 - - -내모든삶 -을 - -사랑의제사

-을 - -온전히야는 -것 - 나의갈망 -은 - 주날사랑하
-로 - -주께드리는 -것 - 내사랑주 -의 - - -기쁨이되

-듯 - - 나도주님 -을 - -사랑하는 -것 - 주얼굴보
-리 - - 주의사랑 -의 - -빛을비추 -리 - 주얼굴보

-게 하-소 서 -주더욱알 -게 하-소 서- -주님

-의눈 -에비 -춰진- 아름 -다움-보리- 주모든것

-주셨- -으니 - 주형상닮 -기위 -하여 -나의 -모든

-것을 -주님 -께드-립니다 - 나의갈망

- 나의갈- -망은-

나의갈- -망은- 주얼굴보

-은 - 주께서날알 -듯 - - -나도주님 -을 - -온전히야는

-것 - -나의갈망 -은 - 주날사랑하 -듯 - - 나도주님

-을 - - 사랑하는 -것 - 나의갈망 -은 -

135 나의 마음이 주를 찬양하며
(예수는 나의 왕)

채한성

나의마음이- 주 를찬양하며- 주이 름 노래하네 -

그 토록 아름다운 주님을- 노 래 하- - 네

나의영혼이- 주 께경배하며- 주이 름 찬양하네 -

너 무도 영화로운 주님을- 찬 양 하 네

하나님의 어린양이- - 이땅에내려 오 셔- 서

죄악속에거 하던나를- 주님은구원하셨 네- 예수는

나 의-왕 나 의 구-원 나 의 노 - 래 -예수는

나 의-왕 나 의 반-석 영광되 - 시 네

136 나의 맘 받으소서
(My Heart Your Home)

Nathan Nockels & Christy Nockels

나의맘 받으- 소- 서 - - - 오셔서

주님의-처소삼으 - 소서 - 나의- 전부이

-신 주 여내맘을 - 받아주소-서 - 나의맘

- 오 나의맘을 - - - - 주님께열었 - - - 으니

- 주 여 내 게 - 오 - 셔서- 내 맘에 - 거하

- 여 주 - 옵소 - 서 주 가 기 뻐 하 는 - 주

의 성 전 되게 하소서 나의맘 - 주 여내맘을

- 받으-소-서 - 주여내맘을 - 받으 -소-서

- 받아- 주 소- -서 -

| 기타코드 |

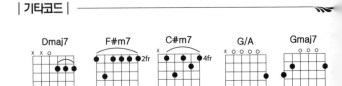

137 나의 부르심
(그 길 따라)

정신호

나 의 부-르 심- 그 길을-따 라-

한 걸음-씩 걸-어갈-때-에 -

그 길 끝에-날맞-아 주시는이- 하나

님의사-랑 예수그리스도- 나를부-르신- 그

사랑의-음성- 내마음-에들-려올-때-에 -

찬송하며-그음-성 따라가리- 주를 경배하-며 달려가리

- 나 를 부르신- 은 혜 의길-따 라

- 나 를 보 내신- 진 리 의길-따 라

- 내 모든 것 드리며내-삶 을 드리며- 주를

예 배하-며 나 아 가 리 - 나 를

- 그 길 - 따 라 -

138 나의 삶이 비록 작을지라도

유은성

나 의-삶이- 비록 작을지-라도- 그

자리에-서주-를섬-기며- 내가한-알의-밀

알이되-어서- 소 망의불-을더-밝게-하며- 힘

이 들고- 어려-울때-마다 --- 그분의

영 광위-해 내-삶드-리면- 내가무릎

꿇 고두-손으-로주-께 기 도드-릴그때 하나

님 께서-는만 손으-로날 위해일하시네- 내가가진

열 정과-정성-을다-해 주 의일-을할때 하나

님 께서-는나의삶을- 책임지-시네- -

| 기타코드 |

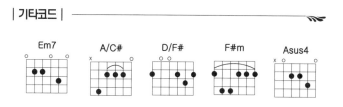

139 나의 생명 드리니
(Take my life)

Louie Giglio & Chris Tomlin

140 나의 예수 온 맘 다해
(나의 예수 / Lord Of My Heart)

Scott Brenner

| 기타코드 |

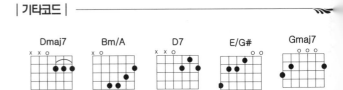

141 내가 그리스도와 함께

박윤호

내가 그 리스도 와 함 께
십자가 에 못박 혔나니
그런 즉 이제 내가 산 것아니요
오 직 내안에 예수께 서
사 신 것 이 라
이제 내 가 육체가 운 데
사 는 것 은
나를 사 랑하사 자기 몸 버 리 신
예수 위 해 산 것이라

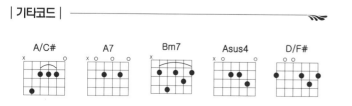

142 내가 주님을 사랑합니다
(고백)

이길승

내가 주님을주님을 사랑합니다내가 주님을사랑합니 다
내가 주 위해주위해 죽겠습니다내가 주위해 죽겠습니 다
내가 주위해주위해 살겠습니다내가 주위해살겠습니 다

주님 먼저날 – 사랑 하셨 – 네 내가 주님을사랑합니 다
주님 먼저날 – 위해 죽으셨네 내가 주위해죽겠 습니 다
주님 먼저날 – 위해 사셨 – 네 내가 주위해살겠 습니 다

143 내게 있는 향유 옥합
(옥합을 깨뜨려)

박정관

내 게있는 향유옥합 주께 – 가져 와

그 발위에 입맞추고 깨뜨 – 립니 다

나 를위해 험한산길 오르 – 신그 발
나 를위해 십 자가에 오르 – 신예 수
주님 다시 이 땅위에 임하 – 실그 때

걸 음마다 크신사랑 새겨 – 놓았 네
흘린피로 나의죄를 대속 – 하셨 네
주의크신 사랑으로 날받아주소 서

| 기타코드 |

A/C#   A7   Bm7   Asus4   D/F#

144 내 마음 간절하게
(Cry Of My Heart)

Terry Butler

내마음간절하게 주 따ㅡ르며 주께가까이가길

원ㅡ합ㅡ니다 나의삶다하도록 간 절ㅡ하게

주님을따ㅡ라가리ㅡ ㅡ 주의길가르치
나의눈열어주

ㅡ소서ㅡ 진리안에 서도록ㅡ 주의길가르치
ㅡ소서ㅡ 주님의뜻 알도록ㅡ 나의눈열어주

ㅡ소서 나주께 온전히드ㅡ 리도록
ㅡ소서 나주께 온전히드ㅡ 리도록

주님을따ㅡ라가리 주님을따ㅡ라가리

| 기타코드 |

145 내 손 잡아주소서
(Son of God)

Lincoln Brewster & Marty Sampson

내 손 잡 아ㅡ 주 소ㅡ서
생 명 보 다ㅡ 귀 한ㅡ 주

나 의 빛 되 신 주ㅡㅡ님
나 의 소 망 되 시ㅡㅡ네

내 영 혼 인 도 하ㅡ사
천 사 들 도 절 하ㅡ며

주 와 걷 게ㅡ 하 소ㅡㅡ서
주 께 영 광 을 드 리ㅡㅡ네

내ㅡ구 주 영광의ㅡ왕ㅡ 살 아 계 신

ㅡ 나의구ㅡ원 자 주님의 나 라 영원하

리ㅡㅡㅡ 오ㅡ예 수 나ㅡ의ㅡ주ㅡ

나ㅡ의 주 ㅡㅡㅡ 예수하나 님ㅡ아ㅡ들ㅡ

예ㅡㅡ수 오 예ㅡㅡ수 거 룩

한 주 어린ㅡ양 예ㅡㅡ수 오

예ㅡㅡ수 존 귀 한 주 어린ㅡ양

한 주 어 린 ㅡ양 ㅡ ㅡ 내 ㅡ

나ㅡ의 주 ㅡㅡㅡ 예 수 하 나 님ㅡ아ㅡ들ㅡ

146 내 안에 계신 주 예수의 이름이
(He that is in us)

Graham Kendrick

내안에계신주 예수의이름이승 리했 네

내안에계신주 예 수의이름이승 - 리했 네 *Fine*

우리안에계 신 성 령–님 기뻐 찬 양합니 다
죄와사망권 세 이 기–신 전능 하 신예수 님

살아계신예 수 그리스 도 내게 승리 를주 셨 네
모든이름위 에 뛰 어 난주의 영광 을찬 양 해

D.C. al Fine

148 내 평생 살아온 길

조용기 & 김성혜

내 평생 살아온길 뒤를돌 아보 – 니
나 같은 못난인간 주께서 살리시 려
예 수님 나의주님 사랑의 내하나 님

걸 음마 다자욱마 다 다–죄 뿐입니 다
하 늘의 영광–보 좌 모두다 버리시 고
이 제는 예수–님 만 내자랑 삼겠어 요

쓰 리고 아픈마음 가눌길 – 없어 서
천 하디 천한종의 형상을 입으셨 네
나 의남 은인생길 주와걸 어가면 서

골 고다 언덕길을 지금찾 아옵니 다
아 – 아 주의사랑 어디에 견주리 까
예 수님 복음위해 굳세 게 살겠어 요

147 내 평생 사는 동안
(I will sing)

Donya Brockway

내 평 생 사는동 안 주찬양하 리

여 호와하 나 님 내 주를찬 양 하 리

주 님 을묵 상 함이 즐겁도 다

내 영 혼 주 안에서참 기 쁘리 –

내 영혼 아 주님 을 송축하 라 – – –

내 영혼 아 주님 을 찬양하 라 – –

내 영혼 아 주님 을 송축하 라 – – –

내 영혼 아 주님 을 찬양하 라 –

| 기타코드 |

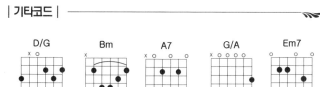

149 내 하나님이 찾으시는
(예배자)

천관웅

내 하나님이 - 찾으시는 - 예배자는 - 오직한분

- 하나님만 - 찾는-- 예 - 배 - 자 -

내 하나님이 - 원하시는 - 예배자는 - 상한영혼

- 깨어져주 -만찾-는예 - 배 - 자 - 존

--귀한- 주 -의이름- 찬 양합- 니다 - 온

--맘과- 뜻다 -하여서- 주만경배 -드리리 -

내 하나님이 - 바라시는 - 예배자는 - 영원토록

- 하나님만 -높이-는예 - 배 - 자 - 빛가운데

- 예수님닮- 아 가 -는예 - 배 - 자 -

150 너는 그리스도의 향기라

구현화 & 이사우

너는 그리스도의- 향 기 라 - 너는

그리스도의- 편 지 라 하 나 님 - 앞에서그-리

스 도 의- 향 기 니- 너를 통해 *생명이 - 흘러 가

리 너를 통해 *생명이 - 흘러가 리

*사랑이
*기쁨이

151 너 어디 가든지 순종하라
(Wherever You May Go)

Stephen Hah

너 어디 가 든지 순 종 하 라

너 어디 있 든지 충 성 하 라

주 너의 하 나 님 왕 되신 주

영 원 히 주 님 만 사 랑 하 라

152 놀라우신 주의 은혜
(Grace Flows Down)

David Bell/Loule Giglio & Rod Pageant

| D | Bm | G |

놀라 - 우신 - - - - 주의 - 은혜 - - - - -

| D | Bm | G | A |

주의 - 사랑 - - - - 흘러 - 오네 - - -

| G | A | D | D/C# | Bm | Bm/A |

십자 - 가에 - 달리 신그손 - 과발 - - - -

| G | A | 1. D |

그은 - 혜 가나를덮 - 네 -

| 2. D | G | A |

- 네 나를 - 덮 - 네 - - - - - 나를 - 덮

| G | A | G |

- 네 - - - - - 주의 - 은 - 혜 - - - - - -

| A | G | D |

- 나를 - 덮네 - - - -

153 놀라운 주의 사랑
(Beautiful One)

Tim Hughes

| G | A | D/F# | Bm7 |

놀 라운주 의 사랑영 원 하시 도 - 다　십자
주 님의크 신 영광온 하 늘을덮 - 고　만

| G | A | Bm7 | G |

가 자비로 나 타내셨 네　그 누구도그
물 이주의 능 력을보 네　아 름다운주

| A | D/F# | Bm7 | G |

무 엇도 깨 달 지못 하 리　아 름답고영
의 위엄내 영 혼깨어 - 서　노 래하네놀

| A | D | S G |

화 로우 신주　아름다 우 신
라 우신 주를

| A | G | A | G |

주 - 사랑하고 경배 해 멈출수없 는

| A | D | 1, 3. | 2. D | G |

내 노 - - 래　주를 - 향해 - 내눈여
Fine

| A | G | A |

- 셨 네 - 날붙 - 드시는 - 그 사 - 랑　그어

| 1. G | A | D |

- 느누가 - 내 주 - 와 같 - 으리 -

| 2. G | A | D |

- 느누가 - 내 주 - 와 같 - 으리 -

| D | G | A |

내 영 - 노 래 - 하리 -　내 영

| G/B | A/C# | G |

- 노래 - 하리　내영 - 노래 - 하리

| A | D |

- 예 수님 께 - -　아 름 다
D.S. al Fine

154 높은 산들 흔들리고
(Did you feel The mountains Tremble)

Martin Smith

높은산들 흔들리고 – 대양은춤 을추네
사람들의 함성소리 – 거센함성 듣나요
어두움은 물러가네 – 성도들찬 양할때

모든사람 하나되어 – 예수이름 부를때 –
가난한자 노래하며 – 구원의주 맞이하리
그찬양이강 같이넘쳐 – 죄악의줄을 끊게되리

오주님 당신의오심
오주님 당신이오실

– 은 – – 거친 바 다처 – 럼흘 – 러 모든
– 때 – – 희년의 나 팔은 – 울리 – 고 청년과

나 라에 – 넘치 – 니 천국의 문을열어
노인이 – 다나 – 와

우리주의 길 – 예비하 세

벽을 – 넘 – 어서 목소 리 – 높여

거 리 – 마다 – 부 르는 노래 –

소 망 – 의 – 노래 기쁨 – 의 – 노래 –

공 의 – 안에 – 춤추 는노 – 래

155 눈 먼자 보게해
(나는 자유해 / I Am Free)

Jon Egan

눈먼 – 자보 – 게해 – 닫힌 – 자노 – 래해 –

죽은 – 자일 – 어나 – 모든 – 맘찬 – 양해 –

어둠 – 이걷 – 히고 – 내영 – 혼외 – 쳐 자유해

– 나는 자 – – 유해

(나는 자 – – 유해) 나는 춤 – – 추네

(나는 춤 – – 추네) 주님 만 위해 – 살리

(주님 만 위해 – 살리) 자유 해

(자유해) 자유 해 (자유해) –

| 기타코드 |

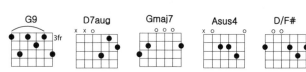

156 눈을 들어
(Open your eyes)

Carl Tuttle

눈 을 들어 영광의왕을보라

소 리높 여 주를찬 - 양 하 라

사 랑 해 요 선 포 하 리

알 렐 루 - 야 주 송 축 해

157 눈을 들어 주 봅니다
(I see the Lord)

John Chisum & Don Moen

눈 을 들 어 주 봅 니 다

땅 위 의 모 든백 - 성주 - 를 - 높여

경 배 드 - 리 네 - 눈 을 들 어

주 봅 니 다 - 보 좌 위 어 - 린양

- 영 원 한 통 - 치 자 - 왕 되 신 주

- 보 네 - 성 전 가 - 득   *Fine*

한 그 옷 자 - 락 - 보 좌 를 두 - 른

천 사 들 - 주 경 배 - 하 네 우

리 도 - 함 께 찬 양 거 룩 거 룩 하 신 주

- 어 린 양 께 - 눈 을 들

158 때가 차매
(Now is the time)

때 가 차 매 아 버 지 께 -

신 령 과 진 정 으 로 예 배 드 리 네 - -

때 가 차 매 아 버 지 께 -

신 령 과 진 정 으 로 예 배 드 리 네 -

159 당신은 사랑받기 위해

이민섭

당신 은 사랑받 기위 – 해 태어난사람 – 당신

의삶속에서 – –그사랑 받고있지요 – 당신 받고있지 – 요

태초부터 – 시작된 하나님 –의사랑은 – 우리

의만남 – 을통해 열매를맺고 – 당신이이세상 – 에존

재함으로인 – 해 우리 에게얼마나 – 큰기 쁨이되는지 –

당신은사랑받 – 기위해 태어난사람 –

지금도그사랑 – 받고있지요 – 받고있지요 – 당신

161 모든 이름 위에 뛰어난 이름

고형원

모든 이름위 –에뛰어난 –이 름 예수는 주 예수는 주

모두 무릎꿇 고 경 배를드리세 예 수는 만유의 –주님

예수는 주 예수는 주 온 천 하만물우 –러 러

그 보 좌앞영 광을돌리 –세 예 수 예수 예수는 – 주 –

160 당신을 향한 한가지 소망

천관웅

당 신을 향 – –한 한가 지 소
당 신을 향 – –한 한 한가 지 슬

망 당신 앞에 – 향기 나는 – 꽃한
픔 낮아 지기 – 싫어 하는 – 사 랑

송이 – 되는 것 없는 – 가 슴

상 처마 저도 – 행복 할수 – 있 는 사랑 –

나 당신 닮은 – 흔적 하나 – 없는 데

당 신을 향 – –한 한가 지 다 짐 저미

도록 – 아름 다운 – 당신 사랑 – 닮는 것

사랑 – 닮 는 것 아 비 처럼 –

친구처럼 – 연인처럼 – 사 랑 해 요

| 기타코드 |

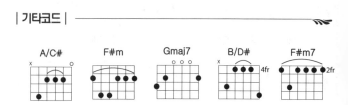

162 따스한 햇살처럼
(그 사랑의 숨결)

채한성

따스한햇살처럼 - 언제나 나에게 - -

포근함을 주 시는 - 주 님

따스한주님사랑 - 넘치는 우리의 - 가슴 - 엔 -

주님을노래하는 - - 기쁨의 찬양소리 - -

아 - - 그 사랑의 - 숨 결

난 항상 느 낄수 - 있 다네 -

아 - - 잔 잔한미소로 -

내곁에 - 계시는 분 - 오

나의사 - 랑 - 오 나의노 - 래 -

이 세상 - 무엇보다 - 가장귀한 나의주님 - 오

나의사 - 랑 - 오 나의노 - 래 -

이세상 - 누구보다 - 가장귀한 - 나의주님 -

163 보좌 위에 앉으신 주님
(I see the Lord)

Chris Falson

보좌위에 - 앉 으신 - 주님 - 바 라 보니 성전

안을두른 - 그 옷자 - 락과 영 광 온땅

가 득 - - 한 - 온땅 가 득 - 한 - - 주의

영 광 거룩 - 거룩 - 거룩 - 거룩 -

거 - 룩 하신주 - 주 의 주

164 사랑합니다 나를 자녀 삼으신 주
(I'm In Love With You)

Danny Daniels

사 랑 합 니 다 - 나를자 녀 삼 으 신

주 - 사 랑 합 니 다 - 나를

자 녀 삼 으 신 주 - 내부르짖음

들 으 시 고 감 싸 주 시 - 는 - 영원

히 주 찬양합 - 니 - 다 내삶 을 다 해 -

165 부끄러운 나의모습

심종호

부 끄러운- 나의 - 모습- 있는그- 대로 - 주

님 앞에- 나갑 - - 니다 내 모습그- 대로 -

부 끄러운- 나의 - 모습- 있 는그- 대로

- 주 님앞에- 나갑 - -니다 내 모습그- 대로 -

아버 지 -나 를안아주- 소서 -

아버 지 -주 님말씀하 - 소서 -

주 음성 듣기원해- 주 음성 듣기원해-

D.S. al Coda

아버 듣기원해- 주 음성 듣기원해-

부 끄러운- 나의 - 모습- 있는그- 대로 - 주

님 앞에- 나갑 - -니다 내 모습그- 대로 -

166 사랑의 노래로
(영원히 / Forever)

Marty Sampson

사랑의노래로 주님을경배해 - 내마음다하여

왕되신아버지 주님을기쁘게 -내모든삶드리-네

그 날에만 나면 영원히 함께하 리라 - 나주

- 의사 - 랑필-요로 - 할때- 안아주-시네

- -나 방황 할-때도 - - 주찾아 오-시네

- - 나를위한- 영원 -한주- 사랑십자가

- 에서보 여주 - 셨 네 - - - -

주님을경배해 주님을경배-해- - 사랑-해

주님 - 을 영원히노래해 영원히주님 과

- 함께- 주 - 함께- -

| 기타코드 |

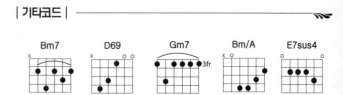

167 살아있다고 느낄 수 있네
(Because of You)

Jared Ming

살아있다 - 고 느 - 낄 수있네 - -

날아갈것 - 만 같 - 은 기분에 - -

주님이함 - 께 계 - 시 기때문에 - -

자유롭게 - 예 배 - 를 드리네 - - 주 의임

-재- - 나를덮 -네- Be-cause of You

I - can dance Be-cause of You

- I lift - my hands Be-cause of You

I - can sing I - am free

- Be-cause of You
Fine

We're Jum - ping shou - ting dan - cing Spin

- ning Sing - ing There's free - dom -

168 새롭게 하소서
(Re nue va me senor Jesus)

Marcos Goes

새 롭 게하소 서 주님 상한나 - 의마 음 -을- 새

롭 게하소 서 주님 주님마 - 음주 소 -서- 내안

에 있는 모든것 들은 간절히 - 주님만 원합니다 - 주님

만바라는 - 간절한 나의마음 - 주님으로 - 채우소 - 서-

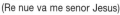

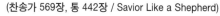

169 선한 목자 되신 우리 주
(찬송가 569장, 통 442장 / Savior Like a Shepherd)

D. A. Thrupp & W. B. Bradbury

선 한 목자되신 우리주 - 항 상 인도하시 고
양 의 문이되신 예수여 - 우리 영접하시 고
흠 이 많고약한 우리를 - 용 납 하여주시 고
일 찍 주의뜻을 따라서 - 살 아 가게하시 고

푸 른 풀밭좋은 곳에서 - 우 리 먹여주소 서
길 을 잃은양의 무리를 - 항 상 인도하소 서
주 의 넓고크신 은혜로 - 자 유 얻게하셨 네
주 의 크신사랑 베푸사 - 따 라 가게하소 서

선 한 목 자 구세 주 여 항 상 인 도 하 소 서
선 한 목 자 구세 주 여 기도 들 어주소 서
선 한 목 자 구세 주 여 지금 나 아갑 니 다
선 한 목 자 구세 주 여 항 상 인 도 하 소 서

선 한 목 자 구세 주 여 항 상 인 도하 소 서
선 한 목 자 구세 주 여 기도 들 어주 소 서
선 한 목 자 구세 주 여 지금 나 아갑 니 다
선 한 목 자 구세 주 여 항 상 인 도하 소 서

170 선하신 목자
(Shepherd Of My Soul)

Martin Nystrom

선 하신 – 목자 – 날 사랑하 – 는분 – 주

인 도하 – 는곳 – 따라가 – – 리

주 의말 – 씀을 – 나 듣 기위 – 하 – 여 주

인 도하 – 는곳 – 가 려 네   네   나를

푸 른초 – 장과 – 쉴 만한물 – 가로 – 내

선 하신 – 목자 – 날인 – 도해 –   험한

산 과골 – 짜 기 – 로 – 내가 다 닐지 – 라도 – 내

선 하신 – 목자 – 날인 – 도해 –

기타코드

G/A   F#   G/C   E7   A#dim

171 성령이여 내 영혼을

이천

성령이여 – 내 영혼을 –   충만케   하소서 –

내속에 –   강 물이 – 넘쳐나 – 게 –   –

오 –   성령하나 – 님 – –   날

– 다시새롭 – 게 –   – 하소 서 –   –

채 – 우 – 소서 – 내영혼이 세 – 상 – 유혹 – 다이기고

다 – 시 – 주를 – 닮아가도 록 –   록 –
오 – 직 – 주만 – 나타내도

172 신실하게 진실하게
(Let me be faithful)

Stephen Hah

신실하게 – 진실하게 –   거룩하게살게하소 서

신실하게 – 진실하게 –   거룩하게살게하소 서

하 나 님 – – 나의 마음 – 만져 주소서 –
나의 기도 – 들어 주소서 –

하 나 님 – – 나의 영혼 새롭게하소 서
주 의 길로 인도 – 하소 서

173 세상 권세 멸하시러
(For This Purpose)

Graham Kendrick

세 상 권 세 멸 하 시 러
주 님 보 혈 권 능 으 로

주 님 이 땅 에 나 타 나 시 었 네
우 리 일 어 나 나 가 서 외 치 세

우 리 안 에 계 신 주 - 즐 겁
어 둠 의 세 력 들 은 - 모 두

게찬양해 - 주님나라 거 하리 - 죄악
물러갔네 - 승리하신 나 의주 -

을 이기셨네(할렐 루 야 이기셨 네)죽음 을 승리로(할렐

루 야승리로)모든 질병고치셨네(할렐 루 야 고치 셨네)

주 다 스 - 리시 네 -

174 십자가 십자가 그 위에

박지영

십 자 가 십 자 가 그위 에 나죽었- -네- 그사

랑 내 속 에 강같 이 흐르- -네- 그의생

명 내속 -에- 그의능력 내안 -에- 그의소

망 내삶 -에- 나의삶 주의 -것- 십자

가 십자 가 그위 에 나죽었- -네- 그사

랑 내 속 에 강같 이 흐르- -네-

175 아침에 나로 주의

박명선

아 - 침 에 나 로 주 - 의 - 인자한 말 씀을 듣게

하소서 내 가 주 를 의 뢰합 니 - 다 나의

다 닐길을인도하소서 내가 내 영 혼을-

주 - 께 내영 혼을주께드립니 - 다 -

| 기타코드 |

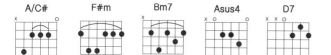

A/C#   F#m   Bm7   Asus4   D7

176 아름다웠던 지난 추억들
(친구의 고백)

권희석

아름다 웠 던- 지난추 억 들- 사랑했 었 던-
지난유 월 절- 저녁성 찬 때- 주님과 함 께-
새벽닭 울 때- 난괴로 웠 어- 풍랑이 일 면-

많은친 구 들- 멀고도 험 한- 고난의 길 을
마시던 핏 잔- 그일이 문 득- 생각이 나 면
난무서 웠 어- 하지만 이 젠- 두렵지 않 아-

나이제 말 없- 이 주님을 위 하- 여 떠나야 지
어느새 내 뺨- 에 주르르 눈 물만이 흐릅니 다
이세상 끝 까- 지 주님을 위 하- 여 죽을텐 데

수없이 많 은- 사람들 위 해- 당신이 바 친-

고귀한 희 생- 영원히 당 신과 함께있 고 - 파

사랑의 십 자 가 를 맞이하 네

177 아 주님 크신 권능으로
(주께 능치 못할 일 없네 / Ah, Lord God)

Kay Chance

아주님 크 -신권능으로 하늘 과 땅만드 셨네-

아주님 그 -의펴신팔로 하늘 과 땅만드 셨 네

주께능치못할일 -없 네 - - 주께능치못할일 -없

네 - - 위 대하신주 크고놀 라운

모 든일들 없네 없네

능 치못함없네 주께능치못할일 -없 네 - -

178 영광 영광 영광 어린 양
(영광을 주께 / Glory To The Lamb)

Larry Dempsey

영 -광 영 -광 영광어 린 양

영 -광 영 -광 영광어 린 양 영광의

주 예수 찬 양받으실분 보 좌 위어 린 양 - - -소

리 높여 찬 양을주님께 보 좌 위어 린 양 -

| 기타코드 |

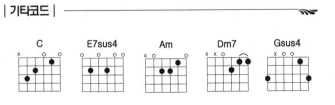

C E7sus4 Am Dm7 Gsus4

179 아침 안개 눈앞 가리듯
(언제나 주님께 감사해)

김성은 & 이유정

180 어느 날 다가온 주님의
(고백)

김석균

| 기타코드 |

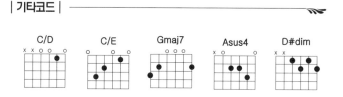

181 여호와께 감사하라

최요한

여호와 _께 _ 감사하 _ 라 _ _ 그의선
_함 _ 과 _ 인 _ 자하심 영원하 _ 리 _
여호와 _께 _ 감사하 _ 며 _ _ 그의이
_름불러 _ 내 _ 가노래 하리라 _ 여호와
_가노래 하리라 _ _ _ 할렐루 _야 우 _리 하
_나 _님 _을 찬 _양합 _시 _다 _ 그의아 _름다움 _
노 _래합 _시 _다 _ 할렐루 _야 우 _리 하
_나 _님 _을 선 _포합 _시 _다 _ 그의행 _하 _심 _
노 _래합 _시 _다 _ 영원히 _

182 영광의 주 이름 높이세
(God of glory we exalt Your name)

David Fellingham

영 광의 _주이름 높 이세 _ 전능
의 _왕되신 주 _ 우 리정성 _ 바쳐 _경배하
며 섬 기 리 주의이름 찬 양하리 _빛나는
빛 나 는 보 _좌 _ 다 스 리 시 _는 _
보 좌 _다스리시 는 _영원한
영 원 한 왕 나의 _ _하 나 님 _
왕 _ 나 의 하 나 님 _능력의
능 력의 말 _씀 _ 자 유 주 시 _네 _
말 씀 _자 유주시 네 _넘치는
넘 치 는 사 랑주 _하 나 님 _
사 랑 _주하 나 님 _

| 기타코드 |

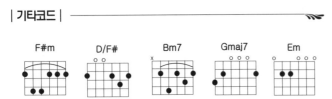

183 영광 임하소서
(Lord let Your Glory fall)

Matt Redman

영광임하소 서 솔로몬때처 럼
감사의찬양 을 악기와소리 로
희생의제사 후 주의불임하 니

사랑의노래 후 주영광임했 네
연합해드릴 때 주영광임했 네
모두엎드리 어 찬양을드렸 네

우리도주님 께 사랑을드리 며
제사장압도 한 구름같은영 광
희생의제사 후 주의불임하 니

찬양드리오 니 영광임하소 서
지금도우리 게 영광임하소 서
모두엎드리 어 찬양을드렸 네

선하 신 주예 수 사랑 끝없 – 네 – 선하

신 주예 수 사랑 끝없 – 네 – 선하

신 주예 수 사랑 끝없 – 네 – –주님 –

184 예수 그 이름
(그 이름)

송명희 & 최덕신

예수 – – –그 이름 – 나 는 – 말할수

없 네 – 그 이름 – 속에있는 비 밀 을

그 이름 – 속에있는 사 랑을 – 그 사랑을 – 말할수

없어서 – 그 풍부함 – 표현못해 서 – 비밀이

– 되었네 그 이 름 비밀이 – 되–었 네 –

사 람들 그 –이름건 축자의 –버린 돌처럼버 렸 지

만 – – 내 마 음에 – 새겨진 이 –름은 –아

름 –다 운보 석 – 내 게있는 – 귀한비

밀 이라 – –내 마 음에 – 숨겨진 기 쁨 –

예수 – 오––그 이 름 –나 는 말할수 없

네 – – 그 이 –름의비 밀 을

– –그 이 –름의사 랑 을 –

185 예수 모든 이름 위에

(예수 / Jesus / Name Above All Names)

Scott Brenner

예 -수 - 모든이름위 -에 - 뛰어난이 -름 - 나의모든

-것 - 예 -수 나의구원 -자 - 나의선한목

-자 - 나의모든 -것 - 존귀한주 -님 - 귀한나의사

-랑 - 영원 토 -록 다스리소 -서 - 나의모든것

-을 - 주님께드려 -요 - 나의 사 -랑 - 주님만높이

-세 - 예 -수 예 -수

D.C. al Coda

예 -수 예 -수 예 -수

186 예수보다 더 좋은 친구

(나의 참 친구)

김석균

예수 - 보다 - 더좋은친구없 네 예수 -
예수 - 사랑 - 참종은예수사 랑 예수 -

보다 - 더좋 은친구없 네 괴로울때 -
사랑 - 참좋 은예수사 랑 세상에서 -

다가 와서 마음에평화주 는 신실하신 나의참친
제일 가는 금으로유혹해 도 예수님만 사랑하겠

구 외로울때 - 찾아 와서 친 구가되어주
네 세상에서 - 제일 높은 명 예를준다해

는 사 랑많은 나의참친 구 -
도 예 수님만 따 라가 겠 네 -

주 예 수 사랑하리 라 나 의생명

다할때까 지 주 예 수 사랑하리

라 나 의생명 다할때까 지 -

| 기타코드 |

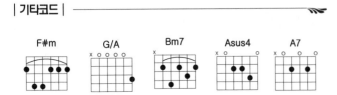

F#m   G/A   Bm7   Asus4   A7

187 예수의 사랑이

심형진

예 수의사 – 랑이 –　　나를대속하 – 셨네 –
십 자가의 – 사랑 –　　내게생명주 – 셨네 –

1. 예 수의보 – 혈이 –　　나를자유케 – 했네 –

2. 십자가에달 – 리신 –　　주 앞에경 – 배해 –　크고놀

– 라운 – 사랑이 –　　나를 죄 에서 – 구했네 –　크고놀

– 라운 – 사랑이 –　　나를 새 롭게 하시네 –

예 수로살 – 리라 –　　예 수만따 – 르리 –

예수내삶의 – 중심 –　　엎 드려경 – 배해 –

188 예수의 이름으로 기도함이

예수 의 이름 – 으로 – 기도 – 함이 –　　얼

마 나놀 – 랍고 – 감사 – 한지 –　　예수

의 이름 – 으로 – 보좌 – 앞에 –　　담

대 히나 – 갈수 – 있습 – 니다　　십자가의

보 혈 그사 랑 – 으로 –　　나의죄가

– 용서 받 – 았고 –　　십자가의

은 혜 그사 랑 – 으로 –　　생 명되신

– 주를찬양 – 하네 –　예수이 름으로 – 예수이

름 으로 –　예수이 름으로 –　나아 – 가네

– 예수이 름으로 –　예수이 름으로 –　예수이

름 으로 –　승 리했 – 네 –

189 예수 이름이 온 땅에

김화랑

예수이름이 온 땅에 – 온땅에 퍼져가 네
예수이름이 온 땅에 – 온땅에 선포되 네

잃어버린영혼 예수이름이 그 이름듣고 돌아오네––
하나님의나라 열방중에 – 열방중에 임하시네––

예수 님기뻐 노래하시리 잃어 버린영혼 돌아올 때––
하나 님기뻐 노래하시리 열방 이–주께 돌아올 때––

예수 님기뻐 춤추시리 잃어 버린영혼 돌아올때––
하나 님기뻐 춤추시리 열방 이–주 께 돌아올때––

191 오 나의 자비로운 주여

(Spirit song)

John Wimber

오나의 자 비로운 주여 나의 몸 과영혼
모여라 주 께찬 양하라 나의 귀 한친 구

을 주님은 혜로 다 채워 주소 서
야 주이름 앞에너 두손모으고

이세상 괴롬걱정근심 주여받아주시
오너의 슬픔세상눈물 너의쌓인아픔

고 힘든세 상에서 인도하소 서 –
을 십자가 앞에너 모 두버리 고 –

예 수오예 수 지금오셔서 –

예 수오예 수 채워주소서

190 예수 하나님의 공의

(This Kingdom)

Geoff Bullock

예 –수 – 하나님의공 의 – 주독생
예 –수 – 하나님의사 랑 – 주은혜

자 그의나 라 임하시 –네 – –
와 말씀으 로 나타났 –네 – –

예 –수 – 제물이되신 주 – 영광중
예 –수 – 거룩한하나 님 – –

에 그의나 라 임하시 –네 – 주의

나라 영원 하며 – 그의 영광 무궁 하리 – 왕의

위 엄과– 능력 –이 – 이제 임하 였 –으니 – 주의

주권 과 – 주의 통치 와 – 주의 나라 힘 –과권세

임하 네 – 예 –수 하 나님의 – 공 의

192 오라 우리가
(여호와의 산에 올라 / Come And Let Us Go)

Bill Quigley & Mary Anne Quigley

오 라 우리 가 - 여 호 와의 - 산 에 올라 - 하

나 님의 전 에 이르 자 -

전 에 이르 자 - 주 님 의 도를 배우

고 - 주 님 의 길로 행하 리

- 이 는 율 법 이 시 온 에 서 나오 고

- 주 의 말 씀은 예 루 살렘 에 서 -

193 오소서 진리의 성령님
(부흥 2000)

고형원

오소서진리의 성령님- 이땅흔들며임 하소서-

거짓과탐욕죄 악에무너진- 우리 가슴정케하소 서

오소서은혜의 성령님- 하늘가르고임 하소서-

거룩한불꽃-하늘 로서임하사- 타오르게하소서주영광위 해

부흥의불길 타오르게하소서- -진리의말씀-이땅새롭게하소 서

은혜의강물- 흐르게하소서- -성령 의바람-이땅가득불어 와

흰옷입 -은주의 순결한백성 주의 영광위해 이제일어 나

열방을-치유하 며행진하는 영 광 의그날을주-소 서

194 오직 주님만 바라봅니다

윤주형

오직주님만 -*바라 봅니다 - 오직 주님만 -*바라봅니다-

나의 왕 되신 내 주 님만 오직 주님만 -*바라봅니다

* 경배합니다. 사랑합니다.
　예배합니다. 따라갑니다.

| 기타코드 |

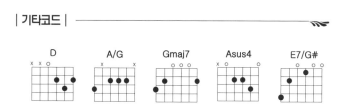

D　　A/G　　Gmaj7　　Asus4　　E7/G#

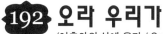

195 오직 예수 다른 이름은 없네
(No other name)

Robert Gay

오직예 수 다른이름 은 없네 주 이름
만 우리에게 주셨 네 오직예수 다른이 름
없 – –네 오 영 –광과존귀권 세 –와– 찬양받
으 –실분오직주예 수 오직예 수
온 땅위에홀 –로 높으신 –이름– 하 늘 위높이들 –리셨
–네 – 온 땅위에홀 –로 높으신 –이름– 영
광과 존귀와 찬양드리 세 오 직예

196 오직 주의 사랑에 매여

고형원

오직 주의 사랑에매 여 내영 기뻐 노래합니 다
이소 망의언덕 기 쁨의땅 –에–서 주 께사랑드립니 다
오직 주 의임재안에갇 혀 내영 기뻐 찬양합니 다
이소 명의언덕 거 룩한땅 –에–서 주 께경배드립니 다
주께 서 주신모든은 혜 나 – 는 말할수없 네
내영 혼즐거 –이 주 따르렵 –니다– 주께내삶드립니 다

| 기타코드 |

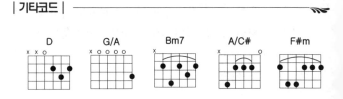

197 완전한 사랑으로
(그 나라에 살리)

이영 & 소진영

완전한사 - 랑으로 - 주보혈그 - 은혜로
신실한주 - 의사랑 - 내삶에가 - 득하나

- 그사랑 - 으로 교회세 - 우사 -
- 그 사랑버 - 리고 내생각 - 따라

그 나라임 - 하였네 -
그 나라잊 - 고사네

- 날위해 흐 르는 - 사 - 랑 - 세 상에

흐르는 - 사랑 - 그 사랑 버 린나 - 에 - 게

- 흘 러 넘쳐 - 오 네 - 주 님 이

회복한 - 나 - 라 - 주님이 통 치하 - 시 니

- 주보게 될 소망 - 품 - 고 - 서 - 그

나 라에 - 살리 - 주보게 될 소망 - 품 - 고

- 서 - 그 나 라에 - 살리 -

---

198 왕 겸손의 왕
(겸손의 왕)

천관웅

왕   겸손의 왕   평범한 -
머리둘곳 -

목수의 아 들 주   종으로
조차없 으 신 주   종으로

오 신 죄인을 - 섬기 - 신창 - 조주 -
오 신 그겸손 - 나알 - 기원 하네 -

주의손 -   거친못 - 이찔 - 렀고 -
주허리 -   거절의창 - 이찔 - 렀고 -

주의발 -   갈보리 - 오르 - 셨네 -
주음성 -   왜날버 - 리 셨 - 나요 -

모든것내 - 어주 - 신주 - 님 우리의발 - 을씻 - 겼네 -
인간을지 - 은하 - 나님 - 이 인간손에 - 죽으 - 셨네 -

주가싫어 - 거역한우 - 리위 - 해고 - 통당 - 했네
주가싫어 - 멸시한우 - 리위 - 해죽 - 임당 - 했네

무엇을위 - 한사 - 랑인 - 지 무엇을바 - 란희 - 생인지 -

당신은사 - 랑에 - 눈먼 - 주님 -

199 우리 모일 때 주 성령 임하리
(As We Gather)

Mike Faye & Tommy Coomes

우리 모일 때 - 주 성령 임 - 하 리
우리 모일 때 - 주 이름 높 이 리
우리 마음 모 - 아 주를 경 배 할 때
주님 축 복 하 - 시 리 - -
주님 축 복 하 - 시 리

201 은혜로다 주의 은혜
(은혜)

윤석주

은혜로 다   주의 은 혜   날 살리신 -   주님의 - 큰
큰죄에 서   날 구했 네   한량없는 -   주님의 - 큰

은 혜라 은혜로 다   주의 은 혜   날 살리신 -   주님의 - 은
은 혜라 아들 피 로   날 살렸 네   측량 못할 -   주님의 - 은

혜   그 은혜 -   내 맘에 -   영원 히 나를 붙들고 - 가네
-    그 은혜 -   평생에 -   영원 히 나를 일으키 - 시네 -

200 우리 손에 가진 것이
(가족)

김용호 & 강효정

우리 손 - 에 가진 것 - 이 하나 없 - 을 때   세상에 - 혼자라고 -
생각되 - 지만 -   하지만 - 괜찮아요   우리 에겐 예수님과 늘
함께 하 - 는 가족 있 - 으 니   사랑으 - 로 함께하 - 는
사람들 - 을 주시고 - -   한마음 - 이 되게 하 - 셨 죠
아직도 - 혼자라고 -   생각하 - 나요 우 리 가족 - 은 당신만 - 을
기 다리 - 는 데   보 이는 것으로는 -
채 워지 지 않 - 아 도 상관없어요 -   보 이지는 않아도
- 느낄 수 있는 - 주의 사랑이 - 우리 가족 안에 있으니 -
우리가 - 하나 된 것 - 은 하나님 - 의 섭리죠   우리를 - 한울타리로
묶어주 - 시고 -   우리에 - 게 이름을 -   지어주 - 셨네 그
이 름은 - 바 로   가   족

202 우리의 힘은

강명식

우리의힘–은 주 –를기뻐하–는것 –
　　주 –를의지
　　주 –께감사
　　주 –를찬양

우리의힘–은 주 –를기뻐하–는것 –
　　주 –를의지
　　주 –께감사
　　주 –를찬양

하는 것 –

무화과나–무마 – –르고　포도열매없–어도
고난중에–도감 –사하고–　환란중에찬양할때 –

주님늘함–께 하 – –시니 –　나는 기뻐하고 –
원수의결–박 끊 –어지고 –　나의 몸 – 과맘 –

즐거워하리로다 – 　 –
즐거워춤을추리 – 　 –

D.C. al Coda

–

203 이와 같은 때엔
(In moments like these)

David Graham

이 와 같 은 때 엔 난 노 래 하 네 사

랑 을 노 래 하 네 주 님 께 이 와 같 은 때

엔 손 높 이 드 네 손 높 이 드 네 주 님

께 – 주 님 사 랑 해 요 –

사 랑 해 요 – 사 랑 해

요 주 님 사 랑 해 요 – 주 님 –

| 기타코드 |

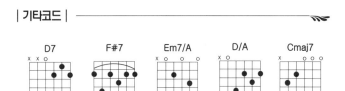

D7　　F#7　　Em7/A　　D/A　　Cmaj7

204 이 땅 위에
(신 사도행전)

김사랑

이 땅위에 -하나님의 교회 부 르심을 -따라일-어나
- 거칠 은광야 - -외-치는 소리로- 거듭거
듭 피어 나-라 성 령이여 - -이세대를
향 해 - 주의 진리를- 선포케하-소 서 십자
가에서 - -죽으신그 사 랑- 우리사 랑 되게 하소
서 닫힌 문 들이 열릴지-어 다 모든
세 대여 - -일어나라 - 주 예수께 무릎꿇-고
경배드 -리세- 죽음 이기신 -평화의 -왕- -
성 령이-여 임 하소서 초대
교 회 역 사 같은 -권 능으 -로 모든
교 회 일으켜주 -소- 서 - -일 어 나-라
빛 발 하 라 승 리 의기 높이들고 -전
진 하 라 주님 오 실길 - 예 비 하 라

205 작은 불꽃 하나가
(Pass it on)

Kurt Kaiser

작은 불 꽃하나 가 큰 불 을일으 키-어- -곧
이 돋아나 며 새 들은지저 귀-고- -꽃
구 여당신 께 이 기 쁨전하 고싶소- -내

주 위사람 들 그 불 에몸녹 이듯이- -주
들 은피어 나 화 창한봄 날 이라네- -주
주 는당신 의 의 지할구세 주라오- -산

님 의사랑 이같이 한번경 험하면- 그 의사랑 모
님 의사랑 놀라워 한번경 험하면- 봄 과같은 새
위 에올라 가 -서 세상에 외치리 내 게임한 주

두 에게 전 하고싶 으리 - -새싹 -산
희 망을 전 하고싶 으리 - -친-
의 사랑 전 하기원 하네 - -

위 에올라 가 서 세상에 외치리 - 내

게임한 주 의사랑 전 하기 원 하네 -

| 기타코드 |

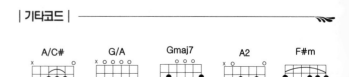

206 전심으로 찬양하리 주님만

이사우

G/A · D · G9
전심으로 — — 찬양 하 리주 — 님만

Asus4 G/A · D · G9
— 하늘보좌 — 그영 광 바라 — 보리

Asus4 · Bm · A/C# · G/D D/F#
— 나의노래 — 기뻐 하 시 — 는

G D/F# · Em7 · GM7/A · D
주 기뻐 찬 양해 —

G/A · D · G9
— 나의삶을 — — 드리 리 — 주 — 님께

Asus4 G/A · D · G9
— 모든능력 — — 내안 에 넘치 — 리라

Asus4 · Bm · A/C# · G/D D/F#
— 나의삶을 — 기대 하 시 — 는

G D/F# · Em7 · GM7/A · D
주 삶을드 리리 — —

207 주께서 주신 동산에
(땅 끝에서)

고형원

D2 A/C# · Bm /A GM7 · A GM7 · A7
주께서 주신동산 에 — 땀흘리 며 씨를뿌리 며
비바람 앞을가리 고 — 내육체 는 쇠잔해져 도

D2 A/C# · Bm /A GM7 · A · D G/A D7
내모든삶을드리 리 — 날사랑하시는 내주님 께 —
내모든삶을드리 리 — 내사—모하는 내주님 께

G · A · F#m Bm · Em · Asus4 A7
땅끝에 서 주님 을맞으 리 주께드릴열 매 가득안고 —

G · A · F#m B7 G · E · Asus4
땅끝에 서 주님 을뵈오 리 주께드릴노 래 가득안 고

A7 · D · F#m/C# · Bm Bm/A · G
— 땅의 모든끝 찬 양하 라 — 주님 오 실길

Em · A A7 · D · F#/C# · G/B G/A
예비하 라 — 땅의 모든끝에 서 주님을 찬양하

GM7 · D/A · A7 · G/D · D
라 — 영광의 주 님 곧오시리 라 —

208 주 나의 하나님
(주님 앞에 섭니다)

심종호

주 나의하 – 나님 – 　주님앞에섭 – 니다 –

거룩하신나 – 의주 – 　주를경배합 – 니다 –

주앞에무 – 릎꿇고 – 　그 얼굴구 – 할때 –
주앞에무 – 릎꿇고 – 　그 자바구 – 할때 –

내앞에오 – 신주님 – 　나를만지 – 시네 –
내앞에오 – 신주님 – 　나새롭게 – 하네 –

변함없는 – 주의 – 사랑 – 　나의모든 – 아픔 – 눈

물씻으 – 시네 – – – 　주의손날 – 붙드 – 시니 –

이제내가 – 일어 – 나 　주를경 – 배합 – 니 – 다 –

209 주는 내 삶의 힘 되시며
(주는 내 삶의 힘 / You are my passion)

Tricia Richards & Noel Richards

주는내삶 – 의 – 　힘 – 되 시며 –

영원히함 – 께 – 　– 하 시네 –

주의손길 – 을 – 　기 – 다 리며 –

온 맘을다해 – 　사 랑해 –

주곁으로 – 날이 – 끄사 –

날안아주 　소 – 서

주의사랑 알 게하 – 소 – 서 –

오 　예 　수 – 여

오 　예 　수 – 여 –

210 주님은 너를 사랑해

조환곤

주님은 　너를*사랑해 – 주님은 너를사랑해 – 우리를

사랑하신주 – 널사랑 해 　주님은 너를사랑해 – 주님은

너를사랑해 – 우리를 사랑하신주 – 널사랑 해 주님은 해

* 1.기뻐해 2.위로해 3.축복해

211 주님 궁정으로 들어가리
(All The Earth)

Andrew Ulugia & Jack Hayford/Wayne Huirua

주님 – 궁정으로들어가 – 리 온만물의 –창조자
예 수 – 생명되신구원의 –주 – 주의임재 –가운데

– 거 룩 한 –임 재 앞 에 떠 네
– 귀 하 신 –구 주 경 배 하 네

영광 – 거룩하신성 소에 –서 – 광채와위 –엎드려
주 의 – 능력으로채 우소 –서 – 불같은주 –의사랑

– 주 님 께 –모 두 –경 배 해 온땅이
– 만 백 성 –알 게 –하 소 서

– –선포해 – 주사랑 – 어디 – 에나 – 산

들 과 –바 다 –찬 양 해 – 온만물

– –기뻐해 – – –내영혼 –도높 – 이리 – 나

의 새 –노래 –주 이 –름 영광돌려 송축하리

라 D.C.

영광 돌려 송축하리 라

212 주님께 감사드리라
(For the Lord is good)

Billy Funk

주님 –께감사 –드 리라 – 주 께 –찬양 하 라

기쁨 –으로주 –께 나와 – 주의 이름 –을 –찬양하 –라

나팔불 –며주찬 –양 하라 – 북소리 –로찬양 –하 라

모 든 –만물소 –리 높여 –찬양 마음 다하 –여 – 주를

찬 양 –해 – 선하 신주 –님 – (선하 신주 –님 –) 선하

신주 –님 – (선하 신주 –님 –) 선하 신주 –님 – 그의

자 비 –는영 – –원 하 – –리 – 선하

자 비 –는영 – –원 하 –리 – – 창조 –주하나 –님

찬양 – 예 수 –를높 이 세 다 나 –와무릎 –을

꿇고 – 두손을 들 –고 – 주를 찬 양 –해 – 선하

213 주님께 경배 드리세
(Come Let Us Worship And Bow Down)

David J. Doherty

주님께 경배드–리 세　주님 앞에나 와모두무릎
꿇 –고　주님께 경배드–리 세　주님
앞 에나 와모두무릎 꿇 –고 –그 는 우리하나
님　우 린 그의기르시는 백 –성 그의
손 –의 양이 라　그의 손 –의 양이 라

215 주님의 성령 지금 이곳에
(임하소서)

송정미 & 최덕신

주 님의성 –령 지금이 곳 에
임 –하 소 서　임하소서
주님의성 –령 지금이 곳 에
임 –하 소 서　임하 소 서
알 렐루야 알 –렐 루 야
알 렐–루 –야　알렐루야　야

214 주님 내가 여기 있사오니
(나를 받으옵소서)

최덕신

주님 내 가여 기있 사오니 나를 보 내소– 서
나의 맘 나의몸 주께드리오–니 주 받으옵 소 서
주님 내 가여 기있 사오니 나를써 주 소– 서
가진 것 모두다 주께 드 리오– 니주 받으옵소 서
할 렐 루 –야 할 – –렐 루 –야 할
렐 루 – 야 – – – 할 –렐 루 야 주님
야 나를 받으옵 소 서 나를받 으
옵 소 서 –

| 기타코드 |

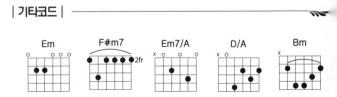

216 주님 내게 선하신 분
(So Good To Me)

Darrell Evans & Matt Jones

주님 - 내게 선하 - 신 분

고아같은나를구해 주의자녀 - 삼아 주셨네
매일아침마다주의 - 자비로 - 새생 명주네

주님 - 내게선하 - 신 분 내

과거를던지 - 시고내죄세지않으시 - 네 -
주의손이내게계셔서내기쁨이주께있 - 네 -

나춤을추 네 나주께외 쳐 - -

나주께뛰 네 뛰어 돌며할렐루 야 -

선하신분 (나 나 나 - 나)선하 신분 (나나나 -

나) 선 하 신 분 - 주 님

오 직주 - 님 이 - 나를 구하 - 셨네

나거 리에 - 서 도 - 찬양 올드 - 리리

217 주님 말씀하시면
(말씀하시면)

김영범

주님 말씀하 - 시면 - 내가 나아가 - 리다 - 주님

뜻 이아 - 니 면 - 내가 멈춰서 - 리다 - 나의

가 고서 - 는것 - 주님 뜻 에있 - 으니 - 오주

- 님 - 나 를이끄 - 소 - 서 - 주님 뜻하

신 그 - 곳에 - 나 있 기원합 - 니 다 - 이 끄

시 는 - 대 로 - 순 종 하 며살 - 리 - 니 - 연약

한 내 - 영혼 - 통하 여일하 - 소 - 서 - 주님

나 라와 - 그 뜻 을위 - 하여 - 뜻 하

오 - 주 - 님 - 나 를이끄 - 소 - 서 -

Word and Music by 김영범.

| 기타코드 |

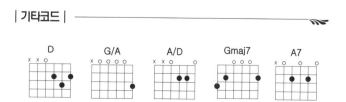

218 주님 손에 맡겨 드리리
(전심으로 / With All I Am)

Reuben Morgan

주님손에 - - - 맡겨드 - 리리 - 나의 - 삶
주와함께 - - 걸 어가리 - - 라 모든길을

- 주님께 - - 주 님손이 - - 나의삶붙드 - 네
- 주신뢰 - 해 주 뜻안에 - - 나 - 살아가 - 리

- - - 나주의 - 것 - 영원히 - - -
- - 주의약 속 - 은 - 영원해 - - -

내가믿 - 는분 - 예수 - 내가속 - 한분

- 예수 - 삶의이유되 - 시네 - - 내노래되 - 시네

1. - - 전심 - 으로 - -

2. - - 전심 - 으 - 로

경배하 - 리 - - 경배하 - 리 - 라

- 경배하 - 리 - - 경배하 - 리 - 라

- 경배하 - 리 - - 경배하 - 리 - 라

- 내가믿 - 는분 - - 전심 - 으 - 로 -

219 주님을 따르리
(Follow Me)

Morris Chapman

주님 - 을 따르 - 리 내 십자가지 - 고주따르 - 리

주님 - 을 따르 - 리 내 십자가지 - 고 주따르 - 리
Fine

주를 따르려거 - 든 자기 를부인하 - 고 따르 라 -

주를 따르려거 - 든 자기 십자가지 - 고 따르 라 -

주님이 네 안에 충 만 - - 히 거 하시 도 - 록 -

자기 를부인하 - 고 자기 십자가지고 따르 라 -

주님이 너 의삶 을 통 - - 해 영광을 받 으시 도 - 록 -

자기를부인하 - 고자기십자가지 - 고따르 라 우리다함 - 께주님
D.S

| 기타코드 |

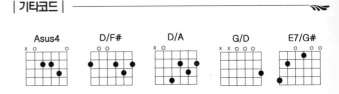

Asus4   D/F#   D/A   G/D   E7/G#

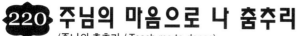

220 주님의 마음으로 나 춤추리
(주님의 춤추리 / Teach me to dance)

Steve A. Thompson & Graham Kendrick

주님의마 음으로나춤추 – 리 성령의능
음으로사랑하 – 리 주님약속

력으로따라가 – 리 주님의빛 가운데걸어가
의말씀신뢰하 – 리 다시오실 주님나바라보

– 리 주님의마 음으로춤추리 – 주님의마
– 리 주님의마 음으로춤추리 – 주님의마

리 주는생명의근원 하늘과땅의주인
리 매일의삶속에서 주님을위한사랑

주안에넘치는 기 – 쁨 주님의아이되어
순종으로주께 드 – 려 나의모든힘다해

기쁨의 – 춤추리 주님의영광을
주님께경배하리 나의모든것다

위 – – 한 기 – – 쁨 주님의마
드 – – 려 찬 – – 양 주님의마

음으로춤추리 – 주님의마 음으로춤추리 –

| 기타코드 |

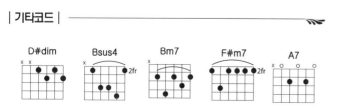

D#dim   Bsus4   Bm7   F#m7   A7

221 주님의 사랑이
(사랑의 열매)

김준영 & 임선호

주 님의사랑이 당신을통 – 해온
님의축복이 당신을통 – 해온

세 상 가 운 데 전 해 지 기 – 를
열 방 가 운 데 흘 러 가 기 – 를

주 님 은 나 무 당 신 은 가 지 니 사 랑 의

열 매맺 길 축 복 해 요 주 요

주 님 은 나 무 당 신 은 가 지

니 사 랑 의 열 매 맺 길 축 복 해 요

사 랑 의 열 매 맺 길 축 복 해 요

222 주의 자비가 내려와
(Mercy is Falling)

David Ruis

주의자비 – 가내려 – 와내려 – 와 주의자비 – 가봄 비같이

주의자비 – 가내려 – 와나 를덮 네 –

헤이호 주의 자비하 심 과 헤이호 주의 은혜로

헤이 호 나는 영원히 춤추 리 –

223 주 다스리네
(The Lord Reigns)

Dan Stradwick

주 다 - 스리네 - 주 다 - 스리네
- 주 다 - 스리네 - 온땅기뻐해 - 온땅기뻐해
- 온땅기뻐해 - 만백성기뻐하 라
- 주다스리 네 - 주 네 -
주 님 나 라임 - 했네 모 든적불태 - 우네
악 한세 력은 녹네 주 님의임재앞 - 에
주 님의임재앞 - 에 - - 주

224 주 달려 죽은 십자가
(놀라운 십자가 / The Wonderful Cross)

J. D. Walt & Chris Tomlin, Jesse Reeves

주 달려 죽은 - 십자 - 가 우 리가 생각 - -
죽으신 구주 - 밖에 - 는 자 랑을 말게 - -
온 세상 만물 - 가져 - 도 주 은혜 못다 - -

할 때 - 에 세 상에 속한 - 욕 심 - 을
하 소 - 서 보 혈의 공로 - 입 어 - 서
갚 겠 - 네 놀 라운 사랑 - 받 은 - 나

헛 된줄 알 고 버 리 - - 네 네 놀라
교 만한 맘 을 버 리 - -
몸 으로 제 물 삼 겠 - -

운 십 - 자가 - 놀 라 운 십 - 자 가

- 날 - 위 해 - 죽 으 - 신주 - 인 - 해 - 생명
- 모 - 두나 - 와주 - 의은 - 혜 - 를 - 찬양

- 얻 네 - - 놀 라 - - -
- 하 리 -

225 주 찬양합니다
(Ich lobe Meinen Gott)

Cl. Fraysse Bergese

주 찬양합니 다 내 마 음을 다해 주
주 찬양합니 다 내 마 음을 다해 내

가 하신놀 라운 일 들을세 상에 모 두전 하 리 라

가 주를 기뻐 하며찬양해 할 렐 - 루 - 야 지

극 히 높 으신 이름찬양해 할 렐 - 루 - 야

| 기타코드 |

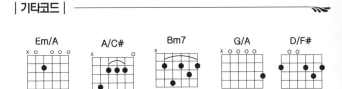

Em/A   A/C#   Bm7   G/A   D/F#

226 주를 위한 이곳에

김준영 & 임선호

주를위한이곳에 예배하는 자들 중에
그가찾는이없어 주님께서 슬퍼하시네 –
주님이찾으시는 그한사람 그예배자
내가그사람되길 간절히 주께예배하네 주은혜–
로 이곳에 서있네 주임재– 에 엎드려 절하네– 그
어느것도– 난 필요없네– 주 님만– 경배 –해 주은혜–
로 이곳에 서있네 주임재– 에 엎드려 절하네– 그
어느것도– 난 필요없네– 주 님만– 경배– 해

227 주 사랑이 나를 숨쉬게 해
(Breathe)

정신호

주 사랑이 – 나를 숨쉬 – 게 해 – 세상
사 랑이 – 나를 이끄 – 시네 – 내가
그어떤 – 어려 – 움속 – 에도 – 주 은혜로 – 나를돌보 – 시며
갈수없 – 는그 – 곳 – 으로 – 주 의사랑 – 나를붙드 – 시며
– 세상 끝 날까 – 지 – 지켜 – 주시네 – 주
– 세상 끝 날까 – 지 – 인도 – 하시네
– 주님 – 만이 – – 내아픔아 – 시며 – 주님
만이내 – 맘어 – 루만 – 지네 – 어느 누구도 – 나를향 – 하신
– 주님 의사랑 – 을끊을수 – 없네 – 주님 – 만이
– – 내능력이 – 시며 – 주님 만이나 – 의구 – 원이 – 시네
– 어느 누구도 – 나를향 – 하신 – 주님
의 사랑 – 을끊을수 – 없네 –

228 주 앞에서 우리
(모두 외치리)

이규헌 & 심형진

주-앞-에서우리 기-뻐- 찬양하리
주-앞-에서우리 기-뻐- 춤을추리

그 -는- 만 -왕의왕 -
그 -는- 만 -유의주 -

모 두 외치 -리 -

모 두 춤추 -리 -

모 두 선포 -해 예 수그리-스도-

모 든 나 라 다 스리-시네

- 모 든 민 족 통치하-시네 -

예수그리-스도- 다 스리-시 네 -

예수그리-스도- 통치하-시네 -
만 -왕-의왕

229 주의 사랑을 주의 선하심을
(Think About His Love)

Walt Harrah

주의사랑을 - 주의선하 심 -을 -

주 의은혜를 생 각해 보 라

- 하늘 보 다 도더 높으신 - 아

버 지의사 랑 크고놀 랍 네 ----

아 버지사 랑 크고놀 랍 네 -
Fine

내 어찌- 그사랑 - 잊으 리 -내
나 길을- 잃고- - 헤 맬 때 - 그

어 찌주의- 긍휼 - 잊으 리 -내
사 -랑날- 찾아 - 내 셨 네 -

영 혼의 - - 모 든소원- -만

족 시 킨 - - 하 나 님 - -
D.C.

| 기타코드 |

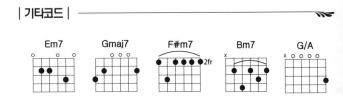

Em7　Gmaj7　F#m7　Bm7　G/A

230 주의 이름 부를 때
(Just the mention of Your name)

Chris Bowater

주 의 이름 부를 때 　－ 주 님 앞에 엎드
주 의 이름 부를 때 　－ 나 를 붙드시는

리 어 　－ 눈물 속에 경배 하 네 　－
사 랑 　－ 그 사랑을 확인 하 네 　－

주의 이름 부를 때 　　 주의 이름 부를 때

예 　수 　예 　수 　예 　수 　예 　수

주의 이름 부를 때 　－ － 주 경배 －

231 주의 이름 안에서
(찬양의 제사 드리며 / We Bring The Sacrifice Of Praise)

Kirk Carroll Dearman

주의 이름 안 －에서 － 주의 성소로 －가네 － － － 영광
주의 말씀 주 －시고 － 우리 감사드 －리네 － － － 주의

스 러운 － 이곳 －에 우리 기 쁘게 －왔네 － － －거룩
날 개그 － 늘 밑 － － 우리 피 난처 －되네 － － －주의

한 보좌 －앞에 －서 따뜻 함을 느 －끼 네 － － － 우리
길 을 따 －르 며 우리 주 께 순 －종 해 － － － 모든

마음 경 －배 하 － 며 찬양의 제사 드리네 － － －
상황 속 －에서 －도 찬양의 제사 드리네 － － －

찬 양 의 제사 드리 며 　－ 성소로 들 어 갑 니 다

찬 양 의 제사 드리 며 　－ 성소로 들 어 갑 니 다 우리

모 두 주 님 께 　－ 감사의 제 사 를 드 리 세 우리

모 두 주 님 께 　－ 기쁨의 제 사 드 리 네

232 주의 인자는 끝이 없고
(The Stead Fast Love of the Lord)

Edith McNeill

주 의 인 자 는 －끝 이 －없 고
주 의 사 랑 은 －끝 이 －없 고
주 의 보 호 는 －끝 이 －없 고

그 의 자 비 는 － 무 궁 하 며 　－
그 의 공 의 는 － 영 원 하 며 　－
그 의 자 비 는 － 풍 성 하 며 　－

아 침 마 다 새 롭 고 늘 새 로 우 니 주 의 성

실 이 큼 이 라 성 실 하 신 주 님 　－

233 주의 임재 앞에 잠잠해
(Be Still)

David J. Evans

주 의 임재 앞에잠잠해 주 여기계 시 네
주 의 영광 앞에잠잠해 주 의빛비치 네
주 의 능력 앞에잠잠해 주 역사하시 네

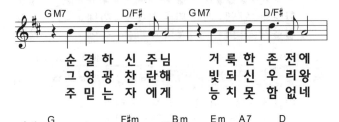

와 서 모두 굽혀경배해 신 령과진리 로
거 룩 한 - 불태우시며 영광의관쓰 네
죄 사 하고 치유하시는 놀 라운주은 혜

순 결 하 신 주 님 거 룩 한 존 전에
그 영 광 찬 란 해 빛 되 신 우 리 왕
주 믿 는 자 에 게 능 치 못 함 없 네

주 의 임재 앞에잠잠해 주 여기계 시 네
주 의 영광 앞에잠잠해 주 의빛비치 네
주 의 능력 앞에잠잠해 주 역사하시 네

235 짙은 안개 가득하던
(평안)

이유정

짙 은 안개 - 가득 -하던 - 나의 아 픈영혼에 -

한 줄 기비 춰오는 -햇살 아침 이슬같은 눈 빛

- 이세 상 어느곳에 -서 도- 찾을 수 없던보석

- 나의 가 장깊은곳 -에서- 들리 는그분의음성

- 평안 을네게주 노 - 라

234 주의 집에 거하는 자
(Blessed)

Darlene Zschech & Reuben Morgan

주의집에 거하는자- 항상주찬 송하-리-

시온의대 로가있고- - 힘얻는-자- 복있네 - 주의집에

- 주얼굴볼 때 까지 - 힘을더얻 어 가리 -

들 으소-서 - -만군의 - 주- 하나 --님

구 하오-니 - -이땅축 - 복- 하

- 소서 --- - 소서 ---

- 소서 ---

오주-는-거 록 오주-는-거 -록

거룩-하 -신 주 -님 - -

- 축 복- 하 -소서 ---

236 주 이름 큰 능력 있도다
(There Is Power In The Name Of Jesus)

Noel Richards

주이름 - 큰능력 - 있도 - 다
주이름 - 큰능력 - 있도 - 다

난믿네 - 그이름 -
예리한 - 검처럼 -

예수의 - 그이름 - 부를 - 때
예수의 - 그이름 - 외치 - 며

새생명 - 얻었네 -
일어나 - 나가세 -

마귀는 - 떠나 - 가 고
원수는 - 주발 - 앞 에

갇힌자 - 자유케해 - - -
무너져 - 떠나가네 - - -

- 모든이 - 름보다더 - 높은이 - 름

- 주예 - - 수 -

237 주 자비 춤추게 하네
(춤추는 세대 / Dancing Generation)

Matt Redman

주 자비춤추 게하네 - 모 든것 다해

찬양 해 - 춤 - 을 추 - 며 자 - 비 감 사 - 해

주 영광외치 게하네 - 온 땅에서주

높이며 - 주 - 의 영 - 광소리 - 쳐 찬 양 - 해

넘 - 쳐 흐 르는 용서받 은 영혼

이제 주 를 보네 우 린 - 멈 출 - 수없

- 어 우리 는춤추는 세대되 - 리 주크신자비로

- 춤 추 - 리 라 - 주 - 의자 - 비로 -

주 영 광 외치 는 세대되 - 리 놀라운주영광

- 외 치 - 리 라 - 주 - 의영 - 광을 -

| 기타코드 |

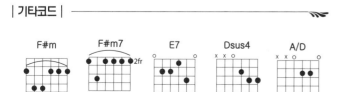

F#m   F#m7   E7   Dsus4   A/D

238 지금은 아무것도 보이지 않는
(주의 날 기다립니다*언더우드의 기도)

전영훈

지 금은 아 무것도 보 이지않 는

메 말라 가난한이 땅 —

주 께서 보내신 이 곳엔 고집

스 레 얼 룩진어둠 뿐 — 어둠에

묶 인지도 알 지못한채 가 리 워 진

저들의 아 — 픔 — 아무소 망 도 보

이 지않 아 어찌 갈지 — 막막한길이지 만

— 주 께서 행하시고 이 — 루실

일 겸 손 히 순종하기원하 네 — 지

금 은황 무 지같 은 이 곳 — 에서 도 주님나

라 이 뤄지리 눈 물로기뻐하 — 리

이 땅 에 주님소원 이 루실때까 지 주여

내 믿음 붙 들어 주소서 — 멸

시 와천대가득 찬 이 곳 — 에서 도 믿음으

로 주 의날 — 기 다 립니다 —

239 지금 우리가 주님 안에
(아름답게 하리라)

곽상엽

지금 우리 가 — 주님안에하나 가되어 —

바로 주님 이 — 원 하시 는뜻대 — 로 —

주님의 크 신영광 — 높 이 — 는 노래가 되어 —

온 세 상을 — 아름 답게하 — 리라 — — 지금

— 우리모 두가 — 주를노 — 래하는 —

아름 다 운 — 소리 — 로 하 나 가 되어

바로이 곳 을 더욱아 름 답 게

아 름 답 게 하리라 — —

240 찬양의 열기 모두 끝나면
(마음의 예배 / The Heart Of Worship)

Matt Redman

찬양의열기 - 모두끝나면 - 주앞에나와 -
영원하신왕 - 표현치못할 - 주님의존귀 -

더욱진실한 - 예배드리네 - 주님을향한 -
가난할때도 - 연약할때도 - 주내모든것 -

노래이상의노래 - 내맘깊은곳에 주께서원하신것 -

화려한음악보다 - 뜻없는열정보다 중심을원하시죠 - -

주님께드릴 맘 -의 예 -배 주 님을위한 -

주 님을향한 노래 중심잃은예배내 -려놓 -고

이제 나돌아와 - 주 님만예배 해 요 -

241 춤추며 찬양해
(I Will Dance I Will Sing (Undignified))

Matt Redman

춤 추 며 찬양 해 나의왕 주 님 께

그누구도내열정 - 빼앗을수없네 나 춤 추리

자존심다버리고기뻐 해 누군가날비웃어도

춤 추리 자존심다버리고뛰놀 며

나나 나 -나나 나 Hey! 나나 나 -나나나 Hey!

나나나 -나나나 Hey!나나나 -나나나 Hey!

D.C. al Fine

242 하나님의 존전에서

안정환

하나 님의존 전에서 - *주를 찬 -양 하네 -

하나 님의존 전에서 - *주를 찬 -양 하네 -

Fine

인 자하-신 - 주의임재안에그 선하-심- 닮 아가리-

그 행하-신 - 놀라운일인해두 손들어경배 하네 -

* 주를 경배하네, 주를 감사하네, 주를 바라보네

243 Come 주께 경배 드리세
(주께 경배 드리세 / Come Now Is The Time To Worship)

Brian Doerksen

Come 주께경배 드 리 세

Come 우리의마 음 을 다 해

Come 우리하나 님 앞 에

Come 겸손히무 릎 꿇 고 *2nd time to Coda*

Come 모든이가주라시인 하겠네

주께무릎꿇 겠네 기쁨으로선택하는

우리 앞에주 상급 있네 *2nd time D.C.*

Come Come Come

244 하나님 온 맘으로

이길승

하나님온 맘으로 기 다리 시네

온세상이 참 기쁜소식 모두 듣게되 도록

예수님우 릴위해 기 도하 시네
성령님우 리길을 인 도하 시네

온세상이 우 리를통해 모두 살아나 도록
온세상이 산 증인들을 모두 볼수있 도록

주님나라 임할때까지 우리삶을 드려요

끝날이오 리라 약속된 말씀 곧 이뤄지 리라

| 기타코드 |

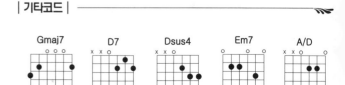

Gmaj7   D7   Dsus4   Em7   A/D

245 하늘의 해와 달들아
(호흡이 있는 자마다)

김세영

하 늘의— 해와 달—들아 — — 소리
산과— 넓은 푸른바다 — — 모두

높 여 찬 양하—여라 — — 나
주를 찬 양하—여라 — — 호

팔 소리— 비 파와수금으로 — — 춤
흡이— 있 는—자—마다 — — 여

추 — 며 찬양하—여라 — 험한 —
호 와를 찬양하—여라

세 상모든 사 람들아 주를 찬양하라 —

살 아계신 나의하나 님을— —

세 상모든 사 람들아 주를 찬양하라 —

살아계 신 너의하나 님을 —

호 흡이— 있 는 자—마다 — —

여 호 와를 찬양하—여라 — —

246 할렐루야 살아계신 주
(Jesus Is Alive)

Ron Kenoly

할렐 루 — — — 야 — 살 아계—신—주 —

죽 음이— 기시 —고— 무덤에 — 서일—어—난 — —

살 아계—신—주 —님 영 원 히 — — — — 계시

네 — — — — — 그는 알 파와—오—메—가— 또

처 음과— 나중 — 죄 악의저—주끊 —고 완전한

자 유주—셨—네 — 부 활하신—어—린—양 영원

히 — — — — 계 시 네 — — — — — 할렐

네 — — — 할렐루야 살 아계신주 — —

| 기타코드 |

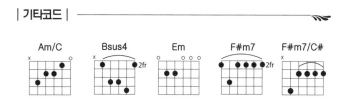

Am/C   Bsus4   Em   F#m7   F#m7/C#

247 난 지극히 작은 자
(십자가의 전달자)

소망의 바다 미니스트리

난 지 극히 작은 자 죄인 중 에 괴수 무익 한 날 부르셔

서 간절한 기대와 소망 부끄 럽 지않게 십자 가 전케 하셨

네 어디 든지 가리라 주위 해 서라면 나는 전하리 그 십자

가 내 몸 에 벤 십자가 그 보 혈 의 향기 온 세 상 채울 때까

지 살아 도주를 위해 죽어 도주를 위해 사나 죽으나 난 주의

것 십자 가 의 능력 십자 가 의 소망 내 안 에 주만 사시는

것 네 내 사 랑 나의 십자 가

248 너의 가는 길에
(파송의 노래)

고형원

너의 가 는 길 – 에 주 의 평 – 강 있으리 – 평강
가 는 길 – 에 주 의 축 – 복 있으리 – 영광

의 왕 함 께 가 – 시 니 너의 걸음 걸음 주
의 주 함 께 가 – 시 니 네가

인 도 하 – 시 리 주의 강 한 – 손 널 이 끄 – 시 리 너의

밟는 모든 땅 – 주 님 다 스 – 리 리 너는 주 의 – 길 에 비케 – 되

리 – 주 님 나라 위 – 하 여 길 떠

나는 나의 형 – 제 여 주 께 서 가 라 – 시 니 너는

가 라 주 의 이름 으로 – 거 칠 은 광 야 위에 – 꽃

은 피어 나고 – 세상 은 네 안에서 – 주님의 영광 보리라 – 강하

고 – 담 대 하 라 세상 이기 신 주 늘 함 – 께 – 너와

동행 – 하시 며 네게 새 힘 늘 – 주시 리 –

249 너의 푸른 가슴 속에

고형원

너의푸른가슴 - 속 에 십자가 의 - 흔적있다 면
너의뛰는가슴 - 속 에 하늘의 불 - 타고있다 면

주 위해이제일 - 어 나 너의 믿음 주께보 - 이 라
그 나라그영광 - 위 에 너의 삶을 주께드 - 려 라

오 랫동안 - 꿈꿔왔 던 그 나 라 이제곧오 - 도 록

우리주의 - 은혜의 강 - 이땅 휩쓸며 - 흐르도 록 하나

님의눈물을 - 가진자 일어나 - - 주님을 따 르라 - 너의

십자가지고 - 주님을 따르면 - - 온세 상 주영광보 - 겠 네

Fine

Bridge

너의삶을불태워 주를섬겨라 - 주의 영광나타나 - 겠 네

오래황폐한이땅 꽃을피워라 - 주의 향기가득하 - 겠 네

D.C.

Copyright ⓒ 고형원. Adm. by KCMCA, All rights reserved. Used by permission.

250 여호와여 일어나소서
(Arise O Lord)

David Morris

여 호 와 여 - 일 어 나 - 소 서 -

내 하 나 님 - 날 구 하 - 소 서

- 내 원 수 들 의 뺨 을 주 가

치 시 고 - 악 한 자 의 이 를 - 꺾 으

셨 네 - 여 구 원 이 - 주

께 속 - 했 네 - 구 원 이 - 주
그 백 성 - 에

께 속 - 했 네 - - - 구 -
게 복 - 있 도 다 - -

| 기타코드 |

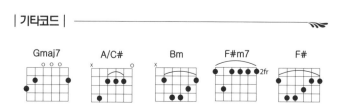

Gmaj7   A/C#   Bm   F#m7   F#

251 갈한 영혼 채우소서

천관웅

갈 -한영 -혼 채 -우소 -서
무 -릎꿇 -어 구 -합니 -다

성 령의 - 비를 -

시 들은 -영 -혼 - 다 시살 -수있도 -록

하 늘의 - 문 을활 -짝열어 - 성령의비

- -를내 -려 충만하게 - -하소 -서

얼룩진 -허 -물 - 다 씻겨지 -도 -록 - 성령이여

- -임하 -사 권능으로 - -오소 -서

간절히기 -다리는 - 우리 -게 -

252 온 땅이여 여호와께

심형진

온땅이여 - 여호와께 - 즐 -거이 -부를

지어다 기쁨으로 - 여호와를 -섬기며

노래하며 - 나갈 지어다 그는

우 리하나 -님 우린 그 의기르시는

백 -성 그의손 의양이 -라 주를

송 축할지 - -라 -광 대 하 신주

- 존 귀 와 위엄 - 온 열 -방

이 주 를 찬양하 네 - 광 대 하 신주

- 존 귀 와 영광 - 온 우 -주

가 주 를 경배하 네 -

◆ 깊이 있는 찬양을…

죄_시편51

다윗은 나단의 힘 있는 설교를 통해 자신의 죄를 보았다. 밧세바와 간음하고 우리아를 죽인 표면적인 죄 전에 하나님을 모독한 죄가 있다는 것을 알았다. 그는 밧세바에게 크나큰 잘못을 저질렀다. 함부로 대하고 수치를 주었다. 우리아에게 사악한 짓을 했다. 속였고 나중에는 죽였다. 이러한 잘못으로부터 파생되는 도덕적 결과—고통과 괴로움, 죽음과 비탄—는 남은 생애 동안 다윗을 줄곧 따라다닐 것이다. 그러나 이러한 잘못 이전에 근본적 죄가 있었으니 하나님 대신 자신을 중심에 놓은, 하나님에 대한 죄가 바로 그것이다.

다윗의 시편 51편은 하나님을 다시 찾은 것에 대한 감동적인 고백의 시다. 이 기도 안에서 그리고 이 기도를 통해 우리는 자유가 풍부하고 사랑이 메아리치는 공간을 발견한다. 우리는 하나님 앞에서 우리 자신을 발견할 때—정직과 찬양과 믿음으로 하나님 앞에 나아갈 때 —우리의 진정한 인간성을 발견한다. 우리는 덜 우리다워지는 것이 아니라 더 우리다워진다. 수치를 당하는 것이 아니라 존귀한 대우를 받는다. 정죄를 당하는 것이 아니라 구원을 받는다.

다윗의 죄가 아무리 극악무도 하다 해도, 하나님의 은혜는 그것을 훨씬 넘어선다. 다윗의 죄는 결코 작지 않고 또 작게 여겨서도 안 되지만, 하나님의 구원에 비하면 새 발의 피에 지나지 않는다. 자신이 범한 죄 문제에 계속 골몰하는 태도는 옳지 못하다. 중요한 것은 우리의 죄가 아니라 우리의 죄에 대해 하나님이 하신 일이다. 우리의 죄는 흥미로울 것이 없다. 우리가 흥미를 가져야 할 것은 우리의 죄에 대해 하나님이 하신 일이다. 죄는 전혀 매력적이지 못하다. 죄를 매력적으로 보이게 하는 것은 사단이 하는 일이다. 죄는 우리를 왜소하게 만들고 비인간화시키고 곧 지루해진다. 일단 죄를 인식하고 고백한 다음에는, 그것에 대해 적게 말할수록 좋다. 시편51편이 그것을 보여준다. 죄를 명명하여 드러내는 데는 겨우 네 개의 다른 단어가 사용되었을 뿐이다. 죄의 전체 풍경을 묘사하는 데는 이 네 개의 단어로 충분한 것이다. 그러나 용서하시고 회복시키시는 하나님의 활동을 기원하고 선포하는 데는 무려 열아홉 개의 다른 단어가 사용되었다. 우리가 죄를 짓는 방법은 한정되어 있지만 하나님이 우리를 용서하시는 방법은 무한하다. 몇 해만 세상사를 관찰해 보면 죄란 대개 그 전 죄의 재연임을 알게 된다. 전세대의 죄를 이 세대 사람들이 똑같이 반복하고 있는 것에 불과하다. 죄짓는 일에는 그다지 많은 상상력이 필요하지 않다. 그러나 용서와 구원은 어떠한가? 그것은 전혀 다른 이야기다. 용서와 구원은 매번 일어날 때마다 항상 신선하고 창의적이며 우리를 놀래게 만든다. 죄는 창조적인 일이 아니다. 지으면 지을수록 죄는 점점 더 지루해진다. 그러나 반대로 구원은 늘 "아침마다 새롭다"(애 3:23)

마지막 빛이 검은 서쪽 너머 가 버렸어도
오, 아침은 동쪽 갈색 가장자리에서 솟아오른다—
왜냐하면 성령께서 구부러진 세계를 따뜻한 가슴,
그리고 아! 빛나는 날개로 품고 계시기 때문이다.

예수님

나단 앞에 서 있는 다윗과 빌라도 앞에 서 있는 예수님, 이 두 이야기 사이에는 주목할 만한 공명현상이 있다. 두 이야기 모두 'passion'의 이야기다. 밧세바를 향한 다윗의 열애(passion), 빌라도가 예수님에 대해서 한 말, "보시오, 이 사람이오"(요 19:5)는 나단이 다윗에게 한 말, "당신이 바로 그 사람입니다"를 생각나게 한다.

이 두 선언은 한 사람에게 우리의 시선을 집중시킨다는 점에서 유사하다. 당신, 다윗이 바로 그 사람이다. 이 예수님이 바로 그 사람이다. 하나님이 그 안에서 자신의 일을 하시는 바로 그 사람 말이다. 우리는 어떤 사상, 대의 법, 꿈, 비전, 조직을 통해서 제정신을 차리고 참 현실을 깨닫는 것이 아니다. 구체적인 인물을 알 때 제정신을 차리고 참 현실을 깨닫는 것이다. 내가 누구인지를 알 때, 예수님이 누구이신지를 알 때.

두 선언은 서로 다르기도 하다. 나단의 선고는 다윗을, 따라서 우리를 하나님 앞으로 이끌어간다. 그가 자신이 누구인지를 깨닫는 장소는 자신 안이 아니라 하나님 앞이다. 그가 관계를 맺어야 할 분은 하나님이다. 그 이인칭 선고는 그를 하나님 앞에 개인으로 서게 만든다. 진실하고 솔직하고 열린 개인으로... 이 이야기는 우리를 하나님 앞에서 나 자신, 바로 나 자신이 되게 만들어 준다. 반대로 빌라도의 선고는 예수님을 우리의 실체 앞으로 이끌어 온다. 하나님이 관계를 맺으셔야 할 사람은 나와 당신이라는 것을 드러내면서 말이다. 하나님이 우리 앞에 개인으로서 서신다. 진실하고 솔직하고 열린 개인으로, 이 개인적인 하나님이 나의 개인적인 죄를 직면하고 처리하신다. 나를 하나님과 바른 관계로 이끌어 주시면서.

이것은 믿을 수 없을 만큼 그리고 도저히 안 믿을 수 없을 만큼 좋은 소식이다. 죄인의 자리는 책망과 정죄를 받는 자리가 아니라 구원을 받는 자리라는 소식 말이다. 복음의 초점은 고발이 아니라 인정과 초대다. 인정: 죄를 깨닫고 그럼으로써 하나님을 깨달아야 할 사람을 바로 나다. 초대: 예수님은 나로 하여금 하나님을 알게 하시며― 하나님이 이렇게 가깝고 좋고 매혹적인 분이시라니! ―사랑과 구원을 주시는 그분과 개인적인 관계를 맺게 해주시는 분이다. 다른 어떤 것 ― 밧세바를 즐기는 쾌락이나 우리아를 부리는 권력―보다도 하나님이 더 절실히 필요한 사람은 바로 나다. 내게는 하나님이 필요하다. 그리고 내가 필요로 하는 하나님을 내게 주시는 분이 바로 예수님이시다.

위 글은 '다윗, 현실에 뿌리박은 영성'(IVP. 유진피터슨 지음, 이종태 옮김)의 일부(p221~223)를 발췌한 글입니다.

작은소리 **큰울림**
[경청]

253 가난한 자 부요케 하소서
(Let The River Flow)

Darrell Evans

가난 한자부요케 하소서 - - 잃어 버린자 회복케

하소서 - - 생 수의강물로 - - 눈먼

자다시보게 하소서 - - 죽은 자거듭나게 하소서 - -

생 수 의 강 물을 - - -

넘 쳐주 소서 - - -

생 수의강물 - - 넘 치게 하사 -

성 령의능력 - - 임 하

소 - 서 - 생수 의강 - 물 - - - 생수

의강 - 물 - - - 생수 의강 - 물 - -

254 강물같은 주의 은혜

정종원

강물같 - 은 주의은 - 혜 파도처 - 럼 넘쳐나 - 네

주를향 - 한 이마음 - 을 멈출수가 없네 -

놀라우 - 신 주의은 - 혜 소리치 - 며 노래하 - 네

주를향 - 한 이마음 - 을 전심으로외치리 - -

예예 예예 예예 예예

예예 예예 예예 - 예예

강물같 - 은 주의은 - 혜 파도처 - 럼 넘쳐나 - 네

주를향 - 한 이 마음 - 을 멈출 수가 없 네 -

놀라우 - 신 주의은 - 혜 소리치 - 며 노래하 - 네

주 를 향 - 한 이 마음 - 을 외 치리

255 감사하세 하나님께
(우린 이겼네 / We Have Overcome)

Meleasa Houghton & Israel Houghton

256 감사함으로 그 문에 들어가며
(He has made me glad)

Leona Von Brethorst

감사 함으로그 문에 들어가－며 그의 궁전에들어 가

주께 감사드리며그 이 름－을 송 축할－지어－ 다

주님의기쁨 내게임하네 나 항상기쁨안 에서 주 찬 양

주님의기쁨 내게임하네 나 기쁜찬송주께드리 네

258 겸손히 주님 앞에 섭니다
(마리아의 노래)

엄민용

겸 손히－주님앞 －에섭 － 니다 －

주 님 만이 나 －의모－든 것 －

사랑합 － 니다－ 마 －음과－뜻힘 － 다해－

사랑합 － 니다－ 마 －음과－뜻 힘 －다해－

주의말씀 －대로 － 이루어지 － 이 다

－ 나의모 －든것 － 주 －님께 － －

257 거룩 거룩 경배드리네
(임마누엘 / Emmanuel)

Reuben Morgan

거룩거 － － －룩 경배드리 네 왕되신 주－님
밤하늘 － － －의 수많은별 들 지으신 주－님

할렐루 － － －야 내맘에오 사 날새 롭 게－해
주의사 － － －랑 나를부르 네 주를 따르－리

임마누엘 주예－수 날떠나지 않네 －

선한목－자 나를돌보시 네 임마누 －엘－

거룩거룩 전능의주 주밖에없 네 －

거룩거룩 － 전능의주 － 주밖에없 네 －

－엘 임마누 －엘 임마누 －엘 임마누

－엘 임마누 －엘 임마누 －엘 －

| 기타코드 |

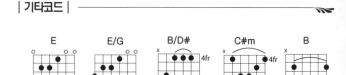

259 구하라 모든 열방들을
(나 여기 있으니 / Here am I)

Bob Kilpatrick

구 하라 – 　　　모든열방 들 을
하 나님 – 　　　나 여기있사 오 니

유업으로 – – 네게 – 주리라 – 　유업으로
열방중에 – – 보내 – 소 서 – 　증인으로

– – 네게 – 주리라 – 　내 아들아 구 하라
– – 보내 – 소 서 – 　내 아버지 하 나님

모든열방 들 을 　　　유업으로
나 여기있사 오 니 　　　열방중에

– – 네게 – 주리라 　구 – 하라 　–
– – 보내 – 소 서 　하 – 나님 　–

260 그 곳에서 기도 드리네

카자흐스탄 노래

그곳 에서 – 　기 도드 – 리 – 네 　–
그 날에 – 　강 물흐 – 르 – 고 – 　–

오직 한분 – 　주 께찬 – 양 드 리 네 　–
모두 넘쳐 – 　주 의길 – 준 비 하 리 　–

그의 나라 – 　온 땅 보다 – 크 – 고 – 　–
그 날에 – 　모 든 민족 외 – 쳐 　–

그곳 에 – 는 – – 　– 빛 비추 – 네 　–
큰소 리 로 – 　– 주 오소 – 서 　–

온 세 상 　– 구원 되 리 　– 그 의 빛 　–

비 추리 – 라 　열방을 　– 다스 리 며 　–

구 원 하 실 　– 예 수 그리 – 스도 　–

261 나를 지으신 주님
(내 이름 아시죠 / He Knows My Name)

Tommy Walker

나를 – 지으 신주님 – 　내안 – – 계셔 – 　–
그는 – 내아 – 버지 – 　난그 – 의소유 –

처음 – 부터 내 삶은 – 　그 의손에 – 있었죠 –
내가 – 어딜 가든지 – 　날 떠 나지 – 않죠 –

내이 – 름아 – 시죠 – 　내모 – 든생 – 각도 –

내흐 – 르는 – 눈물 – 　그 가 닦아 – 주셨죠 –

| 기타코드 |

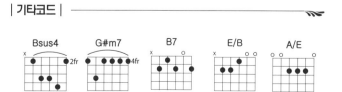

Bsus4　G#m7　B7　E/B　A/E

262 기뻐하며 승리의 노래 부르리
(We will rejoice)

David Fellingham

기 -뻐하며 - 승리 의노래부 르 리

그 백성주 가회복시 -키시네

그 -사랑으 로 억눌렸던자모 아 칭찬과

명 -성얻게 하시네 -전심으

로 - - - -기뻐하 리 -

로기 뻐하리 -전능의 왕우리함께 -

전능의왕 - - - -함께하시 네

우 리의강하 신용사 - 구원과 승리주시네

기뻐외치 며 주께두 손들리- 춤을추

며 - 왕께 찬양해- 모든원수 를 -멸하

신 주님- 전능의 왕 함께하시 네 -

263 나는 외칠 수 있어
(Can`t Stop)

김석호

나는외 -칠수-있어 - 내게생 -명주-신주
나는멈 -출수-없어 - 내게능 -력주-신주

- 나를구 -원하-신 예 수 -님 -
- 주님나 -라임-할 때 까-지 -

믿음을 -창조-하신 - 하나님 -의독-생자
항상기 -뻐할-꺼야 - 항상감 -사할-꺼야

- 은혜의 -십자-가 날믿-네 -
- 쉬지않 -고기-도 할 꺼-야 -

Till the end - I can't stop lo - ving - you

- can't stop prai - sing - you - my Lord -

- - with all I am

- I can't stop lo - ving - you - can't stop

prai - sing - you - my Lord -

할 렐루 야 - 보좌위 -

어 린 -양 께 - - - -

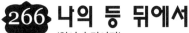

264 나를 향한 주님의 사랑

주영광

나를 향한 주님의 사 - 랑 그 누구 - 도 바꿀 수 없
- 네 나의 영 - 혼 언제나 주 - 를 원해 -
- 나를 - 주의 권 세 - 와 능력 - 이 영원 영
- 원 - 토록 내 삶 - 에 언제나 - 날 - 이 끌
- 어 주 - 소 서 - 나를 -

265 나를 향한 주의 사랑
(산과 바다를 넘어서 / I Could Sing Of Your Love Forever)

Martin Smith

나를 향한 - 주의 - 사랑 - 산과 바다 - 에 넘 - 치니
- 내 마음 열 때 주님 나 에게 참 자유 주 - 셨네
- 늘 진리 속 - 에 거 - 하며 - 나의 손을 - 높이 - 들고
- 언 제 나 주님의 사 랑을 노래하 리 -
주의 사랑노래 - 하 - 리 - 라 - 영원토록노래
- 하 - 리 - 라 - 주의사랑노래 - 하 - 리 - 라 -
영원토록노래 - 하 - 리 - 라 - 영원토록노래
- 하 - 리 - 라 - 내가 춤 - 을 출 때
다 비웃겠 - 지만 - - 그 들도 주 - 알
게 되면 - 함께 기뻐 - 춤 - 을 추게 - 되 리 -
영원토록노래 - 하 - 리 - 라 - -

266 나의 등 뒤에서
(일어나 걸어라)

최용덕

나 의 등 뒤에 서 나를 도 우시는 주
나 의 인생 - 길에 서 지치 고 곤하 여
평 안 히 길 - 을 갈 땐 보이 지 않아 도
때 때 로 뒤 돌아보 면 여전 히 계신 주
매 일 처럼 주저 앉고 싶을 - 때 나를 - 밀어주시 네
지 치 고 곤 하여 넘어 질 때 - 면 다가 와 손 내미시 네
잔 잔 한 미 소로 바라 보시 - 며 나를 - 재촉하시 네
일 어 나 걸 어라 내가 새 힘을 주리 니
O O 야! 일어 나 라 주께 서 새 힘 주리 니
일 어 나 너 걸 어라 내 너를 도 우 리

267 나보다 나를 잘 아시는 주님
(시편139편 / Psalm 139)

주민정

나 보다나를- 잘 -아시는 주-님---

내가 주를떠나- 어디 로가겠나-이까 -

나 어딜가든-지 주의 손이나를 인도하 -시며

주의 오른손이- 나 를붙드시- 리다 - -

나 를 창세전 -부-터- 계획하-시고 -

지금까지- 인 -도하-시네 --- 하나님

-이 여 주의생 -각 이 어찌그 -리보배 로우신

-지 요 나의생 -각보다 나의뜻 -보다- 더

크고 놀 -라우신 -주-님 하나님 -이 여 나를살

-피-사 나의마 -음을 다아시 -오-니- 나를

영원한길-로 인 -도하-소서 - -

268 나 사는 동안 주를

윤주형

나 사는동안-주 를 - -경배합 니다 나

의 -모든것 되신주-님을 - - 주

바라봅니-다오 직 -내소망 되 시네 내 삶 -온전히

주 께드-리네 - - 거룩한-길로 - -나를

이 끄시-는-주 - -상한 나 의 맘을 - -주님

치 료하-시-네 - -내가 주 를바-랄때 - -내게

가 까이-계신주 - -나의 눈 물거-두어 - -주얼굴

보 게하-소 서 - - -주님 께 -
D.C.

269 나 어디 거할지라도

한웅재

나어디 거할지라도 - 주 날개나를지키네 - 그

그늘아래서 나 주님을노 래하네 -

외롭고험 한길 에 내 믿음연약 해져도 -

기다려 주 실수있 는 주님 - 늘 나의곁에

- -계 시며 내게말씀 - -하 시네 내가너를

사랑한다- 넌 두 려워 말라 - 나 사랑하리

- -당 신을 신뢰하리 - -그 마음 내가살아

숨쉬는동안 - 주님 - 나어디 - 나

숨 쉬는동안 - 나 사는날동안-- 에 주님 -

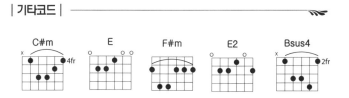

270 나의 마음을
(Refiner's fire)

Brian Doerksen

나 의마- 음을 - 정금과같 이 정결 케 하소서

나 의마- 음을 - 정금과같 이 하 소서

내 영혼에 - 한 소망있 으니 - 주님

과 같- 이 거룩하게 - 하 - 소 - 서 - 나의삶

을 드리니 거룩하게 - 하소서 - -오주 - 님

나를받으 - 소서 - 나를받으 - 소서 - -

271 나의 주 나의 하나님이여
(깨뜨릴 옥합이 내게 없으며 / Adonai, my Lord my God)

Stephen Hah

나의 주 나의하나 님 이여 주 를경배합니 다

주 사 랑하는나의 마 음을 주께 서 아시나이 다

깨 뜨 릴옥합내게 없 - 으며 주께
고 통 속에방황하 는 내마음 주 -

드 릴향유없지 만 하 나 님형상대로
께 로갈수없지 만 저 항 할수 - 없는

날 빛으사 새 영 을내게부어 주 소 - 서 나의
그 은혜로 주 님 의길을걷게 하 소 - 서 나의

| 기타코드 |

C#m   E   F#m   E2   Bsus4

272 나의 부르심
(This Is My Destiny)

Scott Brenner

나 - 의부르심 - 나의영원 - 한소 - 망

예수님의 - 형상 - 을 닮 - - 는것 -

나 - 의목적 - 나의높은 - 부르 - 심

세상을뒤로 - 하고 - 주위 - 해사 - 는것 -

덮 으 - 소서 - 주 - 거 - 룩한 - 품에 - 품으

- - 소서 - 이곳 이 나속 - 한곳 - 오 예 - 수

이 끄 - 소서 - 주 얼굴보 - 기위 - 해은 - 밀한

- 곳으로 - 내가 나 아갑 - 니 다 -

273 나의 사랑하는 자의 목소리
(나의 사랑 나의 어여쁜자야)

이길로

나의 사랑하는자의목소 - - 리 - 듣기원 - 하 - 네

나 의사랑나의 어여쁜 - 자 - 야 바위틈은밀 - 한곳에 - - 서

듣기원 - 하 - 네 부드 러운 주님의 - 음 성 나의

성 나의 사랑 - 나의사랑 - 나의 어여쁜 - 자 - 야

일 어 - 나함께가 - 자 나의 사랑 - 나의사랑 - 나의

어여쁜 - 자 - 야 일 - 어나 - 함 께 가 자

274 너는 시냇가에

박윤호

너 - 는 시냇가 에 심 - 은 - 나무 라
주의 시 절을좇 아 구원 열 매맺으 면

하나 님 의 사랑 안 에 믿음 뿌 리내리 고
주의 영 화 로운 빛 - 너를보 호하리 니

주의 뜻 대 로 주의 뜻 대 로 항 - 상 사세 요
주의 뜻 대 로 주의 뜻 대 로 항 - 상 살리 라

| 기타코드 |

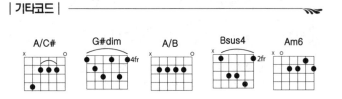

A/C# G#dim A/B Bsus4 Am6

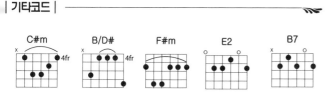

275 나의 찬양들보다
(주님을 사랑합니다)

김성민

276 나 주 앞에 서서
(Now That You're Near)

Marty Sampson

| 기타코드 |

C#m   B/D#   F#m   E2   B7

277 나 주 앞에 서 있네

윤주형

나 주앞에- 서있-네 있는모습그대-로 -

나 주앞에- 서있-네 있는모습그대-로

로 - 주 보좌앞 에 영원히 거 하기원하- 네

시 온의 대 로같은 주 향한내마- 음 주의임재

로 주의임재 로 주의임재 로 충만케하- 사

존 귀하 신 주의영광 나 볼수있도- 록

279 날마다 숨쉬는 순간마다
(Day by day)

Ahnfelt Oscar & PD. Berg Sandell

날마 다 숨쉬는순간 마다 내앞 에 어려운일보 네
날마 다 주님내곁에 계셔 자비 로 날감싸주시 네
인생 의 어려운순간 마다 주의 약 속생각해보 네

주님 앞 에이몸을맡 길 때 슬픔 없 네두려움없 네
주님 앞 에이몸을맡 길 때 힘주 시 네위로함주 네
내맘 속 에믿음잃지 않고 말씀 속 에위로를얻 네

주님 의 그자비로운 손 길 항상 좋 은것주시도 다
어린 나 를품에안으 시사 항상 평 안함주시도 다
주님 의 도우심바라 보며 모든 어 려움이기도 다

사랑 스 레아픔과기 쁨을 수고 와 평화와안식 을
내가 살 아숨을쉬는 동안 살피 신 다약속하셨 네
흘러 가 는순간순간 마다 주님 약 속새겨봅니 다

278 나 지금은 비록 땅을 벗하며
(하늘 소망)

민호기

나 지금은- 비록- 땅을 벗하며- 살지라도-

내영혼-저하늘을- 디디며- 사네- 내주님계-신

눈물없-는곳- 저하늘에-숨겨둔 내소망-있네-

보고픈 얼굴들 그리운이름들- 많이생-각나 때론

가슴- 터지도록- 기 다려지-는곳- 내아버지- 넓

은품날-맞으-시는- 저하늘에-쌓아둔내소망-있네-

주 님 그 나라에 이를 때 까지- 순례

의걸음-멈추지않-으며 - 어떤 시련이-와도- - 나

두렵지-않네- 주와 함께걷-는 이 길에 -

280 난 보네 영광의 왕

(호산나 / Hosanna)

Brooke Fraser

난보네영광-의 -왕　구름타고오 시네
난보네사랑-의 -주　우리죄를씻 기네

- 주위엄-에 -모두떠네 - - - - - - -
- 노래하-고 -찬양하네

- 호산 - 나 호산 - - -나- 호 산나높은곳에

호산 - 나 호산 - - -나 호 산나높은곳에

- 난보네이세-대 -가
난보네큰부-흥 -이

주위해일어 나네 - 믿음으-로 - 믿음으-로 -
기도로일어 나네 - 무릎으-로

- 무릎으-로 호산 - 나 호산 - - -나- 호

산나높은곳에 호산 - 나 호산 - - -나 호

산나높은곳 에 - 나의맘을깨끗 게 -
주의아픔느끼 며 -

나의눈열어보게하소서- 주사랑으로살-게 - 하소서
주나라위해모두드리리- 이땅에서영원-한

- 그곳까지 - 호산

- 나 호산 - - -나- 호 산나높은곳에 호산

- 나 호산 - - -나 호 산나높은곳에 - 호산

산나높은곳에 - 호 산나높은곳에 -

281 내가 어둠 속에서

문경일

내가 어둠-속에서- 헤맬 때에도- 주님
내가 은밀한곳에서- 기도 할때도- 주님
힘이 없고- 연약한- 사람들에게- 주님

은 함께계 셔 내가 시험-당하여-
은 함께계 셔 내가 아무도모르게-
은 함께계 셔 세상 모든-형제와-

괴 로-울 때도- 주님 은 함께 계
선 한 일할 때도- 주님 은 함께 계
자 매-들 에게- 주님 은 함께 계

셔 기뻐찬양하네 할렐루 할렐루 야 할렐

루 할렐루 야 우리모두찬양 할렐루 할렐루

야 - - - 주님 나와 함께계시네 -

282 내가 주 찬송하리
(나는 자유해)

심형진

E   F#m7

내가주 -찬송-하리 - 높고영 -화로-운주

A   E

- 말과적 -군을 -이겼네 - -

E   F#m7

능치못 -함없-으신 - 나를구 -원하-신주

A   Bsus4   B

- 그는 나 -의 -하나님 - -

E   F#m7   A   B

기 -뻐하며 - -자유를 - -선포해 -

E   F#m7   A   B

승 -리하신 - -주님께 - -외치세 -

E   F#m7

나는 자 -유 해 - 나는 기 -뻐 해 -

A   E

주안 에 -서 나 -뛰놀리 - -

283 내가 초라한 것이
(예수님처럼)

유은성

E   B/D#   G#sus4 C#m   A B/A   E/G#

내가초라한것이- 연약한것이 모 두 은혜입-니 다
내가모자란것이- 부족한것이 모 두 은혜입-니 다

A   B/A   G# Cdim C#m   1. F#m9

그러기 에 더욱 주님-만을 바라 보게-되 -

B7   2. F#m9   B7   E

죠 닮아 가길-원 하죠 예수님처럼 -겸손-한

F#m   B7/D#   Esus4   E/G#

삶 나는-없고 오직십자가 -만 드러내-는삶- -나

A   B/A   G#m   C#7   F#m

의 삶도-십자가되 -에가리우고- 예수님만 드러내길원-해

B7sus4   F#m

요 예수님처럼 - 섬기-는 삶 나는-없

B7/D#   Esus4   E/G#   A   B/A

고 오직하나님-만 드러내-는삶- - 내삶속에-하나님으-로

G#m   C#7   F#m   B7   E

가득차는 -예수님 처럼 살기를원-해 요

| 기타코드 |

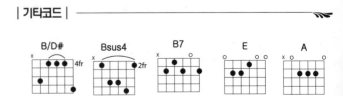

B/D#   Bsus4   B7   E   A

284 내 갈급함

윤주형

내갈급함 – 어느 것으로 – 채울 – 수없 – 네

내갈급함 – 상한 나의심 – 령에 – 내갈급함 – 부르

짖는소 – 리들 – 으소 – 서 내갈급함 – 주의

음성들 – 리네 – 내 게로나 – 오 – 라 – 영원히

– 영원히 – 목 마름전 – 혀 없으리 내 게로나 – 오

– 라 – 가까이 – 가까이 – 생 수의근 – 원 되신주께

내 게로나 – 오 – 라 – – 영원히 – 영원히 – 목

마름전 – 혀 없으리 – 내 게로나 – 오 – 라 – – 가까이

– 가 까이 – 생 명 의근 – 원 되신주 – 께 –

– – – – –

285 내게로부터 눈을 들어

(시선)

김명선

내 게로부 – 터눈 – 을들 – 어 주를보 – 기시 – 작할 – 때
성 령이나 – 를변 – 화시 – 켜 모든두 – 렴사 – 라질 – 때

주의일을보 – 겠네 – 내 작은마 – 음돌 – 이키 – 사
주의일을보 – 겠네 – 황 폐한땅 – 한가 – 운데 – 서

하늘의 – 꿈꾸 – 게하 – 네 주 님을볼때 – 모든
주님마 – 음알 – 게되 – 리 주 님을볼때 – 모든

시선을 – 주님께드 – 리고 – 살아계신하 – 나님 – 을느 – 낄때
시선을 – 주님께드 – 리고 – 전능하신하 – 나님 – 을느 – 낄때

– 내 삶 은주의 – 역 사가 – 되고 – 하나 – 님
– 세 상 은주의 – 나라가 – 되고

이 일하기시작 – 하 – – 네 –

D.C. al Fine

주님의영광 – 임하네 – 주볼때 – 주님의영광 모든

1. 2. A

D.S. al Fine

| 기타코드 |

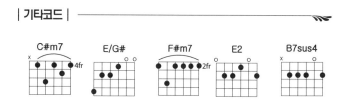

C#m7   E/G#   F#m7   E2   B7sus4

286 내게 주어진 삶이
(주 곁에 설 때까지)

송은정

287 내 마음을 가득 채운
(Here I Am Again)

Tommy Walker

| 기타코드 |

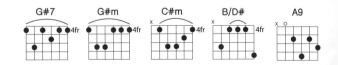

288 내 맘의 눈을 여소서
(Open The Eyes Of My Heart)

Paul Baloche

내맘의눈 - 을여소 - 서   내맘의눈 - 을열어

- 주보게 하 소서   주보게 하 소서

내맘의눈 - 을여소 - 서   내맘의눈 - 을열어

- 주보게 하 소서   주보게 하소서   주이름

높이들 - 리고 -   영광의빛비춰주시 - 며

권능 - 넘치 길보기 원하네 거룩거 - 룩거 - 룩 -

거룩거 - 룩거 - 룩 -   거룩거 - 룩거 - 룩 -

거룩거 - 룩거 - 룩 - 주보게 하 소서 -

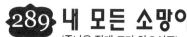

289 내 모든 소망이
(주님은 절대 포기 않으시죠)

유은성

내 모든소 - 망이끊어 졌다해도 - 내 모든기 - 회가없어

졌 다해도 - 좌절과 - 절망이나 - 의 앞에서 나

를 - 기다린다 - 해도 -   내 모든희 - 망이 사라

졌 다해도 - 내 모든계 - 획이무너 졌다해도 - 슬픔

과 - 고통이나 - 의 앞에서 나 를 - 기다린다 - 해도

- 주님은 절 대 포기하지 - 않으 시 죠   내가

모든걸포 기 - 할때 나를일으키죠 -   주님은 - 나를 -

너무도 - 나를 - 영 원히나 - 를 사랑 - 하죠 -

| 기타코드 |

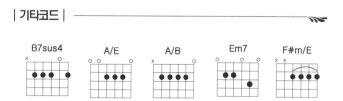

B7sus4   A/E   A/B   Em7   F#m/E

290 내 삶의 구원자
(For all you've done)

Reuben Morgan

내삶의- -구원자- - 수렁에서날 건지신- -

- 영원한- -전능자- - 내게다가오사 날새롭- 게해

- 영원으- 로부 -터- 이 땅에-오-신

- -아 버 지독-생자- - 죽음

을 이 기 고 다 시 살 아 나-신주 - 부활

의 길- 열어- -주셨네- 찬양-하세 - 할렐루

-야- 주 행 한 -일- -

-일- 죽 음

-일- 새롭- 게 해 -

영원으- 로부 -터- 이 땅에-오-신- -아

버 지독-생자 - -새롭- 게 해

죽음 -야- 주행한 -일-

- 할 렐 루 -야- - 주 행 한 -일-

할-렐 루 야 주 행 한 -일

291 내 영이 주를 찬양합니다

정종원

내 영이 주 -를- 찬양합니- 다 -

내 영이 주 -를- 찬양합니- 다 -

내 영이 주 -를--- 찬양합니- 다 -

내 영이 주 -를- 찬양합니- 다 -

Fine

기 -뻐- 하 라 - 나 의영혼아

감 -사- 하 라 - 손 을들고 - 송 -축 -하 라

- 주를향해- 외 - -치라 - 기 -뻐- 하라

- 나의영혼아 감 -사- 하 라 - 손을들고-

송 -축 -하 라 - 나 의영혼- 아 -

D.C.

292 내 주 같은 분 없네
(There's no one like You)

Eddie Espinosa

내주같-은 분 없-네 -그어-느 누구-도- -

내생명-다 하 도-록 -주얼굴-만 구 하 리- -

내 주같-은 분 없-네 -그어-느 누구-도- -

내 주같-은 분 없-네 -이땅-위 -에-

오하-나 님 -주나의모-든 -것- -

내주같-은 분 없-네 -이땅-위 -에----- -

오하-나 -님-- -주나의모-든 -것- -

내주같-은 분 없-네 -이땅-위 -에- -

293 눈부신 햇살
(주님의 사랑)

김준영 & 임선호

눈 부신- 햇 살 - 저하늘너
주 님의- 사 랑 - 깊어져가

-머 - 내게주어 -진- 나
-네- 나의마음 -에-

얻 었네- 변함없는그 - 사랑 내 안에

기쁨의-노 -래 - 멈 출수가-없 -네 - 주님의사

-랑- 바람에실리듯내 -게찾-아 와 - 그사랑

-의- 향기가 -내 맘-가득해 - 주님의은

-혜- 굽이쳐흐르며내 -게 다-가와 - 그사랑

-의- 열매로 -내 맘-채우네 -

| 기타코드 |

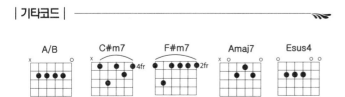

A/B C#m7 F#m7 Amaj7 Esus4

294 다 나와서 주 송축해
(주님 안에서 기뻐하라 / Agine I Say Rejoice)

Aaron Lindsey & Israel Houghton

다 나-와 서 주 송-축 해 주께-나 아
-와 경 --- 배해 거룩-하신 주의-이 름
선 하-심 선 - 포 해 --- - 포 해 ---
주님 찬-양 하 -리- 주님 찬-양 하
-리 항상 기뻐하-여-라-주님안
-에 서 - 기뻐 -하 라 -항 상 기뻐하 --여
- 라 -주님안 -에 서 - 항상 -기뻐-하 라
찬양 하-리주 이-름-땅-끝-까-지주이
-름찬양-- 찬양 하-리주-이-름-땅
-끝-까-지주이-름찬양--- 찬양하-리주
-이-름-땅-끝-까-지주이-름찬양--
찬양 하-리주-이-름-다시-한번-말하
-노니 다시말 -하니- 다시말 -하니-다시말

-하니- 다시말 -하니- - 항상

항상 - 기뻐 - 하라 -

295 당신은 알고 있나요
(그사랑)

정현섭

당신은-알- 고 - 있나요 우리를위한그사 랑
당신은-느끼고 - 있나요 우리를위한그사 랑

당신은-알- 고 - 있 나요 십자가의그사 랑
당신은-느끼고 - 있 나요 십자가의그사 랑

그 사 랑 당신 마음깊은곳그곳에 있 으 리

그 사 랑 험한 세상한가운데있나 니 -

그사랑-깨달아 - 아 나요 당신과나를용서 한

그사랑-당신의 -마음속에 항상함께하리 라

296 당신은 하나님의 언약안에
(축복의 통로)

이민섭

당신은-하나님- 의 언약안에-있는축복의-통 로

당신을-통하여- 서 열방이- 주께- 돌아오게되 리
주께- 예배하게되 리

298 도시를 정복하라
(Let's Go Take This City)

Kirk Henderson & Patti Ridings

도시 를 정복하 -라 믿음 의 군대 -

우 리기-도사 단을흔-들 리 - - 도시

를 정 복하 -라 성문 취 하 라 -우 리

찬 양에-무 너 지 리 -

Fine

하나 님 의나 -라 는 - 땅끝 까 지확- 장 되

-리- 모두 다 주님-의 것 - 주의-영토 -

- 주님주 신-이땅 - 반드 시회복-되 리

- 가 서취 -하라 일 -어나

정 -복해 예수 -이름-으로 -

D.C.

297 두려운 마음 가진 자여
(주 오셔서 구하시리 / He will come and save you)

Bob Fitts & Gary Sadler

두려운마음- 가 진-자여- 놀라-지말라 - - -
상한마음- - 가 진-자여- 낙망-치말라 - - -

주 너의하나님 - 강한손으로- 주이름부를때 - -
주 너의하나님 - 사랑의팔로- 주이름부를때 - -

주님구하시리 - 주오셔서 구 하 -시리

- 주오셔서구원하-시리 - 약한자들 -에게 강한능력
눈을들어 -보라 회복의능

-으로 주오셔서 구 원하- -시리 - 주오셔서 -
-력을 주오셔서 구 원하- -시리

299 두 손 들고 찬양합니다
(I lift my hands)

Andre Kempen

두 손들고 찬양 합니다 다시 오실왕

여 호와께 오직 주만이 나 를 다스리 네 -

나주님만을 섬 기리 - 헛된마음 버 리고

성령이여 내 영혼 - 충만하게 하 소서 -

주님앞 에 내생 명 드리리 라 -

300 들으라 이스라엘
(One God)

Robert D. Fitts

들으라 이스라 엘 - - - 하
나 님은한 분 이 시 - 니 -
하나님을 사랑하 라 네온맘으 - 로 -
하나님을 사랑하 라 네온뜻으 - 로 -
하나님을 사랑하 라 네생명다 해 - -
하나님을 사랑하 라 네힘을다 해 -

301 Deep Deep Woo 딥딥우
(Deep Down 딥다운)

Deep Deep – Woo – Deep down down –
Deep down in my heart
Deep Deep – Woo – Deep down down –
Deep down in my heart –
Do you love your Je – sus –
Deep down in your heart
Yes, I love my Je – sus –
deep down in my heart

302 맑고 밝은 날
(It's a happy day)

Gary Pfeiffer

맑고밝은 날 - 나는 주 이름찬양하 겠 네
맑고밝은 날 - 나는 주 를 위해살 리
맑고밝은 날 - 내 생활새 로워 지 니
매일주님사랑따라 말씀대로살 리라 - -

| 기타코드 |

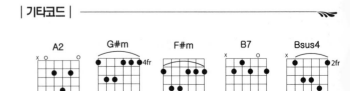

A2   G#m   F#m   B7   Bsus4

303 따스한 성령님
(부르신 곳에서)

김준영 & 송은정

따스한성령 –님– 마음으–로보네 – 내몸
사랑과진리 –의– 한줄기–빛보네 – 내몸

을 감싸며– 주어 지는평–안함 – 만족함– 을느끼
을 감싸며– 주어 지는평–안함 – 그사랑– 을느끼

네 부르신곳에서 – 나는예배하네 – 어떤상황에도

– 나는예배하네 – 부르신곳에서 – 나는예배하네

– 어떤상황에도 – 나는 예배 하네 –

Fine

내가 걸어갈– 때길–이되–고 살아갈– 때삶– 이되–는그

곳 에서– 예배– 하 네 – 내가

걸 어갈– 때길– 이되–고 살아갈– 때삶– 이되–는그

곳 에서– 예배– 하 네 – 부르신 곳에 서

D.S.

304 마른 막대기 같은 내게
(날 향한 주의 뜻이라면(밀알 Part 2))

천관웅

마 른– 막 대기 같–은– 내 게–
선 한 양 떼의운–명–은– 결 국–

불을붙–여–주–소서 제 단– 번제물–처–럼–
제단으–로–가–는것 영 원– 생 명을얻–고–자–

날 드 리니 – 길 게– 사는것–보–다–
죽 습 니다 – 영 원– 한 것을얻–고–자–

가 치 – 있는 삶을살–게–하–소서 죽 어– 세
영 원– 할수 없는것–을–버–리니 세 상 – 어리

상을살–리–신– 주 님–처럼 – 날향한주
석다한–데–도 주 따 르–리다 –

– 의 뜻– 이라면 – 내뜨–거운피 – 를 취 –하소서
– 의 것– 이오니 – 희생의피 – 로부–으소서

– 생 명을버 – 리기 – 위해 – 오신 – 주님
– 살든지죽 – 든지 – 주만

– 처 럼 – 내삶은주 – 위해 –

살 게하– 소서 – 죽 게하– 소서 –

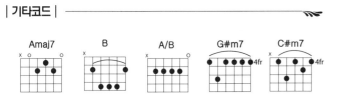

| 기타코드 |

Amaj7   B   A/B   G#m7   C#m7

305 말씀의 검 들고
(빛과 소금)

천관웅

말씀의검들-고 전-신갑주입-고 선
풋대를향하-여 부-르심을따-라 선

-한 싸움싸-워 나갈- -그런세 대
-한 경주달-려 나갈- -그런세 대

거룩한옷입-고 성-령의불받-아 어
맛을잃은세-상 녹-아지기위-해 낮

-둔세상향-해 나-아가네 작은 불빛이어둠
-은곳을향-해 내-려가네 적은 소금이바닷

다 몰아내듯 높이 들 려진햇불처럼 -
물 짜게하듯 맛을 잃 지만않는다면 -

우 리-는-세-상 -의빛- - 어두운-세상
우 리-는-세-상 -소금- - 썩어진-세상

환히비-추는 우 리-는-생-명 -의-빛-
정화시-키는 우 리-는-참-된 -소-금-

자신을-태워 세상밝-히는생 명의 빛- -
자신을-녹여 회복시-키는세 상소금- -

306 매일 주와 함께
(Sweeter)

Israel Houghton/Meleasa Houghton/Cindy Cruse-Ratcliff

매일주와 함께 어제보다더새 롭-게

- 매일주와함 께 어제보다더

새 롭-게- 아침에-주경-배하

-며 저녁에-주높-이리- 나매일사

-랑스런주와 날-마 다더새롭게

lasst time Fine

매일주와 주를더욱아는
주와함께사는

- 것 놀라워-라 나를사-랑 하신주
- 것 놀라워-라 모든것-을 이기네

존귀하신주님 -께 경배하-리 자유케
합당하신주님 -께 다드리-리 날마다

- 하 신주를 - 해가뜨-는 데-부터-
- 내 전부를 -

- 해가지-는데-까지- 매일주와

D.S. al Fine

307 목마른 자들아
(Is anyone thirsty?)

Graham Kendrick

목 마른자들아 - 누구나 - 내

게로나오라 - 목 나에게로

주님말 - 씀 하 - 셨네 - 와 서마 - 시라

- - 오 생 명수 - 흘 러 - 넘 쳐 - 나의

영혼을 - 적시 - 소서 - 주의 성령의 - 강 물

- 흐르소서 - 오 - 생 명수 - 흘러

- 넘 쳐 - 나의 영 혼을 - 적시 - 소서 - 주의

성령의 - 강 물 - 흐 르 소 서

흐 르 소 서
Fine

D.S. al Fine

1-3.주 의 성 - 령 의 - 강 물 - -
4.나 의 영 - 혼 에 - 넘 쳐 - 오 -

308 믿음의 담대함 주신
(일어서리 / Still standing)

Israel Houghton & Cindy Cruse-Ratcliff

믿음 - 의담 - 대함 - 주신 -
주님 - 께내 - 삶드 - 리리 -

주의 - 선 하 - 심 바 - 라네
내모 - 든소 - 망주 - 님께

언제 - 나곁 - 에계 - 셔서 - 나 - 를인

- 도 하 - 여주 - 시 네 - 주님의선하

- 심 - 주님의은혜 - 지금 까 - 지 - 날 - 인 도

하신 주님의자비 - 로 - 나고백하며 - 일 - 어서

- - 리 - 주님의은혜 - 와 주님의사랑 - 나는포

- 기 - 하 - 지않 으리 주님의자비 - 로 나고백하며

- 일 - 어서 - - - 리 - 주님의은 - 혜 - 로

309 부서져야 하리
(깨끗이 씻겨야 하리)

김소영 & 이정림

부 서져야하리 _ 부 서져야하리 _

무 너져야 하리 _ 무 너져야 하리 _

깨 져야 하리 _ 더 많이깨져야하 리

씻 겨야 하리 _ 깨 끗이씻겨야하 리

다 버리고 다 고치고 겸손히 낮아져도

주 앞에서 정 결타고 자랑치 못할거예 요 _

부 서져야 하리 _ 무 너져야 하리 _

깨 져야 하리 _ 깨 끗이씻겨야하 리

310 빛 되신 주
(Here I am To Worship)

Tim Hughes

빛 되신주 어둠 가 운데비추사 내 눈보게 하소 _서 _
만 유의주 높임 을 받으소 _서 영 광중에 계신 _주 _

예 배하는 선한 마 음주시 _고 산 소망이 되시 _네 _
겸 손하게 이땅 에 임하신 _주 높 여찬양 하리 _라 _

나 주를경배 하 리 엎드려절 하 며 고백해주

나 의 하나 님 _ 오 사랑스런 주 님 존귀한에

수 님 아름답고 놀 라 우신 주 _

Fine

다 알수 _ 없네 _ 주의 _ 은 혜 _ 내죄

_ 위한 _ 주십 _ 자 가 _ 다알수 _ 자 가 _

1. A

2. A   D.S. al Fine

| 기타코드 |

 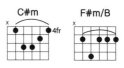

C#m   F#m/B   F#m   A2   Bsus4

311 빛이 없어도
(주 예수 나의 당신이여)

이인숙 & 김석균

빛이없어도 환하게 다가오시는 주예수 나의-당신이여
나는 없어도 당신이 곁에계시면 나는 언제나-있습니다

음성이없어도 똑똑히 들려주시는 주예수나의-당신이여
나-는있어도 당신이 곁에없으면 나는 언제나-없습니다

당신이 계시므로 나도있고 -당신의 노래가 머물므로

나는 부를수있어요 주여 -꽃처럼 향기나는-

나의 생활이 아니어도 나는 당신이좋을수

밖에없어요 주예수 나의당신이여

312 사랑스러운 주님
(모두 찬양해 / Sing Sing Sing)

Chris Tomlin, Jesse Reeves,
Matt Gilder & Daniel Carson, Travis Nunn

사랑스러 -운주-님   땅과하늘 -찬양-해
자유케하 -는사-랑   타오르는 -불처-럼

열-방이 -경배-해   예수님 -당신-은주
인-도하 -시는-빛

- 유일-하신 -   삶의-이유 -

모-두 찬양해 - 천국에 -울리-는노

-래모-두 찬양해 - 주 -님들-으시

-네감-사 드 리 며 - 예 수 이름

- 높이 -세-

313 사랑해요 목소리 높여
(I Love You Lord)

Laurie Klein

사 랑 해 요 - 목소 리 높여 -

경 배 해 요 내영혼 기뻐 -

오 나 의왕 - 나의 목 소 리 -

주님귀에 곱 게곱 게 울-리 길 -

| 기타코드 |

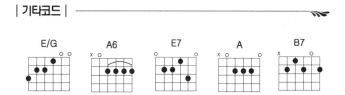

E/G   A6   E7   A   B7

314 사랑하는 자여

송일화

사랑하-는자-여 네영 혼이잘-됨같-이 - 네가

범사에-잘되-고 - 강건 하기를- 나간- 구하-네

사랑하-는자-여 네영 혼이잘-됨같-이 - 네가

범사에-잘되-고 - 강건 하기를- 나간-구하노라 -

주 의 그사랑안-에서 - 그 대를보-내 사

- 만 나 게하 - 시 고 - - - 교제 케하-시며

- -하나되게-하신 - 나-의주님참 참감사합-니다

- 이런 소중한 - 그대를바 - 라보 - 며 -

나 고백하-고픈 -말 - 너무 소중한 그대를축-복

하 며 이렇게고 - 백합 - 니다 - - - -

사랑하-는자-여 네영 혼이잘-됨같-이 - 네가

범사에-잘되-고 - 강건 하기를- 나간-구하-네

사랑하-는자-여 네영 혼이잘-됨같-이 - 네가

범 사에-잘되-고 - 강건 하기를- 나간-구 하노라

- - 강건 하기를- 나간-구 하노라 -

315 새 노래로 노래하리

이지음

새-노-래로- 노래-하리- 나의모-든것-새

롭게- 됐네 새-노-래로- 노 -래-하리-

주님이- 내게- 주신 새날에- 내하나-님이

하나님되심 -을 내하나-님이 - 아버지되심을-

순간-마다 새영주심을- 노래하 라 새노래로-

D.C.

316 손을 높이 들고
(Praise him on the trumpet)

John Kennett

손을높이들고　주를찬양－　높은곳을향해

주를찬양－－　모든만물들은　주를 찬 － 양하라 －

왕 의왕 되신　예수－　다스리시는　예수－

생명있음 을 찬양 해 － 할렐루야 주를찬양－

할 렐 루 야 주를찬양－－ 생명있음 을 찬 양

해 － 찬양해 － 을 찬 양 해 －

317 수 많은 노래들 중
(아버지의 노래 / The Father's Song)

Matt Redman

수많은 노 래들중　가장뛰 어 난노래 나

를향한 아 버지의 노래 －

아버지의 사 랑으로 영 원히내 －맘 속에새 겨

져 있는 － 아 버지의 노 － 래

천상의그 －멜로디－ 창조주의 －심포니－

주당신이부 르시네－ 나를향－ 해－－

사랑의왕 －을주신－ 하늘의그 －신비를－

주당신이부 르시네－ 나를향 해

318 승리의 노래 주께 부르자
(We'll Sing A New Song Of Glorious Triumph)

Diane Fung

승 리의노－ 래 － 주 께부르－자 － 우

리 의삶 속에주－님 다 스리 네 승 네그는

왕 모든나라의 왕 모든만물의 왕

면류 관쓰 셨 네 －주 님은 네 －
온땅 다스리

| 기타코드 |

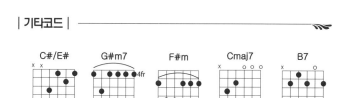

319 수면 위로 떠오르는
(I will praise You)

천관웅

수면위로– 떠오르는 이글대는 태양 바라보– 라
부름받은– 주의백성 목소리높– 여서 찬양하– 라
왕의대로– 수축하라 영광의왕– 여기 지나신– 다
이세상에– 어떤왕이 자신을비– 웠다 내어주– 나

어두움은– – 물러가고 새날이– 밝아오– 네
영광의왕– – 만유의주 진리로– 다스리–
영원한말씀치 유의능력 온세상– 고치시– 네
사랑의왕– – 겸손의주 호산나– 경배하–

네 오– – I will praise You
리 I will bow down

온세상– 구원할이 – 름– – 하나님의어린–

양 오– – 존 귀하신– 어린 양
Fine

진 리의깃발든 형 제들 주 복음전파하

라 강 물이바다를– 이 루듯

세 상을정복하 라 – 오– –

320 수치와 희생의 붉은 십자가
(내 평생 소원)

천관웅

수치와– 희생의 붉 은십자가 – 그피가– 내맘을

감 동– 해 그 누가– 다 알수있–을까 –

생명주 신사랑 – 참 혹한– 사형틀

아래 –흐르–는 – 죄인오– 라부르 는소 리

세 월이– 가 도변함–없네– 십자가– 사랑

– 내 평생소원 – 이것 뿐 – 주님사랑

– 하 며 – 영 원히주의 – 사랑을

– 전하는것 – – 주만섬기– 는것 –

| 기타코드 |

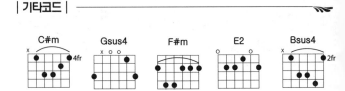

321 시작되는 주님의 시간
(새벽 날개)

김영표 & 소망의바다

시 작 되 는   주님의 시 간

모 든것 당신께의 탁 하네

펼 쳐 지 는   주님의 세 계

오 늘도- 당신을   따 -라 가 리

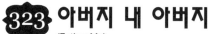

323 아버지 내 아버지
(Father Me)

Paul Janz & Brian Doerksen

아 버지-   내 아 버지- -

주의-사 -랑 -   필요-해-요 -
나의-이 -름 -   부르-소-서 -

아 버지-   내 아 버지-

고아-와-같-이   두 지마-소-서 -
아버-지-집-에   날 받 아주-소-서 -

나의 위로 피-난 -처-   내영 혼의치--료-자-

두려 움에 서건지 -사-   아버 -지- -집으 -로- -

이 끄소서-   아버지-   이 끄소서-

322 어두워진 세상 길을
(에바다)

고상은

어두워진 세상길을   주님없이 걸어가다
아무것도 알수없고   아무것도 볼수없고

나의영혼 어두워졌 네 -   어느것이
아무것도 들을수없 네 -   세상에서

길 - 인지   어느것이 진리인지   아무것도
방황 하며   이리저리 헤매일때   사랑하는

알 수없었 네 -   주님없이 살아가는
주 님만났 네 -   어두웠던 나의눈이

모 든삶   실패와 좌절뿐이 네 -
열 리고   막혔던 귀가열리 네 -

사랑하는 나의주님 내 영 혼   눈을뜨
답답했던 나의마음 열 리고   나의영

게 하소서   열려라 에 바 다 열려
혼 살리 네

라 -   눈 을 뜨게하소서 -

죄악으로 어두워진 나의영혼 을

나의눈 을 뜨게 하소 서 -

324 여호와는 나의 목자시니
(p_23)

심형진

여호와는 – 나 – 의 목자시니 – 부족함이 –

없으리로 – 다 – 푸른초장 – 에 – 누이시며 –

쉴만한물 – 가로인 – 도해 – 내영혼을 – 회복

시키시며 – 의의길로 – 인도 하시는주 –

영원히함 – 께 – 하시는주 – 내가신뢰 – 하리라

– 영원하신 – 나의주 – 그는신실하신

– 주님 – 위대하신 – 하나님 – 나

사는날동 – 안 – 주를찬양 – 하리라 –

1. E/G# A Bsus4   2. D
– 찬양하리라 –   last time Fine

환난가운데 – 두려움없 – 네

– 주 의지팡이 – 지 켜 주시 – 네 –

주 의 선 하심 – 인 자 하심 – 이 – 영원

D.S. al Fine
히 나와 – 함 께 하 시네 – – 신실하신

325 여호와를 즐거이 불러
(감사함으로)

심종호

여 – 호와를 즐 거이불러 – 기쁨으로주 께

나아가리 – – – 여호와하나님난 주의백성 – 기르

시 는 양 이 라   여 – 호 와 를 즐

거이불러 – 기쁨으로주 께 나아가리 – – –

여호와하나님난 주의백성 – 기르 시 는 양 이 라

감사함 – 으로 주를높 – 이며 그문

– 에 – 들어가 서 찬송함 – 으로 그이

Fine
– 름 – 을 – 송 축 할 지 – 어다

주 의선 – 함과 인자하 – 심이 영

원 하고 주 의성 – 실하 – 심이

D.S. al Fine
– 대 대 에 미치리로 – – 다

326 영광 향한 주의 열정

김재우

영광 향한 주의 열정 -
열방 향한 주의 긍휼 -

모든 나라 부르시네 - 영광
강물 되어 흘러 가네 - 열방

향한 - 주의 열정 - 모든
향한 - 주의 긍휼 - 땅끝

나라 - 부르 네 주의
까지 흐르 네

영광 - 그 명성 위해 - 주님
이름 - 그 영광 위해 - 모든

우릴 - 지으셨 네 주의
열방 -

부르네 -

주의 영광 - 그 명성 위해
이름 - 그 영광 위해

- 주님 우릴 - 지으셨 네 주의
- 모든 열방 - 부르 네

부르네 -

327 영원한 왕 예수
(Jesus King Eternal)

Scott Brenner

영 원한 - 왕 - 예 - - - 수 모든 자 - 들 주 음성에
주 예수 - 의 의 - 아 - 들 오직 주 - 만 - 이 하늘과
예 수 나 - 의 구 - 원 - 자 주의 피 세 - 상 - 죄 - 사

- 경배해 - 열 방의 - 진정한 - 갈 - 망 온민족
- 땅의 주 - 주 말씀 - 의 능력 - 으 - 로 - 견고한
- 하시고 - 사 랑과 - 자비가 - 죄 - 와 심 - 판

- 주 - 영 - 접 - 해 - 오 주님
- 죄의 진 - 끊었네 -
- 을 - 이 - 겼 - 네

- 주 - 는 소멸하 - 는 - 불 - 열방이 - 주 - 말 - 씀 - 에

- 떠 - 네 물 이바 - 다 - 를 덮 - 음 - 같 - 이 - 영광으

- 로 임하 - 소 - 서 - 오 주님 -

328 예수 가장 귀한 그 이름
(예수 귀한 그 이름 / The Sweetest Name Of All)

Tommy Coomes

예수 가장 귀한 그 - 이름 예수 언제나 기도 들 - 으사
예수 찬양 하기 원 - 하네 예수 처음과 나중 되 - 시는
예수 왕의 왕이 되 - 신 주 예수 당신의 끝없는 - 사랑

오 예수 나의 손 잡아 주시는 가장 귀한 귀한 그 - 이 름
오 예수 날 위해 고통 당하신 가장 귀한 귀한 그 - 이 름
오 예수 목소리 높여 찬양해 가장 귀한 귀한 그 - 이 름

329 예수 거룩한 주
(All About You)

Israel Houghton & Cindy Cruse

예수　거룩한주　예수　생명의말씀
예수　권능의주　예수　뛰어나신주

예수　내삶의전부 되신－　예수－

예수　그리스도　예수　견고한반석
예수　능력의주　예수　오－놀라운

예수　내삶의전부 되신－　예수－

나를사랑하시 －는 주님만경 － 배 하 －리 오직주－

예수 － 오직주－　예수 － 오직주－

예수 － 예 － 수 －　오직주－

예수 － 오직주－　예수 － 오직주－

예수 － 예 － 수 －

Fine

그누구도 －　그누구도 －

그누구도 －　비 교할수 －없 네

라 － － － － 라 － － － － 라 － － － 라 － － － －

D.S. al Fine

라 － － － － 라 － 라 － － － 라 － － － － 라 － － － － －

330 예수 귀하신 이름
(Jesus name above all names)

Naida Hearn

예 － 수 － 귀하신 이 름 － 아 －름 다 운
성 령님 － 놀라운 이 름 － 아 －름 다 운
하 나님 － 사랑의 이 름 － 아 －름 다 운

－ 영광의 주 － － －임 마 누엘 － 함께하
－ 위로의 주 － － －임 마 누엘 － 함께하
－ 권능의 주 － － －임 마 누엘 － 함께하

시 는 － 은혜의 구 주 － 말씀이 라 －
시 는 － 거룩하 신 주 － 보혜사 라 －
시 는 － 전능하 신 주 － 여호와 라 －

331 예수님 그의 희생 기억할 때
(다시 한번 / Once Again)

Matt Redman

예수 님 － 그 의희생기억할때 자기몸버 －려
이제 는 － 저 높은곳에앉으신 하늘과땅 －의 －

죽으신주 － 나항 상 － 생 명주신그은혜를마
왕되신주 － 나이 제 － 놀 라운구원의은혜

음에새겨 － 봅니다 － 마 음에새겨 － 봅니다 －
높여찬양 － 하리라 － 높여찬양 － 하리라 －

주달리신십자가를 내가볼때 － 주 님의자비내마음을

겸손케해 － 주께감사하며 내생명주께드리네 －

감사드리리 주의십자가 나의친구되신 주 주

332 예수님 목 마릅니다

(성령의 불로 / Holy Spirit Fire)

Scott Brenner

1. 예수님목 - 마 - 릅 - 니 - 다 - - -
   주님을사 - 모 - 합 - 니 - 다 - - -
2. 불같은사 - 랑 - 드립 - 니 - 다 - - -
   이세상어 - 느 - 것 - 보 - 다 - - -

오시어기 - 름 - 부 - 으 - 소 서 -
오셔서채 - 워 - 주 - 소 - 서 - -
나의간구 - 를 - 들 - 으 - 소 서 -
주님을의 - 지 - 합 - 니 - 다 - -

성 령의 - 불 - 로 - 성 령의 - 불 - 로
성 령의 - 불 - 로 - 성 령의 - 불 - 로

- 임 - 하 - - 소 서 - -
- 기 - 름 부 - 으 소 서 - -

임 - 하 - - 소 서 - -
기 - 름 부 - 으 소 서 -

334 예수 아름다우신 주

카자흐스탄 찬양

예 수 아름다우 - 신 주 - - - - - -

예 수 아름 다우 - 신 주 오직

주만사 - 랑하 - 리 오직 주께모 - 든것 - 다 드리리

- 예 수 아름다우 - 신 주

333 예수님의 눈으로

양승훈

예수님의눈으 로 그들을 보게 하 소 - 서 - -

예수님의손으 로 그들을 섬 기도록 -

예수님의입으 로 진리만을 말 - 하 도 - 록 - -

예수님의발로 써 땅끝까 지 달려가 도 - 록 -

내가주님을 - 사 랑한다는고백이 - 거짓이되지않

도 - 록 - 내가그들을 - 사 랑한다는고백이 -

진실이되게하소 서 세상끝까지 - 주를

전하리란고백이 - 거짓이되지않 도 - 록 -

내눈에 주의사랑채우사 - 변화시켜주 - 소 서

| 기타코드 |

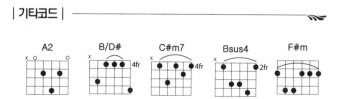

A2 B/D# C#m7 Bsus4 F#m

335 예수 이름 찬양
(Praise the name of Jesus)

Roy Jr. Hicks

예수이름찬양 예수이름찬양

내반석 나의산 - 성 나의구원자주 의지 하리

예수 이름 찬 - - 양

337 오라 우리가 여호와께

심형진

오 - 라우리가 - 여호 - 와 - 께

- 즐거이 - 노래 - 하며 - 구원의 - 반석 - 향 - 해

- - 오 - 선 - 포 해 (주의위

- 엄 을) 송 - 축해 (주의행 - 하심) 기

- 뻐 해 (주를향 - 해) 외 - 치세 - - 선

- 광 - 대하 - 신주 - 전 - 능하 - 신왕

- 영 - 원히 - 주를 높이 - 리라 - -

336 오 주 안에 내 믿음이 있네
(주님 찬양해 / Let The Praises Ring)

Lincoln Brewster

오 주안 - 에 - 내 믿음 - 이 - 있 네 -
오 주님 - 께 - 내 삶을 - 드 - 리 네 -

오 주안 - 에 - 내 소망 - 이 - 있 네 -
오 주님 - 께 - 내 걸음 - 드 - 리 네 -

오 주안 - 에 - 내 믿 - - 음 - 이 - 있 네 -
오 주님 - 께 - 내 모든것을 - 드 - 리 네 -

오 주안 - 에 - 내 소망 - 이 - 있 네 -
오 주님 - 께 - 내 생명 - 드 - 리 네 -

주안 - 에평 - 화 찾 았 네 -

주안 - 에내 - 힘 찾 았 네 -

주안 - 에살 - 고 숨 쉬 네 -

내 모든말 - 과행동이 주 님의뜻 - 을따르니

내 거룩한 - 손들고 - 서 주님찬양 - 해

338 오 하나님 전능의 왕
(You Have Broken The Chains)

Jamie Owens-Collins

339 온 땅 위에 모든 사람들

박기범 & 이지음

340 왕의 지성소에 들어가
(왕의 궁전에 들어가 / Come Into The King's Chambers)

Daniel Gardner

| 기타코드 |

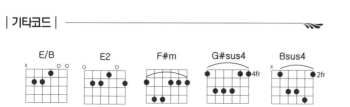

E/B   E2   F#m   G#sus4   Bsus4

341 우리가 여호와께 노래하며 부르자

김 제리노

우리 가 여호와 께   노래하며부르 자

그는 구원의반석 이 -되신 주 -

감사함으로나가 자   서로즐거이부르 자

그는구원의반석 이 -되신 주 -

여호와는우리 주   모든산위에크신 왕 경배하

자 -우리모 두 -경배하 자 -우리모 두

342 우리는 기대하고 기도하며

김영범

우리 - 는 기대-하 고 기도-하 며 기다-리

-네- 주께서--이 땅 고치실-것 을

-우리- 주예수-의이 름 높여서-리 라

담 대-하 라 감사-하 라 -기뻐-하

라 송축-하 라 만유-보 다 크 신하-나님

-그약속 능 히 지키시리 -라- 그약속

능 히 지 키시리 -라- 우 리

343 우리에게 향하신

김진호

우 리에게향하 신   여 호와의인자 하 심이
여 호와의진실 하 심이
여 호와의계획 하 심이

크 -고 크 도다 크 --시도 다 --
영 -원 영 -원 하 --시도 다 --
놀 랍고 놀 랍다 놀 라우시도 다 --

크 -고 크 도다 크 --시도 다
영 -원 영 -원 하 --시도 다
놀 랍고 놀 랍다 놀 라우시도 다

| 기타코드 |

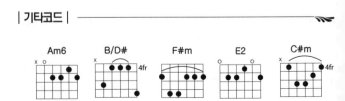

Am6   B/D#   F#m   E2   C#m

344 우리를 사랑하신
(Healing Grace)

John Chisum & Gary Sadler

우 리를사랑 하 신 자 비의주아 버 지

주 께로– 나 아갈때에– 기도 들 으 사

우리 죄 악과– 강팍 –함– 주님 께 고백– 하니 –

우릴 민 망히– 여기 –사– 치료의은혜 허락하 소

서 주 얼굴 구 – 할때 –

자유 주 시 고 씻어 주– 소서 –

치료 하시 는– 주의 은 혜 임–하– 네

치료 하시 는– 주의 은 혜 임–하– 네 –

345 우리 모두 노래합시다

최인혁

우리 모두 노래합시다 – 세상 모든근심가진사람

들도– 주님 앞에두손들고노래 하는이시 간 세상

모든근심사라지겠 네 네 세상엔 많은고통과– 많은

근심있지요– 사람 들은이일로– 눈물 지며살아요– 우리

주님안에는– 참된 기쁨이있네– 나를 구원하신그사랑이

넘치네– 우리 모두 찬양합시다 – 세상

모든슬픔가진사람 들도– 주님 앞에두손들고찬양

하는이시간 세상 모든슬픔사라지겠 네

| 기타코드 |

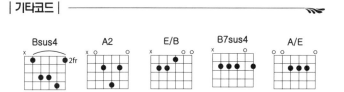

Bsus4   A2   E/B   B7sus4   A/E

| 기타코드 |

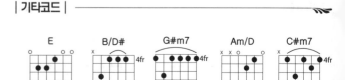

348 우리 우리 주님은

이정림

우리우리주님 은 사 – 랑 – 의주 님

나보다나를더사 랑 하 – 시 – 는주 님 *Fine*

우리우리주님 은 임 마 누 엘의주 님

우리와함께계시 는 임 마 누 엘의주 님

그 는살아계신 분 너 무 나좋으신 분

나의이름부르 며 다 시 오 실 *D.C.*

349 우리의 찬송 중에 임하신 주님
(기적이 일어나네)

윤주형

우 리 의찬 – 송중 – 에 임 하신 – 주 님 –
질 병 과고 – 통무 – 거 운 멍에 – 벗 네 –

주 얼 굴바 – 라며 경 배드 – 리 네 –
보 혈 의능력 의지 하 며나 – 갈 때 –

마 른 땅같 – 은영 – 혼 주 사모 – 할 때 –
어 둠 과사 – 망의 – 영 쫓 김받 – 았 네 –

주 님 의크 – 신능 – 력난 볼 수가 – 있 네 –
거 룩 한성 – 령의 – 불 – 지 금임 – 했 네 –

기적이 – 일 어나네 – 내안에 – 내안에 –
기적이 – 일 어나네 – 이땅에 – 이땅에 –
기적이 – 일 어나네 – 열방에 – 열방에 –

350 우리 함께 기도해

고형원

우 리 함 께기도 해 주앞에나 – 와 –

무릎꿇고 – 긍 휼 베푸시는 주 하늘을향 – 해 –

두손들고 – 하늘문 – 이열리고 – 은 혜의빗줄기 – 이

땅 가득내리 도 록 마침내 – 주오 셔서 – 의

의 빗줄기 – 우 리 위에부으시도 록

| 기타코드 |

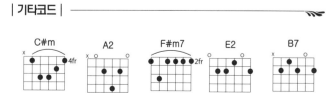

C#m   A2   F#m7   E2   B7

351 우리 주 이름으로 모였으니

강명식

우 리주이름 으로 ─ 모였으 ─ 니 ─
하 나되어서 형제들함께하 ─ 니 ─
우 리가진것 주님께받았으 ─ 니 ─

이 미우리가 운데 ─ ─ 주계시 ─ 네 ─
어 찌그리선 하고 ─아름다운─ 가 ─
형 제자매와 즐겁게 ─ 나 ─ 누 ─ 세 ─

아 ─ 름다우신 주앞에 ─기 ─ 뻐 ─ 해 ─
보배론성령의 기름 ─흘러넘치 ─ 고 ─
서로의필 ─ 요 따라서 ─나 ─ 눌 때 ─

우 ─ 리모두한 아버지부 ─르 ─ 네 ─
영생의축 ─ 복 우리게주 ─ 시 ─ 네 ─
하나님나 ─ 라 이곳에임하시 ─ 네 ─

우리모 두 하늘아버 지 자 ─ 녀 들 ─

아버지 품 안에서모 두 한 ─가 족 ─ ─

아버지 의 얼 ─굴 빛 비추실 때 ─

우리안 에 천국의기 쁨 넘치 네 ─

352 우리 찬양 향기 되게 하시고
(Let our praise to You be as incense)

Brent Chambers

우리 찬 양향기되게 하시고 주의 보 좌의기둥

되게하소서 우리 찬 양향기되게 하소서 홀로

주 앞에 나와 경배드릴때 빛난 주 님 모습

보 ─고 그의 위 엄 바라 볼─때 천군 천 사들 과

다함께 주의 거 룩하심을 외칠때 ─

거 룩 거룩 거 룩 거 룩하신 주

353 우리 함께 기뻐해
(Let Us Rejoice And Be Glad)

Gary Hansen

우리함께 ─ 기뻐 ─ 해 주께영광 ─돌리 ─

세 어린 양 의혼 ─인 잔 ─ ─치와 ─ 신부

가 준비 ─ 되었 네 ─ ─ 할렐루야전능

하신 주 ─가다 스 리 네 할렐루야전능

하신 주 ─가다 스 리 ─네 네

354 우리 함께 소리 높여서
(이렇게 노래해)

김준영 & 임선호

우리함께 - 소 - 리높여서 -

주 행하신 - 일 - 들찬양해 -

- 어둔 세상 - 빛 - 이되셨고 - 너
- 온세 상을 - 회 - 복하신주 - 예

- 와 나의삶 - 에평화 - 를 - 주셨네 -
- 수 이름으 - 로하나 - 된 - 자녀들 -

이 - 렇게노 - 래해 - 이 - 렇게찬 - 양해

- 다 - 같이한 - 목소 - 리 로주님만

- 외 - 치 - 세 - 이 - 렇게노 - 래해 - 이

- 렇게찬 - 양 해 - 다 - 같이기 - 뻐 뛰

- 면 서 주님만 - 외 - 치 - 세 -

355 우린 쉬지 않으리
(We will give ourselves no rest)

Steve Cantellow & Matt Redman

우린쉬지않 - 으리 - 천국임할때 - 까지 -

우리는성벽 - 의파 - 수꾼 -

주가주신 맘 - 으로 - 무릎꿇고엎 - 드려 -

하늘의주 께 - 기도 - 하리 - 주

의 - - 능 력 - - 곧 나타내소 - 서 흐

르는 - 눈물의 - 기 도들으소 서 - - - 우린

두드 리니천국 문 - 을향해 - 우린 간구 하리이세
보게 되리주님 의 - 얼굴을 - 우린 기다 리리주님

대 - 를위 - 해 주 님의이 - 름선 - 포되 - 리
오 - 실그 - 날 주 님의말 - 씀이 - 뤄지 - 리

온세계 - 위 에 - - 우린 에 - 온세계 - 위 에

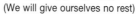

| 기타코드 |

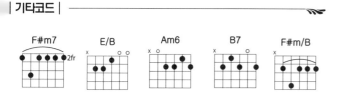

356 위대하고 강하신 주님
(Great and mighty is the Lord our God)

Mariene Bigley

위대하 –고강하 신주님– 우리 주하나 님

위대하 –고강하 신 주님– 우리 주하나 님

깃발 을높이들고 흔 들며 – 왕 께 찬 양 해

위대하 –고강하 신주님– 우리주하나 님 – – – – –

위대하 –고강하 신 주님– 우리 주하 나 님

357 이 날은 주가 지으신 날
(This Is The Day)

Rick Shelton

이날은주 – 가지으 – 신 날 – 기뻐하고 – 즐거워

–하세 오 이날은주 –가지으 –신 날 –

기뻐하고 –즐거워 –하세 주 를 – 기뻐하

라 – 주 를 –기뻐 하 라 –

우 리모 –두 주 –님앞에서 기 뻐하며 –주 를

–찬 양 – 존 귀하 –신 우 –리주님을 기

뻐하며 –찬양 –하세– 주 라 – 주 를

358 전심으로 주 찬양
(주의 찬송 세계 끝까지)

고형원

전 심 으로주찬 양 주의 이름높 –이올려드리 세

위 대하신하나 님 온땅 위에높 –이올려드리 세

주 의영광은 –하 늘위에높고 주의찬송은세계끝까지 – –

주 의영광은 –모 든나라위에주의찬송은세계끝 –까지

| 기타코드 |

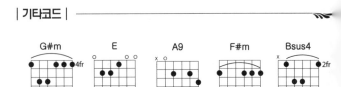

359 존귀 오 존귀하신 주
(Worthy is the Lord)

Mark Kinzer

존귀 오 존-귀하- 신 주 - 감사찬양

과-경배- 다 받으실주 님 - - - -

존귀 오 존-귀하- 신 주 - 감사찬양

과-경배- 다 받으실주님 -

찬양 할 렐루-야- 보 좌위어 린양께-

우 리 경배하- 며- 영 광돌리네 -

할 렐루-야- 우 리왕께 영 -광- 주는

승 리의 용-사- 또만 유의 주 님 -

361 좋으신 하나님
(God is good)

Graham Kendrick

좋 으신 하 나 님 좋 으신 하 나 님
우 리의 기 도를 응 답해 주 시는
한 없는 축 복을 우 리게 주 시는

참 좋 으 신 나 의 하 나 님

360 좋으신 하나님 인자와 자비
(You Are Good)

Israel Houghton

좋으-신하나-님인자-와자비-영 원-히- -

각 나-라족속- 과 백성-방언 세상- 모든세- 대

영원-토록주 경 배-해- 할렐루--야 할

-렐루--야주 경 배-해- 주 하나-님

- 주 You are - good -

362 주께서 높은 보좌에

김국인

주께서높은 보 좌-에- 앉으셨는-데 -

그 옷자락은 성 전-에- 가득하도- 다 -

천사들이모 여 서- 서로창화하여 외 치니

그 소리는성 전 에- 가득하도- 다 -

거룩 거룩 하 - -다 만군의 여호 와

그 -영광이 온 땅-에 충만하시- 도 다

363 주는 거룩
(You Are Holy)

Reuben Morgan

주는 거 -룩- 거 -룩- 오직주님- 만- 이
- 주는 거 -룩- 거 -룩- 영광받으- 소서
- 영원히찬 - 양합니 - - -다-
더욱사랑 - 해요 - 주보좌앞 - 영원히
- 거하리 - 주께더가 - 까이 -

365 주는 평화
(He is our peace)

Kandela Groves

주 는 평 화 막힌 담을모두허 셨 네
주는평화 우리의평 화 화
염 려 다 맡 기 라 주가돌보 시 니
주는평화 우리의평 화 화

364 주는 거룩하다

윤주형

주 는 거 -룩 -하 -다 - 주 는 거 룩 -하
-다 - - - 주 는 거 룩 -하 -다 - 주
는 거 룩 -하 -다 - - - 온 민족이-주께- 소리
높여서-찬양- 온 열방이-왕께- 굴복하며경 -배해- 이
전 에듣 -지못 - 했던 기 이한노 -래가 - 온
땅에울- 려퍼- 지네 우리주 앞에다-나와- - 주-
는 거룩 -하 -다 - - - 주 는거룩 -하 -다 - - -
주- 는거 -룩 -하 -다 - - - 주 는거룩 -하 -다
찬송 -과존귀 -와 영광 -과능력주께 - - - -

366 주님 계신 곳에 나가리
(주의 위엄 이곳에 / Awesome In This Place)

David Billington

주님 계신곳-에나 -가-리 찬양드-리며 -

그 성소에-들어 -가--- 주의 얼굴뵈- 오리 -

그 얼굴을 뵈올 -때- 주님의은혜넘- 치네 ---

엎드려 고백하네 ---- 주 께

주의 위엄이-곳에 - 가득 해 -

전능 하신하-나님 - 아 바 아 버--지 -

찬양 받 기합-당한 - 존 귀 하신-주님 -

주의 위엄이-곳에 - 가득- 해 -

367 주님 날 위해 버림 받으심
(주 나의 왕 / You are my king(Amazing Love))

Billy James Foote

주님 날위 -해 - 버 림받으- 심으- 로

나용서받고 용납- 됐네- 죽 으시고- 부활-하

신주로- 인하-여 성 령내안 -에계- 시네 -

오놀라운- 주 -의사랑-- 왜날위-해- 죽으- 셨나

주님 사랑- 깨 -달 았네--

기쁨으-로- 영광-돌려 - - 온맘-다

- 해 - 경배하리 - 주 나-의

-왕 주 나-의-왕 예수님 나-의

- 왕 예수 님 나-의-왕

| 기타코드 |

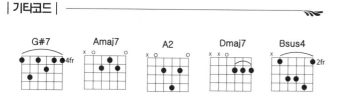

G#7   Amaj7   A2   Dmaj7   Bsus4

368 주님 내 아버지
(Father, O my Father)

Stephen Hah

주님 – 내아 버지 – –사 랑하며 –감 사하리

온 맘다해 –주 섬기리 나 를 –받으소 서

주님 – 내아 버지 – 주께 가오니 –임 하소서

온 맘다해 –주 섬기리 내 –생명다 해

370 주님 앞에 간구 했었던
(내 한 가지 소원 / One Thing Have I Desired)

Stuart Scott

주님앞에 – 간 구 했었던 한 가지 – 그 –

것 – –을 구 하 리니 – 내일생 – 주전에 –

거 하게 – 하소 서 주의 아 름다 –움 늘

바라보 – 면서 – 내가 주 님전에 –서 주

찬양하 –리라 – 주의 아 름다 –움 늘 바라보 –면서 –

내가 주 님전에 –서 주 찬양하 –리라 –

369 주님 발 앞에 엎드려

이정미

주님 발앞 –에엎드려 – 그 발을뵈 –오니 – 주님

가 신 – 그사랑의 –길 내게밀 –려 –와 – 감사

하 며 – 내눈을들 – 어 하늘을보니 그

사랑의 –눈 나를바라 보시네 – 사랑합 – 니다 –

아바아 –버지 – 사랑합 – 니다 – 구주예 –수 –님 –

사랑합 – 니다 – 늘 함께하 –시는 – 주님

만 으로 – 나만 족 하게 하소서 –

| 기타코드 |

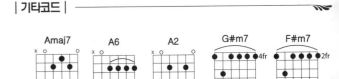

371 주님 어찌 날 생각하시는지
(나는 주의 친구 / Friend Of God)

Michael Gungor & Israel Houghton

주님 어 –찌 날 –생 각 –하시는 –지 –

들 –으시는 –지 내 –기 도 –

– 주님 진 –실 로 –날 생 –각하시 –네 –

날 –사랑하 –네 – 놀라워 –라 –

– 놀라워 –라 –

나는주의 –친 –구 – 나는주의 –친 –구 –

주님날친 –구 –로 –부르 –셨 –네 –

나는주의 –친 –구 – 나는주의 –친 –구 –

주님날친 –구 –로 –부 –르 –셨 –네 – –

전 능 하 신 영 광 의 주 주 는

내 친구 – – – – –

372 주님의 사랑이
(언제나 주만)

현지혜 & 김지은

주 –님 –의 – 사 –랑 –이 – 날
주 –님 –의 – 사 –랑 –이 – 날

변화시키 –네 – 신 –실 –한 – 그 –사랑 –
일으키시 –네 – 놀 –라 –운 – 그 –사랑 –

우 워어 예수 날 구 –원하신

예수 내생 –명 –되 –신 예수 유 –일 –하 –신 내

주 님 –께 언제나 주만 찬양해 – 워

우 워 우 워어 영원히 주만높 –이 리 – 워어

언제나 주만 찬양해 – 워 우 워 우 워어

영원히 주만높 –이 리 – 주만 높 이 리

373 주님이 가신 길
(그 피가)

이권희

주 님이가 신길 – 골 고다십자 –가 나
의죄인 –하여 홀 로 가신길 – –걸 음걸음마 –다 흘
리신그피 –가 나의 더러운죄 –사하셨 네 상
한나의마음 –지 친나의영 –혼 주 님의십 –자가 – 회
복 하네 –주님의그피 –가 나를 구했네 – 영원
한생명을주 셨네 – 나 이제알았네 – –그
피의의미를 – 눈 물의의미를 – 나는 알았 –네 자기
를 내어 –주 어 – –세 상을구 –했 –네 – 그 피가
– 나를구 –했네 – 그피 –가 –나를구했 –네
– 그피 –가 –우릴구 –했네 – 주님의
그 사 랑이 – 나를 구원 –했 –네 주의
사 랑이 – 우릴구원했 네 나이 –제 자유하 –네
– 모든 – 죄 사해졌 –네 – 당신을구하시려 – 이땅
에오 –신주 – 나 이제그피로 – 영원히 –

374 주님이 우리를
(빛으로 부르신)

심형진

주님이우 –리를 – 빛으로부 –르셨 –으니
– 부르심따 –라 서 – 나살기원해 –
거룩한나 –라요 – 주께서택 –한백 –성이니
– 주를의지 –하 여 – 담 대함으로 –
주님의빛 – 비추 –게 하 –소서
어둔 세 상가 –운 –데 – 거 룩함 –으로
예수 의 이름 –으 –로 –
– 주 님의빛 일 어서 –도 록 –

| 기타코드 |

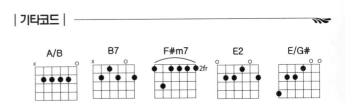

A/B   B7   F#m7   E2   E/G#

375 주를 높일지라
(Exalt The Lord Our God)

Rick Ridings

주를 높일지라 여호와하나
님 그발등상 앞에 서 경배할지어다
거룩하신 하나님께

377 주를 믿는 자
(그 마음을 지닌 자)

한웅재

주를 믿 –는 자 – 그 빛에거하 –는 자 –
저의 마음 이–정오의 – 햇빛–과같 – 으며 –
주를 아 –는 자 – 그 마음을지 닌자는–
그의 가슴 에–시온의 – 대로–가있네 –
부르시는 – 그음성 을따 –라 –
비추시는 – 그빛 –을 –따 –라 –
보이시는 – 그손 –끝을따 –라 –
그가 살리 –라– 그가 살리 –라– –

376 주를 위해 살아가는

양승훈

주를위–해살아가는 아름다–운인생에
나의삶이그렇게 드려 지길원– –하네 –
예수님–이보여주신 기쁨의– 그희생을
나의삶도기쁘게 배워 가길원– –하네 –
예수님–이이땅에서 누굴위–해 사셨나
나의만족나의행복 그게아냐 사랑이–란무엇인지
친히보–여주셨네 나의죗값대신지고 죽으셨네
사랑주의 사랑 그사랑–이날대신해 죽었네–
죽음의–고–통– 거절치않고– 희생으–로사랑을보
이셨네– 사랑주의 사랑 그사랑–이이제내게
흐르네– 나의모–든–삶– 예수님처럼
기쁨으–로희생하기 원하네 –

Fine

D.C.

378 주를 찬양해
(신령과 진정으로)

심종호

379 주를 향한 나의 사랑을
(Just let me say)

Geoff Bullock

주를향한 나의 사 랑을 주께 고 백하게 하소 서
부드러운 주의 속 삭임 나의 이 름을부르시 네
온맘으 로 주를 바 라며 나의 사 랑고백 하리 라

아름다 운 주의그늘아래 살 며 주를 보 게하소 서
주의능 력 주의영광을보 이사 성령 을 부으소 서
나를향 한 주님의그크신 사랑 간절 히 알기원 해

주님 의 말씀선포 될 때에땅과 하늘 진동하리 니
메마 른 곳거룩해 지 도록내가 주를 찾게하소 서
주의 은 혜로용서 하 시고나를 자녀 삼아 주셨 네

나의사랑 고백 하 리라 나의 구주 나의 친 구
내모든 것 주께 드 리리 나의 구주 나의 친 구
나의사랑 고백 하 리라 나의 구주 나의 친 구

380 주 앞에 다 엎드려
(We Fall Down)

Chris Tomlin

주 앞-에- 다 엎드--려- 면류관 - -드리
-네- 사랑-과- 자비하-심- 크신주
- --예수님 -께 외치세 거-룩거-룩거
-룩 주는 거-룩거-룩거 -룩외치세
거-룩거-룩거 -룩 어-린양 -

381 주 발 앞에 무릎 꿇게 하사
(겸손의 왕 / Humble King)

Brenton Brown

주발앞 에무-릎 꿇게- 하 -사
주님의 겸 손-함 보이소 -서
성령이 여나-를 이끄소 -서
겸손한 사랑-의 마음으 로
상 -한자 -의-하나 -님- 약
한 자의-친 구-- 가난한자 - 안 -으시
- 며- 발 을씻기-시네- - 주님나를 -빛-으시
- 사 -주 닮 게하-소 서- - 겸손한자
- 의- 하나 ---님 주는 -겸손-의왕 -

382 주 앞에 엎드려
(I Will Bow To You)

Pete Episcopo

주 앞에엎- 드려 경배합- 니다 - 오직- 주께
- 주 경배합- 니다 다른신- 아닌
- 오직- 주께 - 나의모 -든-우상-들 -
나의-보좌- 모두-다내-려 -놓고 -
주 앞에엎- 드려 경배합- 니다 - 오직- 주께 -

| 기타코드 |

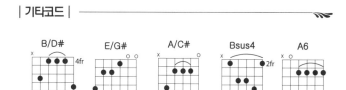

B/D#   E/G#   A/C#   Bsus4   A6

383 주와 같이 길 가는 것

후렴 이규헌, 편곡 캠퍼스워십 & A. B. Simpson

주와─같 이 길 가는것 즐거운 일 아닌가
어린─아 이 같은우리 미련하고 약하나
꽃이─피 는 들판이나 험한골 짜 기라도

우리─주 님 걸어가신 발 자 취 를 밟 겠
주의─손 에 이끌리어 생명길로 가 겠
주가─인 도 하는대로 주와같이 가 겠

1. 네

2. 네 날 마다 주님따─라가 ─ 리 한 걸음

씩 또한─걸 음 ─씩 ─ 주님나─와영원히─

함께하─시니 ─ 기쁨으로걸어가 ─ 리

2. B sus4 B   3. B sus4   A/B B
─ 리 날 마다 ─리 ─

한 걸음 한 걸음 주 예수와 함 께

날 마다 날 마다 우 리는걷 겠 네

겠 네

384 주의 궁정에서 한 날이

송일화

주의 궁정─에서 한날이 ─ 다른 곳에─서의 천날

보다나─은즉 주의 궁정─에서 한날이 ─ 다른

곳에─서의 천날 보다나─은즉 ─ 악인의장막

에 거함─보 다 ─ 내하나님 문 지─기로

사는것─을 ─ 내 영혼원─하네 ─ 주님의임재

하심속─에 서 ─ 영원히주를 찬 양─하 며 ─

살 기 ─ ─ 내영혼원 하 네─ ─

Fine

주와함─께살 ─ 기원─해─ 주와함─께살 ─ 기원─해─

1. F#m
주 와함─께살 ─ 기 원─하─ 네

2. F#m
주 와함─께살 ─ 기 원─하 ─ 네 ─ 악인의장막
D.S.

| 기타코드 |

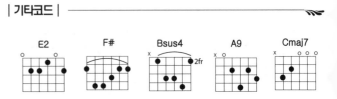

E2   F#   Bsus4   A9   Cmaj7

385 주의 긍휼로
(Lord have mercy on us)

Graham Kendrick

주의 긍휼로 – 이 땅 고치소서 –
성령의 불로 정케하소서
주의 손으로 고쳐주소서
겸손히 무 릎 꿇고 비 – 오니 오 주
여 – 이 땅 고치 – 소 – 서 – 오 주
긍휼 베푸 – 소 – 서

386 주의 사랑 우리 안에

전은주

주의 사랑 우리 안 – 에 – 주의
열정 우릴 향 – 해 – 아낌없 – 이 –
주셨네 – 주의 오셨네 –
열방 위해 쏟으신 – 그 사랑 –
오늘 우리 노래할 – 이유되 네
– 손뼉을 치며 찬양 해 – 지금 여
외쳐 찬양 해 – 오늘도
기 에계 – 시 는 – 주 만이 우리 – 의 목
다 스리 – 시 는 – 주 만이
– 자 – 되시네 – 큰 소리
– 참 기 – 쁨 – 주 시네 – –

387 주의 보좌로 나아 갈때에
(예수 피를 힘입어)

양재훈

주의 보좌로 나아갈때에 어 떻게나아가야할 까
주의 보좌로 나아갈때에 나 여전히 – 부족하 나
나를 구원한 주의십자가 그 것을믿으며 가네 –
나를 품으신 주의그사랑 그 것을믿으며 가네 –
자격없는내힘이아 닌 오직예수님의보혈 로
로 – 십자가의보혈 – 완전하신 사
랑 힘입어 나 아 갑 니 – 다 십자가의보혈
– 완전하신사 랑 힘입어 예배합 니 다

388 주의 이름 높이며 다 경배
(We have come into this place)

Bruce Ballinger

주의 이름높이며 다 경배드리면 서 나 가세 –
우리 들을내려놓고 주만바라보 며 경 배해 –
두손 주를향해들 고 그의이름높 여 드 리세 –

주 의 이름높이며 다 경배드리면 서 나 가세 –
우리 들을내려놓 고 주만바라보 며 경 배해 –
두손 주를향해들 고 그의이름높 여 드 리세 –

주 의 이름높이며 다 경배드리면 서 나 가세주 께
우리 들을내려놓 고 주만바라보 며 경 배해주 께
두손 주를향해들 고 그의이름높 여 드 리세주 께

오 – 경 배해 우 리주 예 수 –

389 주의 임재 안에서
(In Lords Presense)

정신호

주의임재안에 –서– 내영혼 주의얼굴보네 –

그사랑에날개아 – 래에서 – 내영혼 회 복 함을얻네

– 내 주님만 – 사랑해요 – – – – – 내주님만

– 경 배해요 – 나의맘 – 주께정했

–으 니 – – 내영혼 온 전 하게되리 –

390 찬송하라 여호와의 종들아
(Come Bless The Lord)

찬 송 하라 – – 여 호 와의종들 아

주 님 집에 – – 서 있 는자 들 아

성 소 향 해 – 손 을들고 서

찬 송 하라 – – 찬 송 하라 –

391 채우시네 주님이
(채우시네)

정종원

채우시네 – – 주님이 – – 내 만족을 –

– 아 시네 – – 채우시네 – – 주님이

– – 내 필 요를 – – 아 시네 –

– 채우시네 – 주 예수그리스도안에서

영 광 가운데 – 그 풍성하신 은혜를 –

채 워 주시 네 – 채 우시네 –

392 찬양 받기에 합당하신 주님
(How Great You are)

Shannon Fogal Wexelberg

찬양받기 -에- 합당하신 -주님-

- 주임재속 -에- 나거하기 원 합-니 다

- 나의 맘깊 은곳 에 -서- 주 사모합-니 다

- 오 직 주님-만 경 배합-니 다 -

위 대 하신 - 주 하 나님 - - - -

- 전 능 의왕-이요 - 다스 리 시는- 주님

- 위 대 하신 - 주 하 나님 - - - -

- 내 마음의-찬양 -드립-니 다 -

393 찬양 뛰어난 그 이름
(가장 높은 주 이름 / No Other Name)

Doug Engquist, Laurie Engquist & Freddy Rodriguez

찬 - 양 뛰어난-그 이 르 름 영원히- 다

스 리는 주 -님- 찬 양 -해

찬 양 해- - 가장높은 - 주 이

- 그 이

-름- 가장강한 - 주 이 -름- 영원하신
-름- 자유주신 - 그 이 -름- 가장귀한

- 주이 -름나-는 찬 - 양 해 - 치유하는

- 그이 -름- 나 찬양 - -해 - - - - -

-

모 든 나 라 모 든 만 물

선 포 해 주님 - - - -

D.S. al Coda

- - - 가장 높은 -

| 기타코드 |

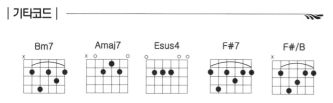

Bm7   Amaj7   Esus4   F#7   F#/B

394 참 좋으신 나의 친구
(The Greatest Friend)

김상배, 정신호 & 김상배

참 좋으신 나의 친구 전부이신 예수
참 좋으신 나의 친구 전부이신 예수

십 자 가 – 은 혜 – 영원하신 그 사 랑
나 위 해 – 이 땅 – 가운데 오 신 주 님

참 좋으신 나의 친구 전부이신 예수
참 좋으신 나의 친구 전부이신 예수

십 자 가 – 은 혜 – 영원하신 그 사 랑
나 주 만 – 위 해 – 살아가 리 영 원 히

찬 양 해 예 수 온 맘 과 정 성 다 하 여

십 자 가 보 혈 내 삶 을 바 꾸 시 네
십 자 가 사 랑 내 삶 을 바 꾸 시 네

395 축복합니다 주님의 이름으로

이형구 & 곽상엽

축복합니다 – 주님의 이 름 으 로 –

축복합니다 – 주님의 사 랑 – 으 로 –

– 이곳에 모인 주 의 거 – 룩한 자녀에게 주님의

기 쁨 과 주 – 님의 사 랑 – 이 충 만 하 게 충 만

하 게 넘 치 기 를 – God bless you

God bless you 축 복 합 니 다

– 주 님 의 사 랑 – 으 로 –

396 하나님 날 위해

강동균

하 나 – 님 날 위 해 – – 예 비 해 – 두 신 –
영 생 – 은 하 나 님 – 과 예 – 수 – 님 을 –
주 님 – 의 친 밀 한 – – 그 – 사 – 랑 은 –

새 롭 고 – 산 길 – 그 길 은 – 예 수 – 감 추 – 고 가 릴 것 –
알 아 가 – 는 것 기 쁨 의 – 시 간 나 를 살 – 리 는 – 생 명 의 – 근 원 –

내 려 놓 – 고 서 – 주 님 – 을 만 나 리

397 하나님은 우리를
(에벤에셀 하나님)

김진호

하 나 님 은 우 리 를 긍 휼 히 여 기 사

우 리 에 게 큰 복 을 내 려 주 시 – 네

그 얼 굴 빛 으 로 – – 우 리 에 게 비 추 사

주 님 의 구 원 을 온 세 계 에 알 리 소 – 서

398 하나님 나를 바라보실 때

(나보다 더 나를 사랑하는 주님)

천관웅

하나님나 – 를바라 보실 – 때 – 중심을 –
폭풍도잔 – 잔케한 그음 – 성 – 그능 – 력 –

보시네 – – – – 약하고부 – 족한내 – 중심을 –
놀라워 – – – – 죽은자살 – 리셨네 – 난믿네 –

어디서찾 – 아볼수 있을 – 까 – 주님 – 의 –
죄인의친 – 구되신 예수 – 님 – 그사 – 랑 –

큰사 – 랑 – – – – 아무런조 – 건없 는 –
찬양 – 해 – – – – 어둠에서 – 날건져 –

주님의크 – 신사랑 – 나 보다 – 더나를
주사랑전 – 케하네 –

사랑하는나 – 의 – 주 – 님 – 나 길 잃고

– 헤맬때 – – 나를 찾으셨네 – – – –

나 이제 – 주사랑 널리전 하며 – 살 – 기

– 원 – 해 무 엇보다 – 소중한 – 내주님을

1. C#m B A 2. C#m
Fine
약할때강

– 함되 – 시네 – 약 할때강함되 시 네

– 약할때강 – 함되 – 시네 – –

나 보다 – 더나를 사랑하는나 – 의 – 주 – 님 – 나

길 잃고 – 헤맬때 – – 나를 찾으셨네 – – – –
D.S.

399 크신 주께 영광돌리세

(Great is the Lord)

Robert Ewing

크 신 주 께 영 광 돌 리 세

하나 님 의 성 에 서 그의 거룩한 산 에 서

터가 높고 아 름 다 워 온 세 상 의 기 쁨

저 북 방에 있는 시 온 산 큰 왕 의 성 일 세

Sing 할 렐 루 야 Sing 할 렐 루 야

Sing 할 렐 루 야 큰 왕 의 성 일 세

400 하나님은 너를 지키시는 자

정성실

하나 님은너를지키 시는자녀의우편에그늘 되ㅡ시니ㅡ

낮의 해 와 밤의달ㅡ 도 너를 해 치 못 하 리 ㅡ

하나 님은너를지키 시는자녀의 환난을면케하ㅡ시니ㅡ

그가 너 를 지 키 시 리 라 너의 출 입 을지키시리 라

눈을 들어 산을 보아라 너의 도움 어디 서오나

천지 지으신 너를 만드신 여 호와께로ㅡ 다

402 하늘에 계시는 우리 아버지

(하나 되게 하소서)

고형원

하 늘 에 계 시 는 우리아 버 지

우 리 들 하 나 가 되게하소 서

동 과 서 남 과 북 주안에하나 되 어
막 힌 담 허 물고 손에손마주 잡 고

주 님 의 나 라 를 이 루게하 소 서
주 님 의 사 랑 을 이 루게하 소 서

401 하나님은 빛이시니

(빛)

유상렬

하나 님은빛이ㅡ시 니 ㅡ 그분께 어두움이ㅡ조금도

없 으시ㅡ니 라 ㅡ 그분과 사귀어살ㅡ 며ㅡ

진리가운ㅡ데행하 ㅡ 리 ㅡ 빛가 운데계신ㅡ 주 님

ㅡ 우리도 빛가운데 ㅡ 행할때 사 귐이ㅡ 있 네

ㅡ 예수님 보혈의피ㅡ 로ㅡ 우릴깨끗ㅡ 게하시

ㅡ 네 우 리모두빛 ㅡ 전하는 자 ㅡ 우릴통

해 하 나님빛비 ㅡ 추시네 ㅡ 사랑이 필요한곳ㅡ소망없

는 곳에ㅡ 우릴통해 ㅡ 일하시 ㅡ네 우리모두빛

ㅡ 전하는 자 ㅡ 우릴통 해 하 나님드러

ㅡ 나시네 ㅡ 결코꺼 지지않는 ㅡ 생명의 빛 되어 ㅡ

온세상에 ㅡ 가득하 ㅡ게ㅡ빛비추ㅡ리 라

403 할렐루야 전능하신 주께서 다스리네
(Hallelujah Our God Reigns)

Dale Mary Garratt

할렐 루-야 전능 하신주 께서 다 스리 네

할렐 루-야 전능 하신 주 께서 다 스리 네

모두함 께 기뻐 해 주 님 께모든영광 돌 리 세

할렐 루-야 전능 하신주 께서 다 스리 네

405 할렐루야 찬양 예수

조근상 & 노르웨이찬양

할 렐루 -야 찬 양예 -수 할 렐

루 야 주를기-뻐 해 - 주 를기-뻐 해

주 는 광대하 신주 - 전능하 신왕 -

영 원히- 통 치 하 리 라 - - -

D.C.

404 할렐루야 할렐루야
(우리 모두 함께)

할 렐 루 야 할 렐 루 야

할렐루야- 할렐루야- 할렐루야- 할렐루야-

할렐루야- 할렐루야- 할렐루야- 할렐루야-

우리모두함께 기쁜찬양하세 세상모든사람들의귓가에-

우리모두함께 기쁜찬양하세 세상모든사람들이 듣도록-

햇 -빛같은 기 쁨- 빗 -줄기같 이 - - -
예 -수사랑 노 래- 주 -의말씀 나 누 세-

금 -광같은 기 쁨 우리모두함께 기쁜찬양하세
크 -신능력 외 쳐 우리모두함께 기쁜찬양하세

할렐루야- 할렐루야- 할렐루야- 할렐루야-

할렐루야- 할렐루야- 할렐루야- 할렐루야-

예수님때문 에 형 제를사랑합니 다 예수님때문 에

자 매를사랑합니 다 예수 예수 예수

예수 예수 예수 예 수님때문 에

할렐루야- 할렐루야- 할렐루야- 할렐루야- 할렐루야-

할렐루야- 할렐루야- 할렐루야- 할 렐 루 야!

406 해 뜨는 데부터
(From the rising of the sun)

Paul S. Deming

해뜨는데 부터- 해지는 데 까지- -

주 이 름 찬양받으 리 해뜨는데

랄랄라 할렐-루 야 여호와의모든종들 아

주 이 름찬양 해 이제부터 영원-까 지

주 이 름 찬 양 할 지 로 다

408 흙으로 사람을
(From the dust of the earth my God created man)

흙으로 사람 을 지으사 그코에 생기를 불
갈보리 십자 가 흘리신 그피로 영생을 얻

어 넣으 신 주하나 님 - 우리 위해 아들 을 세상
게 하 - 신 주예수 님 - 나이 제 - 주위 해 한평

에 보내신 사랑의 주 하 나 님 을사랑 해 -
생 살아갈 동 - 안 주 님 만 사 랑하리 라 -

나는 하나 님형 상 따라 지 음받은 몸이니 이

몸 을 주 께바치 리 - 항상 내생 활속 에 주를

부 인하지 않으며 내 주 를 섬 기렵니 다 -

407 호흡 있는 모든 만물
(Let Everything That Has Breath)

Matt Redman

호흡있는 모든만물 다나와서 주찬양하라

last time to

호흡있는 모든만물 다나와서 주찬양하라

- 이-른아침에도- 늦-은저녁에도-
높-은하늘에도- 천-사들과함께-

난-언제나주님찬양해 - 기-쁨넘칠때도-
영-원토록주님찬양해 - 온-땅위에서도-

슬-픔다가와도- 난-언제나주님찬양해 -
모-든만물함께- 모-든민족주님찬양해 -

끊 임없 는 주 의사 랑 주의권세 존귀능력

알 게 되면 찬 양 케 되 리 - -

409 고요한 아침의 나라

고형원

고요한아침의 나라   길었던흑암의세 월
하 나님 보우 하사   이땅에– 새날이–왔 네
주님의흘 리신 보혈   생명의강으로흘 러
죽었던이땅살 리고   하 – 늘– 은혜열–렸 네 –
고 요한 아침의 나라   주를위해–   주를위해–
흰 옷입은 주님의 백성   일어나라–   일어나라–
빛을 발하라– –주의영 광네위에   임 하였으 니
빛을 발하라– –열방에 빛비추라– 너 의주를위해 –

410 넘지 못 할 산이 있거든

최용덕

넘지못–할산이있거든 –   주님께맡기세 요
참지못–할분노있거든 –   주님께맡기세 요
넘지못–할파도있거든 –   주님께맡 기세 요
참지못–할슬픔있거든 –   주님께맡 기세 요
우리가야할길은 –   멀고도– 험하여 –
우리살아갈길은 –   눈물의– 골짜기 –
허덕이며   가야하는 우 리   인생인 데
내힘으론   참지못해 – 늘   흐느끼 네
이럴때우린누굴 의지하나요–   주 님밖에없어요 –
나는 그길 갈수없지 만   주님이대신가 요

| 기타코드 |

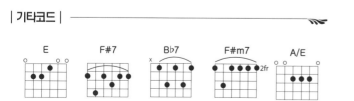

| 기타코드 |

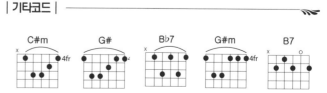

411 예수 안에 소망있네
(In Christ Alone)

eith Getty & Stuart Townend

예수안에 소망있네 내빛과 힘나의 노래
완전하신 하나님이 우리와 같이되셨네
죽임당한 세상의 빛 어둠속에누이셨네
주예수의 능력으로 내속에 두려움 없네

환난중에 도우시는 주나의 견고한 반석
주사랑과 그공의로 세상을 구원하셨네
영광스런 그의날에 무덤에서부활했네
나의사는 모든순간 주께서 다스리시네

크신사랑 크신평화 두렴에서 날건지네
십자가에 주달리사 그진노를 거두셨네
승리하신 우리주님 원수들을 물리쳤네
어느것도 주손에서 날빼앗지 못하리라

내위로자 내모든 것 주사랑 안에서 리라
내모든죄 담당하신 주은혜 안에살리라
나주의것 주나의것 주보혈 안에살리라
주오실날 기다리며 주능력 안에서 리라

412 주의 장막에서
(In His Sanctuary)

이새로미

주의장막에 서한 날이 궁정에서천날
보다 종사 오니
주의성산에 서한 날이 궁궐에서천날
보다 종사 오니 나의 영혼 주님을
기뻐해 주의 사랑 날완 전케
하네 주의 사랑 날새롭게 하네 끝이
없는 주의 사 랑 만이 내영 혼 자유케하 시네
혼 자유케하 시네
주의 사랑 날완 전케 하네 주의 사랑
날새 롭게 하네 오 오 주님 나의 삶
을 통해 주영광 나타내 소서

413 낮에나 밤에나
(주님 고대가)

손양원

낮 –에나 밤 –에나 눈 물 머 금 고
고 적 하 고 쓸 –쓸 한 빈 들 판 에 서
먼 –하 늘 이 상 한 구 름 만 떠 도
내 –주 님 자 –비 한 손 을 붙 잡 고
신 부 되 는 교 –회 가 흰 옷 을 입 고
천 –년 을 하 루 같 이 기 다 린 주 님

내 –주 님 오 시 기 만 고 대 합 니 다
희 –미 한 등 –불 만 밝 히 어 놓 고
행 –여 나 내 –주 님 오 시 는 가 해
면 –류 관 벗 어 들 고 찬 송 부 르 면
기 름 준 비 다 해 놓 고 기 다 리 오 니
내 –영 혼 당 하 는 것 볼 수 없 어 서

가 –실 때 다 시 오 마 하 신 예 수 님
오 실 줄 만 고 대 하 고 기 다 리 오 니
머 리 들 고 멀 리 멀 리 바 라 보 는 맘
주 님 계 신 그 –곳 에 가 고 싶 어 요
도 적 같 이 오 시 마 고 하 신 예 수 님
이 시 간 도 기 다 리 고 계 신 내 주 님

1-5.오 –주 여 언 –제 나 오 시 렵 니 까
6.오 –주 여 이 시 간 에 오 시 옵 소 서

| 기타코드 |

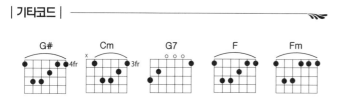

414 주는 만왕의 왕
(Great big God)

Robert Critchley

(주는만)

왕 의 왕 어 둠 권 –세 물 러 가 네 –

주 찬 양 해 –승 리 의 주 께 –

보 좌 위 에 왕 되 신 주 – –통 치 하 시 네 –

온 땅 과 만 물 주 관 하 시 며– 주 뜻 이 루 시 네 – 주 는 만

주 님 내 곁 에 – 언 제 나 함 께 하 네 –

온 땅 흔 드 는 뇌 –성 – 주 영 광 앞 에 –

세 상 권 세 굴 –복 하 –네 승 리 의 주 께

흔 드 네 흔 드 시 네 – 흔 들 흔 들 흔 드 네

– 흔 드 네 흔 드 시 네 원 수 무 너 지 네

(모든)

이 름 –위 에 뛰 –어 난 이 름 주 의 이 름 예 수

– (모든) 주 님 내 곁 에 언 제 나 함 께 하 네

◆ 예배 인도하기
Delivering a Worship Set

모든 예배 인도자들은 예배를 시작할 때, 하나님께 매우 깊이 의존해야한다. 오직 하나님만이 예배 때 능력을 행하실 수 있으며, 하나님만이 성령의 임재를 결정하신다. 우리가 할 일은 기도하며 준비하고, 결과에 대해서 하나님을 신뢰하는 것이다. 한 주는 영광스럽게 성령의 기름을 부어 주시다가도 그 다음 주에는 예배의 생동감이 이전보다 훨씬 덜할지도 모른다.

나는 하나님이 우리가 당신을 조종할 수 없다는 것을 보여 주시기 위해, 의도적으로 어떤 때는 성령을 부어 주시고 어떤 때는 성령을 부어주시지 않는다고 믿는다. 이것은 우리가 하나님을 예배하는 대신 예배 행위 그 자체를 예배하지 않도록 해준다. 우리가 할 일은 하나님께 영광을 드리고, 그분을 찬양하며 그분께 감사하는 것이다. 하나님이 자신을 얼마나 계시해 주시든지 우리는 그것에 감사해야 한다.

이것을 바탕으로 예배인도자는 예배 시간 동안 안식의 장소로 들어갈 수 있다. 궁극적으로는 하나님이 진정한 예배 인도자시기 때문에, 그분이 직접 사람들의 마음과 생각을 새롭게 하신다. 예배 인도자가 할 일은 예배에서 먼저 열심히 하나님 앞으로 나아가는 모범을 보이고, 회중이 그를 따라올 수 있도록 길을 열어 주는 것이다.

찬양 목록의 변경

처음 예배 기획을 한 후에도 찬양 목록에서 곡을 첨가하거나 삭제하는 것은 나에게 매우 흔한 일이다. 보통 나는 주일 오전 예배를 드리기 전날 밤, 예배 한 시간 전(최종 연습 시간 중에), 그리고 심지어 예배 5분 전에 변경하기도 한다. 이런 습관은 내가 이끄는 찬양 팀을 항상 긴장하게 만든다. 마지막 순간에 찬양 목록을 변경하는 한 가지 이유는 연습 시간 때 그 곡이 적절치 못하다는 느낌을 받기 때문이다. 때로 어떤 곡은 너무 단조롭게 느껴지기도 한다. 처음에 그것을 목록에 넣을 때는 좋은 생각처럼 보였는데, 막상 노래하고 싶게 만드는 특별한 활기 같은 것이 없을 때도 있다. 곡을 목록에서 삭제하는 또 다른 이유는 찬양 팀이 주어진 시간에 그 곡을 성공적으로 소화해 낼 수 없다고 생각했기 때문이다. 또 단순히 예배 시간이 가까워 올 때 더 좋은 다른 곡이 생각나기 때문일 수도 있다. 마지막으로 단순히 내가 무엇을 해야 할지 확신하지 못하고 망설이다가 마음을 바꾸는 때도 있다.

찬양 목록을 여러 번 바꾼 뒤에도, 예배가 시작되었는데 종종 원래의 계획에서 벗어나게 되는 경우도 있다. 내가 원래 계획했던 것과는 다르게, 새로운 곡을 그 자리에서 결정하기도 한다. 찬양 목록을 바꾸는 데는 다양한 이유가 있는데, 그 가운데 몇 가지를 아래에 열거해 보았다.

즉흥적인 힘.

한번은 주일 오전 예배 때 "성령의 비가 내리네"를 인도하고 있는데 우리가 노래하는 동안 강한 중보의 영이 임했다. 노래를 마쳤을 때, 우리는 그 주제를 가지고 계속 찬양할 필요가 있다는 것을 분명히 느꼈다. 다른 방향으로 가는 것은 우리 가운데 역사하고 계신 하나님을 가로막는 것일지도 몰랐다. 하지만 계속적인 중보를 위해 적합한 곡이 내 찬양 목록에는 없었다. 그래서 나는 중보 기도 노래인 "주의 영광 찬양"(Glorify)을 즉석

에서 삽입했다.

　그 곡은 적합한 주제를 갖고 있었고, 나는 찬양 팀이 연습 없이도 그 곡을 충분히 연주 할 수 있으리란 것을 알았다. 우리가 "주의 영광 찬양"을 연주하자, 예배의 흐름은 점점 더 고조되었다. 내가 예배의 마지막 부분에 계획했던 부드러운 노래를 다시 연주하는 것은 섣부르게 예배에 찬물을 끼얹는 것이 될 것 같았다. 그래서 나는 회중의 마음에 생긴 열정과 에너지를 마음껏 표출할 수 있도록 또 다른 적극적인 곡을 추가했다.

　당신은 찬양 목록을 바꾼다는 것을 찬양 팀에게 어떻게 알리겠는가?

　나는 매우 단순하고 직접적으로 접근한다. 찬양 팀 쪽으로 돌아보며 다음에 연주할 곡을 말해 주는 것이다. 그것은 매끄럽지 못한 방법처럼 보이지만 그렇지 않다. 만일 곡이 우리가 사용하는 찬양집에 있으면 나는 그 사실을 알려준다. 그러면 그들은 그 곡을 찾기 위해 뒤적인다. 보통은 나 혼자 기타로 그 곡을 시작해도 된다. 노래가 진행되면 다른 연주자들이 따라온다. 용이하게 즉흥곡을 선택하기 위해, 나는 가사와 코드만으로 된 180곡 이상의 찬양목록을 만들었다. 나는 이런 찬양집을 다섯 권정도 연습 시간이나 예배 때마다 갖고 다닌다. 그리고 이 목록에 곡을 추가할 때마다 찬양집을 새로 만든다.

　어떤 순간에 가장 적합한 곡을 추가하는 것의 또 다른 예가 있다. 내가 하나님의 무조건적인 사랑을 노래한 "끝없는 사랑"(Unending Love)을 부를 때였다. 회중이 강력하게 하나님의 사랑을 느끼고 있음을 직감한 나는 원래 계획에는 없던 "높은 산보다 더 높은"을 추가했다. 왜냐하면 이 곡이 같은 주제로 이어가기에 아주 효과적인 곡이었기 때문이다.

　이러한 두 가지 예는 성령님의 즉흥적인 일하심을 보여 준다. 언제 성령님이 우리가 수백 번도 더 불렀던 노래를 택하셔서 새로운 생명력을 불어넣어 주실지 모른다. 우리는 이러한 순간에 하나님이 이루실 역사의 바람을 받아 전진할 수 있도록 돛을 다시 올릴 준비가 되어 있어야 한다.

반응 없는 회중.

　내가 자주 듣는 질문 중 하나는, 회중의 반응에 따라 예배 인도 방식에 변화를 주어야 하는가 하는 것이다. 만일 회중이 당신과 함께하지 않는다고 느낄 때 당신은 어떻게 하는가? 이 질문에 대한 대답을 결정하는 요소에는 여러 가지가 있다.

　첫째로, 당신의 교회는 어떤 종류의 예배 전통을 갖고 있는가? 만일 회중이 하나님과의 친밀함을 강조하는 예배 방식에 익숙하지 못하면, 사람들이 그것을 따라가는 게 어느 정도 시간이 걸린다. 대부분의 소극적인 예배자들에게는 노래를 통해서 하나님과 교제한다는 생각 자체가 새롭고 낯선 것이기 때문이다. 그런 사람들이 하나님과의 교제 안으로 들어가는 데는 시간이 좀 걸린다. 그들은 먼저 당신과 주위의 사람들을 지켜보는 것으로 예배를 시작할 것이다. 만약 하나님에 대한 사랑으로 충만하고 모험을 할 준비가 되었다면 빨리 다음 단계로 나아갈 것이다. 그러나 대부분의 사람들은 훨씬 더 조심스러워하면서 한 동안은 마지못해 참여할 것이다.

　어느 주일 오전 예배에서든, 이런 부류의 회중은 반드시 있다. 모든 회중이 두 손을 들고 예배하거나 깡충깡충 뛰며 찬양하지 않는다고 해서 당신이 실패했다고 생각지 말라. 예배 인도를 하는 동안 격려 받고 싶다면 예배하지 않는 사람이 아니라 예배하고 있는 사람들을 바라보라. 만일 회중 대부분이 처음으로 예배에 대해서 배우는 개척교회에서 예배를 인도하고 있다면, 사람들이 예배하는 법을 알아가는 동안 인내할 준비를 하라.

　사람들이 정말 예배에 대해 알고 있는데도 반응하고 있지 않다면 어떻게 해야 하는가? 때로 예배 인도자의 준비 부족이나 잘못된 곡 선택 때문에 예배를 망치는 경우도 있다. 이런 문제에 대한 해결책은 분명하다. 예배를 철저하게 준비하라!

　어떤 때는 교회 내의 전체적인 영적 역동성이 예배 시간의 생동감을 유지한다. 교회 내의 전체 역동성과 생

명력이 회중 예배 때 반영되는 것이다. 교인의 대다수가 하나님을 추구하고 섬기는 데 힘을 쏟는다면, 예배 시간에도 당연히 하나님을 찬양할 준비가 되어있을 것이다. 만일 예수님이 그들 삶의 열정을 일깨운다면, 그것은 회중 예배 때 드러날 것이다.

예배하지 않는 사람들과 부딪치는 것은 예배 인도자에게 목자의 마음으로 사람들을 인도하라는 도전을 준다. 우리는 '그들 대 우리' 라는 생각을 피해야 하며, '그들' 이 바로 '우리' 라는 사실을 깨달아야 한다. 우리는 모두 한 팀이다. 우리는 "연약한 자의 약점을 담당해야"(롬15:1)하고, 덜 성숙한 사람들이 하나님을 알아 갈 수 있도록 도우며 인내해야 한다. 나는 사람들이 예배하지 않는 것처럼 보여서 화가 났던 때가 있다. 그러나 몇 년이 흐르자, 나는 목자의 마음을 좀 더 갖게 되었다. 어느 주일에든, 교회에는 큰 긍휼이 필요한 깨어진 사람들이 찾아온다. 사람들에게 하나님의 긍휼을 깨닫게 해주는 것이 예배 인도자로서 우리가 해야 할 일이다. 그러므로 우리의 의무를 다하기 위해서는 사람들이 예배에 몰입하지 않는다고 그들을 판단해서는 안 된다.

이것은 또 다른 중요한 문제를 제기한다. 진정으로 예배하려면 어느 정도의 표현을 해야 하는가? 어떤 사람의 예배하는 방법이 옳은지 그른지 판단하기 위해 어디에 선을 그어야 할 것인가? 우리는 그들이 예배 시간 중 최소한 절반 정도는 손을 들고 예배하거나, 시종 노래를 따라 부르기를 요구해야 하는가? 나는 그렇게 생각하지 않는다. 사람들이 예배할 때 그들을 판단하는 것은 우리가 할 일이 아니다. 오직 하나님만이 사람들의 마음을 아신다. 물론 우리는 교회가 성경적인 예배를 드리는 데 성숙한 모습을 보기 위해서, 회중들이 무릎 꿇고, 엎드리고, 손을 올리고, 박수 치고, 소리 치고, 춤추는 것을 보고 싶어 한다. 그러나 예배 인도자는 회중이 어느 정도 수준에 있는지 그들을 받아들이면서, 참을성 있게 그들을 인도해야 한다.

분명한 표현 이외도, 예배에는 영적 전쟁의 요소가 작용한다. 교회에 분열이 있으면 예배 때 성령의 역사가 소멸되기도 한다. 이것은 예배 인도자 한 사람이 관여할 수 있는 영역 밖의 문제다. 그것은 목회적으로 접근해야 한다.

그러나 예배 때 어떤 것은 분명하지 않은 형태의 영적 전쟁으로 인해 무거운 느낌이 생긴다면 어떻게 해야 하는가? 나는 이런 종류의 영적 전쟁이 실재한다고 믿는다. 왜냐하면 내가 직접 경험했기 때문이다. 분명히 그러한 때 예배인도자는 예배를 위해 중보 기도해야 한다. 그 외에 내가 해줄 수 있는 최선의 충고는 "선으로 악을 이기라"(롬 12:21)는 것이다. 하나님의 빛 된 자녀인 우리는 단순히 하나님을 예배하는 것만으로도 하나님 나라를 선포하고 사탄의 세력을 물리칠 권세를 갖는다. 우리가 그리스도를 높일 때, 그분의 주되심이 나타난다. 상황이 어려워지더라도, 우리는 믿음의 행위로서 예배를 드리며 하나님이 역사하실 것을 신뢰해야 한다.

이런 때는 단순한 경험 법칙을 적용하여 검증된 찬양, 회중들에게 잘 알려진 찬양을 부르는 것이 좋다. 만일 회중이 예배하려고 애쓰고 있다면, 스크린의 가사를 따라 읽어야 하고 새로운 가락을 익혀야 하는 새 찬양은 원하지 않을 것이다.

예배가 엉망이 되어 가고 있을 때 내가 하는 일은 그냥 잠시 주님을 기다리는 시간을 가지면서 그분께 다음에 무엇을 해야 할지를 묻는 것이다. 이것은 노래하는 중 또는 노래 사이 악기 연주가 흐르는 동안만 가능하다. 때로는 이 시간 동안 하나님이 예배의 방향을 바꾸는 것에 대해 암시를 주시기도 하지만, 대부분의 경우 나는 예배 안에서 인내하며 계속해나가기로 선택하는 것이 가장 최선의 해결책이라고 믿으며 내가 계획했던 곡을 부른다.

위 글은 '하나님을 갈망하는 예배인도자'(IVP. 앤디파크 지음)의 일부(p231- 237)를 발췌한 글입니다.

작은소리 **큰울림**
[경청]

415 간절히 불러봐도
(날 기억하소서)

Ana e Edson Feitosa

416 가라 가라 세상을 향해

417 거룩하신 주 임할 때
(In the beauty of holiness)

Chris Bowater

거룩하신주 임할때－ 놀라운사랑느낄 때

빛되신 주 님 의영광 경배합 니 다

418 거룩하신 하나님
(Give Thanks)

Henry Smith

거룩 하신 하나님－주 께 감사 드리세－
의 맘과 뜻 다해－ 주 를 사랑 합니다－

날위 해 이땅에 오신 독생 자 예수 나

수 내 가 약할 때강함주 고

가난 할때우리 를 부요케 하 신나의 주

감－사 내사 감사－

419 그때 그 무리들이
(세 개의 못)

그 때 그 무리들 이 예수 님 못박았 네
주 여 저 들의죄 를 용서 하 여주소 서
비웃는 저무리 들 주의옷 벗긴후 에
주 여 나 의영혼 을 받아 주 시옵소 서

녹 슨 세 개의 그 못 으로 －
주 님 눈 물 로 기 도했 네 －
주 님 몸깊 이 찔렀－ 네 －
그 때 구 원 을 이루 셨 네

망치 소 리내맘 을 울리 면 서들렸 네
귀중 한 그보배 피 나를위 해흘렸 네
귀중 한 그보배 피 나를위 해흘렸 네
마 지 막 피한방 울 나를위 해흘렸 네

그 피 로 내죄 씻 었－ 네 －
그 피 로 내죄 씻 었－ 네 －
그 피 로 내죄 씻 었－ 네 －
그 피 로 내죄 씻 었－ 네 －

420 경배하리

심형진

경배 하 리 온 맘 다 해
할 렐 루 야 할 렐 루 야

주 높 이 리 생 명 다 해
할 렐 루 야 할 렐 루 야

경 배 하 리 온 맘 다 해
할 렐 루 야 할 렐 루 야

주 높 이 리 생 명 다 해
할 렐 루 야 할 렐 루 야

| 기타코드 |

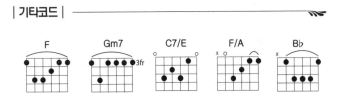

423 나는 하나님을 예배하는
(나는 예배자입니다)

송세라 & 전종혁

나는 하나님을 예배하는
예배자입니다 내가 서있는 곳
어디서 - 나 하나님을 예배합니다
내 영혼 - 거룩한 - 은혜를 - 향하여 -
내 마음 - 완전한 - 하나님 향하여 - 이 곳
에서 바로 이 시간 하나님을 예배합니다

425 나 무릎 꿇고서
(무릎 꿇고 / On bended knee)

Robert Gay

나 - 무릎-꿇고서 - 주께 겸손히-나가 -
주 - 보 좌 앞에 -엎드-리네 - -
거룩 한 손들-고서 - 나의 사랑드-리네 - - -
신 령 과진-정으 -로 주 님 께 경 -배해 -
나의 삶 이찬 - 양되 게 하소서 -

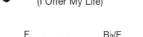

424 나의 모습 나의 소유
(I Offer My Life)

Claire Cloninger & Don Moen

나의 모습 - 나의 소유 - 주님 앞에 - 모두 드
어제 일과 - 내일 일도 - 꿈과 희망 - 모두 드
- 립니다 - 모든 아픔 - 모든 기쁨 - 내
- 립니다 - 모든 소망 - 모든 계획 - 내
모든 눈물 - 받아 - 주소서 -
손과 마음 - 받아 - 주소서 -
나 의 생명을 드 -리니 주 영광 위 - 하여 -
사용 하옵소서 내 가 사는 날 동 -안에 주를 찬양
- 하며 - 기쁨의 제물 되리 -
나를 받아 주 소 - 서 -
서 우리 가진 - 이 모든 것들 - 을 다
주 께서 우 - 리에게 주시었네 - 몸 밖에 드 -릴 것이
- 없으 - 니 내 삶을 받아 -주소 서

426 나의 주님은

윤주형

나 의주님 은 – 변 함없이 신 실하신분 –

사 랑한다 고 – 여 전히말 씀하 네   *Fine*

나 의주님 은 – 눈물골짜기 지날때에 –

품 에안으 사 – 위 – 로해주 시 네 –

언 제나늘 언 제나늘 내 곁에계 시 네 –

사 랑한다 사 랑한다 날 불러주 시 네   *D.C.*

427 나 주의 믿음 갖고
(I just keep trusting the Lord)

John W. Peterson

나 주의 믿음갖고 – 홀로걸어 도 –
내 주는 선한목자 – – 나를인도 해 –

나 주의 믿음갖고– – 노래부르 네 –
사 망의 골짜기로 – – 다닐지라 도 –

폭 풍구름 몰아치고 – 하늘덮어 도 –
주 님께서 나의길을– – 인도하시 니 –

나 주의 믿음갖고 – – 실망치않 네 –
나 주를 따라가리 – – 언제까지 나 –   *Fine*

주 는내친 구 – 진실한친 구 –
주 는내목 자 – 선하신목 자 –

세 상끝까 지 – 주의지하 리
어 디가든 지 – 함께하시 네 –   *D.S. al Fine*

| 기타코드 |

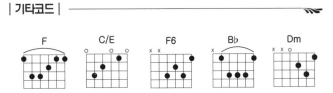

428 나 주의 얼굴 보네

천관웅

나주의-얼굴 - 보네 -은혜가-득한 - 주님
쓰러진-날-일 - 으켜 --친구-삼으 - 셨네

-그사랑-볼-때 - 나의영혼 놀 라고 -
--오직-주-께 - 나의사랑 드 리리

생 명 - - 버리신 사 랑 - -

죽 임 - - 당하신 주 -

그사랑- 감 -사-해- 내 -삶드-리-며 - 주님만을

경배-하-리 - 큰사-랑 - 받았-으-니 - 영원-히

- 주안에살 - 기원-하-네 - 무-엇보다 - 귀하-신

- 주님-예-수 - 영원-히 - 주님따라 - 가리

- 좁은길저 - 끝에-서-나 - 의주-님-날

- 부르-네-주 - 발위-에-입 - 맞추-며-사

- 랑드-리 - 리 주님만을 -

429 내가 꿈꾸는 그 곳
(Place of my Dreams)

배송희

내가 꿈 꾸는 그 곳-은 나의 님 이
꿈 꾸는 그 곳-은 나의 님 과
꿈 꾸는 그 곳-은 나의 님 과

계 - - 신 곳 정다 운 그의 얼 굴 바라
춤 - 추는 곳 정다 운 그의 팔 에 안기
속삭 이 는 곳 정다 운 그의 손 을 - -

보며 - 마음 껏 - 미소질 거 - 야
어 - - 마음 껏 - 웃어댈 거 - 야
잡고 - 밤-새 - 노래할 거 - 야

나의 사 랑 하는 님이여 나를 놓 지 마- 오

사 랑 하는 님이여 나의 귀에-속삭여주 오 나를
사 랑 하는 님이여 나의 귀에-속삭여주 오 나를
사 랑 하는 님이여 나의 입술에꿀같은당 신 당신

가 장 사랑 하-여 모든 것을내 려 놓은 나- 의 사랑
가 장 사랑 하-여 모든 것을내 려 놓은 나- 의 사랑
의 그 사랑 안에서 나를 녹-여 주 오- 나- 의 사랑

하 는님 이 여 - 내가
하 는님 이 여 - 내가
하 는님 이 여 -

나- 의 사랑 하는님 이 여 -

430 내 감은 눈 안에
(전부)

최경아 & 유상렬

내 감은 눈 안에 이미 들어와 계신

예수님 나보다 앞서 나를 찾아 주시

네 내 뻗은 두손 위로 자비 하심을 내어

주시니 언제나 먼저 나를 위로 하시

네 내 노래 가운데 함께 즐거워

하시는 늘 나의 기쁨이 되시네

- 수많은 사람중에 나를 택해잡

으시고 눈물 거두어 빛살 가루 채우시니

- 그분은 내 자랑 나의 기쁨 나

의 노래 나의 전부 되시네 -

431 내 안에 흐르는 노래
(내 안에 / In my soul)

천관웅

내 안에흐르는 노래 주님을향한
나 어찌표현할 수있을 까 주님의은혜

나 주님을알기 간절히 원하네
내 벅찬가슴 잠잠할 길없네

날 부르시는주음 성 내 영혼을깨워
내 지친어깨 위의한 손 그 따뜻한기운

그 사랑의팔로 날안아 주시네 주사
날 일으켜세워 하늘을 날게해 주사

랑 멀리떠 오르는새벽 태양같아 모두다
랑 제한된 말로표현 할수없어 내영혼

잠든이 새벽에 나 춤을 추게해
깊은침 묵으로만 말 할뿐이야

주 내영혼의참 사랑

나 주님알 기원하네 나

-를위한 주 님의크 신사랑 -

432 내 주님께 더 가까이
(주님께 더 가까이)

고형원

내 주님께 - 더 가 까이 -

내 영 기뻐 - - - 노 래하 네 -

내 주 님께 - 더 가 까이 -

내 영 기뻐 - - - 춤 을추 네 -

주님 의-임 재 -를 - 갈 망합 - 니다

- 주님의-얼굴 -을 내영 사 모합- 니다

- 주님의 - 장막에 - 거 하렵 - 니다

- 주님의 - 성소에 - 영원히 - -

433 너는 부유해도 가난해도
(너는 내 것이라)

송명희 & 최덕신

너는 부유해도 - 가 난해도 - 너를
현 명해도 - 미 련해도 - 너의
잘 났으나 - 못 났으나 - 너의
강 하여도 - 약 하여도 - 너의
의 로워도 - 악 하여도 - 너를

사랑하여 구원했으니 - 너는 내 것이라 -
지혜되어 사용하리니 -
모든것을 알고있으니 -
힘이되어 일으키리니 -
나의 피로 바꾸었으니 -

내 것이라 - 너는내 것이라 - 네가 - 너는

내 것이라 - 내 것이라 - 너는내 것이 라 너는

내 것이라 - 내 것이라 - 너는내 것이라 -

434 눈보다 더 희게
(White as Snow)

Leon Olguin

눈 보다 - 더희게 - 나의 죄 씻으 셨 네

날 용서 - 하시고 - 정결 한 맘주 셨 네

보혈 의 능력으로 - 놀라 운 사랑으로 - 주님

날 용서 하 사내모든 죄 - 사했네 - -

| 기타코드 |

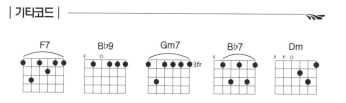

F7   Bb9   Gm7   Bb7   Dm

435 당신이 힘들다는 걸 알아요

(위로송)

오세광

당신 이 힘 들 다 는 걸 알 아 요 아픔

이 너 무 많 다 는 것 도 위 로 하 길 원 - 해 - 요

감 싸 주 고 싶 어 - 요 당 신 은 - 하 나 님 의 -

사 람 인 - 것 을 내 가 알 수 없 는 그 대 깊 은

마 음 속 까 지 - 당 신 을 지 으 신 하 나 님 은 -

알 고 계 - 셔 요 위 로 하 길 원 - 해 - 요

감 싸 주 고 싶 어 - 요 당 신 은 - 하 나 님 의 - 사 람

436 들으라 열방이 부르는 소리

(We speak to nation)

Israel Houghton

들 으 라 - - 열 방 이 부 르 - 는 소 - 리 를 -
들 으 라 - - 열 방 이 주 높 - 이 는 - 소 리 를 -

들 으 라 - - 고 아 들 의 울 - 음 소 - 리 를 -
들 으 라 - - 자 녀 들 의 찬 - 양 소 - 리 를 -

누 가 우 리 를 - 대 신 하 여 가 서 - 전 하 - 리 요
우 리 가 가 서 - 땅 의 모 든 곳 에 - 외 치 - 리 라

- 예 수 - 는 왕 - 열 방 을 향 - 해 외 치 리
- 예 수 - 는 왕 -

문 을 열 어 - 라 경 배 하 라 - 열 - 방 에 외 - 치 리

주 의 나 라 - 임 하 - 시 네 - 우 - - - - -

원 수 를 향 - 해 외 치 리 흑 암 의 권 - 세

떠 나 가 라 - 열 - 방 에 외 - 치 리 주 의 나 라 - 임 하

- 시 네 - 자 유 - 하 라 - 자 유 - 예 -

- 자 유 - -

437 마음이 상한 자를
(He binds the broken-hearted)

Stacy Swalley

마 음이상 – 한자 – 를 고 치시는 – 주님 –
성 령으로 – 채우 – 사 주 보게하 – 소서 –

하 늘의 – 아버 – 지 날 주관하 – 소서 – – 주
주 의임 – 재속 – 에 은혜 알게하 – 소서 – – 주

의 길로 – 인도 – 하사 자 유케하 – 소서 –
뜻 대로 – 살아 – 가리 세 상끝날 – 까지 –

새 일을행하 – 사 부흥 케 – 하 – 소서 – 의에
나 를빛으시 – 고 새날 열 어주 – 소서 –

주 리고 – 목이 마 르니 – 성령의 – 기름 – 부으 – 소

서 의에 주 리고 – 목이 마 르니 –

내 잔을 – 채워 – 주소 서

438 머리에 가시 면류관
(누구를 위함인가)

김석균

머리 에 가시면류관 – 어찌해 쓰셨는 가 – 채찍
과 멸 – 시천 대 – 어찌해 받았는 가 – 고난
골고 다 험 – 한길을 – 어찌해 가셨는 가 – 십자
양 보 – 혈의 피 – 누구를 위함인 가 – 끝없

에 피흘리 심 은 누구를 위함인 가 – 희롱
과 죽음의 길 을 어찌해 가셨는
가 못박히 심 은 누구의 죗값인 가 – 어린
는 용서의 눈 물 그사 랑 잊었는

가 – 예 – 수 – 오 예 – 수 – 나의 죄 를대속하

신주 – 마지 막 피한방 울 – 나위해 흘리셨 네 –

439 무덤 이기신 예수
(할렐루야 / Hallelujah)

Scott Brenner

무 덤이 – 기 – 신 – 예 – 수죽으 시고다 – 시사 – 셨 – – 네
보 좌에 – 앉으 – 신 주영원 토록다 – 스리 – 시 – – 네

죄 의저 – 주 – 끊 – 으 – 셨네예수 승리의 주 할렐루 – 야
예 수사 – 단 – 정 복 – – 하고 사망권 – 세무 너뜨렸 – 네

예 수 – 만 – – 유 의 – 주

할 렐 – 루야 할 렐루 – 야

할 렐루 – 야 영 – 광 – 의찬 양 – 주께 –

주께영광 드리 – 세 주께영광 드리 – 세

기타코드

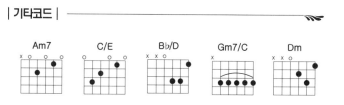

Am7 · C/E · Bb/D · Gm7/C · Dm

440 모든 만물 다스리시는
(주의 능력 보이소서 / Show Your power)

Kevin Prosch

441 보좌 앞에 무릎 꿇고
(I Bow My Knee)

Bonnie Deuschle

| 기타코드 |

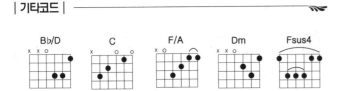

| 기타코드 |

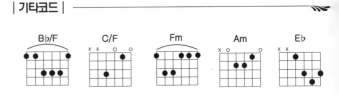

442 보좌 앞에 모여

이천

보좌앞 에 모여 – 무릎 꿇 고서 – 주께 부르짖을백성들을

하나님 아 버지– 찾고 계 시네 – 안타 깝게이땅살피시며

하나님을 대적하여높–아진 – 저도성 들– – 그

흑암속에 갇 혀서신 음 하 는 저들을위해 –

주앞에나가 세 – 오 무너진 이 땅에– 담대

히 서서– 주의 노를막을백성들을 하 나 님 아 버지– 찾고

계 시네– 모두 주님앞에나아 가 –세 아픔과 죄악으로

얼 룩진 이땅을그냥 – 두길원치않 으 –시 니 선포

하 –세 사 랑과 공의로다 스 리는 영원하신자

– 비의하나님 께 – 나아 – 이 땅가운–데 –

주 의나–라가 – 임 할때까–지 – 왕같은주의제사

장이 되어 – 보 좌앞 에 모여– 무릎

꿇 고서 – 주께 부르짖을백성들을 하 나 님

아 버지– 찾고 계 시네– 안타 깝게이땅살피시며

주앞 에 나가 세 – 주앞 에 나가 세

– 주 앞 에 나 가 세 –

443 사람을 보며 세상을 볼 땐
(나는 만족하겠네)

최영택

사 람을보며 세상을볼땐 만 족함이없었 네

나의하나님 그분을뵐땐 나 는만족하 였 네

저기빛나는 세상을보라 – 또 저기서있는 산을보아라

천 지지으신 우리여호와 나를사랑하 시 니

나의하나님 한분만으로 나 는만족하 겠 네

동 남풍아 불 어라 서북 풍아 불 어라

가 시밭의백합화 예수향기날리니 할렐루야아 – 멘

가 시밭의백합화 예수향기날리니 할렐루야아 – 멘

444 삶의 작은 일에도
(소원)

한용재

삶의 작은일에도 - 그 맘을알 기원하네
- 그길 - 그 좁은길 로가 - 기원 - 해
나의 작음을 - 알고 - 그분의크 심을 - 알며
- 소망 - 그 깊은길 로가 - 기원 - 하네 -

저

높이솟 은산 이되 기보 - 다 여기
오름직 한동 산이되길 - 내 가는길 만비 추기 보다
-는 누군 가의길 을비 춰준 -다면 -
내가노 래하 듯이 또내가애 기하 듯이
- 살길 - 난 그렇게 죽기 원하 네
삶의한 - 절이 라도 - 그분을닮 기원 하네
- 사랑 - 그 높은길 로가 - 기원 하네 -
좁은길 로가 길원 하네 -
깊은길 로가 길원 하네 -

445 성령 받으라

최원순

성령받으라 성령받으라 예수내게말씀하셔 서 -
평안있으라 평안있으라 예수내게말씀하셔 서 -
구원받으라 구원받으라 예수내게말씀하셔 서 -
축복받으라 축복받으라 예수내게말씀하셔 서 -

성령받으라 성령받으라 예수내게말씀하셔 서
평안있으라 평안있으라 예수내게말씀하셔 서
구원받으라 구원받으라 예수내게말씀하셔 서
축복받으라 축복받으라 예수내게말씀하셔 서

할 렐 루 야 성령받았네 나는 성 - 령받았 네
할 렐 루 야 평안해졌네 나는 평 - 안해졌 네
할 렐 루 야 구원받았네 나는 구 - 원받았 네
할 렐 루 야 축복받았네 나는 축 - 복받았 네

할 렐 루 야 성령받았네 나는 성 - 령받았 네
할 렐 루 야 평안해졌네 나는 평 - 안해졌 네
할 렐 루 야 구원받았네 나는 구 - 원받았 네
할 렐 루 야 축복받았네 나는 축 - 복받았 네

446 슬픔 걱정 가득 차고
(갈보리 / Burdens Are Lifted At Calvary)

John M Moore

슬 픔걱정 가득차고 내 맘괴로워 도
너 의근심 모든염려 주 께맡기어 라
너 의눈물 상한심령 주 가돌보신 다

갈보리십 자가 위 에서 죄짐이풀렸 네

놀라운사 랑의 갈 보리 갈 보리 갈 보리

놀라운사 랑의 갈 보리 영원한갈 보 리

447 세상을 구원하기 위해
(밀알)

천관웅

세 상을 –구 원하기위 –해– 흘려야 –할피가필
길 잃어 –지 친양을찾 –아– 마음상 –해이리저

–요하 – –다 –면– 죄 인을 –대 신하기위 –해–
–리헤 –매이 –는 한 영혼 –찾 아아파하 –는–

희생의 –제물 – 필요하 –시다 면 내 생명 –
예수님 –마음 – 내게주 –옵소 서 십 자가 – 온

제단위에드 –리리 주 영 –광 위해 사용하 –소–
세상위한그 –희생 눈 물 –로 그길 가게하 –소–

서 생명이 또다른 –생 –명 –낳고 주님볼 –수 –있 –다면

나 의삶 –과 –죽 – 음 –도 아 낌없 – 이드리리

죽 어야 –다 –시 – 사는 주 의말 –씀 –믿 – 으며

한 알 의밀 – 알되 –어 썩 어지 –리니 –

예수님 –처럼 – 살 아가 –게하 소 서

448 세상 흔들리고
(오직 믿음으로)

고형원

세상흔들리고 – 사람들은변하 –여 도 나는주를섬 –기 리
믿음흔들리고 – 사람들주를떠 –나 도 나는주를섬 –기 리

주님의사랑은 – 영원히변하지 –않 네 나는주를신뢰 해
주님의나라는 – 영원히쇠하지 –않 네 나는주를신뢰 해

오직 믿 음으 로 – 믿음으로내가 살리 라

오직 믿 음으 로 – 믿음으로내가 살리 라 – –

오직 의인 은 – 믿음으로말미암아살 리 라

오직 의인 은 – 믿음으로말미암아살리 라 – –

449 신실한 하나님
(Faithful God)

Chris Bowater

신 실 한 – 하 나 님 – 나 의 구 원

자 경배하 리 –평 강의 왕 – 나의

하 나 님 찬양하 리 영 원 히 –

450 아버지 날 붙들어 주소서
(Father I want You to hold me)

Brian Doerksen

아 버지 날붙들-어 주 소서 - 주품안
아 버지 날붙들-어 주 시리 - 나주의

에 쉬게하 소 - 서 -
것 그분의 자 - 녀 -

아 버지 날깨닫-게 하 소서 - 주언 제
아 버지 날깨닫-게 하 시리 - 주나를

나 나-를 돌-보-심을
붙 드시니 두-렴-없네

내 모든-걱-정 - 주의 발앞에놓으리 주
내 모든-염-려 - 주의 발앞에놓으리 주

거기-계-셔 - 나의모습이 대 로
여기-계-셔 - 나의모습이 대 로

- 나를사 -랑-- 하시네

451 아버지여 구하오니
(One Voice)

Robert Gay

아 버지여 구 하 오니_ 이제 이 땅고쳐주-소
함 께주를 찬 양 하며_ 이제 우 리마음합-치

서 우리 맘 엮으사 주의 영광나- 타-내소서-
세 주예 수 그이름 온땅위에높- 이-들리라-

만유의-주님 온 세상알도록 - 목소리
만유의-주님 온 세상보도록 - 목소리

합 쳐- 주께 영광돌-리며- 주님의

통 치- 선포 하게하-소서- 목소리합 쳐 주

님을찬-양하- 며 이제 하나가 되게하소 서

452 아버지 사랑합니다
(Father, I Love You)

Scott Brenner

아버지- 사랑합니다- 아버지- 경배합니다-
예수님- 사랑합니다- 예수님- 경배합니다-
성령님- 사랑합니다- 성령님- 경배합니다-

아버지- 채워주소서- 당신의 - 사랑-으로 -
예수님- 채워주소서- 당신의 - 사랑-으로 -
성령님- 채워주소서- 당신의 - 사랑-으로 -

| 기타코드 |

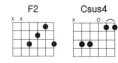

F2 · Csus4 · Fmaj7 · Asus4 · Bb2/F

453 아무리 힘겨워도

(기뻐하라)

강명식

F / Bb/F / C

아 무리힘겨워도 가야할 이 길 _ 때 론너무멀
아 무리힘겨워도 가리라 주 님 _ 이 미걸어가

Dm / Bb / Am7 Dm7 / Gm11

어 보여 힘을 잃고 낙심하 여 _ _ 주저 앉고 싶을 _때
셨 으니 오직 주만 바라보 며 _ _ 끝까 지달려 _가 _리

C7 / F / Bb/F / C

_ 아무리치열해도 싸워야할 이싸 움 나홀로싸우
_ 아무리치열해도 싸우리라 이싸 움 죽기까지싸

Dm / BbM7 / Am7 Dm7 / Gm11

는 듯해 _ 모 두다 잊어버리 고 _ _ _ 포 기하려 _할때
우 리라 _ 피로 날 _ 사신 _그 분위해 _ 나의 생명 _ _드리

C7 / Bb / F6/A / BbM7

_ 주의천사 _ 내 게다가와 _ 내 처진어깨 _ 어루
리 _ 선한싸움 _ 다 마치는날 _ 나 친히주를 _ 만나

F / Dm / F

만지시 _ 네 _ 피 곤한무릎 _ 일으 켜세우고 _ 독수
뵈 _ 리라 _ 얼 굴과얼굴 _ 마주 하는그날 _ 주께

Eb6 Eb / Bb9/D / DbM7

리 같이 _ 다시 날아오르게 _ _ _새 힘 주 시네
서 내게 _ 칭찬 하시리라 _ _영원한 상 주 시리

C / Ab / Db2 / Eb Db

_ 기 뻐하라 _ 고난더할 수 록 _
_ 기 뻐하라 _ 눈물과인 내 로 _

Ab / Db2 / Eb Db / Eb Edim

기뻐하라 _ 싸움치열할 수 록 _ 넘 치 는 내주님의
기뻐하라 _ 뿌린복음의 씨 앗 _ 넘 치도록 _ 거두게

Fm7 / Db / Ab/C / Bbm7 Db/Eb / 1. Ab

위로인해 _ 기 뻐 _하라 _ 기 _ _ 뻐 기뻐하 _ 라
하시리라 _ 기 뻐 _하라 _ 기 _ _ 뻐 기뻐하 _

2. Ab / Ab / Db Ab / Eb/Ab Db/Ab

라 기뻐하라 _ 고난더할 수 록 _

A / D2/A / E/A D/A / Bb / Eb2

기뻐하라 _ 싸움치열할 수 록 _ 기뻐하라 _ 눈물과인

F / Eb / B / E2 / F# / E

내 로 _ 기뻐하라 _ 뿌린복음의 씨 앗 _ 넘

F# / Gdim / G#m / E / B/D#

치도록 _ 거두게 하시리라 기 뻐 _하라 _ 기 _ _

C#m B/D# / E E2/F# / B

뻐 기뻐하 라 _

| 기타코드 |

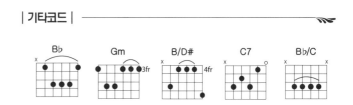

Bb / Gm / B/D# / C7 / Bb/C

454 아버지여 이끄소서
(Let the peace of God reign)

Darlene Zschech

아 버지여 – 이끄소 – 서 – 내 맘 정하였으
성 령이여 – 내 위로 – 자 – 나 를 강 건하게

니 – – – 주의 생 명에 – 싸여 살아
하 – – 소서 주의 영 광을 – 위해 진리

가 게하 – 시고 주님의 평 화로 – – 임하 소서 –
위 에서 – 리니 주님의 평 화로 – – 임하 소서 –

오 나의 영 – 혼 갈 급 – – 하니 – 주 님의 진 – 리 알게

하 – – 소서 – 오 성령이 – 여 나를 채 우 사 주님의

생 명을 주 소서 치료의 능력 날 –

온 전케 – 하사 주님의 평 화로 – – 임하 소서 –

455 약할 때 강함 되시네
(주 나의 모든 것 / You Are My All In All)

Dennis Jernigan

약할 때 강함 되시 네 나의 보배가 되신
십자 가 죄 사 하 셨 네 주님의 이 름 찬양

주 주 나 의 모 든 것 – – – –
해 주 나 의 모 든 것 – – – –

주 안에 있 는 보 물 을 나는 포 기할 수 없
쓰러 진 나를 세 우 고 나의 빈 잔을 채 우

네 주 나 의 모 든 것
네 주 나 의 모 든 것

예 수 어 린 양 존 귀 한 이 름 – – – –

예 수 어 린 양 존 귀 한 이 름

| 기타코드 |

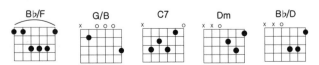

| 기타코드 |

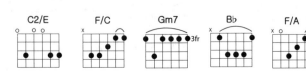

456 예수님은 나의 반석

김준영, 심종호 & 심종호

예수님은나의 -반-석- 예수님은나의 -방-패-

예수님은나의 - 피난처 - 되시네 -

예수님은길과 -진-리- 내발에등불되 -시-며-

나의인도자선 -한목자 -되시네 - 할렐루

--야 찬양하 --세

구원의뿔 -되신주- 나를 -건

소리높 --여 찬양받기

-지시네 - 날구원하신 - 찬양받기

-합-당-하-신 -주-께 할렐루 --야

-합-당-하-신 -주-께 견고한망대

찬양하 --세 나의구

- 오 직주 -님만 나의구

-원-되-신-주 -를-찬-양-해 -

1.Bbm7 Cm Eb F

2. Eb

- 세상모든만물 -을- 창조하 -신 하나 -님

- 내 삶에 - 이유 -되 -신 - 아름 -다

- 운이 -름 - - 나 의온마음 -다 -해 - 두손

을 높 -이들 -고 찬양해 - 영광의하나 - 님

D.S. al Coda

- - 할렐루 - 나의구

-원 -되 -신 -주 -를-찬 -양 -해 -

457 예수 이름으로

Maori Origin

예수이름으로 예수이름으로 승리를얻었 네
예수님을따 라 예수님을따라 어디든가리 라
예수이름으로 예수이름으로 마귀는쫓긴 다

예수이름으로 예수이름으로 승리를얻었 네
예수님을따 라 예수님을따라 언제고살리 라
예수이름으로 예수이름으로 병마는쫓긴 다

예 수 이름으로 나아갈 -때 우리앞에누가 서 리요
예 수 님을따라 나아갈 -때 밝은태양빛이 비 치고
예 수 이름으로 나아갈 -때 누 가나를괴롭 히 리요

예 수 이름으로 나 아 갈 -때 승리를얻었 네
예 수 님을따라 살 아 갈 -때 밝은내일있 네
예 수 이름으로 기도할 -때 악마는쫓긴 다

458 예수는 나의 힘이요

김도현

예 – 수는 나의 – – 힘이요 – 예 – 수는

나의 – – 생명이라 – – – 예 – 수는 나의 – – 참

기쁨참 – 소망 – 예 – 수는 나의 – – 꿈 – 이라

– 예 – 수 – 진 – 리의

성령 – – 내게 – – 오셔서 – 진 – 리의

성령 – – 내게 – – 오셔서 – – – 진 – 리의

성령 – – 나를 – – 깨 닫게 – 하사 – 주 예수만

바라 – – 보게 – – 하시네 – 예 – 수는

나의 – – 힘이요 – 예 – 수는 나의 – – 생명이라

– – – 예 – 수는 나의 – – 참

기쁨참 – 소망 – 예 – 수는 나의 – – 꿈 – 이라 –

459 오늘 피었다 지는
(들풀에 깃든 사랑)

노진규

오 늘 피었다 지 는 들풀 도 – 입히는 하 나님

진 흙 같은 이 몸 을 정금 같 – 게 하시 네

Fine

푸 른 하늘을 나 는 새들 도 – 먹이는 하 나님

하 물며 – 우리 랴 염 려 – 필요없 네 우리

마음속 깊 – 은 그 곳에 영 혼을 내리신 주 죽음

이 기 신 영원한 생 명을 약 속하 시었 네

D.C.

| 기타코드 |

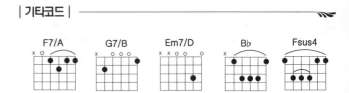

460 오 완전한 그 사랑
(완전한 그 사랑)

윤석주

F/A Bb Am7 Abdim
오완전한 그사랑– –그누구도 몰랐죠– –참소망을
계신곳– –내소망이 있는곳– –참자유가

Gm7 Bb/C Fsus4 F /A
원하던– 가난한맘–은보– –았죠– 그아름다
있는곳– 난그곳에–서보– –았죠–

Bb Am7 D7(b9) Gm7 Bb/C
운영광– – –모든어두 움물리–쳤죠– 내 소망이된십자 –

1. F /A 2. F Bb/C %F /A
가 내주님이 가 –십자– –가 그사랑–십자 –가

Bb Bbaug D7 Gm7 C/E Fsus4 F Bb/C
그 사랑– 나의 – 모든죄를지–신– 그 사랑–십자– –가

F /A Bb Bbm/Db F/C G
그사랑–이제–난 말할수–있네 –주와함께내–가죽은십–자가

Bb C F/A Abm6 Gm7 *2nd time To Coda*⊕
– 그곳 에소망– –있네– – –

Csus4 F/A Bb Am7 Abdim
– 오그렇게 원하던– –그자유를 주신곳– –참생명을

Gm7 Bb/C Fsus4 F /A
주신곳– 갈보리에–그십 – –자가 – 그아름다

Bb Am7 D7(b9)
운영광– – –모든어두 움물리–쳤죠 – 나

Gm7 F/A Bm7(b5) Csus4 Bb/C⊕ *D.S.* F F7
이제모– 두알 게되–었죠 – 십자 –가 – 오– –

Bb C/Bb Am7 D7(b9) Gm7 Gbaug 2/4
죽어야–사는 그 영광의비–밀안 –에 내생명–있네– 내

Bb/F C7 4/4 F /A Bb
소망이 –있네 – 영광의 십자가영광 –의 십자가– 주와

Am7 G#dim Gm7 F/A Bb C F /A
함께못–박힌– 영 광의십 –자가십자– 가그사랑 십자–가

Bb D7(b13) Gm7 C/E Fsus4 F Bb/C
그 사랑– 나의 – 옛생명이끝–난 십 –자가 십자–가

F /A Bb Bbm/Db
그 위에 그빛–난 주님의 –영광 – 나는

F/C Dm D7/F# Gm7 A7/C# Dm7 C G/B 2/4
죽고주–가살아가– 심을 – 이제난믿–네 – – – – 그

Gm7 C7 4/4 F
영 원한 – –소망 –내십– – 자가– –

| 기타코드 |

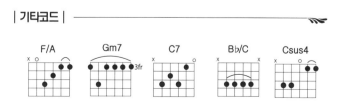

F/A Gm7 C7 Bb/C Csus4

461 오 할렐루야 우리 다함께

정현섭

오할렐루야 - 우리다함께 - 하나되어 찬양해요 -

오할렐루야 - 모두손잡고 - 기쁜노래 불러 요 요

기쁠때나슬플때나 어느때든지 모두주를찬양합시 다

강한자나약한자나 어느누구 - 모두주를찬양합시 다

오할렐루야 - 우리다함께 - 하나되어 찬양해요 -

오할렐루야 - 모두손잡고 - 기쁜노래 불러 요 요

462 온 맘 다해 주 사랑하라
(You shall love the Lord)

Jimmy Owens

온 맘 다 해주 - 사랑 - 하 - 라 -

생 명 다 해주 - 사랑 - 하 - 라 -

뜻 을 다 하여 - 사랑 - 하라 - - 온맘 다

해 생명다 해 주사 랑해 - -

- 주사 랑 해 - - 요 존 귀 하신 - 주님

- 주사 랑 해 - 요 큰 일 행하 - 셨네

- 사 랑 해 - - 요 더 욱 사 랑해

- 온맘다 해 생명다 해 주사랑 해 -

463 완전하신 나의 주
(예배합니다 / I Will Worship You)

Rose Lee

완 전 - 하신 나 의 주 의의 - 길로 날 - 인

도 하소 - 서 - 행 하신 - 모든 일주 님의영광 -

다경배합 - 니 다 - 예배합 - 니다 - 찬양합 - 니다

- 주 님만 - 날다스리소 서 - 예배합 - 니다

- 찬양합 - 니다 - 주 님홀 - 로높임받으소서 -

| 기타코드 |

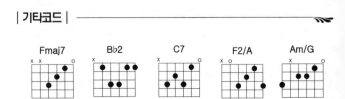

Fmaj7   Bb2   C7   F2/A   Am/G

464 왕이신 나의 하나님
Psalms 145)

Stephen Hah

왕이신 －나의 하나님 －

내가 －주를 높이고 －

영원히 －주의 이름을 －

송축하리이다 －

466 왕이신 하나님 높임을 받으소서
(He is exalted(The King Is Exalted))

Twila Paris

왕이신 하나님 높임을받으소－서 찬양

하 리라 영원히 높임을 받으실그이름

찬 양 하 리 라 －

그 리 스 도 진 리로다스리네 －

기 뻐 하 라 － 온 땅이여찬양하라 －

거 －룩하－신 그이름높이리 라 －

465 우리가 아직 죄인되었을 때
(선불의 사랑)

천관웅

우 리 가 － 아직 죄인되－었 을 때 －
붉은 죄 － 우릴 주 와갈 － 라 났 고 －
십 자 가 － 주의 몸 과살 － 을 찢 － 어

예 수 님 － 희생 이 피흘 － 렸 네 － 생
붉은 피 － 화해 의 길내 － 셨 네 －
성 소 의 － 휘장 을 가르 － 셨 네 －

명 까 － － 지 내 － 어주신사 － 랑 －
원 수 － － 를 아 － 들삼은사 － 랑 －
공 의 － － 를 충 － 족시킨사 － 랑 －

이 해못할 신비 － － 선 불의사랑
측 량못할 은혜 －
하 나님의 지혜 －

－ － 누구도알 －지 못－했 던 － 희생의사랑
－ － 누구도원 －치 않－았 던 － 희생의사랑

－ － 수치와거 －절 당－했－네 － 도살할어
－ － 주사랑확 －증 하－셨－네 － 완전한희

－ 린양 －처럼 － 우리의죄 －를속－했－－네
－ 생의 － 피가 인류의죄 －를속－했－－네

－ 아 무조－건없는 － 선 불의사랑 －
－ 아 무조－건없는 － 선 불의사랑 －

－ 선 불의사랑 － － 누구도알

－ 지 못－했 던 － 희생의사랑

－ 수치와거 －절 당－했－네 － 선 불의사랑

467 우리는 주의 백성이오니
(We Are Your People)

David Fellingham

우리는 주의 백성이-오니 -

주의그 큰 이름 선포합-니다 -

이곳어두운 세 상에 빛으로부르셨 네

주의얼굴 구 할때 역사하소 서

- 교 회를 세 우 시 고 - 이 땅

고 쳐 주 소 서 - 주 님 나 라

임 - 하 시 고 주 뜻 이 뤄 지 이 다

468 우리 안에 사랑을
(Let there be love)

Dave Bilbrough

우리안 에 사 - 랑을 우리눈 에 사 랑

을 이나라 휩 쓸 - 도록 채우소 서 -오주

님 진실한 형 제 의 사랑 새롭게알 게 하소

서 우리안 에 사 - 랑을 사 - 랑 을 -

469 이 날은
(This Is The Day)

Les Garrett

이날 - 은 이날 - 은주의 지으신 주의 날일세

기뻐 하고 기뻐 하며 즐거 워 하세 즐거 워하세

이날은주 의 날일 - 세 기뻐 하고 즐거 워하 - 세

이날 - 은 이날 - 은 주의 날 일 세

470 우리 함께 일어나
(오소서 성령이여 / Spirit come)

Jamie Burgess

우리－함께 － 일어나 － 부흥위해 － 기도
하 네분열－의담 － 다허물고 － 성령 일 －어나도록
1. － 우리－함께 － 성령 이 여임하 소 －서 우리
2. 이땅
다시
에 게임하 소 －서 주를떠 난 우 리 에게 오소
위 에임하 소 －서 주를떠 난 이 땅 위에 오소
한 번부으 소 －서 주를떠 난 우 리 에게 오소
서 － 성령이－ 여 주가 다시세운 나 －라 주만
서 － 성령이－ 여
서 － 성령이－ 여
위 해사는 나 －라 부흥의 불 타 는 나라 오소
서 성령－님 우리－함께 님 오소 서 성령－
님 오소 서 성령－님 오소 서 성령－
님 오소 서 성령－님 오소 서 성령－
님 오소 서 성령－님 성령 님

471 이 땅에 오직 주 밖에 없네

정종원

이 땅 에 － 오직 － 주밖에 － 없네 － 그 무엇도
－ 나를－ 채울수 － 없네 주님의 － 평안 － 내안에
－ 있네 － 그누구도 － 빼앗을수없네 －
세상은변 － 해가 － 고 소망은힘 － 을잃 －어도 － 변
폭풍이몰 － 려와 － 도 두려움물 － 러 가 － －네 우
이세상어 － 디에 － 서 평안을찾을수 있 － －나 목
우리가바 － 라왔 － 고 꿈꾸어왔 － 던 미 －래가 그
함 없이 － 붙드 － 시는 －그 구 원의 － 손길 －
릴 위해 － 싸우 － 시는 －그
숨 까지 － 내어 － 주신 －그 깊 은사 － 랑을
한 없는 － 사랑 － 안에 － 서
손 을 의 지 해 － 이 땅 에
열 리 고 있네 － 이 땅 에

| 기타코드 |

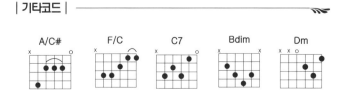

A/C#   F/C   C7   Bdim   Dm

472 일어나라 빛을 발하라

최상근

일어 나라 - 빛을 발하라 - - 일어 나라 -

빛을 발-하라 - - 이는 네빛이-이르 렀고-

여호 와의영광이 - 네 위에 임 하였음-이라

- - 보라 어-두-움이 땅을 덮을것이

- 며 - - 캄캄 함이 만민 을 가리우 려니

- 와 - - 오직 여호와께서 - 네 위에임할것이

- 며 그 영광이 네 위에 나타나리 - 라 - -

474 존귀 주는 존귀
(Worthy You are worthy)

Don Moen

존 - 귀 주는 존 - 귀 왕의 왕 주의주 주는 존 - 귀

존 - 귀 주는 존 - 귀 왕의 왕 주의주 경배하 리

473 잃어버린 나의 눈물을
(회복시키소서)

유은성

잃어버 - 린나의눈 - 물을 찾게하 - 소 - 서 꺼

져 만가 - 는열정을 - 다 시 태우 - 소서 -

주님과 - 의첫사랑 -을회 복시키 - 소 - 서 주

발앞에 - 서무릎으로 부르 짖게하 - 소서 -

찬 양할 - 때내 - 영이 - 춤 추 게하 - 소 - 서 내

삶 으로 - 주의영광을 - 드러 내 게하 - 소서

예 배할 - 때내 - 영이 - 기 쁘 게 하소서 - - 내

온 몸이 - 주의향기로 - 가 득 하게하 소서 -

회복시 - 키 소 -서 - 상한 나의마 - 음을 - 주님

앞 에정 결하 - 게 - 일어 설 수있 - 도록 -

회복시 - 키 소 -서 - 지친 나의모 - 습을 - 주님

앞에정결하 - 게 - 나아 갈수있 도록 -

475 좋으신 하나님 너무도 내게
(God You're So Good)

Terry Clark

좋으신 하 나님 – 너무도내게
좋 은 분 – 찬 양하리 영 원히
– 참 좋은 분 – 좋으신 분
워워워 난 노래하 –리 라 – – – 내 평생
사 는 동 안 – – – 언 제 나 함 께 하 시 – –니
난 찬 양 하 리 라 – 좋 으 신

476 주 나의 모습 보네
(주 은혜임을)

정선경 & 소진영

주 나의모 습보네   상 한나 – –의맘 보시 –
주 사랑내 게있 네   그 사랑 – – 이날 채우 –
네   주 나의눈 물아 네   홀로울 – –던맘 아시 –
네   주 은혜내 게있 네   그은혜 – –로날 세우 –
네   세 상소 –망 – 다 사 라 져 가 – –도 –
주의사랑 –은 끝 이 없으 –니 – 살 아가 –는 –이
모든순간 – –이 –주 은혜임을 –나는믿 – 네

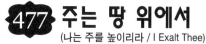

477 주는 땅 위에서
(나는 주를 높이리라 / I Exalt Thee)

Pete Sanchez. Jr.

주는 땅 위 에 서 지 존 –하 시 – 고
우 리 는 여 기 서 무 릎 –을 꿇 – 어
주 만이 참된 나 –의 신이 라 – 주는땅
하 나님 만을 경 –배 하리 라 – 우리는
의 신 이 라 – 나 는 주 를
배 하 리 라
– 높 이 리 라 – 높 이 리 라
– 오 주 님 – 나 는 님 – – – –

| 기타코드 |

F   Gm   C7   F6   Dm

478 주님과 함께하는
(온 맘 다해 / With All My Heart)

Babbie Mason

주 님과함께하는 이 고요한–시–
나 염려하잖아도 내 쓸것아–시–

간주 님의보좌앞에 내
니나 오직주의얼굴 구

마음을–쏟–네 모든것아시는주 님 께 감출것없네 내
하게하–소–서 다 이해할수없을때라 도 감사하며 날

맘과정성다 해 주 바라나–이– 다 온맘다
마다순종하 며 주 따르오리– 다

해 사랑합 니다– 온 맘 다 해 주알기 원하네 내모든

삶 당신것 이니– 주만섬 기 –리 온맘다 해

479 주님만 주님만 주님만 사랑하리
(주님만 사랑하리 / It is You)

Pete Sanchez Jr.

주님 만 주님 만 주님 만 사랑 하 리 나의

왕 나의 주님 주 님 을 더욱 알 기 원 해

나 주님 께 오직 주 께 경 배 하 네

거룩 거룩 존 귀 존귀 하신주

사 랑 합 니 다 –

480 주의 말씀 앞에 선

강명식, 김한규 & 강명식

주의 말 씀앞 –에 선 – 당신 은참된 –예배 –자 그토
주의 부 르심 –따라 – 당신 의삶을 –드릴 –때 세상

록찾으 –시던 – 하 – 나님의 기쁨 – 이–
은 당신안에서 – 주의 영광보 –리라 – 이–

세 상을 –향한 – 거룩한 생 명빛 –되어 – 이–
세 상을 –이길 – 주님의 군 –사 –되어 – 이–

세 상을 –위 한 – 구원의 소 –망 –되어 – 영원
세 상을 –섬길 – 주님의 손 과발 –되어 – 영원

한 하나님의 나라 – 함께세 워 –가 리

| 기타코드 |

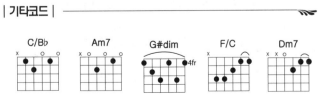

C/Bb　　Am7　　G#dim　　F/C　　Dm7

481 주님의 길을 예비하라
(Prepare Ye The Way)

Tommy Walker

주 님의길을 예비하 - 라 주 -님오실길 곧

-게하 -라 주 님의길을 예비하 - 라 모든

산과골 -짝 평 탄케되 -리 우리 마음에길 -예비해
어둠에 -서 빛 으로나 -와 다 주님의길 -예비해

주 - - - 주 의

빛 난 -영광 - 모든육체 - -가보 -리 -라

주 -앞 -에 -설때 - 내 게 -큰상 - -급주

- 시 리 - 주 님의길을 - 주의길 -예비해

2nd time to coda

지 친 무 릎 을 일 -으 -켜 -

거 룩 한 길 로 행 할때 - - -

강 하 고담 대 하 -라 주님곧 오실 -때

D.S. al Coda

내 머리에 영원한 - 기 쁨의관 쓰리 - - 주

주님의 - - - - 길 -예비해 -

482 주님의 사랑이 이곳에
(주님 사랑 온누리에)

채한성

주 님의사랑이 - 이 곳에가득하 기를 -
님의은총이 - 이 곳에가득하 기를 -

기도합 -니 다 주 님의평 화가 - 우
기도합 -니 다 주 님의기 쁨이 -

리들가운데 -에 있기를원합니 다 주 다

때 로는지치고 - 때 로는곤해도 - 주만을바라보면

서 - - - 세 상의고통이 - 내 게닥쳐와도 -

주만을사랑하리라 - - 주 님의축복이 - 이

곳에넘 쳐나 기를 - 원합 -니 다 주

님의사랑이 - 이 곳에가득하기를 - 기도합니다 -

| 기타코드 |

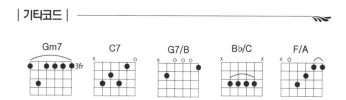

483 주를 찬양하며
(I just want to praise You)

Arthur Tannous

주 －를찬양하 －며 나 －이제고
손 －을높이들 －고 나 －이제고

백 하는말 주 －를사랑합니다 나
백 하는말 주 －를사랑합니다 오

의 －모든것 되 신주님 께 －
거 －룩하신

주 의이름 거 －룩하신 주 의이름

주 －의이름 높 이올리 세 －

484 주 임재하시는 곳에
(I love to be in Your presence)

Paul Baloche & ED Kerr

주 임 재하－시는곳 －에－ 우리함 －－께찬양하

－－리 일 어 나기－쁨으로 － 소리높 －여찬－－양해

－ 주 － 내영혼 노래하－며 춤추게

하시네－ 기쁨의 이유되시는 － 주님 －－－－ 주

임 재하－시는곳 －에－ 우리함 －－께찬양하 －－리 일

어 나기－쁨으로 － 소리높 －여찬－－양해 － 두손을

－ 들고 서 － 소리 높 －여찬－－양해 －

485 주의 사랑으로 사랑합니다
(I love you with the love of the Lord)

Jame M. Gilbert

주의 사랑으로사랑합니 다 주의

사랑으로사랑합니 다 형제 안 에－서 주의
자매

영광을보네 주의 사랑으로사랑합니 다

| 기타코드 |

Gm7   Dm7   C#dim   Bb   Fsus4

486 지극히 높은 주님의
(여호와의 유월절)

조영준

지극히높은 주 님의　나지성소로 들어갑 니다

- 세상의신을 벗 고서　주보좌앞에 엎드 리 리

내주를향한 사 랑과　그신뢰가사 그 러져 – 갈때

- 하늘로부터 이 곳에 장 막 이덮 이네 –

이곳을덮으 소서　이곳을비추 소서

내 안에무너 졌던모든소 – 망 다회복되리 – 니

이곳을지나 소서　이곳을만지 소서

내안에죽어 가 는모든예 – 배 다살아나리 – 라

487 진정한 예배가 숨쉬는 교회
(이런 교회 되게 하소서)

김인식

진정 한 예배가　숨 쉬는교회 주님

이 주 인 되시 는 교회 – 믿음 의 기도가

쌓이는교회 최고 의 찬 양을드리 는 교회 – 말씀

이 살 – 아 움 직이는교회 성도 의 사 랑이넘치

는 교회 – 섬김 과 헌신이　기쁨이되어 열매

맺 는아름다운교 회　주님 의 마음닮아

서　이웃 을 사랑하는교 회　주님

의 – 영광을위해 서　빛되신 주 님 전하는교

회　사랑 의 불꽃이　활짝피어나 날마

다 사 랑에빠지 는 교회 – 주께 서 사 – 랑하는

우 리교회가 이런 교 회되게하소서 –

488 찬양의 보좌에 앉으신
(Holy is the name)

Robert Gay

찬 양 의 보좌에 앉으 - 신 주 님 -

천 사 들과다 - 함 께 영광 과승리의관을 -

쓰 신주 - 님의이름을 소 리 높여찬양 해

거 룩하 - 다 그 - 이름 - 거 룩하 - - 도 다 -

하늘과땅 - 이주 - 의영 - - 광 선포합 - 니 - 다 -

거 룩하 - 다 그 - 이름 - 거 룩하 - - 도 다 -

하늘과땅 - 이주 - 의영 - - 광 선포합 - 니 - 다 -

489 참참참 피 흘리신
(성령의 불길)

김용기

참 참 참 피 - 흘리신 예 수의사랑안에 서
참 참 참 들 - 려오는 구 원의큰종소리 에

주 님 의 십자가따라 생 명을바치겠느 냐
복 음 을 전파하려면 희 생을각오하느 냐

복 음 의 불길오른다 다 같이일어나거 라
구 원 은 성도들의것 진 리로거두리로 다

영 광 의 주님의나라 다 같이참여하여 라
우 리 는 천국에가서 영 생의꽃이되리 라

성령의성령의불 길 성 령불이야 성령의성령의불길

성 령불 이 야 온 천 하 세 계만 방에

1. 퍼 치자성령의불 길 2. 퍼 치자성령의불 길

| 기타코드 |

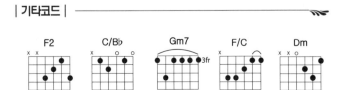

F2   C/Bb   Gm7   F/C   Dm

490 하나님 날 사랑하사

정종원

492 하늘보다 높은 주의 사랑
(끝없는 사랑 / Unending Love)

Scott Brenner

491 하나님은 너를 만드신 분
(그의 생각*요엘에게)

조준모

493 형제의 모습 속에 보이는

박정관

494 한걸음 두걸음 골목길
(골목길 걸을 때)

이성균

한걸음 두걸음- 골목 길 - -걸을때 -

들 려오는- -찬양 소 - -리 에 -

어깨를 흔 들며- 밤하 늘 - -보면은 -

우 리주 님 네온 십 -자가 - - -

아무리 바라- 보- 고바라 보 - -아도 -

그 사 랑 알 수 가 없 - 어 - - -

기 쁜날 을 주신- 나 의 예 - -수님 -

나 항상 흥에- 겨 워요 - - -

나 는예 수 님이- 정말 로 - -좋아요 -

나 항상 사랑- 할 - -래요 - - -

Fine

495 햇살보다 밝게 빛나는
(왕 되신 주 앞에 나 나아갑니다 / Offering)

Paul Baloche

햇살 - 보다- 밝 게- 빛나 는주의-영광 -
베들 - 레헴- 하 늘- 반짝 이는- -한별 -

모든 - 어두 - 움물 - 리치 -네 -
천사 - 들노 - 래들 - 려올 - -때 -

누구 - 도주 - 앞에 - 다가 - 설수 - 없네 -
세명 - 의박 - 사들 - 그 - 별을 - 따라 -

주의 - 거룩 - 한보 - 좌앞 - 에 - 오
하나 - 님아 - 들찾 - 아왔 - 네 -

직주의-보혈 - 주의 궁홀의 - 지하 - 여 나아가리
겸손의-왕께 - 무릎꿇고 - 경배 - 해 평화의왕

- 왕 되신주 - 앞에- 나경 - 배합- 니 다

- 주 님 만찬 - 양받 - 기합 - 당하- 시 니

- 큰 존 귀와 - 영광- 홀로 - 받으- 소 서

- 오주 - 앞에 - 나나 - 아갑- 니 다

1. F   F2/A   2. F

- 왕 되 신 주 -

| 기타코드 |

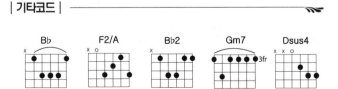

496 반드시 내가 너를 축복하리라

박이순

반드시내가너를 축복하리라　반드시내가너를 들어쓰리라

천 지는변 해도 나의약속은　영 원히변치않으 리
세 상의소 망이 사라졌어도　온 전히나를믿으 라

두려 워 말 라 강하 고 담대하 라　낙심하며 실망치말라
　　　　　　　　　　　　　　인내하며 부르짖으라

낙심하며 실망치말라 실 망 치 말 라　－
인내하며 부르짖으라 부 르 짖 으 라　－

네 소원이루는날 속히오리니　내 게 영광돌리 리
영 광의그 － 날이 속히오리니　내 게 찬양하리 라

네 소원이루는날 속히오리니　내 게 영광돌리 리
영 광의그 － 날이 속히오리니　내 게 찬양하리 라

497 사랑하는 주님의 임재 앞에서
(베다니의 예배)

양재훈

사랑하－는주－님의－ 임재앞－에서－　나의가－진모－든것－

깨뜨립－니다 －　깨뜨립－니다 오직 －　주님만이

－ 나의갈망 － － － 오직 －　주님만이

－ 나의모든 － 것－ －　나의－사랑

－ 예수－님께 내 모든것－다해 － 경배합－니다

－ 나의－사랑 － 예수－님께 － 내 모든것－다해

－ 경배합－니다 －

사랑하－는주－님의－ 임재앞－에서－　나의가－진모－든것－

깨뜨립－니다 오직 －　주님만이 －　나의갈망

－ － － 오직 － 주님만이 － 나의모든 － 것－

| 기타코드 |

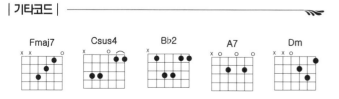

Fmaj7　Csus4　Bb2　A7　Dm

498 성령이여 나의 영혼을
(성령이여)

심형진

성령이여– 나의 –영혼을– 충만하게 하소서

가난한–영혼의 –갈급함– 주께서– 아 시오니

오셔서 –채 우소서 나의모든심령에 임재하소서 주의

성령의불– 나를 뜨겁게하–사– 모든 죄악에서 – 나를

태우소서– 십자가의– 보혈 의지하오 – 니 –

주여임재 – 하소서 – 주여임재 – 하소서 – 주의

주여임재 – 하소서 – 주여임재 – 하소서 –

주여임재 – 하소서 – 성령으로나 – 를

태 우 소 서– 사랑으로나 –를 만 지 소 서

499 저 성벽을 향해
(Blow the trumpet in Zion)

Craig Terndrup

저 성 벽을향해 전진하라 주님이우 리

대장되신다 저 대장되신다 주 가 명령하

네 강한 군사들아 주가 명령하

네 강한 군사들 아 나 팔소리

시온성에 크게울려 거룩한성 에 나팔소리

시 온 성에 울 려 라 라

500 주께서 전진해 온다
(For the Lord is marching on)

Bonnie Low

주께 서　전진 해온다－그의 강한　승리
의 군대－그의 영 광찬란 하게비 치－네
찬양 하세　승리 의노래－주 찬 양　승리
의 찬양－누가 당 할손 가주님의 군－대
우리　대장되신구 주　예 수　나
주님의 뒤 따 르면 누가당 할손 가
주 님의군 대　우리 대

501 주님을 송축하리
(With all my heart)

David Campbell

주님 을　송축 하리－　내입 술　－주를찬 양
나의 눈　－ 보기원 하네－　　주 님얼 굴
주님 의　－음성듣 기를－　주님 을　－만져보 기를
－전심으 로　원합 니다－　주 여　－
내 안 에 있 는 모든것　－　주 송
축 하 리　－　－　거 룩 하 신 주
이 －름　－　송 축 하 리 라　－

F

| 기타코드 |

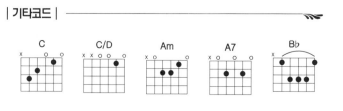

C　　C/D　　Am　　A7　　Bb

| 기타코드 |

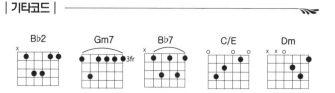

Bb2　　Gm7　　Bb7　　C/E　　Dm

◆ 거룩한 열정

[운명이 결정되는 만남]

출애굽기는 아브라함의 후손들이 노예 생활 하는 장면으로 시작된다. 그들은 400년 가까이 애굽에 살았다. 정착 초기에는 좋았지만 세월이 흐르면서 그들은 노예가 되어 가혹한 학대를 당했다.

그러나 히브리인 태생의 모세라는 남자는 처참한 대우에서 벗어나 있었다. 아기 때 바로의 집에 들어가 왕의 손자로 자랐기 때문이다. 그러나 마흔 살 때 모세는 동족에 대한 충절 때문에 살인을 저질렀고, 바로의 분노를 피해 달아나야 했다.

다시 40년이 지났다. 모세가 후미진 광야에서 장인의 양 떼를 치고 있을 때 하나님이 그에게 자신을 계시하였다. 계시는 하나님의 산 호렙으로 불리는 시내 산에서 일어났다. 여호와가 떨기나무 불꽃 가운데서 모세에게 나타나셨다. 불이 붙었으나 타지 않는 떨기나무를 보며 모세는 말했다. "내가 돌이켜 가서 이 큰 광경을 보리라 떨기나무가 어찌하여 타지 아니하는고 하는 동시에 여호와께서 그가 보려고 돌이켜 오는 것을 보신지라 하나님이 떨기나무 가운데서 그를 불러…"(출 3:3-4)

모세가 돌아서 여호와의 임재로 가까이 나온 후에야 비로소 그와 하나님 사이에 일이 시작되었다. 여호와 하나님은 모세가 정해진 업무를 내려놓고 가까이 오는 것을 보시고야 그를 부르셨고, 나아가 말씀을 통해 자신을 계시하였다. 모세가 그 광경을 눈여겨보지 않고 그냥 무시했다면 하나님은 필시 아무 말씀 없이 떠나셨을 것이다. 신약성경은 우리에게 "하나님을 가까이 하라 그리하면 너희를 가까이 하시리라"(약 4:8)고 말한다.

먼저 가까이 하는 쪽은 누구인가? 하나님인가? 우리인가? 하나님은 우리를 부르신다. 그러나 우리가 먼저 하나님께 가까이 가야 그분도 우리를 가까이하여 자신을 계시하실 수 있다. 이것이 내가 말하고자 하는 바다. 사실 그것이 우리 운명을 결정한다.

[분별력은 친밀함에서 나온다.]

하나님은 모세에게 자신을 계시하셨고, 이스라엘 백성을 보내라는 그분 말씀을 바로에게 전하라고 하셨다. 바로의 완강한 고집에도 불구하고 하나님은 기적과 이적의 능하신 손으로 아브라함의 후손을 구원하셨다.

이스라엘이 애굽의 속박에서 구원받은 것은 신약시대 우리가 죄의 굴레에서 구원받은 것에 비견된다. 애굽은 세상 방식의 모형이요 이스라엘은 교회의 모형이다. 거듭날 때 우리는 폭정과 압제의 세상 방식에서 자유를 얻는다. 이스라엘 자녀들이 해방된 후 모세는 그들을 데리고 어디로 향했을까? 말씀을 전할 때 이 질문을 던지면 대부분 "약속의 땅 가나안"이라고 답한다.

하지만 그것은 틀린 답이다. 그는 호렙이라고도 불리는 시내 산으로 향했다. 하나님이 모세를 통해 바로에게 주신 말씀은 "내 백성을 보내라 그들이 광야에서 나를 섬길 것이니라"(출 7:16;8:1,20;9:1,13;10:3)였다. 모세가 어찌 감히 약속 주신 분을 먼저 만나게 하지도 않고 약속의 땅으로 그 백성을 들이려고 했겠는가? 그것은 하나님이 그 백성에게 원하시는 바가 아니다. 하나님의 계시 없이 약속의 땅에 들어간다면 그들은 그곳을 우상의 소굴로 만들 것이다.

그것이 바로 지난 25년간 구원받은 수많은 교인들에게 있었던 일이다. 그동안 강조점은 하나님의 마음과 성

품이 아니라 그분의 약속과 공급을 전해 사람들을 끌어들이는 데 있었다. 교회의 메시지는, 사람들을 영광의 주님을 알고 섬기는 생활로 이끈 것이 아니라 영원한 안전에 수반되는 형통한 생활로 끌어 모았다. 군중이 몰릴 만한 긍정적 메시지를 애써 전하는 사역자들이 많다. 거룩하신 하나님을 만나려면 강한 책망의 메시지를 통한 변화가 필요하건만 그들은 그런 메시지를 뺀다.

모세는 시내 산에서 하나님을 만나고 변했었다. 그는 백성에게도 그와 같은 체험이 꼭 필요함을 알았다. 떨기나무에서 여호와를 만나지 않았다면, 그는 백성을 해방시켜 본토로 돌아가게 하는 독립운동을 벌였을 것이다. 오래 전에도 그 비슷한 일을 하려다 도망치지 않았는가.

하나님의 계시가 아니라 인간적 사명감으로 메시지를 전하는 사역자들이 있다. 하지만 인간적 사명감은 있되, 후미진 광야에서 자신을 계시하실 기회를 하나님께 드린 적이 없다면 우리는 자유를 위한 자유로 사람들을 이끄는 것이다. 그러나 우리가 사람들을 자유로 이끄는 참 목적은 하나님께 인도하기 위해서다. 우리는 그분을 위해 지음받은 존재다.

사도행전에 이런 말씀이 있다.

"모세가 애굽 사람의 학술을 다 배워 그 말과 행사가 능하더라. 나이 사십이 되매 그 형제 이스라엘 자손을 돌아볼 생각이 나더니 한 사람의 원통한 일 당함을 보고 보호하여 압제받는 자를 위하여 원수를 갚아 애굽 사람을 쳐 죽이니라. 저는 그 형제들이 하나님께서 자기의 손을 빌어 구원하여 주시는 것을 깨달으리라고 생각하였으나"(행 7:22-25)

모세는 고통을 보았고 그것을 덜어 주고 싶었다. 그는 자기가 하나님의 백성을 구하도록 부름 받은 것도 알았다. 심중에 그런 의식이 있었다. 그러나 하나님의 계시가 없었기에 그는 그들의 운명을 이끌 준비가 돼 있지 않았다. 바른 목표가 없는 리더십은 아예 리더십이 없는 것보다 더 위험할 수 있다. 당시 모세는 지도자였고 목표도 있었으나 그의 목표는 온전치 못했다. 하나님의 계시가 없이는 기껏해야 백성을 자유의 진정한 목표- 하나님을 친밀하게 아는 것-가 없는 공급의 땅으로 인도할 수밖에 없다. 그래서 하나님은 그를 후미진 광야로 인도하셨다. 광야에서 그는 하나님의 계시에 열망으로 응답할 수 있었고, 준비된 마음으로 이렇게 말할 수 있었다. "내가 돌이켜 가서…보리라."

'좋은' 일이라고 무조건 참된 사역이 아님을 우리는 알아야 한다. 40세 때 백성에게 자유를 주고 싶었던 모세의 소원은 좋은 것이었으나 참된 사역은 아니었다. 하와는 선악을 알게 하는 나무의 '악' 쪽이 아닌 '선' 쪽에 끌렸다. "여자가 그 나무를 본즉 먹음직도 하고[먹기 좋아 보였고] 보암직도 하고 지혜롭게 할 만큼 탐스럽기도 한 나무인지라 여자가 그 실과를 따먹고."(창 3:6) 하와는 하나님처럼 되고 싶었다. 그러나 좋아 보이고 하나님처럼 되는 일 같지만 실은 그 분의 성품과 마음에 어긋나는 일이 무수히 많다. 그분을 친밀하게 알 때에만 우리는 진정 좋은 것을 분별할 수 있다.

[기독교의 목표는 친밀한 교제]

모세는 백성을 애굽에서 이끌어 내 하나님을 예배하도록 광야로 데려갔다. 그러나 그들은 바로 시내 산으로 가지 않았다. 열흘이나 열하루면 갈 길을 3개월 걸려 당도했다. 하나님은 왜 그렇게 하셨을까? 답은 간단하며, 모세의 경우와 다르지 않다. 하나님은 그들도 모세처럼 자신의 계시를 받아들일 수 있도록 마음을 잠잠케 할 시간을 주려 하신 것이다.

일행이 시내 산 밑에 도착하자 모세는 백성을 거기 두고 하나님의 임재가 있는 곳으로 올라갔다. 그러자 여호와가 그를 불러 말씀하셨다. "너는 이같이 야곱 족속에게 이르고 이스라엘 자손에게 고하라…"(출 19:3)

모세에게 주신 하나님의 말씀을 더 읽기 전에 나는 이 메시지를 누구에게 주신 건지 한번 짚어보고 싶다. 단지 아론과 그 아들들이 아니었다. 단지 레위 자손이 아니었다. 하나님의 메시지는 이스라엘 백성 전원에게 주어진 것이었다. 자파와 씨족과 개인을 무론하고 가장 작은 자에서 가장 큰 자에 이르기까지 애굽에서 구원받은 모든 사람에게 주어진 것이다.

이제 하나님의 메시지를 들어보라. "나의 애굽 사람에게 어떻게 행하였음과 내가 어떻게 독수리 날개로 너희를 업어 내게로 인도하였음을 너희가 보았느니라."(출 19:4) '내게로 인도하였음'이라는 말에 당신이 창조된 모든 이유가 들어 있다! 하나님이 당신을 만드시고 큰 희생을 치러 구원하신 동기는 당신을 그분 자신께 인도하기 위해서였다!

우리는 인류의 시작부터 그 동기를 본다. 하나님이 에덴동산에 인간을 두신 이유는 무엇인가? 아담은 전 세계 구원 사역을 위해 지음 받지 않았다. 교량이나 고층건물을 지으라고 동산에 놓여진 것도 아니다. 하나님이 아담을 동산에 두신 것은 살아계신 그분과 교제하며 동행하게 하시기 위함이다. 그 교제에서 고층건물도 나올 수 있고 사역도 나올 수 있으나 그런 것 자체는 인간 실존에 대한 하나님의 목표가 아니다.

구원 받고 첫 7년 동안 나는 하나님의 약속과 공급을 강조하는 대형 교회에 다녔고 후에는 거기서 사역도 했다. 온 세상에 복음을 전하려는 열정이 아주 뜨거운 교회였으나 거기서 전해진 복음은 하나님을 아는 영광 보다는 천국의 혜택을 강조했다. 국제적으로 아주 유명한 교회였으므로 세계 각지에서 사람들이 찾아왔다. 영혼 구원에 대한 지도자의 열정은 전염성이 있었다. 많은 교인들이 세계 복음화 사역에 열심을 냈고 나도 물론 그 중의 하나였다.

그 교회에 다니던 처음 몇 해 동안 나는 아침 일찍 일어나 1시간 반씩 기도하고 출근했다. 나는 죽어 가는 잃은 영혼들을 구원하고 병자들을 고치는 일에 나를 써 달라고 하나님께 구했다. 땅 끝까지라도 가서 포로들을 자유케 하겠다고 울부짖었다. 그렇게 열심히 기도하던 어느 날 아침, 내 마음속에 주님의 음성이 들려왔다. "존, 네 기도는 틀렸다!"

이런 생각이 들었다. '이건 하나님의 음성일 수 없다. 원수의 짓이다.' 하지만 나는 그것이 주님의 음성임을 알았다. 당황했다. "주님, 어떻게 제게 이렇게 말씀하실 수 있습니까? 저는 사람들의 구원과 치유와 해방을 위해 기도하고 있습니다. 이거야말로 주님이 원하시는 일입니다!" 그러나 하나님은 내 말 이상을 보셨다. 그분은 내가 그분의 참 성품을 얼마나 모르고 있는지 보셨다. 그리고 그것이 없는 한 설령 내가 사람들을 굴레에서 이끌어 낸다 할지라도, 그 사역이 결국 나와 내게 배우는 많은 이들을 더 심한 우상의 굴레에 빠뜨릴 것임을 그분은 아셨다. 그것도 교회 안에서.

그분은 내게 말씀하셨다. "존, 기독교의 목표는 사역이 아니다. 너는 귀신을 쫓아내고 병자를 고치고 사람들을 구원으로 이끌고도 결국 지옥에 갈 수 있다." 그리고 덧붙이셨다. "유다는 자기 일을 버리고 나를 쫓았다. 그는 병자를 치유했고 죽은 자를 살렸고 귀신을 쫓아냈다. 그러나 그는 지옥에 있다." 이 말씀이 내 마음을 놓아 주지 않았다. 사도들이 권능을 받고 나가 병든 자를 고치고 죽은 자를 살리고 귀신을 쫓아냈을 때 유다도 그중에 있었음을 우리는 잊지 말아야 한다.(마 10:-8)

나는 얼른 여쭈었다. "그러면 기독교의 목표는 무엇입니까?" 그분은 즉각 답하셨다. "나를 친밀하게 아는 것이다!" 바울이 "그리스도[를]…알려 하여"(빌 3:10)모든 것을 배설물로 여겼다고 말한 것이 퍼뜩 생각났다. 주님은 내 마음에 속삭이셨다. "그 친밀한 관계에서 참 사역이 나올 것이다." 다니엘도 그것을 이렇게 확증했다. "오직 자기의 하나님을 아는 백성은 강하여 용맹을 발하리라"(단 11:32)

예수님은 소경이 소경을 인도하면 둘 다 구덩이에 빠진다고 말씀하셨다.(마 15:14) 먼저 눈을 떠서 주님을 보지도 않은 채 사람들을 속박에서 끌어내리려는 모든 이들도 마찬가지다. 그래서 바울은 우리 마음 눈을 밝혀 그분을 알게 해 달라고 그토록 간절히 기도했다.(엡 1:18) 그분의 광명이 있어야 우리는 비로소 볼 수 있다.(시 36:9) 그분의 계시가 없다면 우리는 장님이다. 그 분을 친밀하게 알아가지 않는 자들은, 동기는 선할지 모르나 하나님의 계시가 없기에 결국 자기도 구덩이로 향하고 남들도 거기로 이끌게 된다.

내 신앙 초년시절에 그런 일이 있었다. 목사는 복 주시는 하나님보다 축복의 약속에 더 치중했다. 그는 하나님의 약속을 믿고 행동하여 아주 세련된 삶을 살았으나 하나님의 성품에 대한 계시가 없었기에 잘못된 길로 빠지기 시작했다. 그는 결국 교인들 앞에 서서, 자녀까지 둔 자기 아내와 더 이상 같이 살 뜻이 없음을 공표했다. 그리고 받아들일 수 없는 교인들은 떠나도 좋다고 말했다. 이어 그는 역시 사역자인 젊고 활동적이고 야망에 찬 여자와 결혼했다. 그녀는 그의 삶에 큰 올무가 됐다. 그의 교회는 수천 명에서 수백 명으로 줄었고, 교회를 버린 사람들도 많았다. 이후 그는 그녀와도 이혼하였고 교회를 시에 팔았다.

모세는 무엇이 자기 삶을 변화시켰는지 알았다. 살아계신 하나님과의 만남 그리고 친밀한 교제였다. 그는 백성을 어디로 데려가야 할지 알았다. 그들은 곧바로 약속의 땅으로 가서는 안됐고, 그들을 진정 채워 주실 유일한 분께로 가야 했다. 모세는 자신이 지음 받은 목표를 깨달았고, 하나님 마음을 찾아야 할 필요성을 인식했다. 하나님 마음은 그분의 축복으로 계시된 것이 아니라 대면하여 그분 말씀을 들을 때 계시됐다.

위 글은 '거룩한 열정'(두란노. 존비비어 지음, 윤종석 옮김)의 일부(p35-43)를 발췌한 글입니다.

작은소리 **큰울림**
[경청]

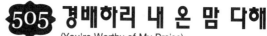

| 기타코드 |

506 경배하리 주 하나님
(I Worship You Almighty God)

Sondra Corbett-Wood

경배 하리 주 하 나 님　전능하신 주

경배 하리 평화 의-왕 - 주를사랑 합 니다

찬 양 하세 - 누가주와 같 으리 -

경 배 하리 주 하 나-님　전능하신 주

508 그리 아니하실지라도

안성진

그 리 -　아니하실지라 도　감사해 요
그 리 -　아니하실지라 도　사랑해 요

주님 뜻을　믿기때문이죠 -
합력 해서　선을이루어요 -

언 제나　나를향 - 한　신실한사 랑 -

우리를향한　그크신사 랑 -

우 리가　함께높이며　주를찬양 해 -

할렐루 야 하 나 님께영광 -

507 경배해 경배해
(열방의 노래)

고형원

경배 해 - 경배 -해- - 하늘 보좌 -주앞

에서 -경배 -해- - 경배 해 - 경배

-해- - 주의 얼굴 - 영광 의빛비 취 네

Fine

- 은혜로우 신 우리하-나 님 그자비하 심은영원영-원 해

아버지의 크 신긍-홀 로 온세 상그품에-안으시 네

온세 상 그 품에 -안으시 네 - 경배 네 -

열방 들 그품에 -돌아오 게 - 되 리 그들을위한

- -아버 지 의 -눈물알 게 - 될 때 -하늘과땅

- -하나되어 - 부르 는 -노래-시작됐 네 -모든나라

- -모든족속 - 주앞 에 - 나와-경배하 리 - 경배

D.S.

509 그 누구보다 더 아름다운 주님

(주 같은 분 없네 / No one like You)

David Crowder, Jack Parker, Mike Dodson,
Jason Solley, Mike Hogan, Jeremy Bush

그누구 보다더 아름다운 주님

언제나 변찮고 동일하신 주예수

그누구 보다더 아름다운 주님
어디나 계시네 이모든 세상에

언제나 변찮고 동일하신 주예수
주계시니 하늘도 찬양해 놀라우신 하나님

나의구주 크신사랑 거절할수 없네
참좋으신 나의주님 나영원히

주는나의 필요한 모든것 되시네

좋으신하나님 주 같

은분없네 그누구도 주님과

같을수없네 주밑네 주 같 은분없네

그누구도 주님과 같을수없네 같을수없네

주같은분 전혀 없네 참좋으

신나의주님참좋으신나의주

님 우리모두 주 찬양해 우

리모두 주찬양해 찬양해 찬양해

D.S. al Coda

주님같은 분없네 주 같은분 아무도

없네주 같 을분없네 주님 같은분 아무도 없네

우 리 주 같 은 분 없 네

G

| 기타코드 |

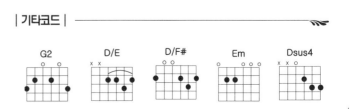

G2   D/E   D/F#   Em   Dsus4

510 고아들의 아버지
(O Father of the fatherless)

Graham Kendrick

(오) 고 아들-의 아버지-모 든 가 족 축

복 하 네 날 돌 -보 시 는 아 버 지 -

생 명 주 고 -죄 사 했 네 -나 주 의 품 에

안 전 해 날 돌 -보 시 는 아 버 지 -

영 원 히 - 내 아 - 버 지 되 - 시 네

- 주 의 -품 안 에 -나 안 전 해 -영 원 히

- 주 의 돌 보 -심 사 랑 해 -

주 의 돌 보 -심 사 랑 해 - -

511 기도할 수 있는데

고광삼

기 도 할 수 있 는 데 왜 - 걱 정 하 십 니 까
할 수 있 는 데 왜 - 실 망 하 십 니 까

기 도 하 면 서 왜 염 려 하 십 니 까 기 도 까
기 도 하 면 서 왜 방 황 하 십 니

주 님 앞 에 무 릎 꿇 고 간 구 해 보 세 요

마 음 을 정 결 하 게 뜻 을 다 하 여

기 도 할 수 있 는 데 왜 - 걱 정 하 십 니 까

기 도 하 면 서 왜 염 려 하 십 니 까

512 기뻐하라
(Rejoice Rejoice)

Don Moen & Tom Brooks/Dorothy James

기 뻐 - 하 라 - 주 는 우 - 리 편 - - -

기 뻐 - 하 라 - 승 리 는 우 리 것 -
Fine

크 고 영 화 로 우 - 신 주 영 원 히 다 스 리 네 -

우 리 에 게 승 리 -주 신 주 님

영 원 한 왕 가 장 -높 으 신 주 -
D.C. al Fine

| 기타코드 |

Bm7   D7   B7/F#   Am   Dsus4

513 기뻐하며 왕께 노래 부르리
(Shout for joy and sing)

David Fellingham

기뻐 하며 왕께 노래부르리 - 소리

높 여 할렐 루야부르리 - 주님

앞에 나와 찬양드리며 - 우리

주님과함 - 께 기 뻐 하 리 라 -

나의창조 - 자 나의구원 - 자 -

가장귀한 나 의 예수 님 - 찬양합니 - 다 -

나의치료 - 자 - 나의선한 목자 되 - 신 주

- 예수 나의 주 찬양하리 -

| 기타코드 |

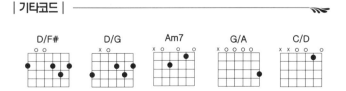

D/F#　　D/G　　Am7　　G/A　　C/D

514 나 근심 중에
(목마름 전혀 없으리)

천관웅

나 근심중에 - 눈 -을들어 - 주의얼굴구할 - 때 -
나 산을향해 - 눈 -을들어 - 주의도움구할 - 때 -

이 른비같은 - 주 -의임재 - 내영혼 - 덮으 - 시네 -
졸 지도않는 - 주 -의손이 - 내영혼 - 붙드 - 시네 -

- 주는나 - 의힘 - 영혼의 - 반석 - 나의머 - 리를

- -드시는하 - 나님 - 생수로 - 나를 - 채워주 - 소서

- 목마름 - 전혀 - 없으리 -

515 나 약해 있을 때에도
(주님만이)

조효성

G

나 약해있을때에 도 주 님은함께계 시 고
시험당할때에 도 주 님이지켜주 시 고

나 소망있을때에 도 주 님은내게오 시 네 나
나 실망당할때에 도 주

님이위로하 시 네 주 님 만 - 이

내 힘이시 며 오 주님 만 - 이

날도우시 네 오나의주 - 님 내아버지

여 오 나의주 - 님 내사랑이 여

516 나 기뻐하리
(I Will Rejoice)

Brent Chambers

나 기뻐하리 - 나 기뻐하리 - 나 기뻐하리

- 나 주 안 에 서 - 기 뻐 하 리 라 -

- 기 뻐 하 리 라 - 원 수 가 나 를 - 무 너 뜨
환 경 에 지 배 - 를 받 지

- 리 려 고 - 내 마 음 에 속 - 삭 였 네 내
- 않 고 - 내 팔 의 힘 과 - 목 소 리 느

영 이 깨 어 - 넘 어 지 지 않 고 나 의
끼 는 감 정 - 과 상 관 없 이 - 내 마

믿 음 의 고 - 백 이 원 수 를 - 묶 네 -
음 기 뻐 하 - 기 로 결 심 을 - 했 네 -

D.C.

517 나 기쁨의 노래하리
(해피송 / The happy song)

Martin Smith

나 기쁨의 노 래하리 날 구원하셨네 -

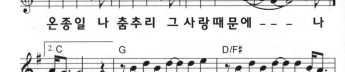

온종일 나 춤추리 그 사랑때문에 - - - 나

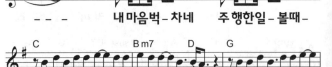

- - - 내 마음벅 - 차네 주 행한일 - 볼때-

어둡던지난날 - 주가 바꿔주 - 셨 네- 높은곳에 올라가-

크게외치고 - 싶네 날향한주 - 님의그 사랑모두에 게나

기쁨의 노 래하리 날 구원하셨네 -

온종일 나 춤추리 그 사랑때문에 - - 나 -

Fine

Bridge

모두함 - 께노래해 - - 우리안의 기쁨 -

모두함 - 께춤추세 - 주님주신 기쁨 - 주님

얼굴볼수없어도 - 우린느 - 낄수있죠 - 우리안 - 의이기쁨

D.S. al Fine

- 다 주님주 - 신 - 것 - 나

| 기타코드 |

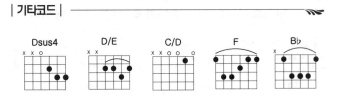

518 나는 주님을 찬양하리라
(I Will Celebrate)

Rita Baloche

나 는 주님을 – 찬 양 하 리 라 –

새 – 노래 로 – 주 찬 양 – – – –

나 는 주님을 – 찬 양 하 리 라 –

새 – 노래 로 – 주 찬 양 –

Fine

– 온 맘 과 – 뜻 다 하 – 여서

– 주 님 을 – 기 뻐 – 하 – 리 두손

을 – 높 이 – 들 고 서 주 님 을 –

경 배 – 하 – 리 –

D.C.

519 나는 주를 작게 보았네
(광대하신 주님 / Be Magnified)

Lynn DeShazo

나는 주를작게 – 보았네 – – 용서 – 하소 서 – 나를
사람 들을의지 – 했던나 – – 용서 – 하소 서 – 주의

– 도울수 – 없다는 – – 거짓 – 말을믿 – 고있었 – 네 이제
– 자비와 – 빛보다 – 사람 – 들에게 – 의지했 – 네 이제

– 내잘 – 못알 – 았네 – – 내마음 치료 – 하소서 –
– 내잘 – 못알 – 았네 – – 주능력 보여 – 주소서 –

나의눈과 노래 – 안에 – 광 – – 대 하신 – 주님 – – 광 – –

대 하 신 – 주님 – – 광 대 하신 – 주님 –

주는높이들 리 리 – 능치못할일없 – 으리 –

내눈 – 주바 – 라보리 – 광 – 대 하 신

– – 광 – – 대 하 신 – 주 님 –

G

| 기타코드 |

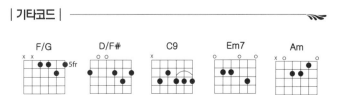

F/G　　D/F#　　C9　　Em7　　Am

520 나는 주만 높이리
(Only A God Like You)

Tommy Walker

나는 주 만높-이 리 - 결코 내 맘변-치 않

-네 세상 모 든권-세 모 -든영-광 십

-자가앞에 다버 -리고- 나의 충 성과- 내헌

-신- 내모든 소 망오-직 예 -수 나무

에 달려-죽으 -신그-분 께 -

오직우리주- -께 - 내믿음 -소망찬양 받기

-합당한분 또 오직만왕 -의왕께 - 엎드려

1. -경배하며 모 -두드리리 2. -두드리리 나

를지으시 -고아버 -지되시 -며 나 를구원하 -사하늘

-의상주-실 오 직우리주-님께 - 나찬양하리 - -

오직우리주-께 오직우리주-께 오직우리주-께 -

521 나 여기
(To You)

Darlene Zshech

나여기 - 주 의손-안에서 - 있네-

내맘에-새-겨 - - -진- 그 언약-위에 -

내삶을 - 주 님께- 드 립니다-

주 의자-녀-삼 으- -사- 구 속하-셨-네 -

이-제 - 나 -는주 -의것-주성령 - 주의말씀과

- 진 리- 더깊이 - 주알기원 - - -하- 는

내 소-망 - 왕되신 - 주-이름 -앞에-손들고

- 주를송축합 -니 -다 -온마음 - 다하여더

-욱 -주 사 랑-해 - 나는주 의것 -

522 나의 가는 길
(주님 내 길을 / God will make a way)

Don Moen

나 의가 – 는 길 – 주님 인 도하 – 시 네

– 그는 보 이지 – 않아도 – 날 위해 – 일 하

– 시네 – 주 나의 – 인 도 – 자 항상

함 께하 – 시 네 – 사 랑과힘 – 베 푸시며 –

인 도하 – 시 네 – 인 도하 – 시 – 네

광야 에 길을 만드시 – 고 – 날

인 도해 사 막에강 – 만 드 – 신것 – 보라

하늘과땅 – 변 해 – 도 주의

말 씀영 – 원 히 – 새 삶 속에 – 새

일 을행 – 하 리 – –

523 나의 슬픔을 주가 기쁨으로
(Mourning into Dancing)

Tommy Walker

나 의 슬 픔 을 주 가 기 쁨 – 으 로 변

화 시 – 키 시 네 잠 잠 할 수 없 네 기 뻐

춤 추 며 찬 양 해 상 처
Fine

뿐 인 내 – 영 – 혼 위 로 해 주 – 셨 – 네

고 통 중 에 있 – 을 – 때 주 님

평 안 주 – 셨 – 네 주 사 랑 어 둠 이 – 김 – 을

나 는 – 느 끼 네 – – – – 주 의 빛

비 춰 주 – 시 – 니 내 마 음 기 뻐 – 주

찬 양 하 네 때 론 주 님 – 분 노
D.C. al bridge

하 실 지 라 도 – 주 의 은 혜 와 사 랑

– 나 의 평 생 에 내 게 임 하 네
D.C. al Fine

G

524 나의 주 내 생명
(영원히 주 찬양하리 / Worship You forever)

Todd Fieldls

나의주- 내생명- 영원히-주찬양하-리

나의주- 내생명- 영원히-주찬양하-리

Fine

나를처-음부터아시는주-님 나의마지막도주님
나의영-혼주의손에맡기-네 내영혼을만족시키

아시네-- 주는 알파오메-가처음 -과나중- 영
시 는주- -

원 히 주 찬 - 양 - 해 -

D.C. al Fine

526 나의 진정 사모하는 예수여
(늘 아쉬운 마음)

조준모

나 의 진 정 사모하는 예 수 여
나 의 기 쁨 나의소망 되 시며

- 음 성 조 차 반 갑 - 고
- 나 의 생 명 되 신 - 주

나의생명 과 나의참소망 은
밤낮불러 서 찬송을드려 도

오 직 주 예 --수 - 뿐 일 세
늘 아쉰 마 --음 - 뿐 일 세

525 나의 주님께 찬양 드리며
(주님을 보게 하소서)

심종호 & 박찬민

나의주 님 께 - 찬양드 리 며- 그크신

사 랑- 주 임 재- 감 사 해 - 어두움

속 에 - 찾아오 셔 서 - 주님의

영 광- 보 게 - 하 시 네 - 의심하

는 나를- 손내밀어 잡 아주-시-네 - 두려운맘내

려놓고- 주 바 라봅-니-다 - 주님을보게

하 소서 - 나를붙드 - 소서- 내뜻과

- 내생각 - 내려-놓고 - 주님앞에나

엎드려 - 주의음성 기 다-리니 - 나를부

-르실때 믿음으 -로 걸 -어가-리 -

527 나의 평생에

Stanley Fam & Anthony Chan

나의 평생에 – 오직주님만사랑하 –리– 주님품–안에

– 아이와– 같 이 나의 일생에– 많은고통찾– 아와

–도– 주님과– 함께 – 이길수–있으 리 주의

손 나를– 붙드– 사 – 감당 할힘주 –시 네– 주의

말 씀바– 른길–로 – 나를 인 도하– 시 네 –

하 나님 – 나를인 도하– 소– 서 십자

가 의길 – 로만가 게하– 소 서 하 나님

– 나를인 도하– 소– 서 주의

얼 굴을– 내 게 보이– 소– –서 –

528 나의 하나님 그 크신 사랑

유상렬

나 의 하나님– 그 크–신사랑– 나의 마음속에 – 언제나

– 슬픈 눈물지을때 – 나의 힘이되시는– 나의

영원하신– 하나님 – 나의 구원의 반석 – 나의

생 명의주인 – 나의 사 –랑의– 노–래 – 실패

하여지칠때– 나의 위로되시는– 나의 하나님을– 찬양해

– 세월 이 지나도 변치않으리 내 가 –주를–사랑하는

마 – –음 즐 거운날이나– 때론 슬픈날이나– 모두
외 로운밤이나– 험한 골짜기라도– 나의

하 나님 –을사 랑합–시 다 세 월이지나도– 비–
하 나님 –은동 행하–시 니 내 영혼언제나– 하나

바람불어도– 모두 하나님–을사랑합–시 다
님을바라며– 세상 끝날까–지사랑하–리 라

G

기타코드 |

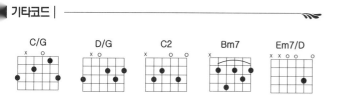

529 나 주님의 기쁨되기 원하네
(To be pleasing You)

Teresa Muller

나주님-의기쁨되-기원하네 내 마음을-새롭게하-소-
겸손히-내마음드-립니-다- 나의모-든것받으-소-

서 - - 새부대-가되-게하-여- 주사- 주
서 - - 나의맘-깨끗-케씻-어- 주사- 주

님의빛- 비추게하-소- 서- - 내가 원 - -하는-
의길로- 행하게하-소- 서- -

한 - -가지- 주님의-기쁨이되는것 - 내가원- -하는-

한 가 -지 - - - 주님의 -기 -쁨이되는것 - - -

530 나직히 앉아
(아침묵상)

한웅재

나직히 - 앉아 - - 주 님세워주-신이 아침에- 내

모 습이 - 대로 - - 날 낱히주께 -드리 -네 - 날

비추소서 - 아버지 -의참된 -빛으 -로 - - 말

씀하소서 -나의작 -고여린- 마음 에 - 날

비추소서 - 아버지 -빛으로 - 알 게하소서 -호흡내

-게주신 그 마음 - -

531 날 채워주소서

양승훈

날 채워주소 서 날 만져주소 서 날 일으키소

서 지 금이시 간 끝없는 - 주님의 생명수로- 나의

영혼에 - 부으소 서 날채워주소 서 날 만져주소

서 날일으키소 서 주 볼수있 게 세상의 - 누구도

채울수없는 - 나의 마음을 - 채우 - 소 서

532 내가 주인 삼은

전승연

내가 주인삼은-모든것 내려놓고- 내 주 되 신 주앞

에 나가 - 내가 사랑했던 -모든것 내려놓고 - 주

님 만 사랑해 - 내가 - 주 사 랑 거친

풍랑에도- 깊은 바다처럼 - 나를 잠잠케해 - 주사

랑 내영 혼의반석 - 그 사랑위에 -서 리 -

533 난 여호와로 즐거워하리

민호기 & 전영훈

난여 호와―로― 즐 거워하리 ― 비록 나가진것― 전혀

없다해도―주여호와―는― 내힘이시라―나로높은곳다―니게하

―시네 난여 ―시네 난 가진것―없고 너무
홀로견딜수―없는― 시험

연약해도―――― 주님내곁에 ―계시―네― 주
닥쳐와도―――― 주님내곁에 ―계시―네―내두

곁에계―시니― 두렴 전혀없네― 늘 나와함께
손에가―진것― 전혀 없다해도― 늘 나와함께

―하시는주―님 난여 ―하시는주―님 ― 하시는주―님난여

호와―로― 즐 거워하리―비록 나가진것― 전혀없다해도―주여

호와―는― 내힘이시라― 나로 높은곳다― 니게하 ―시네 난여

높은곳다―니게 높은곳다―니게 높은곳다―니게하 ―시네

534 날 사랑하신 주님의 그 큰 사랑

박철순

날사랑하신 ― 주님 의그큰사 랑으로―

내안에계신 ― 예수 님의그사 랑으로―

당신을 사랑합니 다 ―――――

당신을 축복합니 다 ―

나의힘으로 ― 당신을 사랑할―수없 ―네―

나의가진모 ―든것―으로 당신을축복할 ―수 없―지만

― 주님이주 ―신― 크고도 놀라우신― 그사 랑으로

당신을 사랑합니 다 ―

당신을 축복합니 다 ―

G

| 기타코드 |

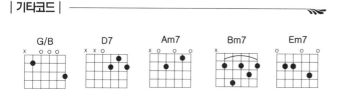

G/B   D7   Am7   Bm7   Em7

535 날 위해 이 땅에 오신

심형진

날 위 해 이 땅에 오신 주님
십 자 가 지신 놀 라운 사랑

그 영광 광 채가 온 땅에 가득 하 네

세 상을 대 신해 죽으 셨네

모든 이름 보다 뛰어 난 주님

그 앞에 경배 하리 영광의

주이름 영원히 높 이리 영광의 주님만

내 삶의 참 이유 참 이 유

536 낮엔 해처럼 밤엔 달처럼

최용덕

낮 엔해처럼 밤엔달처 럼 그렇 게 살순없을 까
예 수님처럼 바 울처럼 그렇 게 살순없을 까

욕 심도없 이어둔 세상비추 어 온전 히 남을 위해살듯 이
남 을위하 여당신 들의온몸 을 온전 히 버리 셨던것처 럼

나 의일생 에 꿈 이있다 면 이땅 에 빛과 소금되 어
주 의사랑 은 베 푸는사 랑 값없 이 거저 주는사 랑

가 난한영 혼 지 친영혼 을 주님 께 인도 하고픈 데
그 러나나 는 주 는것보 다 받는 것 더욱 좋아하 니

나 의욕심 이나의못 난자아 가 언제 나 커 다란짐되 어
나 의입술 은주님닮 은듯하 나 내맘 은 아 직도추하 여

나 를짓눌 러맘을곤 고케하 니 예수 여 나를 도와주소 서
받 을사랑 만계수하 고있으 니 예수 여 나를 도와주소 서

537 내가 할 수 있는 것은
(All That I Can Do)

Ted Sandquist

내가할 수 있 는것은 오직감 사 와 기도

두손을 높 이 들고주 께 찬양 하네

538 내 영혼이 내 영혼이

Taize

내영혼이 내영혼이 주 님을찬양하며 기뻐합니다

내 영혼이 내영혼이 주 님을찬 양합 니 다

539 내가 먼저 손 내밀지 못하고
(오늘 나는)

최용덕

내가먼저손내밀지 못하고— 내가먼저용서하지 못—하고—
내가먼저섬겨주지 못하고— 내가먼저이해하지 못—하고—

내가먼저웃음주지 못하고— 이렇게 머뭇거리고있 네
내가먼저높여주지 못하고— 이렇게 고집부리고있 네

그가먼저손내밀기 원했고— 그가먼저용서하길 원—했고—
그가먼저섬겨주길 원했고— 그가먼저이해하길 원—했고—

그가먼저웃음주길 원했네— 나 는 어찌된사람인 가
그가먼저높여주길 원했네— 나 는 어찌된사람인 가

오 —간교한 나의입술이여— 오 —옹졸한 나의마음이여—
오 —추악한 나의욕심이여— 오 —서글픈 나의자존심이여—

왜나의입은— 사랑을말하면서— 왜나의맘은— 화해를말하면서—

왜내가먼저— 져줄수없는가 왜내가먼저— 손해볼수없는가—

오 — 늘 나 는 오 늘 나— 는 주님앞에서—

몸 둘바모르— 고 이렇게 흐느끼 며서있 네

어찌 할 수없는이맘을 — 주님 께 — 맡긴채 로

540 내가 천사의 말 한다 해도
(사랑 없으면 / Without love we have nothing)

James Micheal Steven & Joseph M. Martin

내가 천사의말한다해—도— 내맘에 사랑 없— 으—면—

내가 참 지식과 믿음 있어도— 아무소용 없— 으니—

산을옮 길믿음이있 어—도 나있는 모든것줄 지라 도

나자신 다주어도아무 소용없네소용 없—네 사랑 은(사랑은사랑

은 —)영원 하—네— 사랑은 온유

하며 사랑은자 랑치 않 으며 교만하지 아니

하 — 며 불의 기뻐하지 아니 — 하 니

내 가 천사의말한다해—도— 내맘에사랑 없— 으—면—

내가 참 지식과 믿음 있어도— 아무소용 없— 으니—

산을옮 길믿음이있 어—도 나있는 모든것줄 지라 도

나자신 다 주어도아무 소용없네소용 없 —네 사랑

은(사랑은 사랑 은 —)영원 하—네— 영원 하— 네—

영 원 영 원 히 —

541 내게 강 같은 평화
(Peace Like A River)

Tranditional

내게 강 - 같은 평화 내게 강 - 같은 평화
내게 바다같은 사랑 내게 바다같은 사랑
내게 샘 - 솟는 기쁨 내게 샘 - 솟는 기쁨
내게 믿음소망 사랑 내게 믿음소망 사랑

내게 강 - 같은 평화 넘치 네 -
내게 바다같은 사랑 넘치 네 -
내게 샘 - 솟는 기쁨 넘치 네 -
내게 믿음소망 사랑 넘치 네 -

내게 강 - 같은 평화 내게 강 - 같은 평화
내게 바다같은 사랑 내게 바다같은 사랑
내게 샘 - 솟는 기쁨 내게 샘 - 솟는 기쁨
내게 믿음소망 사랑 내게 믿음소망 사랑

내게 강 - 같은 평화 넘 - 치 네 -
내게 바다같은 사랑 넘 - 치 네 -
내게 샘 - 솟는 기쁨 넘 - 치 네 -
내게 믿음소망 사랑 넘 - 치 네 -

542 내 눈 주의 영광을 보네
(모든 열방 주 볼 때까지)

고형원

내 눈 주의 영광을 보네   우리가운데-계신주 님

그빛난영광 온하늘덮고   그찬송온땅가-득 해   내

눈 주의 영광을 보네   찬송가운데-서신주 님   주

님의얼굴은 온 세상향하네   권능의팔을드-셨 네   주의

영광 이곳에-가득 해   우린 서네 주님과 함 께---

찬양하 며 우리는전진하-리-   모든열-방주볼까지

하늘   아버지-우릴 새롭게 하사   열방 중에서-주를

섬기게 하소서-   모든 나라일어나-   찬송부르며

영광의 주님을- 보 게하-소   서   주의

543 내 손을 주께 높이 듭니다
(찬송의 옷을 주셨네)

박미래 & 이정승

내 손을주께높이 듭 니다 내 찬양받으실주 님

내 맘을주께활 짝 엽 니다 내 찬양받으실주 님

슬 픔 대신희락 을 - 재 대신화 관 을

근 심 대신찬송 을 - 찬 송의옷을주셨 네   내

| 기타코드 |

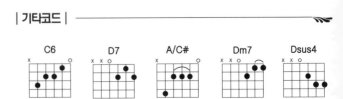

544 내 맘 속에 거하시는
(Joy in the Holy Ghost)

Russell Fragar

내 맘 속에－거하 －시는－ 참 좋은내－ 친구 －
매 일 매일－채우 －시는－ 성 령의은－ 혜와 －

주 가 늘－함께 －하 시 니 난 외 롭지않네 －
성 령 믿－음확 －신 나 －는 말 할수－있네 －

주 가 계 획 하 신 －길 내 소 망 －보 다 더－크 네 －
나 의 마 음 내 모 －든 것 －다 주 －님 께 드－리 리 －

사 랑 은 혜 평 화 능－력 성 －령 안 에 기 쁨 －

Fine

내 주 는 변 치 않 네 항 －상 내－안 에 －

나 의 －죄 사 －하 시 －고 날 자 －유 케 －하 네 － －

결 코－마 르 －지 않－는 강 －과 같－으 니 － 사 망 권

－세 두－렴 이 －기 네－큰 기 －쁨 넘－치 리 －

D.C. al Fine

기타코드 |

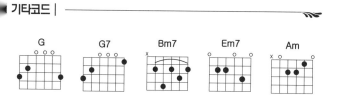

G G7 Bm7 Em7 Am

545 내 모든 삶의 행동
(Every Move I Make)

David Ruis

내모든삶의행동주안에 주님안－에있네나의숨쉬는순간들도

내모든삶의걸음주안에－내길도－주안에나의숨쉬는순간들도

라라라라라－라라 라라라라라－라라 자비와은혜의물결

어 디 서 나 주 － 얼 굴－ 보 네 － 주 사 랑 날 붙 드 네

오 놀 라 운 주 －님 의 사 랑 －

546 내 안에 있는 것
(Everyting I am)

Joe Horness & Scott Dyer

G

내 안에있－는 것 － 나 가진모－든 것 －

나 할수있－는 것 － 다 드 려요 －

홀 로존－귀 하 －신 주님께 찬 양드 －려요 －

내 안 에있－는 것 － 다 드 려요 －

547 내 앞에 주어진
(날 향한 계획)

김준영 & 임선호

내앞에-주어진 - 매 일의삶을-살다가 -보면
매순간- 나에게 - 요 구하시는-작은밀 -음들

그곳에-날향 한계획 - 섭리가-있다네 -

지금여-기- 계시며- 말씀해- 주시는 -하나님-

내 삶에 - 역사 하 시는- 신실한 - 나의하

- 나 님을 - 찬 양 해 -

D.C. al Coda

변함이없 는 - 영원한그사 - -랑

어두운내삶 - 의 빛으로 -

지금여 -기 - 계 시며- 말씀해 - 주시는

- 하 나 님 내 삶 에 - 역 사 하 시는-

신 실 한 - 나의하 - 나님을 - 찬양해 -

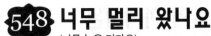

548 너무 멀리 왔나요
(너무 늦은 건가요)

고형원

너무멀-리왔-나 요 주님께돌-아가기 엔
너무늦-은건-가 요 내영혼회-복하기 엔

사랑의주-님그품 을떠나- 내영혼잃어버린 지금 -
수많은죄-약속에 갇혀서- 주님을잃어버린 지금 -

하지 만 내영혼주 님기다려요- 변함없는-주님의사-랑을

내모 습 이대로주 께돌아가요- 나의손-을잡아주-소 서

다시 주님의얼굴- -내영혼 볼수있도록- 나를구원하-소

-서- 다시 주의임재가운 데 내영 혼 살수있도 록

549 누구든지 목마르거든
(내게로 와서 마셔라)

권재환

누 구 든 지 목마르거든 내 게로와서 마 셔라
누 구 든 지 예수믿으면 구 원을얻으 리 로다
누 구 든 지 예수믿으면 영생을얻으 리 로다
누 구 든 지 예수믿으면 기 쁨을얻으 리 로다

누 구 든 지 목마르거든 내 게로와 서 마 셔라
누 구 든 지 예수믿으면 구 원을얻 으 리 로다
누 구 든 지 예수믿으면 영 생을얻 으 리 로다
누 구 든 지 예수믿으면 기 쁨을얻 으 리 로다

나 를 믿 는 자 는- 성 경 에이 름 과 같이

그 배 에 서 생수의강이 흘 러 나 리 라

550 놀라운 주의 사랑
(붙드시네 / Hold Me)

정신호

놀라 -운 - 주의 -사 -랑 - - -
놀라 -운 - 주의 -눈 -물 - - -

긍휼 - 내삶 -에 -흘 -러 - -
보혈 - 내삶 -에 -흘 -러 - -

넘치 -는 - 은혜 -의 -손 -길 -
넘치 -는 - 십자 -가 -흔 -적 -

나를 - 회복 - 하네 - 붙드
나를 - 살게 - 하네 -

-시네 - 나를 -붙드시 - 네 -

성령 -이 -나 -를 -붙 -드 -시 -네 - 붙드

주님 -만 -나 -를 -붙 -드 -시 -네 - -

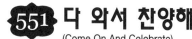

551 다 와서 찬양해
(Come On And Celebrate)

Trish Morgan & Dave Bankhead

다 와서 찬 양해 - 사랑 을주 신주 찬 양해 -

사랑 의우 리주 -님 - 생명주셨 네 -

소 리쳐 찬 양해 - 기쁨 을주 시는 우 리왕 -

찬양 의제 사 드리며 - 주님께경 배 해

다 와서 찬양해 - 찬양해 - 찬양해 -주 님

찬 양해 주 님 우 리 왕 -

찬 양해 주 님 우 리 왕 - -

| 기타코드 |

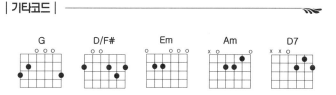

552 다 표현 못해도
(그 사랑 얼마나)

설경욱

다 표현못해도– 나 표현하리라– 다 고백못해도– 나–
고백하리라– 다 알수없어도– 나 알아가리라– 다
닮지못해도– 나– 닮아가리라 – 다
닮아가리라 – 그사 랑얼마나– 아름 다운지– 그사
랑 얼마나– 날 부요케하는지– 그사 랑 얼마나– 크고
놀라운지를– 그사 랑 얼마나– 나를감격하게하는 지

553 당신은 영광의 왕
(Hosanna to the Son of David)

Mavis Ford

당 신은영 광 의–왕 당 신은평 강의 왕
당 신은하 늘 과 땅의주 당 신은정의의아 들
천 사가무 릎 꿇–고 예 배 하며 경 배 하 네
영 원한생 명의 말 – 씀 당신은예수그리스도주
호 산나다윗의– 자 손–께 호 산나불러왕중의 왕
높은하늘엔 영광 –을 – 예 수 주메시 아– 네

554 당신은 하나님의 거룩한 성전

이길우

당신은–하나님의 – 거룩한–성전 – 그 안에–주
내몸은–하나님의 – 거룩한–성전 – 내 안에–주
우리는–하나님의 – 거룩한–성전 – 우리안에–주
성 령계–시 네– 당신을–통하여서 –
성 령계–시 네– 내 삶을–통하여서 –
성 령계–시 네– 우리를–통하여서 –
하나님–나라 – 이땅위에– 이 뤄 지리 –

555 때로는 너의 앞에
(축복송)

송정미

때 –로 는 너의앞 에 어려 움과 아픔있지 만
너 는택 한 족속이 요 왕같은– 제사장이 며
담 대하 게 – 주를바 라보는 너 의영혼 –
거룩한 나 라 하나님 의소유 된 백 –성 –
너 의영혼 우리볼 때 얼마 나아름 다 운 –지
너 의영혼 우리볼 때 얼마 나사랑스 러 운지
너 의영혼 통 해 큰영광받으 실
하나님을 찬 양 오할렐 루 야

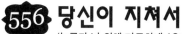

556 당신이 지쳐서
(누군가 널 위해 기도하네 / Someone Is Praying For You)

Lanny Wolfe

당신이 지쳐서 – 기도할수 없고
당신이 외로이 – 홀로남았을 때

눈물이 빗물처럼– 흘러내릴 때
당신은 누구에게 – 위로를얻나

주님은 우리연약 함을 아시고
주님은 우리상한 맘을 아시고

사랑으로 인도하시네 –
사랑으로 인도하시네 –

누군 가 널 –위 하 여 –

누군 가 기 –도 하 네 – 네가홀

로 외로워서 – 마음이 무너질 때

누군가 널위 – 해 기 도하 네 –

557 들어주소서
(Hear my cry O God)

Don Harris

들어–주소서 – 내게주얼굴– 보 이소–서–

나의–마음에 – 주의 사랑긍–홀베 푸소서–

그진–리– 나 에게도– 강 같은사랑–넘치 –도록–

내 눈 –을 – 보게하 소 –서– 주 의힘으로 – 이땅

– 고 치 소 서 –

Fine

– 고 치 소 서 – 고 치 소 서 –

고 치 소 서 – 고 치 소 서 –

D.C.

558 만왕의 왕 예수
(He is the King of kings)

Gary sadler & Virgil Meares

만왕의 왕 예 수 –만유의 주 예 수 –그이름

예수 예수 예수 예수 오 – –예수는 왕 –

| 기타코드 |

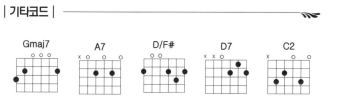

Gmaj7 A7 D/F# D7 C2

559 들으라 큰 물의 박수 소리
(외쳐 부르네)

이길승

들 으라 큰 물 의박수-소리　라랄-랄라랄라

들 으라 산 들 의노랫-소리　라 랄-랄라랄라

바다와 거기 충만한것 - 과　세계와 그중의

거하는자 -들 - 이 -　외쳐부 - 르네 - 할렐루

-야　외쳐부 - 르네 - 할렐루 -야　외쳐부

- 르네-할렐루 -야　외쳐부 - 르네-할렐루 -야

온 땅위-에 - 즐거-운 - 소리-가 -득-해-

온 땅위-에 - 찬송-의 - 소리-가 -득해- -

560 Love 놀라운 사랑
(그 놀라운 사랑 / Love So Amazing)

Scott Brenner

Love　놀라운사 - -랑　Love　끝없는사

- -랑　Love　형용할수없 - -는

Love　값없는용 - -서　폭 풍가운-데나-있어-도당

신 의미-소 날-붙 드-네 완전한 평화로 이

끄 시-네 사랑-의속 - 삭임-들을-수있-네조

용 하게-말씀-하시-네 참평-화　내가함

-께-있노-라넌-나의 - 갈--망 나의-선택 -

| 기타코드 |

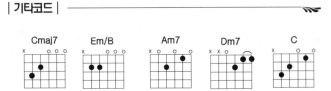

Cmaj7　Em/B　Am7　Dm7　C

| 기타코드 |

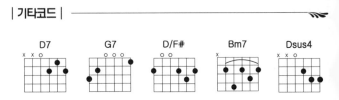

D7　G7　D/F#　Bm7　Dsus4

561 마지막 날에

이천

마 지-막- 날- -에- 내 -가-

나의 -영- -으 로 모 -든- 백 성

에 게- 부 -어- 주 리 라- -

자녀들은 예언할-것이요 청년들은 환 -상-을보고

아비들은 꿈 을 꾸- -리라 주의영임-하 -면- -면-

성 령 -이 여 -임 -하 소 서 -

성 령 -이 여 -우 리 에 게 임 하 소 서 -

563 모든 지각에 뛰어나신

(아무것도 염려치 말고)

방영섭

모든지각에- 뛰 -어나신 - 하나님의평강 이

예수안에서- 너의마음과 - 너의생각을 지키 리 아무

것 도 너는 염려치말고 오 직 기도와간구 로 하나

님 께 너의 구할것 -을- 감 사 함으로아뢰라 -

562 먼지 투성이 더러운 나

(당신은 예수와 사네요)

박희영

먼지 투성이- 더러 운나 - 상처 투성이- 나홀로
가는길- 외면 하네- 주의 못자국- 내것이

버려져- 잡을손없어- 웅크 린채- 멍하니 길위에있을때
아니라- 우기고자워- 잊으 려고- 힘없이 뒤돌아올때

- 주가 이미 내손- 잡은 신분- 따뜻

한손 - 그대를 보 네- 먼지 툭 툭- 상처

어루만 -지신 - 그분 이 당신삶속에-있네 - 당신

눈 엔- 예수가 있네요- 당신 손 엔- 예수가
말 엔- 예수가 있네요- 당신 걸 음- 예수가
사 랑- 날위해 있네요- 주의 소 망- 날위해

있 네요- 당신 맘 엔- 예수가 있네요- 당신
있 네요- 당신 삶 엔- 예수가 있네요- 당신
있 네요- 주의 희 생- 날위해 있네요- 예수

은 예 수 와사- 네요 - 당신 -
은 예 수 와사- 네요 - 주의
가 내 안 에사- 네요 -

G

564 모든 민족에게
(Great awakening)

Ray Goudie/Dave Bankhead & Steve Bassett

모 든민 족 에게- -주 성 령부어주소 서- - -
모 든열 방 에게- -주 성 령부어주소 서- - -

하 나님 의 백성- - 주 의말씀주시고 -
영 광중 에 오사- -주 경 외하게하시고 -

꿈 과환 상 주사 -주 의 비밀알리소 서- - -
크 신능 력 으로 -땅 과 하늘흔드소 서- - -

우 리민 사 오니- 하늘이주의날선포 -케하소서-
주 를기 다 리니- 만 물이주의날을보 -게하소서-

그날엔주-의영이 임하 여- 큰부흥이-땅위에일

-어나리 라 모든영혼- 깨어일 어날 때- 주

예 수를- 부 르 는자는- 구 원되 리- - -

565 목마른 사슴이
(아무것도 염려치 말고)

천관웅

목마른 - 사슴이 - 시냇물 - 찾아 헤매듯
말보다 - 일보다 - 중심을 - 원하 시는주

내영혼 - 주님을 - 간절히알 - 기원 - 하네
나이제 - 주님만 - 사랑하 - 게하 - 소서

구름이 - 걷히면 - 희망의 - 태양 떠 오듯
먼훗날 - 주앞에 - 서는날 - 주께 말 하리

주 사랑 - 내삶을 - 환하게비 - 춰주 - 시 네
사 는날 - 동안에 - 주님만사 - 랑했 - 다고 -

주님의사 -랑- 날 -찾아와 - 어둔내 - 눈- 밝 -히시네
세상이줄 -수- 없 -는사랑- 내맘고 - 동- 치 -게하네

내영혼기 - 뻐노 -래하네 주 -볼 때 - - - -
주곁에 - 날 -이 -끄소서 오 -주 님 - - - -

안전한곳 - 에 -날세 -우시네-사슴처 - 럼- 뛰 -게하네
주님보기 - 를 -만져 -보기를-주님품 - 에- 안겨 -보기를

무엇을하 -든- 어 -딜가든 주 -사 랑 나를인도하네
나이제평 -생- 사 -는동안 주 -님 만

- 주 -님 만 - 주 -님 만 사랑하며살리 -

| 기타코드 |

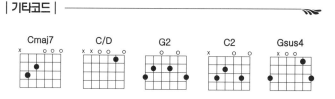

568 무릎 꿇고 엎드리니
(깨끗한 손 주옵소서 / Give Us Clean Hands)

Charlie Hall

무릎꿇고 엎드리니 우릴겸손케하소 서
악한데서 눈을돌려

모든우상버리오 니 깨끗한─ 손 ─ 주옵소─서 ─ 주님만

─높여드─리기원 ─해 정결한─맘 주옵소─서 ─ 주님만

─높여드─리기원 ─해우리세대로 ─ 주의얼굴찾게 ─ 하옵소서

─ 오─야곱의─하나 ─님 우리세대로 ─ 주의얼굴찾게

─ 하옵소 서 ─ 오─야곱의─하나 ─님─

569 문들아 머리 들어라

문 들 아머리들─어 라 들릴 지 어다영원한문 들 아 영광

의 왕들어가 시 도록 영광 의 왕들어가─신 다

영 광의왕 뉘 시뇨 강 하 고능 하신 주로다─

전 쟁에능 하신 주 시 라 다 찬 양 위대하─신 왕

왕 께 만세 왕 께 만─세─

당 신은영 광의 왕 이 라 다 찬 양 위대하─신 왕

570 보라 너희는 두려워 말고

이연수

보 라 너희는 두려워말고─ 보 라 너희를 인도한나를─

보 라 너희는 지치지말고─ 보 라 너희를 구원한나를─

너 희를 치던적은 어디있느냐─ 너희 를억누르던─원수는

어디있느냐─ 보 라 하나님 구원을─ 보 라 하나님

능 력을─ 너희를위 해서 싸 우 시는─ 주의

손 을 보 라 보 손 을 보 라

| 기타코드 |

Am9   G/B   Cmaj7   Em   Dsus4

571 믿음의 형제들이여
(Shout to the North)

Martin Smith

G D C G D
믿음 의 형제 들이 여 일어 나 주찬 양
진리 의 자매 들이 여 일어 나 빛발 하
그리 스 도의 교회 여 일어 나 다스 리

C G D C G D
하라 위대 하 신영광의 왕 너의 힘이 되 시
여라 치유 의 능력 - 되 신 사랑 의 왕전 하
라 - 전능 하 신만왕의 왕 영광 을 선포 하

C G
리 라 - -
여 라 - -
라 - - -
Shout! 동 과

C D7 G C D7
서 쪽에 서 Sing! 남 과 북 쪽까지

G C D7 C D7
예 수 구 원 의주 하 늘과 땅의

Em Em7/D Am D7 G C/G G
주 오 - - 하 늘과 땅의 주 - -

기타코드

G2 D7 B7 Em7/D Bm7

---

572 백년 전 이 땅 위에
(Again 1907)

이천

G C G C
백년전 이땅위에 - 진정 한회개 - 가 - 있었을때 -
천구백 팔십년도 - 이나 라교회 - 가 - 함께모여 -

Em A7 Am7 D7
주 의교회는 - 빛이되기시 - 작 - 하였네 -
10만 - 명의 - 선교사를서 - 원 - 하였네 -

G C G C
흑암이 이민족을 - 멸망 의끝으 - 로 - 몰아갈때 -
주께선 그언약위에 교회 와이땅 - 의 - 백성들을 -

Em A7 Am
주 의백성은 - 깨어있었네 -
넘치 - 도록 - 축복하셨네 -

D7 B7 Em Bm
- 이 나 라 의 진정 한파수 - 꾼 - 주
- 세 상 향 한 복음의순 례 - 자 -

C D7 G B7 Em Bm
님 의백 - 성들아 - 우리삶 을 주앞에불태 - 우며

C Am7 Dsus4 D7
다시 한 번 모두함께일 어 나자 - - A

G C/G G C/G D/F#
gain - 이땅 의부 - 흥이여 - - 천

Em D/F# G G/B
구 백 - - 칠년 의부 - 흥이여 - - 이

C D7 Bm Em
나 라 - 주의 법 앞에 - 다시 세 워 - 지도록
나 라 - 열방 을 향해 - 다시 일 어 - 나도록

C Am7 1. Dsus4 D7
부 흥 - 이여 - 다시 - 오 라 - A

2. Dsus4 D7 G
라 - 이나 라 - 위에

G

573 백성들아

윤주형

백성들-아 - 다나와-서 찬양하-라

- 소리높-여 우리에-게 - 은혜베푸시-는

전능하-신 - 우리하나님-께 - 우리하나님-께-

헤이 헤이 헤이 헤이 헤이 헤이 워 - - -

헤이 헤이 헤이 헤이 헤이 헤이

원수로날이기 지못하게하시며 대적이날인해기

뻐하지못하게하네 전능자의손이 나와함께하실때

원수앞에나는결 코흔들리지않아 -

전능하-신 - - 우리하나님-께 - -

574 보라 새 일을

이길로

보라새일을 - 행하시리니 -

이제-곧나-타내리라 -

주를위하여 - 지으신백성 -

주의-찬송 부르게되-리 -
Fine

광야의물솟 - 아나리라 -

사막에꽃피 - 어나리 -

이전일들을 - 너희는기억지말며 -

옛적일들을 - 생각지도말 - 라 - -
D.C.

| 기타코드 |

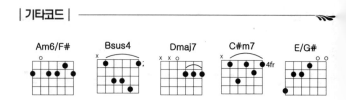

Am6/F#   Bsus4   Dmaj7   C#m7   E/G#

575 보라 세상 죄를 지고 가는
(하나님의 어린 양)

고형원

보라 세 상죄를지고 가는 하 나님 어린 양 그는

실로우리의질고를 지고 우리 슬 픔을－당하셨 다 보라

세 상죄를지고 가는 하 나님 어린 양 그는

실로우리의질고를 지고 우리 슬 픔을－당하셨 다 그가

찔림은－ －우리의 허물 우리의 허물 －인 함 이－요 그가

상함은－ －우리의 죄악 우리의 죄악 －인 함 이－라 그가

징 계를 받 음 으로 우리가평화누리 고 그가

채 찍에채찍－ 에 맞음으로우리 가 우리 가－－ 나음

을 －입었도－ 다 나음 을 －입었도－ 다 나음

을 －입었도－ 다 나음 을 －입었도－ 다 －

576 보소서 주님 나의 마음을
(주님 마음 내게 주소서)

Ana Paula Valadao

보－－소서 －주님－ 나의마음을 － －선－한것하

－ 나 없습니다 － 그 러나내－ 모든－것 － 주

깨드립니－다 － 사 랑으로－ 안으시고－ 날새롭－게

하소서－ 보－－소서 하소서－ 주님마－음내－게주－소서

－ 내아－ 버지－ 주 님마 － 음내 － 게주 － 소서

－ 나를향하신－ 주님 의 뜻이－ 이 루어지－도록－

주님마－음내－게주－소서 － 내 게사랑－을가－르치－소서

－ 당신 의마음－ 으로－ 용서 하게하－ 소서 －

주의성 － 령내－ 게채－우사 주의길 － 가게 － 하소－ 서

－ 주 님 당신마음 주소서－ 주소서 －

주 님마 － 음내 － 게주 － 소서 － 내아－ 버지 －

주님마－음내－게주－소서 － 나를향하신－주님 의뜻이－ 이

루어지－도록－ 주님마－음내 － 게주 － 소서 －

577 보혈을 지나

김도훈

보 혈을지-나 - 하 나님품으로- 보

혈을지-나 - 아 버지품으로- 보 혈을지-나 - 하

나님품으로- 한걸음 -씩 -나 가네 - 보 - 존귀

한 주보혈이- 내영을 새롭게-하

시 - 네 존귀한 주보혈이- 내영

을 새 롭게-하네 - 존귀 -

579 부흥 있으리라
(There's gonna be a revival)

Renee Morris

부흥-있-으리 -라- 이땅에 - - -

부흥-있-으리 -라 이땅에 - - - 동쪽과

- (동쪽)서쪽 - (서쪽)남쪽 - (남쪽)북쪽에 -

부흥-있-으리 -라 이-땅에 -

- - - - - - - 이 땅에

578 부어 주소서 주님의 성령

고형원

부어주소서 - 주님의성 령- -

하 나님의영 - 충 - 만 케 -

주 여우리게 - 기름부으사- - 가난

한 자에게복 -음전-케하 소서 - -

부어주소서 - 주님의성 령- -

마음상한자 - 고 - 치 며 -

포 로된자를 - 자유케하 며- - 흑암

에 갇힌영혼 - 구원-케하 소서 - - 우리들일어

- 나 -은혜 의해 전파하도 -록- - 우리들주님

-의- 신원 의날 선포하도 -록- - 성 령

의 바람-불어와 - 우릴채 우-소서 - 주의

- 영광 - 위 해 - - 하 늘

의 불꽃 - 내려와 - 타 오 르게 하 - 소서

- 주의 - 영광 - 위해 - -

580 비길 수 없네
(주 광대하시네 / Magnificient)

Raymond Badham

비길-수 - 없네- - 하늘의별 - -놓-은-분

- 내앞 에 - 거센-파도 - 잠잠케 - 하시-는분

- 비길수 - 없네- - 아침을밝 - 히시-는-분
밤이지 - 나면- - 기쁨의노 - 래주-시-네

- 이땅의소 - 망은- - 주의사랑 - 안에-있네
- 아침이 - 오면- - 자녀된우 - 리찬-양해

- 주광대 하 시네영원 토록 놀라-운-

영광-의 예 - - - 수 - - - - 누구도비

- 교할-수없는 - 그는 예 - 수

581 사랑스런 주님 음성

Ronaldo Bezerra

사 랑스런- 주님음성 - 당신 곁에가- 까이- 이-

끄 시네- 주님 사 랑을나- 누리며 - 그-

아 름다우-심 나 누기원-하네 - 예-수 내

선하신- 목자- 나의 앞길 - 아시네 - - - 예-

수 신 실하신-주께- 내삶을- 드립-니다 -

582 사랑합니다
(Lord, I love you)

Eddie Espinosa

사 랑 합 니 다 - 나의기도 들 으사

- 주 님 만 이상 한 맘고치시-네

사 랑 합 니 다 - 진심 으 로

주 님 내 맘깊 이 만 지 셨 네 -

| 기타코드 |

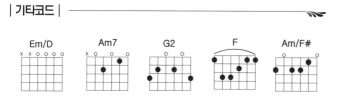

Em/D   Am7   G2   F   Am/F#

583 사랑 넘치게 주시는 사랑
(주님 그 사랑 감사해 / Thank You for loving me)

Tommy Walker

사랑 – 넘 치게주시 – 는사랑 – 날

자녀삼아 – 주신 – 그사 – 랑 – 귀 – 하다 – 하셨네

– 그사 – 랑 – 세 상 – 이본 – 적없네 – 주가

우리죄위 – 하 – 여 – 십자가 – 달리사 – 죽기 – 까지 – 사랑하

– 셨 네 주님 – 그사랑감 – – 사해 – 날위해

십자가달 – 리신 – 주의그 – 사랑 영원 – 히나 찬양드

– 리네 주님 – 택하심감 – – 사해 – 날자녀

삼 – 으신 – – 주님 – 오예 – 수님 – 찬양 – 하리 영 – 원

– 토록 – 사랑 – 내 죄보다크 – 신사랑 – 온

유하고겸 – 손해 – 끝까 – 지나를 오래 – 참고 – 기다리

– 시 네 그사랑 – 수 령에서건 지시고 – 반석

위에세우 – 시 – 며 – 늘함께 – 하시니 주님그 – 사랑 – 항상난

– 믿 네 주님 – 토록 – 넓고 – 크고 높고

– 깊은 날향 – 한끝 없는 – 사랑 넓고 – 사랑 주님

그사랑감 사해 – 그사랑감 사 해

584 사랑의 노래 드리네
(Arms of love)

Craig Musseau

사 랑의노 – 래드 – 리네 – 나의구 – 주 – – 예수님

– 께 – 주 행 하신 – 일감 – 사해 – 내사랑하

– 는 – 귀 하신예 – 수 – 주님께서 – – 나를

부르셨네 – – – – 주의소유삼으셨네 – 주님의

사 – 랑 – 의품에 – 주의 – 사 – 랑 – 의품에 – 잠잠하게

– 주님곁에 – 날붙드 – 소서 – 잠잠하게 – 주님곁에

– 잠잠하게 – 주님곁에 – 날붙드 – 소서 –

585 사랑합니다 나의 예수님

김성수 & 박재윤

사랑합니 다 나의예수 님 사랑합니 다 아주많이
요 사랑합니 다 나의예수 님 사랑합니 다 그것뿐예 요
사 랑한다아들 아 내 가너를 잘 아노라 —
사 랑한다내딸 아 네 게축복 더 하노라 —

586 선한데는 지혜롭고
(로마서 16:19 / Romans 16:19)

Dale Garratt/Ramon Pink & Graham Burt/John Mark Childers

Romans sixteen Nineteen says
Romans sixteen Nineteen says
선 한데는 — 지 혜롭고 — 악 한데는 — 미 련하라 —
선 한데는 — 지 혜롭고 — 악 한데는 — 미 련하라 —
평강 의 주님 속 히 사단을 너희 발 아래에 상하게 — 하리
평강 의 주님 속 히 사단을 너희 발 아래에 상하게 — 하리

587 생명 주께 있네
(My life is in You Lord)

Daniel Gardner

생 명 주께있네 — 능 력 주께있네 — 소
망 주께있 네 — 주 안 — 에있 — 네 생
네 생명 다 해 — 주 찬 양 — 하 리
— 힘을 다 해 — 주 찬 양 — 하 리 — —
— 내 생 명 — 다 해 내 힘을 — 다
해 모 든소망 주님께 — — 생
안 — 에있 — 네 주 께 —

| 기타코드 |

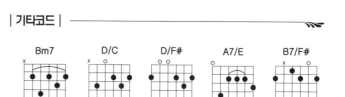

Bm7   D/C   D/F#   A7/E   B7/F#

588 성령님이 임하시면
(성령의 불타는 교회 / Church On Fire)

Russell Fragar

성령 님이임하시면능력 이나타 나- 모 - 든것이일어날수

있게되죠 참 - 선한것이 선한 것이여기일어나 -네-

어두 움 - 을 -물리치는 빛이있 네- 능 - 력힘입어 난두

렵지않네 참 - 선한것이 선한 것이여기일어나 -네-

성령의 불 타는교 -회-성령의 불꽃임- 하네 - 온마음

다하여 -서주이름 높이세 - 우 리의마-음불 -타네-

그 빛을전-하 기 -위해- 사랑 의불꽃- 전하 -세-

주를위한- 성령의불 -타는교 -회- -회-

589 세상 모든 민족이
(물이 바다 덮음 같이)

고형원

세상 모든민족이- 구원 을얻기까지- 쉬지않으시는-하

나님- 주의 심장가지고- 우리 이제일어나 주따르게하소

서 세상 모든육체가- 주의 영광보도록- 우릴부르시는-하

나님- 주의손과발되어- 세상 을치유하며- 주섬기게하소

서 물이바다덮음같이 - 여호 와의영광을- 인정하는것이

온세상가득하리라 - 물이 바다덮음같이물이 바다덮음같이물이

바다덮음같이 - 보리 라 그날에 주의 영광가득한-세
Fine

상 우리 는 -듣게되 리 온세 상가득한승리의 -함 성
D.S. al Fine

| 기타코드 |

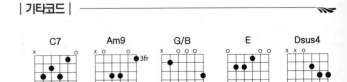

C7   Am9   G/B   E   Dsus4

593 세상 향한 발걸음들
(주의 횃불 들고 / Let the flame burn brighter)

Graham Kendrick

세상 향한 발걸음 –들– 불타는
전 빛난횃 –불– 점점커
의 능력으 –로– 진리와

사 –랑과기 도 소망 넘친– 새날 –위–해– 온땅
져 –이땅에 도 그날 위해– 헌신 –하–는– 우리
사 –랑안에 서 이세 상을– 치료 –하–며– 주의

1. 위에 찬양이 이천 년

2, 3. 속에 타오르네 – 주의햇 불
사랑 전하세

들고– 만방에나가 –세– 어둠 깨친 영광의

날 우리하나 되어 찬양소리 높여 비추

세 – 비추세 – 예수님

세 – 비추세 – 비추

세 – 비추세 – 비추

594 손에 있는 부귀보다
(금보다도 귀하다)

김석균

손에 있 는 부귀 보 다 주를 더 사랑 하는 가
큰물 결 이 뛰놀 아 도 주를 더 찬양 하는 가
언제 다 시 주오 실 지 아는 이 가있 는– 가

이슬 같 은 목숨 보 다 주를 더 사랑 하는 가
큰환 난 이 닥쳐 와 도 주를 더 찬양 하는 가
신랑 으 로오 실 주 님 맞을 준 비되 었는 가

사랑 의 빛잃 어 가 면 주님 만 날수 없– –어
깊은 잠 에 빠진 영 혼 주님 만 날수 없– –어
기름 없 는 등불 들 면 주님 만 날수 없– –어

헛된 영 화 바라 보 면 사랑 할 수 도없– –어
근심 걱 정 많은 자 는 찬양 할 수 도없– –어
재림 나 팔소 리 나 면 예비 할 수 도없– –어

잠시 머 물 이세 상 은 헛된 것 –들뿐이 니

주를 사 랑하는 마 음 금보 다 도귀 하 다
주를 찬 양하는 마 음 금보 다 도귀 하 다
주를 맞 을준비 함 이 금보 다 도귀 하 다

| 기타코드 |

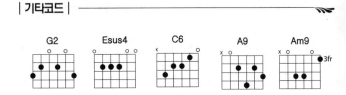

G2　　Esus4　　C6　　A9　　Am9

595 수많은 무리들 줄지어
(예수 이름 높이세)

최덕신

수 많 은 무 리 들 - - 줄 지 어 - 그
나 의 - 계 획 이 - 실 패 하 고 - 나

분 을 보 기 위 - 해 따 르 네 - 평 범 한 목 수 이 신 그
의 - 소 망 이 - 끊 어 질 때 - 삶 의 주 관 자 되 신 그

분 앞 에 - 모 든 무 릎 이 - 꿇 어 경 배 - 하 - 네
분 앞 에 - 나 의 무 릎 을 - 꿇 어 경 배 - 하 - 네

모 든 문 제 들 - 하 나 하 나 - 죽
나 의 삶 을 그 분 - 께 맡 길 때 - 비

음 까 지 도 - 힘 을 잃 고 - 생 명 의 근 원 되 신 예
로 소 나 의 마 - 음 평 안 해 - 구 원 의 반 석 되 신 예

수 이 름 앞 - 에 모 든 권 세 들 - 굴 복 - 하 - 네 -
수 의 이 름 - 을 소 리 높 여 - - 찬 송 - 하 - 네 -

예 수 이 름 높 - 이 세 능 력 의 그 - 이 름 예 수 이 름 높 - 이 세 구

원 의 그 - 이 름 예 수 이 름 을 부 - 르 는 자 예 수

이 름 을 믿 - 는 자 - 예 수 이 름 앞 에 - 나 오 는 -

자 복 이 있 - 도 다 - - -

596 시온의 영광이 빛나는 아침

T. Hastings 사, L. Mason 곡 & 후렴 전용희, 캠퍼스워십 편곡

시 온 의 영 광 이 빛 나 는 아 침
시 온 의 영 광 이 빛 나 는 아 침
땅 들 아 바 다 야 많 은 섬 들 아

어 둡 던 이 땅 이 밝 아 오 네
매 였 던 종 들 이 돌 아 오 네
찬 양 을 주 님 께 드 리 어 라

슬 픔 과 애 통 이 기 쁨 이 되 니
오 래 전 선 지 자 꿈 꾸 던 복 을
싸 움 과 죄 악 의 참 혹 한 땅 에

시 온 의 영 광 이 비 쳐 오 네
만 민 이 다 같 이 누 리 겠 네
찬 송 이 하 늘 에 사 무 치 네

Fine

- 경 배 - 하 라 - 찬 양 - 하 라

- 영 원 - 하 신 - 우 리 - 왕 -

- 존 귀 - 하 신 영 광 - 의 주 그 의 - 백 성 구 하 - 시

리 온 땅 - 들 아 기 뻐 - 하 라 주 를 -

D.C. al Fine

G

597 십자가 그 사랑
(The love of the cross)

Stephen Hah

십자가 그사 랑 멀리떠 – 나 서
지나간 일들 을 기억하지 않 고

무너진 나의 삶 속에 잊혀진주 은 혜
이전에 행한 모 든일 생각지않 으 리

돌같은 내마 음 어루만 – 지 사
사막에 강물 과 길을내시 는 주

다시일 으켜 세 우신 주 를 사랑합니 다
내안에 새일 행 하실 주 만 바라보리 라

주 나를보호 하 시고 날 붙드시

리 나는 보 – 배롭고 존 귀한

주 님의자 녀 라 주 – 의자녀 라

598 십자가를 참으신

이길우

십자가를참으 –신– 어린양 예 –수–

내죄씻어주시 –고– 구속–하셨 –네–

어둠을물리치 –신– 세상의빛 예 –수–

영광의빛비추 –사– 자유케하시 네 예

수 하나님–의완전한사랑– 예 수하나님–의값없는 은혜– 예

수 하나 님–의 놀라운지혜– 아름다–운그이름– 예 수

주같 –은분없 –네 주께영광돌리 –세–

주께영광돌리 –세– –세– 예

아름다–운그이름–예 수 아름다–운그이름–예 수

| 기타코드 |

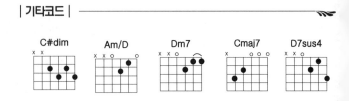

599 아름다운 이야기가 있네
(주님의 사랑 놀랍네)

John W. Peterson

아름다운이야기가 있 네　구세주의사랑이야 기
넓고넓은우주속에 있 는　많고많은사람들중 에
사람들은이해할수 없 네　주를보낸하나님사 랑

영광스런천국떠난 사 람　나와같은죄인구하 려
구원받고보호받은이 몸　주의사랑받고산다 네
이사랑이나를살게 하 네　갈보리의구속의사 랑

주님의그 사랑은정말 놀 랍네　놀 랍네　놀 랍네

오 주님의그사랑은정말 놀 랍네 나를위한그사 랑

601 아버지 사랑 내가 노래해
(그 사랑)

박희정

아버지사랑내가노래 해　아버지은혜내가노래 해
상한갈대꺾지않으시 는　꺼져가는등불끄지않 는

그사 랑 변함없으 신 거짓없으 신 성실하신그-사

랑　랑　사랑 -그사랑 -날위해

죽으신 - 날 - 위해 다 시사신 예수그리스 도-

다시오실그사랑-죽음 도 -생명도 천사도- 하늘의어떤

권세도- 끊을수없는- 영원한- 그사랑-예 수

600 아무도 보잖는 곳에서
(아무도 보지 않는 곳에서)

강명식

아 무도-보잖는 곳에서- 나 거룩하-기원해 -

아 무도-보잖는 곳에 서- 나 정 결하-기원해 -

나 오직-내주님 앞에서- 순 결하-기원해 -

나 오직-내주님 앞에서- 아 름답-기원해 -

내가 -어떻게-악을 -행하여- 하나 님께범죄하-리까
하나 -님의뜻 -이 -것이니- 우리 의 -거룩함-이라

그 -아무도-보는이 -없어도- 결코 죄와타협하지않고
음란함 -버리고- 존귀 -함으로- 주 -의얼굴보기위해

자기 -를지킨- 젊은요 -셉처럼- 나
하나 -님의뜻 -바로이 -것이니- 나

정 결하게살기원해 - 그 -아무도-보는이
그 뜻대로살기원해 - 부정함 -버리고- -거룩

-없어도- 나 거룩하게살기원해 - - -
-함으로- 나 주의얼굴보기위해 - - -

G

602 아버지 기다립니다

주영광

아버지기 – 다립 – 니다 – 나에게귀
– 기울 – 이사 – 나의깊은 – 부르 – 짖음 – 오주여들
– 어주 – 소서 – 아버지안 – 아주 – 소서 – 아버지품
– 어주 – 소서 – 아버지나 – 룰친 – 히만 – 나주 – 소서 –
주의품 – 에어 – 린양 – 어리고 – 약한 – 나를
– 주 의넓 – 은두 – 팔로 –
나를안 – 아주 – 소서 – – 아버지기

604 아버지 주 나의 기업 되시네
(My delight)

Andy Park

아 버지 　 주나 의 기업 되시 –네–
예 – 수 　 내삶 의 보배 되시 –네–
주님 은 　 내 – 소 망내 기 –쁨–
주님 은 　 온유하 고순 결 –해–
사 랑 합 니다 　 사 랑 합 니다
나 의 기 –쁨 　 주 님 을 　 –

603 아침에 주의 인자하심을
(시편 92편)

이유정

아침 에 주의인자 하심을 나–타–내시 –며– 밤마
다 주의성실 하 심을 베풂이좋으나이 –다– 아침
베풂이좋으나이 다 여 – 호 와께 감 사 하며
주의이름을찬 양 여 – 호 와께 감 사 하며
주의이름을찬 양 여 호 와 여 주의
행사가 – 어찌 – 그리 크 신 지 요 주의 생각이 – 심히
깊 으 시 나이 다 – 아침 에 주의인자
하 심을 나 – 타 – 내시 – 며 – 밤마 다 주의성실
하 심을 베풂이좋으나이 다 　 –

605 어떤 말로도

이지옴

어떤말로 -도- 모두다 말할수- 없네 -
내게차 -고넘치게 채 -워주-는은-혜 -
무슨노래 -로- 이것을 모 두말 -할 까 -
멈추지 -않으시는 나 -를향하신사-랑 -
멈출수 -없 네 -멈추지 -않으리- 주를향해 부
-르는 이노래 - 다함이 -없 네 -끝나지
-않으리- 우릴향해 넘 -치는그사 랑 -

Fine

D.C. al Fine

606 어린 양 찬양

(Praise the lamb)

Bruce Clewett

어린양 찬 양-- 우 리죄위해 죽으신주님- 또
죽음에서부 -활하신 영원하신주 할렐 루 --야 -
어린양 찬 양-- 오 직그이름 송축하리라-
모두무릎꿇 -고경배 하며외치리할렐 루 --야 - 그는
주 ---- 그는 주 ---- 그는
그는주 ---- 그는 주 ----
주 ---- 그는 주 ---- 그는 주
그는주 ---- 그는 주 ---- 그는 주

| 기타코드 |

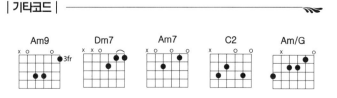

Am9   Dm7   Am7   C2   Am/G

| 기타코드 |

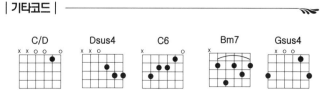

C/D   Dsus4   C6   Bm7   Gsus4

G

607 여기에 모인 우리
(이 믿음 더욱 굳세라 / We Will Keep Our Faith)

Don Besig & Nancy Price

여기에 – 모인우리 주의 은 총받은자여 라
주님이 – 뜻하신 일 헤아 리 기어렵더라 도
여기에 – 모인우리 사랑 받 는주의자녀 라

주께서 – 이자리 에 함께 계 심을 아노 라
언제나 – 주뜻안 에 내가 있 음을 아노 라
주께서 – 뜻하신 바 우리 통 해펼 치신 다

언제나 – 주님만 을 찬양 하 며따라가리 니
사랑과 – 말씀들 이 나를 더 욱새롭게하 니
고통과 – 슬픔중 에 더욱 주 님의지하오 니

시험을 – 당할때 도 함께 계 심을 믿노 라
때로는 – 넘어져 도 최후 승 리를 믿노 라
어려움 – 이겨내 고 주님 더 욱찬 양하 라

이 믿음 더 욱 굳 세 라 주가 지 켜 주신 다

어둔 밤 에 도 주의 밝은 빛 인도 하 여주신 다

608 여기에 모인 우리
(축복가)

박선정

여기에 모인 – 우리 – 주의 사랑으로 – 사 랑 해 요

이세상 에서 – 가장 – 아름다 운당신의모 습을 –

때 론 힘들고 지쳐도 – 서 로를 아껴주 고

세 상 시험이 닥쳐 와도 주님만 바라보 며

끝 – 까 지 함께하며 – 서 – 로를 지켜주며 –

아 름 답고 소 – 중한 – 하 나 님의 자녀되길 – 주의

이 름으로 기도합 니 다 – 당신 –

의 사랑 을 축 – – 복 – 해 요

| 기타코드 |

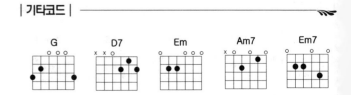

G   D7   Em   Am7   Em7

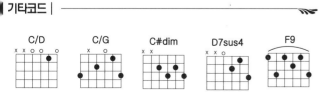

611 영광 높이 계신 주께
(Glory Glory in the highest)

Danny Daniels

영광 – 높이계신주께 영광 –

전능의 구주 어린양께영 – 광을 – 내

살아계신주 – 님께 – 어린 양께영광

주께 – 영광 – (영광 –) 영광 –

(영광 – – –) 영광 – 영광어린 – 양 –

주께 영 – 광 어 – 린양 – –

612 영광을 돌리세
(주님의 영광)

고형원

영 광을돌 – 리세 – 우 리하나 – 님께 – 존 귀와위 – 엄과 – 능력

과아름다움 만 – 방의모든신은 헛 된우상 – 이니 – 오직

하늘의하나님 – 그 영광찬 양해 – 주님의

영광 모 든나라위에 – 주님의 영광 온세계위에 – 하늘

에계신 – 우리 아버지 영광찬양해 – 우리 주님나라영원하리라

– 우리 주 님 뜻 은이 뤄지 리라 –

| 기타코드 |

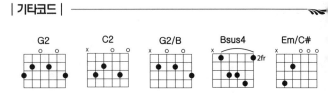

613 영광 주님께
(Glory glory Lord)

Robert D Fitts

영 광주님께 – 　　주님께영광을 – –

영 광주님께 – 당신은능 력의 주

당 신은능 력의 주

Fine

산위에올라가 서　　넓 –은바다를 향해

거리한가운 데 서　　소리높여주찬 양

새노래로주찬 –양　　땅끝까 –지 주이름높여–

모든열방 들나 –와　　소리높여 주찬 양

D.C.

614 영원한 생명의 주님
(Through it all)

Reuben Morgan

영원한생 –명의주 – –님– 한결 –같이–날보 –시네–

주손길 –덮–으 – –사– 의의 –길로–인도 –하네주–를

– 바라– –네 – 주를 – 기다리 – –네– 사

랑의노 –래 드리 –리라 –신실 하신주– 님께 – – – 영

원하– –신–주님의 –품에– 나 늘거하–도록 – 하소서 –

Fine

할렐– 루 야– 할렐– 루 야– 할 렐–

루 야– 할렐– 루 야– 루 야–사

D.S.

G

| 기타코드 |

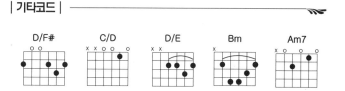

D/F#　　C/D　　D/E　　Bm　　Am7

615 예수 내 영혼의 사랑
(Jesus, Lover of My Soul)

Daniel Grul/John Ezzy & Steve McPherson

예수 - 내영혼의사랑 - - 예수 - 나는

포기할수없네 - 수 령에서 - 날건지 - 시고 - -

주 님의반석위 - 에날 - 세우셨네 - - -

주님만 사랑해 결코주님을 - 나 떠나지 - 않으 리

내구주 나의친구 - 세상끝날까 - 지 주만섬 - 기리 - -

세상끝날 까 - 지 주만섬 - 기리 - -

616 예수는 말씀

김영범

예 - 수는 - 말 - 씀 - 태초부 - 터계 - 셨고 -

모 - 든만 - 물 - 이 - 그로말 - 미암 - 았네 -

그분 은 생명의빛 - 살아 역사하시 - 는하나님 -

그분 은 생명의빛 - 살아 역사하시 - 는주님

- 세상 어둠권세 - 주 께굴 - 복했네 - 나

주님만을 - 섬기리 - 그 말씀속에 - 거하리 -

617 예수 예수 아름다운 주
(아름다운 주 / Beautiful)

Dennis Cleveland

예 - 수 예 - 수 아 - 름 다운주

주 내삶을 아름답 게 만 드 셨 - 네

예 - 수 예 - 수 아 - 름 다운주

주 내삶을 아름답게 만드시 - 네

618 예수의 이름으로
(I will stand)

Chris Bowater

예수 의 이름으 로 나는일 어서리 라

주가 주 신능력 으로 - 나는일 어서리 라

원수 가 날향 해 와도 쓰러 지 지않으리

주가 주 신능력 으로 주가 주 신능력 으로

주가 주 신능력 으로 일어서리 -

619 예수는 왕 예수는 주
(He Is The King)

Tom Ewig, Don Moen & John Stocker

예수 는왕 – 예수는주 – 예수 는날
– 구원하신 주 – – – 예수는왕 – 예수는주
– 예수는날 – 구원하신 – 주 왕께만세
– 주께만세 – 날구원 하신 주님께 만
세 – – – 왕 께 만세 – 주 께 만세
– 날구원 하신 주님께 만 – 세
강 하고능 하 신 왕 세 상 모
– 든나 라다 – 스 리 시 네 소 리 높 여
찬 양 해 그 는만 – – 유 의 주 – 그
는 만 왕 의 왕 예 수 는 왕

620 예수님 처음과 나중이십니다
(모든 만물 / All Of Creation)

Scott Ezzy & Scott Brenner

예수님 – 처음과 – 나중이십 – 니 다 –
생명을 – 주 시는분 – 창조주하 – 나 님 –
주님의은 – 혜를부으 – 소서 – 사랑의생 – 수를부으 – 소 – 서 –
주의자녀 – 들의심 – 령을 – 새롭게하 – 소 서 –
모든만물 – 이 선 – 포 해 – 주님의영 – 광을 –
예수님당 – 신은만 – 왕의왕 – 모 든만물이 – 경배해 –
영광을주 – 의어린 – 양 께 – 주님을높 – 입니다 –
예수님당 – 신께만 – 영광을 – 모 든만물이 – 경배해 –
예수님은 – 신 실하고 – 진리이십 – 니 다 –
주안에서 – 안 전합니다 – 완전한주 – 의사랑 –
주님의은 – 혜를부으 – 소 서 – 사랑의생 – 수를부으
– 소 – 서 – 주님의사 – 랑의강 – 물 을 –
흘려보내 – 주소서 –

D.S. al Fine

621 예수보다 더 큰 사랑
(No Greater Love)

Tommy Walker

예수보다더큰 사 랑 - 그누구도줄수 없 네 -

우리에게자유 주 신 - 그 큰사 - 랑 -
Fine

세상의헛된보 - 화 - 곧 사 라지 - - 지만

- 영원한주의사 - 랑 - 나의 맘 에남 - 으 - 리

- 찬 양 하 세 영 원 히 변 치

않 는 그 사 랑 위대 - 한 - 그 사 랑 내 죄 씻

었 - 네 세 상 모 든 능 력 과 권 세

보 다 강 하 신 영 원 한 그 - 사 랑
D.C. al Fine

622 예수 세상의 중심

김영범

예 - 수 세상의 - 중 - 심
- 수 처음과 - 나 - 중

Laste time
To Coda

모든만 - 물 들 - 다주께속 - 했 - 네
모든역 - 사 들 - 다주께속 - 했 - 네

예 왕되 - - 신주 - 이름 - 높이 - 세

열방 - - 들아 - 일어 - 나선 - 포해 -

왕되 - - 신주 - 이름 - 높 - 이세

열방 - - 들아 - 일어 - 나 찬양하 - 여라 - 예
D.S.

세상의 - 중 - 심 - - 심 - -
처음과 - 나 - 중

| 기타코드 |

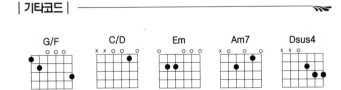

| 기타코드 |

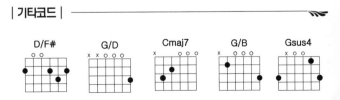

623 예수 존귀한 주 이름
(Jesus is the name we honour)

Phill Lawson Johnston

예 수 존 귀한 주이 름 예 수
예 수 주 께경 배하 며 예 수
예 수 하 나님 의광 채 예 수

찬 양합 니 다 뛰어 난 위엄의 주
의 지합 니 다 주님은 만 왕의왕 이
기 쁨되 신주 위엄의 주 님다 시

이 름을 온 땅과하 늘 외 치리 예 수 는
되 시니 만 물이노 래 하 리라
오 심을 모 든 사람 이 보 리라

하 나 님 영광 돌 리며 주를 높 이리 존귀

찬 양 드 리 리 라 영광 돌 리며 주를

높 이리 존 귀찬 양 드 리 리 라

624 예수 주 승리하심 찬양해
(Jesus we celebrate Your victory)

John Gibson

예 - 수 주 승리하 - 심찬 - 양 해

예 - 수 주 사랑놀 - 라 와

예 - 수 자유주 - 심 기 - 뻐 해

예 - 수 생명 - 을주 - 셨네

Fine

구 원의주 - 님 자 유케하셨네 - 모
주 님의성 - 령 내 안에계시니 담대

든 죄의 - 멍에 - 를 주가 깨뜨리셨네
히 주께 - 나 갈 - 담 력을얻었네

우 리 기뻐 - 해 승 리의주님 - 우
주 임재안 - 에서 문 제는사 라져

리 마 음 주 께향 하 네

D.C.

G

625 예수 하나님의 형상
(만물을 화해케 해)

최요한, 김재우 & 김재우, 최요한

예 수 하나님의 형 상 -

모 든 만물의창 조 주 -

하늘과 온땅의 아름다 움 주안에
세상의 권세와 세상어떤 유혹에

서 회복되 어 우리를 초대하네 - 온
도 주의교 회 그날을 보게되 리 - 하

만물의주 인 되신온 교회의머 리 되신그
늘 과땅노 래 하네그 행하심선 포 하네그

리 스도그 보 혈이 만물을화해케 해 하
이 름은영 원 하며 만물을새롭게

해 - 할렐루 야 -

626 오늘 이 자리에 모인 우리
(우리의 기도)

이길승

오늘이자 - 리에 모인우 - 리 - 어린양예 - - 수

따라가는 - 무리 - 되게 - 하소서 -

성령의충 - 만함 임재안 - 에 - 어둡던우 - 리눈

밝아져서 - 주를 - 보게 - 하소서 -

당신의겸 - 손함 당신의거 - 룩함
내안의교 - 만함 내안의천 - 박함

당신의정 - 직함우리 에게보 - 이사 -
내안의거 - 짓됨모두 벗어버 - 리고

어린양예 - - 수 따라가는 - 무리 - 되게 - 하소서 -

| 기타코드 |

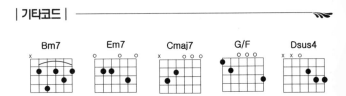

Bm7　　Em7　　Cmaj7　　G/F　　Dsus4

627 오소서 오 나의 성령이여

김영진

오소서 – 오 나의 성령이여 –

임하소서 – 거룩한 성령 –의 – 불길로

헛된 마음 모 두 다 태–우시고 나를 새롭게–하 소서 –

진리로 날 가 르 쳐 주셔서 내 영 자유롭–게 하–소 서

성 령 이 여 – 임 하 소 서 –

내 삶에 충만하 –게 – 임 하 소 서 –

629 오직 주님만
(Only You / No One But You Lord)

Andy Park

오직– 주 님만– 나 의 맘의– 갈급– 함채–우네 –

오직– 주 께만– 더 가까이–가기를 원–하 네 주님

만 내 갈 급함–채 우 –네 – 주 만

내 게 새 생명–주네 – 주 만 기 쁨 내 맘에–주시

–네 – 나 의 기 도 응 답하–시 네

628 오 예수님 내가 옵니다

고형원

오 예 수 님 내가 옵니 다
그 큰 사 랑 눈물에 겨 워

못 박 히 신 십 자가 앞 에
울 며 울 며

돌아옵니다 주 님 손 과 발 못박 했고– –머

리엔 가시관 박히셨 네 내 모든 죄 – 와 허물

위해 – 말없이 피흘려 주 셨네

오 예 수 님 나 의 손 잡 고 이제

부터 – 영원까 지 내 구 주가 – 되 옵 소 서 이제

부터 – 영원까 지 내 구 주가 – 되 옵 소 서

G

| 기타코드 |

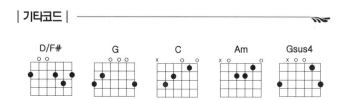

D/F#   G   C   Am   Gsus4

630 오 주님 나라 임하리
(주님 나라 임하리 / Heaven Is In My Heart)

Graham Kendrick

오 — — — — — 주님나라임하리

오 — — — — — 주님나라임하리
Fine

주 이름거－룩하 －도다－
호 흡이있－는자 －들아－ 주님나라임하리
민 족과열－방나 －아와－

그 뜻이이－뤄지 －이다－
주 이름찬－양하 －여라－ 주님나라임하리
주 의이름－부르 －리라－

악 에서승－리하 －셨네－
존 귀와영－광능 － －력 － 주님나라임하리
온 세상에－전파 －하라－

영 광이주－께있 － 도다－
구 원이주－께있 － 도다－ 주님나라임하리
땅 끝까지－이르 － 도다－
D.C. al Fine

631 오 주여 나의 마음이
(시편 57편 / My Heart Is Steadfast)

오주여 나의마－음이 주께로

정해졌－으니 나－는주 찬양하리라 －

깨어라 나의영－혼 아비파와 수금들－어

라 이새벽에 내가－찬 양 하 리라 －

멜－로디 － 멜－로디 － 예수님은
예－ －수 － 예－ －수 － 예수님은

1. D7 / G   2. D7 / G
나 의 노래 －   나 의 노래 －

632 왜 슬퍼하느냐
(왜)

최택헌

왜 슬퍼하느 냐 왜 걱정하느 냐 무

얼 두려워하느 냐 아무 염려－ 말아 라

큰 어려움에 도 큰 아픔있어 도 이

젠 아무걱정하지 마 내 가 널붙들어주 리

내가 너와항상 함께 하리－라 내가 너를지키 리 라

실망치말고－ 나를 보 아 라 나는 너의하나님 이 라

633 온 세계 위에
(All Over The World)

Terry Butler

온 세계위에 – 온 세계위에 –
온 세계위에 – 온 세계위에 –

주님의성령 –이 – 역 사하시네 –
주님의성령 –이 – 운 행하시네 –

주님의강념 – 치고 주 임하시네
주님의깃발 – 들고 주 찬양하네 –

주 님의성령 –이 – 온 세계위에 –
주 님의성령 –이 – 온 세계위에 –

열방을만지 – 고 – 그 – 사랑주 네
분열은그치 – 고 – 하나될수있 게

주님의성령 –이 – 역 사하시네 –
주님의성령 –이 – 운 행하시네 –

634 왕의 왕 주의 주
(Lord Of Lords, King Of Kings)

Jessy Dixon, Randy Scruggs & John W.Thompson

왕 의왕 – 주 의주 – 하늘과땅 – 과 모든것지으 신
의 로우신 하 나님 – 거룩한주 –의 이름높여찬 양

주 – – – – 영광돌리 – – – – 네
하 – –며 – 영광돌리 – – – 네

주 여호 – 와 하 나님 – 귀하신 평강의왕 – 전능 의
주 하나 – 님 통 치자 – 주님의 크신위엄 – 선포 하

주 – – – – 영광돌리 – – – – 네
며 – – – – 영광돌리 – – – 네

주 – 께 영광 – 주 – 께 영광 –

주 – 께 영광 – 전 능 하

신 주께영 – – 광 –

G

| 기타코드 |

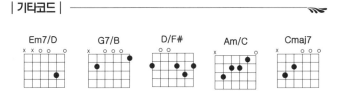

Em7/D   G7/B   D/F#   Am/C   Cmaj7

| 기타코드 |

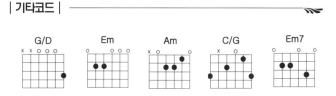

G/D   Em   Am   C/G   Em7

635 우리를 위하여
(그는 주)

이동희 & 임선호

우리를 - 위하 - 여 - 이땅에 - 오셨 - 네 - 죄인구

- 하시 - 려 - 생 명을 - 주 - 셨네 - 주 의마

- 음으 - 로 - 세 상을 - 섬기 - 며 - 이땅회

- 복하 - 신 - 십 자가 - 를전 - 하리 - 우리를

- 를전 - 하 리 - 그는 주 -

모 든이 - 름위 - 에 - 뛰 어 난예 - 수 나자

- 랑하 - 리라 - 나의삶 - 예수그 - 리스 - 도

주 님 의혼 - 적 나품 - 고살 - 리라 - 그는 주

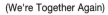

636 우리 함께 모여
(We're Together Again)

Gordon Jenson & Wayne Hilton

우 리함께모여 - 주 의이름찬 양

우리함께모여 - 주 를부르세 - - - -

- 위 대 한 일행하셨 네 우 리 소 망충만해

- 우 리함께모여 - 주 의이름찬 양

637 원컨대 주께서 내게
(야베스의 기도 / The Prayer of Jabez)

이은수

원 컨 대 주께서내게 - 복 - 에 복을더하사 - 나의

지 경을 - 넓히시고 - 주 - 의 손으로 - 나 - 를

도 우사 - 나로환난 벗어나 - 근심없 - 게 하소서

성 령의 충 만을 - 가 득히 부 어주 소서

- 오늘내 삶 속에 - 능 력의 주 님손 길로

- 나 의 사 는날 - 그모든 순 간을

- 주 님의 - - 힘으로 - 채우소 서 원 컨대

| 기타코드 |

E7/B   Am7/D   Cm/Eb   A7sus4   Fmaj7

638 위대하신 전능의 주
(높고 놀라우신 주 / Awesome Is The Lord Most High)

Jesse Reeves, Cary Pierce, Jon Abel & Chris Tomlin

위대 하 –신– 전 능–의주 –
보내신 –곳– 우 리–가리 –

신실하 –고– 변 함없으–시네 –
구주되 –심– 세 상 알기–원해 –

내평생 –에– 찬 양–하리 –
부르심 –을– 신 뢰–하며 –

주영광위 –해– 나 모두드–리리 – 모든
주의 길 –을– 다 따라가–리라 –

나 라 만물 –아 두손 들 고 외쳐 –라– 가장

높 고 –놀 라 우 신 –주 – 우리

함 께찬양 –해 지금 부 터–영원 –히– 가장

높 고 –놀 라 우 신 –주 –
Fine

할 렐루 –야– 할 렐루 –야– 가장높고–놀라

우 신 –주 – – – 모든

639 유다지파의 강한 용사들이
(모든 전쟁은 주께 속했네 / The Battle is the Lord's)

Tom Brooks/Don Moen & Martin J. Nystrom

유다 지파의– 강한 용사들–이 원 수와맞–설때 – 두려
원수 마귀가– 너를 대적하–여두 려움줄– 때에 – 주를

워 말라– 승리 주 리라– –주님 말씀하–셨네 –
믿 으라– 그가 언 제나– 너와 함께하–시리 –

검을내려놓고 – 소리높–여라 – – – – –
전쟁 –중에는 – 소리높–여라 – – – – –

전쟁은나에게 – 속했으니 – – – – –

기뻐춤추 며 – 소리높여 서 – 주를찬양 승 리의노래

– 시험당할 때 – 기뻐노래 해 – 모든전쟁 은 주 께속했네

– 기뻐춤추 며 – 소리높여 서 – 주를찬양 승 리의노래

– 시험당할때 – 기뻐노래 해 – 모든전쟁은 주 께속했네 –

G

| 기타코드 |

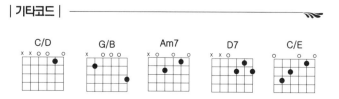

640 은밀한 곳 조용한 곳에
(주 알기 원해 / In the secret In The Quite Place(I Want to Know You More))

Andy Park

은밀한- 곳 조용한- 곳에 -
주께받- 을 상을바- 라며 -

주님그- 곳 에 계시네
저높은- 곳 에 올라가

은밀하- 게 조용하- 게주 -님만을- 기
어려움- 과 모든장- 애물 -리치고- 달

-다리리- - 주를더- 알 기 원하 네 -
-려가리- -

주 알 기 원 -해 그 음 성 듣 기 -를
주 보 기 원 -해 주 님 을 만 나 -길

간 절 히 원 -하 네 -

642 일어나라 찬양을 드리라
(일어나 찬양 / Arise and sing)

Mel Ray

일 어 나 라 찬 양 을드리라우릴 구 원하신 주 께

일 어 나 라 찬 양 을드리라우릴 구원하신 주 께

마음열고주 님앞 에 기 뻐해 마음열고주 님앞 에 기 뻐해

마음열고주 님앞 에 기 뻐해주님 은 우 리 왕

641 이곳에 임하신 하나님 나라
(믿음으로 서리라)

정선경, 황귀희 & 이동희, 송명아

이 곳에임하-신하 나님나라- 가난한맘으-로바 라보리라-

먼저그나- 라 그 뜻구하며 - 나의삶드-리 리 -

주 님이맡기-신하 나님나라- 믿 음의눈으-로바 라보리라-

하늘의뜻- 이 - 이땅가운-데 - 완성될그-날까-지 -

믿음 다하여 - 그위에 서리라 - 하나 님의나-라는-

무너 지지않- 으리 - 믿음 다하여 - 그나라 세워가리라-

주 -님 곧오실때까 지 이

지 믿음 지

믿음 다하여 - 그위에 서리라 - 하나 님의나-라는-

무너 지지않- 으리 - 믿음 다하여 - 그나라 세워가리라-

주 -님 곧오실때 까 지 믿음 지

643 이 땅 위에 오신
(Hail to the King)

Larry Hampton

G 이 땅 위에 - 오신 - 하 나님의 - 본체 -
우 리 고대 - 하네 - 주 님 오실 - 그날 -

CM7 / Dsus4 / D7
십 자가 - 에달 - 리사 우리 죄 사하 - 셨네 -
다 시 사신 - 왕의 - 영광 이 땅을비 - 추네 -

G / Em11
하 나님이 - 그를 - 지 극히 높여 -
사 단 의권 - 세는 - 주 앞 에무 - 너져 -

CM7 / Dsus4 / D
모 든 이름 - 위에 - 뛰어 - 난 이름을 - 주사 -
생 명 과진 - 리의 - 주권 - 세 가장높 - 도다 -

C / Dsus4 / D / Em11 / Dsus4 / D
우리 예 수 이 름 앞 에 절 하 고

C / B7/D# / Em11 / Dsus4 / D
모 든 입 이 주 를 시 인 - 해

C / Dsus4 / D / Em7 / D / C
영 광 중 에 오 실 주 를 보 리 라

C Dsus4 / D G / Bm G/B C / G/B
선 포 - 해 - 왕 께 만 세 - 존

Am7 / G / Dsus4 / D / Em7 / D / C G/B
귀 와 위엄 - 을 찬 양 해 왕 의 왕 께 만

Am7 / G / C D / C/G / G
세 주 - 예 - 수 하 나 님 -

644 이 세상 가장 아름다운
(그가 오신 이유)

김준영 & 임선호

C / D/C / Bm7 / Em7 / Am7 / D7 / G
이세상 - 가장아 - 름다운 - 순종의눈 물 -

C / D/C / Bm7 / Em7 / Am7 / D7 / G
온 세상 - 다시빛 - 나게한 - 생명의눈 물 -

C / D/C / Bm7 / Em7 / Am7 / D7 / G
그가이 - 땅에오 - 신이유 죽어야 - 살게 - 되고 -

C / D/C Bm7 / Em7 Am7 / Am/G / Dsus4 / D
져야만 - 승리하는 - 놀랍고영 - 원한신 - 비 - 지으신

G / D/F# / C/E G/D / C / G/B / Am7 Bsus4 B7
그대로 회 복시킨 우 리의창조주 그리스도 - 십자가

Em7 / B7/D# / G/D / A/C# / Am7 / G/B C
의길로 - 아버지 뜻 이루셨 - 네 그가이땅에 오신이 -

Dsus4 D / G / D/F# / C/E G/D / C / G/B
유 이제우 리에게 맡 겨진 그 소망그사랑 그생명

Am7 / Bsus4 B7 / Em7 / B7/D# / G/D / A/C#
- 아 름답 고 눈부신 십 자가의 - 길

Am7 / G/B / C6 / D7 / G
우 리가 - 이땅 - 에살 - 아갈 이유 -

G

| 기타코드 |

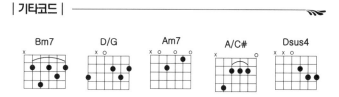

Bm7 D/G Am7 A/C# Dsus4

645 이 세상의 부요함보다
(Better Than Life)

Marty Sampson

646 일어나라 주의 백성

이천

| 기타코드 |

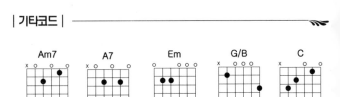

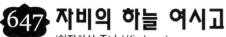

647 자비의 하늘 여시고
(친절하신 주님 / Kindness)

Chris Tomlin, Louie Giglio, Jesse Reeves

1,2.자비의— 하늘 ———— 여시고 — 은혜— 내
3.자비를— 내려 ———— 주시네 — 우리심령 — 회

리소— 서— 생명수— 가 솟아— 오르— 니
복케— 하니 하늘향— 해 찬양을올리— 세

주를외— 쳐— 높—이세— —— 높—이세— —주의
더가까— 이— 주—께로— —

친절— 하심— 나 를돌이— 키시— 고그 사랑—하심— 우리소원

— 주의 아름—다움— 우 릴잠잠— 케하— 니 주사

—랑— 생명 보다— 귀하신사— 랑 —

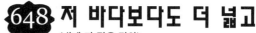

648 저 바다보다도 더 넓고
(내게 강 같은 평화)

이혁진 편곡 & Negro Spirilual

저— 바다보—다—도더넓—고 — 저 산과—하—늘보다

더높— 은 주님의은혜—가 — 이 곳에—가—득—해 —

살아 계신—주—나—의하나—님 언제나넘치—는—주의사

랑으—로 내안에 가득—히 — 넘쳐—흐—르—네 —

내 게 강 같 은 평화 내게 강 같은

평화 내게 강 같 은 평화 가넘 치 네

내 게 강 같 은 평화 내게 강 같은

평화 내게 강 같 은 평화 가넘 치 네

| 기타코드 |

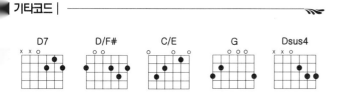

D7 D/F# C/E G Dsus4

| 기타코드 |

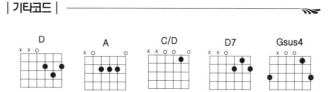

D A C/D D7 Gsus4

G

649 저 죽어가는 내 형제에게
(메마른 뼈들에 생기를)

고형원

저 죽어가는 – 내형제 에게 – 생명을 주소 서 혹

암의권세 – 에매여 – 내일 을빼앗긴 – 저들에 게 저

소망없는 – 텅빈가 슴에 – 새날을 주소 서 고

통의멍에 – 에매여 – 신음 하고있는 – 저들에 게 – 아버지

여 이백성 다 시 살게 하소서 묶었

던자 자유케되 는 영광 의날을주 – 소 서 아버지

여 이나라 주 의 것되게하 – 소 서 영원

하 신 하늘아버 지 다 시 섬기게하소 서

Fine

메 마른뼈들에 – 생 기를 부어주소서 – 아버지

의궁휼 – 주 의군 대로 – 서게하 소 서

성 령의 바람 – 이제불어 와 – 아버지

650 전능의 주 얼굴 구하며
(Touching Heaven Changing Earth)

Reuben Morgan

전능의 – 주얼 – 굴구 – – 하며 –
우리생 – 명다 – 할때 – – 까지 –

이땅위 – 해주 – 께기 – 도할때 –
주만바 – 라보 – 며달 – 려가리 –

부흥의 – 불을 – 주소 – – – 서 –
눈물로 – 씨뿌 – 린후 – – – 에 –

모든 영 – 혼주 – 를 알게리되리 –
기쁨 으 – 로단 – 을 거 – 두리라 –

능력의 – 이름 – 주예수 – 주의이 – 름높 – – 이리 –

하늘향 – 해기 – 도할때 – 이땅을 – 고치 – 소 – 서 –

능력의 – 이름 – 주예수 – 주의이 – 름높 – – 이리 –

하늘향 – 해기 – 도할때 – 이땅을 – 고치 – 소 – 서 –

이땅 을 – 고 치 – – 소서 –

– 이땅 위 에 – 이땅 위 에 – 이땅

위 에 – 부 흥 을 이땅 소 – – – 서 –
위 에 – 주

D.S. al Coda

이 땅 을 – 고 치 – – 구소서 –

이 땅 을 – 고 치 – – 소서 –

651 정결한 맘 주시옵소서
(Create in me a clean heart)

Keith Green

정 결한맘주시 옵소서- 오 - 주 님

정직한영을 새 롭게하소 서 - 정 -

나를 주 님앞 에서 - 멀리 하 지마시고 -

주의 성 령을 거 두지마옵소 서 -

그 구 원의기 쁨 다시회 복시키 시-고

변치않는맘 내 안에주소 서 -

653 주님께서 주시는
(Oh, how He loves you and me)

Kurt Kaiser

주 님 께 서 주 시 는 -

그 사 랑 놀 라 워 라 -

그 의 생 명 주 - 시 기 까 지

널 사 랑 하 네 날 사 랑 하 네

너 와 날 사 랑 하 네 -

652 주 계신 곳 나 찾으리
(날 새롭게 하소서)

정장철

주 계 신곳 - 나 찾 으리- -

주 님 앞에 - 나가 - 주 뵈 오리 -

날 새롭게하 - 소서 - 날 새롭게하 - 소서 -

날 새롭게하 - 소서 - 주님 - 이 시간 -

내 모 든것 - 맡 기 리라 -

나의연약한모 습 주 - 님 고치리 - 이시 - 간-

날 새롭게하 - 소서 - 날 새롭게하 - 소서 -

날 새롭게하 - 소서 - 주님 - 이 시간 -

| 기타코드 |

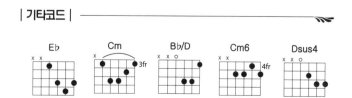

Eb   Cm   Bb/D   Cm6   Dsus4

654 주께서 다스리네

김재우

주께서 다스리-네　내삶-을-　주께서
주께서 다스리-네　이땅-을-　주께서

다스리-네　내삶-을-　주께서 일하시-네　지금
다스리-네　이땅-을-　주께서 일하시-네　이순

-도-　주께서 일하시-네　내삶-에-　주님만
-간-　주께서 일하시-네　이곳-에-

의 지해-요　주님만 의 지해-요　주님만
예 배해-요　주님만 예 배해-요　주님만
사 랑해-요　주님만 사랑해-요　주님만

의지해-요　예,주-님-　주님만 의지해-요　주님만
예배해-요　예,주-님-　주님만 예배해-요　주님만
사랑해-요　예,주-님-　주님만 사랑해-요　주님만

의지해-요　주님만 의지해-요　예,주-님-
예배해-요　주님만 예배해-요　예,주-님-
사랑해-요　주님만 사랑해-요　예,주-님-

Fine

만물-의창조-　자-　　열방-의통치

-자-　　주다-스리시-네-　다

D.S. al Fine

주 께 속했 네　　　-　주님만

655 주 날 구원했으니
(멈출 수 없네)

심형진

주 날구원했-으니-　어찌잠잠하-리-
주 내죄사했-으니-　어찌잠잠하-리-

기쁨 의-　찬송드-리리
기쁨 의-　경배드-리리

주 를향-한-　나 의사-랑-

멈출수없-네-　멈출수없-네-

나-기쁨의춤추리-　내

1. 모든슬-픔바꾸셨네-　-

2. 모든삶-주안-에-있네

656 주님 사랑해요

이정림

주님-　사 랑해요-

주님-　사 랑해 요-

말 하 지 않아도　표 현 다 못 해도

주님-　사 랑해요-

657 주 내 소망은 주 더 알기 원합니다
(Changed By Your Love)

Andre Ashby & Scott Brenner

주 내소망은 - 주더알기 - 원합니다 - 이전보다

- 더가까이 - 가기원 합 - 니 - 다 -

오 주의품에 - 기대기만 - 원합니다 - 주의사랑으로

- 변화시켜 - 주시옵 - 소 - 서 - 주사 - 랑

- 으로날 - 개치며 - 오르게하 - 소 - 서 - 은밀한곳에

- 영원히 - 영원히 - 거하게하소 - 서 - -

오 주의사랑 - 부끄러워 - 않겠어요 - 주의사랑으로

- 변화시켜 - 주시옵 - 소 - - 서 -

| 기타코드 |

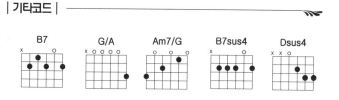

658 주님께 감사해
(존귀한 어린 양 / Worthy is the Lamb)

Darlene Zschech

주 님 께 감 사 - - 해 - 생 명 주 신
사 - - 해 - 날 위 해 못

그 사 - 랑 - 내 부 끄 러 운 죄 - 를 - 사
박 힌 - 손 - 주 의 보 혈 로 나 - 를 - 씻

하 시 - 고 - 놀 라 운 은 - 혜 - 주 - 네 주 님 께 감

으 시 - 고 - 주 품 - 에 품 으 - 시 네 - 존

귀 한 - 어 - 린 양 - - - - 좌 정 - 하 - 신 주 - - - -

면 류 관 - 쓰 신 - 주 - 님 - 날 다 스 리 - 시 네 -

하 나 - 님 - 아 들 - - - - 높 여 - 경 - 배 해

- - - - - 십 자 가 에 달 - 리 - 신 - 주 - 님 -

존 귀 하 신 - - 주 - - 어 린 양 찬

- - 양 - - - 어 린 양 찬 - 양 -

Last to Coda
- 존 귀 하 신 - - 주 - 어 린 양 찬

D.S. al Coda
- 존 - - 주 - -

659 주님 내 길 예비하시니
(여호와 이레)

홍정표

G | C | G D | G

주님 내 길 예비하시니　나 기뻐합니 다
주님 내게 평화주시니　나 기도합니 다
주님 내게 승리주시니　나 찬송합니 다
주님 나를 치료하시니　참 감사합니 다
주님 나를 사랑하셨네　날 구원하셨 네

G | C | G D7 | G

주님 내 길 예비하시니　나 기뻐합니 다
주님 내게 평화주시니　나 기도합니 다
주님 내게 승리주시니　나 찬송합니 다
주님 나를 치료하시니　참 감사합니 다
주님 나를 사랑하셨네　날 구원하셨 네

G C G D7 | G

여 - 호와 이 레　여 - 호와 이 레
여 - 호와 샬 롬　여 - 호와 샬 롬
여 - 호와 닛 시　여 - 호와 닛 시
여 - 호와 라 파　여 - 호와 라 파
할 렐루야 아 멘　할 렐루야 아 멘

G | C | G D7 | G

주님 내 길 예비하시니　여 - 호와 이 레
주님 내게 평화주시니　여 - 호와 샬 롬
주님 내게 승리주시니　여 - 호와 닛 시
주님 나를 치료하시니　여 - 호와 라 파
주님 나를 사랑하셨네　할 렐루야 아 멘

660 주님여 이 손을

Anonymous

G | C

주님여 이손을 꼭잡고 가소서 -
인생이 힘들고 고난이 겹칠때 -

G | Em7 | Am7 | D7

약하고 피곤한 이몸을 -
주님여 날도와 주소서 -

G | G7 | C

폭풍우 흑암 속 헤치사 빛으로-
외치는 이소리 귀기울 이시사 -

G | D7 | C/G | G

손잡고 - 날인도 - 하소서 -

661 주님은 신실하고
(Sweeter Than The Air)

Scott Brenner & Andre Ashby

G/B | C Dsus4 D/F# G G/B | C Dsus4 B/D#

주님-은 - 신실하-고 - 항상거기 - 계-시-네

Em7 G/D | C | Dsus4 D | G | G/B

- 주사랑을뭐 -라할까- - 주사랑-이내생

C | Dsus4 D G | G/B | C | Dsus4 B/D#

명보다귀 -하-고 - 주사랑-이파도 보다더강 -해-요

Em7 | G/D | C | A/C# | D /C G/B G

- 세월이 -가고꽃 은시들어도- 주사랑 -영원해- 주님

1. C2 | Dsus4 D | 2. C2 | Dsus4 D | G C/G G

- 사랑-신실해-요 - 사랑-신실해-요 - -

| 기타코드 |

G/B　　B/D#　　Gmaj7　　G9　　A/C#

662 주님의 영광 나타나셨네
(The Lord has displayed His glory)

David Fellingham

주님의 영광 나 타 나셨네
권 능으로 임하 셨 네
죽음 에서날 살리 신 주 성령 놀
라 우 신 주 하 나 님 할렐
루 야 주 의 나라가 할렐
눈먼 자 는 눈을 뜨며

루 야 임 하 소 서
저는 자 는 걷게되리
나는 선 포 하 리 만왕의 왕예 수
주 의 나 라 임 하 시네

663 주님 한 분만으로

박철순

주님 한분만 으로 나는 만족 해 나의
모든것되신 주님 찬양 해 나의 영원한생명 되신
예 수 님 목 소리높 여찬 양 해
주 님 의 크신 사랑찬 양해 나의
힘 과 능력 이 되 신 주 나의 모든삶 변화
되었 네 크신 주의사랑 찬 양 해

664 주의 이름 높이며
(Lord I Lift Your Name On High)

Rick Founds

주의이름높 이 며 주를찬양하 나 이 다
나를구하러 오 신 주를기뻐하 나 이 다
하늘영광 버리고 이 땅 위에 십자가 를지시고
죄 사 했네 무덤에 서일어나 하늘로 올리셨네
주 의 이름높 이 리

G

665 주를 높이기 원합니다
(I Give You My Heart)

Reuben Morgan

주를 높- 이기 --- 원합 니 다

온 마음- 다해 ----경배하리 - -

내안의- 모든 --것- 찬양 하 네

오 직주- 님만 ---- 높이리 - -

나의맘과영혼 - 다주께드-려 --- 주

위 해살 리라 - 나의모든호-흡 - 삶의모든순-간에

- -주 뜻이루소서 - 나의맘과영혼 - 다주께드-려

--- 주 위 해살 리라 - 나의모든호-흡

- 삶의모든순 -간에 - - 주 뜻이루소서 -

666 주 보좌로부터
(주님의 강이 / The River Is Here)

Andy Park

주 보좌-로-부터 물이-흘-러 당
주 님의-강-이 충 만케-되네당
주 님-의-산에 올라-가-리

는 곳 - 마 - 다 새 로 워 지 네 -
는 자 - 마 - 다 치 유 케 되 네 - 그
주 계 - 신 - 보 좌 찾 - 으 러 - 그

골 짜 - 기 - 를 지 나 들 판 - 으 로
강 가 - 에 - 있 - 는 병 든 - 자 들
강 변 - 에 - 우 - 리 달 려 - 가 서

생 수 - 의 강 물 흘 러 넘 - 치 네 주
주 갈 - 급 하 며 돌 아 오 리 라
춤 을 - 추 - 며 주 를 찬 양 - 하 리

님 의 강 이 우 릴 즐 겁 - 게 - 해 주

님 의 강 이 - 춤 추 게 - 해 - 주

님 의 강 이 우 릴 새 롭 - 게 - 해

기 쁨 - 으 로 충 만 케 하 네 -

| 기타코드 |

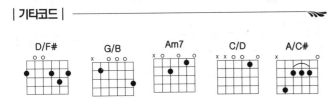

D/F#   G/B   Am7   C/D   A/C#

667 주 보혈 날 정결케 하고

(주의 손에 나의 손을 포개고)

주영광

주보 혈 날정결케하 – 고 주보 혈 날자유케하

니 주앞에 나예배하는 이 시 간 나의

모 든것을주께드리 네 주의 손 날위해찢기

셨고 주의 발 날위해박히 셨으니 이제

는 내가사는것이 아 니 요 오직 주를위해사는것이

라 – 주의손에나의손을 포개고 또

주의발에나의발을 포개어 나 주와함께죽고 또

주와함께살리라 – 영 원토록 – 주위해살리 – 라 –

– 라 – 주 위해살리 – 라 – –

668 주 사랑 놀라와

(Hallelujah / Your Love Is Amazing)

Brian Doerksen & Brenton Brown

주사랑–놀라 – 와항상변–함없 – 네견고한–나의

– 와더욱커–져가 – 네나의깊–은곳

– 산 반석되–시네 주사랑–신비 – 해 나를받–으시

– 에 기쁨넘–치네 나주를빌–때마 – 다 선하심–비춰

– 네적 이 에–워싸 – 도보호하–시네– – 할렐루

– 니 내안에주–의노 – 래커져만–가네– –

– 야 – 할렐루 – 야 – 할렐루 – 야 –

주의사–랑날 할렐루 – 야 – 할렐루 – 야 – 할렐루

– 야 – 노래하–게해 주사랑–놀라 [1. / 2. C2]

주사랑–이 날 노래하–게 – 해

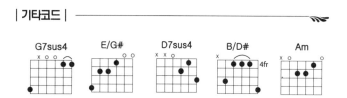

| 기타코드 |

G7sus4   E/G#   D7sus4   B/D#   Am

669 주 앞에 다시 나와

(주님 사랑해요 / I Love You Lord)

David F. Hill

주 앞에-다시-나와-주 님을불-러요- 이
주 앞에-다시-나와-내 맘을드-려요- 이

전 에주-님을-찾던- 이 유완 달라요- 주께
전 에모-습떠-올라- 부 끄럴 뿐이죠- 하지

무 언가- 구하-는 - 그런 기 도아-녜요- 나
만 이젠- 내마-음 - 깊은 곳 에서-부터- 주

고백하-는말- 사랑해 요 사 랑해요-말로
님사랑- 해요- 영원토 록

표 현못-해요- 나의 마 음깊-은곳-까-지- 다

아시는-주님- 사 랑해요-주와 같은분-없네- 나

고 백하-는 말 - 사랑 해 요 -

670 주 예수 기뻐 찬양해

(Celebrate Jesus)

Gary Oliver

주 예 수 기-뻐찬 -양해

주 예 수 기-뻐찬 -양해

주 예 수 기-뻐찬 -양해

주 예 수 기-뻐찬 -양해 부활 하

- -신 - 우리 주 ---님 - 영원

히 - 다스리네 - 부활 하 -신

- 우리 주 ---님 - 다와서찬 -양해- -

부활하신 -주찬-양-해- -

| 기타코드 |

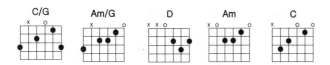

C/G   Am/G   D   Am   C

| 기타코드 |

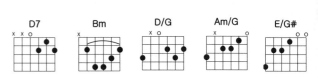

D7   Bm   D/G   Am/G   E/G#

671 주 예수의 이름 높이세
(We want to see Jesus lifted high)

Doug Horley

주예수의이 -름 높 -이 세 - 온땅을덮는

- 깃발 -처 럼 - 모든사람진 -리를보며

- 길되신주 -를 알 -리 주예수여

주예수여 높임을받으 -시옵 -소서

- 주예수여 주예수여 높임을받으

-시옵 -소서 - 한걸음씩전 -진하

- 며 이땅을 정복해 -가네 - 기 도

로 무기 -삼으 -면 원수는 무너지리

- 무너 - 지리 - -라

672 주 우리 아버지
(God Is Our Father)

Alex Simon & Freda Kimmey

주 우 리 아 -버 지 우 리 는

그분의자 -녀 예 수 우리 -형제 손에

손 잡고하나되어 함 께걸 -어 가 리

주 께 찬 송 해 탬 버 린 으로
주 께 찬 송 해 춤 을 추면서

주 께 찬 송 해 손 뼉 쳐

해 -목소리로 랄랄 라 라랄라라 -랄 라

랄 랄 라 라랄라라 -라 랄랄 라 라랄라라 -랄 라

랄 랄 랄 랄 랄 라 라 -라 랄 라

G

673 주의 십자가 지고
(예배)

김영표

주의 십자가 지고 – 나그곳 에 가리니 – 모든
영광을 위해 – 나그곳 에 가리니 – 주님

땅의끝 – 이 – 기근이라 도 주님 그곳에 – 나보내 – 셨
의손이 – – – 보호하시 네 내삶은 – – – 나그네 – 삶

으니 – 주님의뜻구하며 찬 양 하리라
이니 – 주오실날바라며 선 포 하리라

– 주의 – 주의 십자가 – 그땅에 꽂으며 – 주의

이름으로 세례를 – 주 고 내 영혼 살아도 – 주를

위함 이며 죽어도 주를위한것 – 이 니 성

령이여 – 임하소 서 이땅 위에 임하소 서

674 주의 영이 계신 곳에
(Freedom)

Darrel Evans

주의 영이계신곳 – 에 자유함있네

평 – 화 사 랑 기 – 쁨 –

주내게자 – 유 주셨네 –

자유케하 – 기 위 하여 – 자 유

난자 유 자 유 난자 유

주의 자유 함안 에 우리 걸어 가 리

주의 자유 함안 에 우리 걸어 가 리

주의 자유 함안 에 우리 춤을 추 리

주의 영이계신곳 – 에 자유함있네

주의 영이계신곳 – 에 자유함있네 주의

주내게자 – 유 주셨네 –

자유케하 – 기 위 하여 – 자 유

| 기타코드 |

C/E   D/G   G7/D   Am7/G   Dsus4

675 주의 이름 송축하리
(The name of the Lord)

Clinton Utterbach

주의이름송축하리 - 주의이름송축하리 - - -
거룩하신주의이름 - 거룩하신주의이름 - - -
영광스런주의이름 - 영광스런주의이름 - - -

지존하신주의이름 - 찬 - 양 -
거룩하신주의이름 -
영광스런주의이름 -

- 찬 - 양 - - *Fine* 주님의이름 - 은 -

강한성 - 루 - 그곳에달려 - 간 - 자

안 전 - 하리 - 주님의이름 - 은 - -

강한성 - 루 - 그 곳 에 달려

- 간 - 자 안 전 - 하리 - *D.C. al Fine*

| 기타코드 |

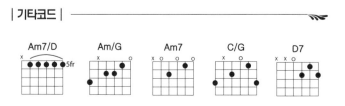

Am7/D   Am/G   Am7   C/G   D7

676 주의 인자하심이 생명보다

정종원

주의인자 - 하심이 생명보다 - 나으 므로 내 - 입술은

주 를 찬 양 주의인자 - 하심이 생명보다 - 나으

므로 내입술은주 찬 양 - 이러므 로 - 내평생

에 주 를 - 송축하 며 주의 이 름으로 - 인

하여 내손을 들리 - 라 - - 찬 양 -

677 주의 정결한 피로

정종원

주의정결한피 - 로 - 우릴씻으셨으 - 니 -
우린연약하여 - 도 - 주는완전하시 - 니 -

은혜의보좌로 나 가 - 함께경배하세 - - 주님
변함없는약속 믿 고 - 담대히나가세

앞 에 - 무릎 꿇 고 - 존귀 하 신 - 주이름 높 - 이세 -

성령 안 에 - 하나 되 어 - 주의 이 름 - 높이세 -

- 할렐 루야 - - 할렐 루야 - -

할렐 루야 - - 할렐 루야 - - 할렐 루야 -

G

678 죽임 당하신 어린 양

고형원

죽 임 당하신 어린 양　모든 족속과방언 백성
임 당하신 어린 양　우리 들을나라와 제사

과 나 라 가운데서 – 우 리를 피로 사 서　하 나
장 삼아 주셨으니 – 우 리는 주와 함 께　이 땅

님 께드리셨 네 죽 리　죽임당하신어 – 린
에서다스 리

양 능 – 력 과부 와지혜 힘 과 존귀 와영광

찬 송받으시 – 기 에 합당 하신어 린 양

679 지극히 높으신 왕의 위엄
(주님께 영광 / Glory To The Lamb)

Scott Brenner

지극히높으신 – 왕 의위엄이 – 이땅을덮 – 네

– 겸손한마 – 음과 – 열정 – 으로 – 잃은 – 양을

– 찾으시는주님 – 주님께영 – 광

– 다스리시네 – 하늘보좌 – 에 – 앉으신주

– – 님주의나 – 라 임하셨 – 네 이땅위 – 에 –
Fine

소멸하는 – 불 – 열정의주님 – 십자가지 – 되

– 수 치 를거절했 – – 네 – 보 라 주 가

– 다 스 리 시 네 – 부 활 하 신 주 –
D.S. al Fine

680 지존하신 주님 이름 앞에
(Jesus at Your name)

Chris Bowater

지존하신주님이 름앞에　모두무릎꿇고다 경배해 –

거룩하신주님보 좌앞에 엎 드려 절 – 하 세

예 수 는 그리스도　예 수 는 주

하 나 님 의　영 으로 –　경 배 드 – 리리 –

| 기타코드 |

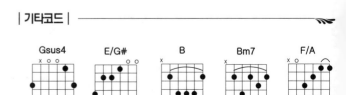

Gsus4　　E/G#　　B　　Bm7　　F/A

681 지금 서 있는 이곳에서
(나를 통하여)

이권희

G C/G D/G G D/F#

지금 서있는– 이곳에서 – 높임 을받으–소서 – 내가

Em7 A/C# D C/E D/F#

밟는땅– 주님의땅–이니 – 하늘 이 주의이름– 높이

G E/G# Am7 A/C# C/D D

올리–며– 넓은 바 다 가– 주를 노래–해 –

G /B C G/B Am7 D G F/A G/B

모든만물주를경배 해 모든입술주를찬양 해

C D/A Bm7 B7/D# Em7

천 지를만드신 – 만 물의통–치 자 – 높임

Am7 G/B C D /B G/B

을 받으소서 – 내평생 에 주의이 름높이며– 어느

Am7 D G D/F# Em7 D/F#

곳에서–든지–주님을 예배하–리라– 내 가 밟는모든땅–아

G E/G# Am7 G/B C D C/D

버지–의– 영광 이 –선포 돼야–하리 – 찬양하

G /B C G/B Am7 D

며 주님을 예배할때– 하늘 가득한–주의 –영광보

G /B C/E D/F# B7/D# Em7

리라– 나를통하 여 –나의입술을 인 하여– – –주의

Am7 C/D 1. G /B 2. G

이름높–임을– 받으–소서 – 나를통하 –

682 찬양 중에 눈을 들어
(호산나 / Hosanna)

Paul Baloche & Brenton Brown

G2

찬 –양 중–에 눈을 들–어–주를
주 –께 드 –리 린 마 음 다 –한–기 도

C2 G

– 주를 보네 –
– 들으 소서 –

G2

소 –망 중–에 마 –음 다 해–주 만
주 –의 나 라 상 –한 영 –혼–들을

C2 G2

– 나 바 라네 – 주님을 볼
– 새 롭 게해 –

D sus4 C G2

–때 나에 게 – 힘주시네 주님 안

D sus4 C G2

–에 모든 두 –렴– 사 라 져 사 라 져

D G sus4 G Em7

– 호 산 – –나 호 산 – – – – –나

C2 G D sus4

– 구 원의주 – 하 나 –님 – 찬양 받으

Em7 C2 G sus4 G

–실 주 –님 – 호 산 – –나 호

Em7 C2 G

산 – – – – –나 – 내안에임 – 하 셔 –서

D sus4 Em7 C2 G

– 주 님의뜻이 –루 소 –서 –

683 찬양하라 내 영혼아
(Bless the Lord, oh my soul)

Margaret Evans

*찬양하 라 내영혼 아 찬양하라 내영혼
아 내 속 에있는 것 들아다 찬 양 하
라 찬양하 라 왕 의왕 (영 원히 영원히)
주 의주 (영 원히 영원히) 왕 의왕 (영 원히 영원히)
왕 의 왕 또 주 의 주 찬양하

* 감사하라, 기도하라

684 창조의 아버지
(Father Of Creation)

David Ruis

1. 창조 - 의아버 - 지 그섭리보 - 이사 -
   주의 - 크신능 - 력 만물이사모하니 -
2. 열방 - 의통치 - 자 세상이보 - 리라 -
   우릴 - 돌아보 - 사 강건케하 - 소서 -

택하신세대일으 키 - 어 이땅을고치소서 -
성령의기름부어 주 - 사 이시간임하소서 -
신실한주의약속 으 - 로 교회는승리하리 -
연약함모두벗어 지 - 고 승리케하옵소서

- 주영 광 여기 - 임하사 - 열방향
- 해그빛 - 비추 소서 주의 얼 굴구 - - 할때
- 주의 향기 머무 소 - - 서
주의나 - 라가 임하옵 - 시며 주님의 - 뜻이
이뤄지 - 이다 이땅가 - 운데 하나님 - 아들
영광보이 - 소서 - 주영

| 기타코드 |

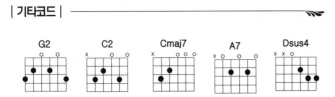

G2   C2   Cmaj7   A7   Dsus4

685 천년이 두 번 지나도

전종혁 & 조효성

천년 이 두번 – 지나 도 변하 지 않는것 – 당신

을 향한 – 하나님의 – 사 랑이 에요 – 천년

이 두번 – 지나 도 바꿀 수 없 는것 – 당신

을 향한 – 하나님의 – 마음이 에요 – 당신

의 삶을 – 통해 – 하나 님 영광 받으 시고 – 우리

가 하나 – 될 때 주님나라 이뤄지죠 – 당신을

향 한 하나님의 – 선 하신 계획 – 우리의

섬김과 – 나 눔으로 – 아름 답게열매맺 어 요 하나 –

님은당 – 신을 – 통해 – 그의마 – 음을 – 그의 사랑과 – 그의

용서를 – 나타내기원해요 – 천년 이두번지나 도 – 당신

은하나님의 사람 – 이죠 – 천년 이가도 – 영 원 히

686 캄캄한 인생길
(달리다굼)

현윤식

1. 캄캄 한 인 – 생길 홀로 걸어가 다 지치
   운 죄 – 악의 길을 걸어가 다 상하
2. 주님 을 떠 – 나서 세상을 향 – 해 맘대
   의 어 – 려움 절망 가운 – 데 눈물

고 곤하 – – 여 내영혼 깊은잠이 들었었 네 어두
고 찢기 – – 어 내영혼 깊은잠이 들었었
로 고집 – 하며 내영혼 먼곳으로 나갔었 네 인생
과 한숨 – – 과 내영혼 슬픔속에 잠이드

네 내 – 영혼 어둠속에 방 황할 때
네 주 – 님을 떠나 – 서 방 황할 때

어 디선 가 들 려오는 주 님음 성

깨 어라 일어나 라 달 리 다굼 일어나 라

일 어나 라 죄악에 잠 자 던영혼 – – 아

달 리다굼 깨어라 일 어 나걸 – 어라 어

둠 은 물러가 고 새날이 다가오 네 주님

오 실날멀잖았 네 어둠속 에 잠자 던 영혼일어나 라

일 어 나걸 – 어라 달 리 다굼 일어나 라

G

687 하나님께로 더 가까이
(Nearer To God)

Stephen Hah

하 나님께로 더가까이 갑니 다
고 통가운데 계신주 님 -
변함없 는주님의 크신사 랑 -
영원 히 주님만을 섬기 리 -

688 하나님께서는 우리의 만남을
(우리 함께 / Together)

Rodger Strader

하나님께서 는 - 우리의만남 을
- 계획해놓셨 네 - - 우린하나되 어
- 어디든가리 라 - 주위해서라 면
- 무엇이든하리 라 - 당신과함 께
- 우 리 는 하 - 나되어 -
함 -께걷네 하늘아버 지
사 랑안 -에서 - 우리는기 -다
리며 - 기 -도하네 우리의삶 에
사 랑넘치도 록 - 우리는 -

689 하나님께서 당신을 통해

김영범

하 나 님 께 서 당신을통해
메 마 른 땅 에 샘 물 나게하 시 기를
가 난 한 영 혼 목 마 른 영 혼
당 신 을 통 해 주 사 랑 알 기 원 하 네 -

690 하나님이시여
(시편 51편)

이유정

하나님이시여 나의모든죄를 도말하소서

주의자비를 좇아 내 죄악을 깨끗이 씻기소서

중심에 진실함을 하나님께서 원하시오니

우둔한 나의속에 당신 의지혜를 알게 하소서

하나님이시여 내안에정한마음을 창조하시고

내안에 정직한영을주사 새롭게하옵소서

나의구원 나의 하나님이여 내 혀가주의의를

노래하리라 주여내입술을 열어주소서 내

입이 주를찬송하며 전하리 나의

주 하나님이시여 내안에 정한마음을
하나님이시여 나를우슬초로정

창조하시고 내안에 정직한영을주사
결케하시고 주님의 구원의즐거움을

새롭게하옵소서
내게회복시키소서

691 하늘을 바라보라
(주님의 솜씨)

이유정

하늘을바라보라 드넓은저바다도 온 세상지으신 주
들에 핀꽃을보라 하늘을나는새도 만 물을지으신 주

님의솜씨라 먹구름이다가와 태양을가려도 만
님의솜씨라 눈보라가닥쳐와 온 땅을덮어도 만

물을주관하시는 주 님의 섭리라 모두 고개를들고 어둔
물을주관하시는 주 님의 섭리라

마음을열어 크신주님의 능력을바라보라 너

와나지으신 주의 놀라운손길 우리다함께 주를

찬양해 찬양해 온

하늘과 땅 위의만물아 겸손히무릎꿇고

주의위엄 앞에 경배하라

G

| 기타코드 |

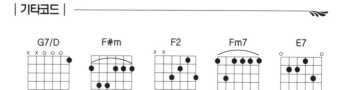

692 하늘의 나는 새도
(주 말씀 향하여 / I Will Run To You)

Darlene Zschech

하늘 - 의나 - 는새 도 주손길 - 돌보 - 시네
- 온땅에 - 충만한 - 주사랑 - 으로 - 내마
음을덮으 - 소서 - 주나 - 를부 - 르셨
네 주의 - 영광 - 위해 - 모든사
- 람 - 이끄소 - - 서주의 영 - 광 - - 으로
- 주말씀향 - 하 - 여 - - 달려가
- 리 - 라 - 힘도아닌 - 능 - 도아
- 닌 - 오 - 직성 - 령 - 으로 - 주얼굴향
- 하 - 여 - - 달려가 - 리 - 라
- 오주의영 - 광 - 안에 - 살게하 - 소서
- - 주나 - 주말씀향 -

693 하늘의 불 내린
(기적의 세대 / Miracle Generation)

천관웅

하늘의 불 내린 엘 리야의 - 기 도사자도 굴 복한 다
이 겨낸 다 니엘세 - 친 구여리고점 령한 여
가 르는 힘 찬연어 - 처 럼세상의유 혹을 다

니엘의 - 믿 음순종의 횃 불로 승 리한기 - 드 온
호수아 - 세 대유혹을 이 겨낸 저 순결한 - 요 셉
거스를 - 세 대하나님 나 라와 주 신사명 - 위 해

마 른뼈 - 를 다시살 - 릴 기 적의 - 세 대
순 종으 - 로 세 상바 - 꾼
불 가능 - 을 가능케 - 할

풀무불 기적의 - 세 대 원수들 - 의 공격에 - 도
잠시잠 - 깐 세 상낙 - 에

움츠리 - 지 않고 믿음으 - 로 기적의 - 문 열어놀 - 세 대
안주하 - 지 않고 두렴없 - 이 하늘상 - 급 향하는 - 세 대

I be-lie - ve - I be-lie - ve - 일으키 - 소 서 Mi-

ra-cle Ge - ne - ra - tion I be-lie - ve -

I be-lie - ve - we are the Mi-ra-cle Ge - ne - ra

- tion

물 살을 - tion -

694 호산나
(Hosanna)

Carl Tuttle

호산 – 나 호산 – 나 호 산나높은곳에 서
영 – 광 영 – 광 왕의왕께영 광 을

호산 – 나 호산 – 나 호 산나높은곳에 서
영 – 광 영 – 광 왕의왕께영 광 을

주의이름높여 – 다찬양하라 –

귀하신주나의 하 나 님 주 님께영광돌 리 세

기타코드

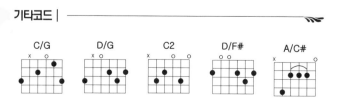

C/G   D/G   C2   D/F#   A/C#

695 홍해 앞에 선 모세처럼
(Jesus Generation)

천관웅

홍해 앞 에선모 세 처럼   골리앗 앞의다윗처럼
기도와 금식찬 양으로   세상과 다른방법으로

주이름 으로강한세대 –   산옮길강한믿음갖고
세상을 변화시킬세대 –   견디기힘든시련에도

기도로 하늘문을여는   믿음으 로만사 는세 대
의연히 흔들리지않는   세상이 감당못 할세 대

– 일으키 – 소서 –   – 일 으키 – 소서

– – – The call – – from Hea – ven –

기도로세상을 다 정 복 – 할세 대 잃 – 어버린

– 영혼가 – 슴에안 – 고 –   워 – – – And shout

– for free – dom –   모 든사 – 람주 볼

– 때 까 지 – – – –   주 만위 – 해사 는 –

We're the Je – sus Ge – ne – ra – tion –   – tion –

싸움이 – 치열 – 해도 –   물러서 – 진않 – 으리

– 승리의 – 그날 – 까지 – 예 – –   – The call

696 He's Changing Me

He's Changing me 사랑의 주님 -
아 니 에 요 옛 날 알 던 그 사 람 -
때 론 느 리 지 만 난 알 고
있 죠 언 젠 가 완 전 해 져 요
매 일 매 일 조 금 씩 - 매 일 매 일 변 하 지 요 -
Je - sus is chang - ing me -
주 님 께 로 돌 아 선 후 - 걷 고 있 죠 은 혜 속 에 -
Je - sus is chang - ing me

697 그가 찔림은 우리의 허물을

노문환

그 가 찔 림 은 우 리 의 허 물 을 인 함 이 요
그 가 멸 시 와 천 대 를 받 음 이 웬 말 인 가
그 가 상 함 은 우 리 의 죄 악 을 인 함 이 라
그 는 추 함 도 사 악 한 죄 악 도 없 음 이 라
그 가 징 계 를 받 음 으 로 우 리 가 나 음 을 입 었 도 다
그 가 조 롱 을 받 음 으 로 우 리 가 귀 함 을 입 었 도 다
우 리 는 다 양 같 아 서 그 릇 행 하 여
각 기 제 길 로 갔 거 늘 각 기 제 길 로 갔 거 늘
여 호 와 께 서 우 리 의 죄 악 을 그 에 게 담 당 시 켰 도 다

698 기쁜 노래 주께 드리자
(Make a joyful noise)

Russell L. Lowe

기 쁜 노 래 주 - 께 드 리 자 찬 양 받 으 실 주 님 께
신 령 한 노 래 와 손 뼉 쳐 서 크 신 주 이 름 찬 양 해
존 귀 존 귀 찬 양 받 으 실 주 님
할 렐 루 야 크 신 주 이 름 찬 양 해

| 기타코드 |

G   C   Am   Bsus4   Am/D

699 그는 여호와 창조의 하나님

(창조의 하나님 / He is Jehovah)

Betty Jean Robinson

그는여호-와 창 조의 하나님 그는여호 와
지존의 하나님 아브라함의 하나님 여호와 샬 롬
여호와 이 - 레 그는 나 의 공급자 구원의하나님

전능의 하나님 길르 앗 의 향료요 반 석의 하나님
평강의 하나님 이스라엘의 하나님 영 원한 하나님
구주의 하나님 아 들 을 보내어 그를증거 하셨네

그 는 여 호 와 치료의하 – 나 님

찬 양 – 하 세 할렐 – 루 야 찬 양 –

하 세 오 – 할렐 루 야 그 는 여 호 – 와 전 능 의

하 나 님 그 는 여 호 와 치료의하 – 나 님

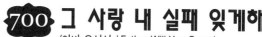

700 그 사랑 내 실패 잊게해

(아바 오셔서 / Father Will You Come)

Joseph Pat Barrett & Christian Paschall, Ben Smith

그사랑 – 내실패잊게 – 해 –
그평화 – 날잠잠케하 – 네 –

그소망 – 날자유케해 – –
그기쁨 – 내슬픔바꾸 네 –

그빛이 – 내어둠물리 – 쳐 – –

구원의 –주–음–성 – –열방이노 – 래해–

아바오셔서 내 눈을여시고주 생명과사랑 날 새롭게하사태

우소서내모든–것 – 태 우소서내모든–삶 –

영광– 존귀– – – 또능력– 주께–있–네

주께 – 있 네 – 주께 –

D.S. al Coda

G

기타코드

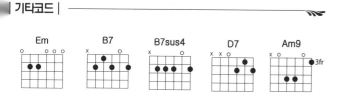

Em   B7   B7sus4   D7   Am9

701 기뻐 찬양해
(Rejoce In The Lord)

Russell L. Lowe

기 뻐찬양해- 주 님안에서- 소리치며두손높이

들고- 기 뻐 찬양해- 주 님안에서- 구

원 의주님- 기뻐찬 양 해- 기 양해-

왕 되-신주 께-영 광 돌리 세 우리-는주님-의

백 성-이니 함 께모여다기 양- 해

703 주 예수 이름 소리 높여

손해석

1. 주 예수이름- 소리높여- 찬송드리- 니
   큰 죄에빠져- 종된백성- 놓아주시- 고
2. 내 영의원수- 이길힘은- 누가주시- 랴
   내 사망고통- 면해주사- 새사람되- 고

그 거룩하고- 크 신영광- 널 리퍼지- 네 -
그 영광나라- 백성되게- 하 여주소- 서 -
그 악한마귀- 정복한이- 구 주예수- 라 -
새 힘을주사- 승리생활- 하 게합소- 서 -

나 의영 혼싸울 때 나 의영 혼싸울 때

주 나의대장- 되시- 사- 나를인도하소- 서 -

702 동방의 예루살렘
(사명자여 일어나 가라)

천관웅

동 방의 예 루살렘 - 어 -찌무너졌 나
칠 천만 남북동포 - 십 오억중국동 포
소 망없는 그 늘진땅그 곳 으로내려가 라
주 님의 지 상명령땅 끝 까지증 거하 라

하 나님 탄 식소리 - 삼 천리쟁 쟁한 데
육 십억 열 방민족 방 황하는그 들에 게
복 음이 선 포되는 - 피 눈물자 국마 다
황 막한 어 두운땅 - 길 잃은그 들에 게

감 각없-는 민 족에-게 피 의복음 선 포하라
예 루살-렘 향 하여-서 예 수생-명 선 포하라

내 가죽-고 예 수사는 생 명복-음 선 포하-라 -
아 버지-와 아 -들과 성 -령의 이 름으-로 -

사 명자여 일 어나가라 주 님함께 하 시리

사 명자여 일 어나가라 실 크로드생 명길 로

704 마지막 날에
(나실인 / The Nazirite)

천관웅

마지막날에 – 언약의 – 세대–일어나 –
마지막날에 – 나실인 – 세대–일어나 –

사단의진을 – 진리로 – 무너–뜨리리 –
거짓과탐욕 – 유혹에 – 맞서–싸우리 –

성결로얻–은 권 –능으로– – 세상을바–꿔나갈 –
거룩한성–도 기 –도할때– 교회는승–리하리 –

긴머리사–람 거 –룩한세– 대 Na – zi–rite – the Na

– zi–rite – 주영광위–해 구 –별된세 – 대 Na

– zi–rite – the Na – zi–rite – of God –

705 온 땅이여 주를 찬양
(Sing To The Lord)

Miles Kahaloa & Kari Kahaloa

온 땅이여주를 찬양 – 날마 다 주를찬양하 세– – 주

의 기사와 주의 영광 – 온땅 에 널리알 려졌네 위

대 하신 주 그의힘 과 – 위 엄 을 기

뻐 하 – 라 주의다스 리 –심–을 –

온 땅이여주를 찬양 – 날마 다 주를찬 양하 세– – 주

의 기사와 주의 영광 – 온땅 에 널리알 려졌 네

G

| 기타코드 |

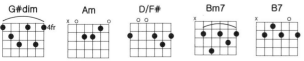

| 기타코드 |

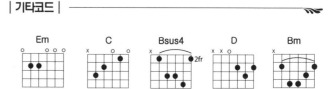

706 신실하신 주님의 그 사랑
(이 세상 끝까지 / To the ends of the earth)

Joel Houston & Marty Sampson

신실하－신 －주님의－그사랑 － － －날

붙드네－ 그평화－안에－ 모든두－려움없

－네－ － 나 세상에－ 외치 리주사랑

－을 이것이나의소 －명－ 주님주신소 －명－ 그

의신실－ 한약속위해살 －리 －내생명다 －해 －생명다

－－해 － 내안에－ 살아계신－ 주위 해－ 나는

달려가리－ 이세 상끝까지－ 그는 － 하나님의독생자－ 온

땅알게－되리－ 예수는 －주 － 예수는 －주－

707 우리가 주님의 음성을
(여호수아의 군대 / Joshua's Army)

Scott Brenner

우리가 주님－의－ － 음성을 들을－때－

－ 우리가 나간－다－ － 승리의 함성－을－위－해

－ 우리의 나팔－소－리가 － －울－려 퍼질－때－

－ 백성 들이－외－치고 성 벽이무너져내 －린다－ －

He － － － y － － He － － － y －

He － － － y － － 여 호수아군－대－처

－럼 － 우리가 도시를둘 － 러－싼 － 다－

누가－주－님－앞 －에－설수있－는 －가－ － 여 －

| 기타코드 |

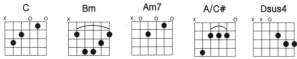

C   Bm   Am7   A/C#   Dsus4

| 기타코드 |

Em   Asus4   Cmaj7   Esus4   Am9

708 주 예수 그리스도를 믿는

(크신 주 찬양하리)

함부영 & 이동희, 송명아

주예 수 그리스도 믿는 자 를 통해 일하 시 는

크 신 주찬양하 – 리 – 약한 자 작은 자 미련

한자통해일하시는 크 신주찬양하 – 리 – 주예

2. – 주 께서택하셨네

우 리를부르셨네 주 백성삼으셨 – 네 –

주 께서세우셨네 주의일맡기셨네 우릴인도하시 – 네

1. – 2. – 주예 수그리스도믿는

자를통해일하시는 크 신주찬양하 – 리 – 약한

자작은 자 미련 한자통해일하시는 크 신주찬양하 – 리

1. – 주예 – 2. 워어어 어

워어어 어 워어어 어

두 려워하지말 – 라 너희인도하리 – 라

세 상끝날때까지 너희와함께하리 – 라 두려워하지말 – 라

너희인도하리 – 라 세상끝날때까지 너희와함께하리 – 라

2. 함께하리라 주예 수그리스도믿는 자를통해일하시는

크 신주찬양하 – 리 – 약한 자 작은 자 미련

한자통해일하시는 크신주찬양하 – 리 – 주예 –

크 신주찬양하리 – 크신주찬양하 – 리 – –

G

709 주의 나라에는 참 생명있네
(하나님 나라 / The Kingdom Of God)

Scott Brenner

주의 나라에는 - 참 생명있네 - 나중
나라에는 - 영생있네 - 갇힌

이 첨 되고 - 약한 자강 하게 - 가난
자 자유케 - 아픈 자온 전케 - 잃어

한영 혼들 - 부요 하게 되고 - 음부
버린 자들 - 구원 되고

의 권 세주의 교 회 이 길수 없네 - 내생

명 주님 안에 감 춰 져 있 네 이 세

상 다지 나가도 주 의 나 라 영원 하리

주의   주의

나라에는 - 참 생명있네 - 나중

이 첨 되고 - 약한 자강 하게 - 가난

한영 혼들 - 부요 하게 되고 - 음부

의 권 세주의 교 회 이 길수 없네 - 음부

의 권 세주의 교 회 - 이 길수 없네

710 하나님의 숨결
(성령의 불 / Consuming Fire)

Tim Hughes

하나님의 숨결 내게불어 넣으 소서 -
강한바 람 처럼 하늘권능 덮으 소서 -

주의성 령 이여 주임재갈 망합 니다 -
자유케 하 시고 주만찬양 케하 소서 -

우리기도 하오 니 새롭게하 소서 -
주님의영 광으 로 여기임하 소서 -

성 령 의 불 태 우 소 서 주 향 한내 열정

- 성 령 이 여 이곳에 오 셔 서 능력 으

로 역 사 하 옵 소서 -

주를 향 한 내열정 - 깨우쳐 주옵소서

- 우리의 마음을새롭 게하옵 소서 - -

| 기타코드 |

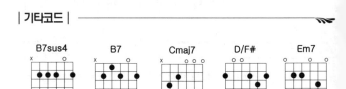

711 하늘의 문을 열어
(Open the Heavens)

박영진

하늘 의 문을열 –어– 강같은 주의
의 문을열 –어– 불같은 주의

사랑으 –로– 갈급 한 내심령위 –에 부으소서
성령으 –로– 차가 운 내심령위 –에 임하소서

– 부으소서 – 내맘 – 임하소서 – 갈망합–니다

– 사모합–니다 – 주의임–재를 – 주의음–성을
– 사모합–니다 – 주의사–랑을 – 주의얼–굴을

– 더욱갈망합–니다 – 주의사–랑을 –

주의얼–굴을 – 하늘

주의임–재를 – 주의음–성을 –
주의사–랑을 – 주의얼–굴을 –

G

◆ 고독

[고독을 누리는 우리의 삶]

그리스도인으로서 산다는 것은 무엇일까? 그것은 세상 안에 있으나 세상에 속하지 않은 삶을 산다는 것을 뜻한다. 고독 속에서만 이러한 내적 자유가 자랄 수 있다.

예수님께서는 기도하기 위해 자신이 한 모든 말이 성부에게서 왔으며, 자신이 한 모든 일이 그를 보내신 분의 일이었다는 인식 안에서 자리기 위해 외딴 곳으로 가셨다. 그 외딴 곳에서 예수님께서는 실패도 받아들이실 만큼 자유로워지셨다.

외딴 곳이 없는 생활, 곧 골방이 없는 생활은 파멸로 치닫기 쉽다. 우리가 활동한 결과들에 집착하거나 소유하는 데 안달하면서 자기를 방어하려고만 한다면 은사를 나눌 친구로 동료를 보기보다 거리를 유지해야 할 적으로 보기 쉽다.

우리는 고독 속에서 소유욕에 가득 찬 우리의 허상을 서서히 깰 수 있다. 그리고 자아는 우리가 정복할 수 있는 존재가 아니라, 우리에게 주어진 존재라는 사실도 발견할 수 있다. 고독 속에서 우리는 말을 배우기 전부터 우리에게 말씀하셨고, 우리가 도움의 손길을 베풀기 전부터 우리를 치유하신 그분의 음성을 들을 수 있다. 또한 우리가 다른 사람들을 자유롭게 하기 훨씬 이전부터 우리를 자유하게 하셨으며, 우리가 누군가를 사랑하기 훨씬 이전부터 우리를 사랑하셨던 그분의 음성을 들을 수 있다.

우리는 고독 속에서 존재가 소유보다 훨씬 더 중요하고, 노력한 결과보다 우리 자신이 훨씬 더 가치 있는 존재라는 사실을 발견하게 된다. 고독 속에서, 우리는 우리 삶이 지켜야 할 소유물이 아니라, 나누어야 할 선물이라는 것을 발견한다. 고독 속에서, 우리가 던지는 치유의 말들이 자신의 것이 아니라 우리에게 주어진 것이라는 사실을 알게 된다. 또한 우리가 표현할 수 있는 사랑이 더 위대한 사랑의 일부라는 사실과, 우리가 초래하는 새 삶이 선물이라는 사실을 깨닫게 된다.

고독 속에서, 우리의 가치가 얼마나 쓸모 있는가 하는 유용성과 꼭 같지는 않다는 것을 알게 된다. 우리는 이 점에서도 이야기에 나오는 오래된 나무로부터 많은 것을 배울 수 있다. 거기에 나오는 목수와 그 도제의 대화를 들어보자.

한 목수와 그의 도제가 큰 숲을 지나 함께 걷고 있었다. 키가 크고 옹이투성이며 오래된 참나무 앞을 지나갈 때 목수가 도제에게 물었다.

"이 나무가 왜 이렇게 엄청나게 크고, 옹이가 많으며 아름다운지 아느냐?"

그 도제는 자기 스승을 바라보며 말했다.

"아뇨⋯. 왜 그렇지요?"

그 목수는 말했다.

"음, 그건 쓸모없기 때문이지. 만일 저 나무가 쓸모 있었다면 이미 예전에 잘려서 식탁이나 의자로 만들어졌겠지, 그런데 쓸모가 없었기 때문에 저렇게 크게 자라서 네가 그 그늘에 앉아 쉴 수 있게 된 거란다."

고독 속에서, 우리는 우리의 유용성에 집착하지 않은 채 자유롭게 늙어 갈 수 있다. 다시 말해 세상에서 가치 있게 여기는 경력이나 성공, 보상 등에 얽매이지 않고 마음껏 나눌 수 있는 신앙공동체를 형성 할 수 있다.

신앙공동체 안에서 열심히 일했을 때 결과가 없다고 가치가 없는 것이 아니다. 신앙공동체 안에서 우리가 약자들과 교제하며, 우리 존재의 외딴 곳에서 우리에게 "두려워 말아라, 네가 받아들여졌다"하시는 그분께 우리 삶은 충분한 의미를 지닌다는 사실이다.

"아주 이른 새벽에, 예수님께서 일어나서 외딴 곳으로 나가셔서, 거기에서 기도하고 계셨다."

시몬과 그의 일행이 예수님을 발견했을 때, 그분은 이렇게 말씀하셨다.

"가까운 여러 고을로 가자. 거기에서도 내가 말씀을 선포해야 하겠다. 나는 이 일을 하러 왔다."

예수님께서 가까운 여러 고을에서 하신 말씀은 성부와의 친밀함 속에서 생겨났다. 그것은 위로와 단죄의 말씀이었고, 희망과 경고의 말씀이었으며, 일치와 구분에 대한 말씀이었다. 그분께서는 자기 자신의 영광을 추구하지 않으셨기에 이런 도전이 되는 말씀들을 과감히 선포하셨다.

"네가 나를 영광되게 한다면, 나의 영광은 헛것이다. 나를 영광되게 하시는 분은 나의 아버지시다. 너희가 너희의 하나님이라고 부르는 바로 그분이시다. 너희는 그분을 알지 못한다."
(요한복음 8장 54절)

몇 년 뒤, 예수님께서는 바로 이 말씀들 때문에 거절과 죽임을 당하게 되셨다. 그러나 그 외딴 곳에서 그분에게 말씀하셨던 분이 그분을 들어 올리셔서 희망과 새 삶의 표징이 되게 하셨다.

당신이 당신의 활동들과 관심사들 한가운데서 외딴 곳을 창조할 수 있을 때, 당신의 성공과 실패는 당신에 대한 영향력을 서서히 읽어 갈 것이다.

그 때가 되면, 이 세상에 대한 당신의 사랑이 그 환영에 대한 동정적 이해와 함께 표출될 수 있을 것이다. 그 때가 되면 당신의 진지한 참여가 진솔한 미소와 함께 표출될 수 있을 것이다. 그 때가 되면, 다른 사람들에 대한 여러분의 관심이 당신 자신의 필요보다는 그들의 필요에 따라 촉발될 수 있을 것이다. 그때가 되면, 간단히 말해서, 당신은 돌볼 수 있을 것이다.

그러므로 우리의 삶을 통해 풍성하게 살아가되, 잠시 동안 아주 이른 새벽에 일어나 외딴 곳으로 나가는 것도 잊지 말아야 한다.

위 글은 '나 홀로 주님과 함께'(아침. 헨리나우웬 지음, 신선명 옮김)의 일부(p27-33)를 발췌한 글입니다.

작은소리 **큰울림**
[경청]

712 갈릴리 마을 그 숲속에서
(가서 제자 삼으라)

최용덕

갈 - 릴리 마을 그 숲속에서 -
미류나무우거 진 숲속에서 -

주님 그 열한 제자 다시 만나시사 -
주님 젊은 제자들 다시 부르시사 -

마지막 그들에게 말씀하시기를 -
마지막 그들에게 부탁하시기를 -

너희들은 - 가라 저 세상으로 -
너희들은 - 가라 저 캠퍼스로 -

가서 제자삼으 라 세상 많은사람 들을

세상 모 든영혼 이 네게 달렸나 니 -

가서 제자삼으 라 나의 길을가르 치 라

내가 너희와 - 항상 함께 하 - 리 라 -

713 감사하신 하나님 에벤에셀 하나님
(에벤에셀 하나님)

홍정식

감사하신하나 님 - 에벤에셀하나 님 -

살아계신하나 님 - 에벤에셀하나 님 -

여기까지인도 하 셨네 감사하신하나 님 -
장래에도인도 하 시리 감사하신하나 님 -

여기까지인도 하 셨네 살아계신하나 님 -
장래에도인도 하 시리 살아계신하나 님 -

감 사 하신하나 님 - 에벤에셀하 - 나 님 -

살 아 계신하나 님 에벤 에셀 하 나 님

714 거룩한 성전에 거하시며
(We sing Alleluia)

Walt Harrah

거 룩 한성전에거 하시며 하 늘 보좌에계신- 주
오 아 름다운주의영 -광 승 리 의함성들리- 네
거 룩 한성전에계신 -주 우 리 주님앞에서- 서

주 가 베푸신모든 사랑 우 리 찬양을주님 께
죽 임 당하신어린 양께 우 리 큰소리외치 며
이 전 의성도들과 함께 주 보 좌앞에엎드 려

찬 양 알 렐루야 알 렐루야 알 렐루 - 야

찬 양 알 렐루야 알 렐루야 알 렐루 - 야

715 거룩한 밤 하늘의 큰 별이
(왕이 나셨다)

심형진

거룩한 – 밤하늘의 – 큰 별이 　양떼를 – 지키던
작은마 – 올베들레 – 헴 에서 　아기예 – 수 – 님
그의강 – 한능력의 – 손 길이 　병든자 – 가난한
온세상 – – 통치할 – 메 시아 　주께서 – 온우주

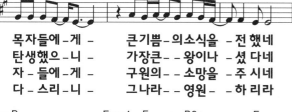

목자들에 – 게 – 　큰기쁨 – 의소식을 – 전 했네
탄생했으 – 니 – 　가장큰 – 왕이나 – 셨 다네
자 – 들에 – 게 – 　구원의 – – 소망을 – 주 시네
다 – 스리 – 니 – 　그나라 – 영원 – 하 리라

온세상 – – 알도록 – – – 　왕이나셨다 – 이
예수는 – 만왕의왕 – – – 　
그분은 – 평강의왕 – – – 　
왕께 – 경 – 배하 – 세 – 　

땅 을구원하 – 실 – 왕 – 　만백성 – 들아 – 기

뻐하 라 – 우리의 – 왕이나 – 셨 다 –

716 그날이 도적 같이

김민식

그날이 도적같이 이 를 줄 　너희는
평강의 하나님이 너 희 를 　거룩하

모 르 느 냐 – 　늘깨어 있으라 –
게 하 시 고 – 　온몸과 영혼이 –

잠들지 말아라 – 　주님과 동 행하 라
주오실 그날에 – 　흠없기 원 하노 라

– 　항 상 기 뻐 하 라 – 　쉬 지말 고

기 도하라 – 　범사에 감사하 라 　–

이 는예 수 안 에서 – 　너 희에 게

향 – 하신 – 　하 나님 뜻 이니 라 　–

717 고개 들어
(Lift up your heads)

Steve Fry

고 개 들 어 　주 를맞이 해

엎 드 리 어 경 배하며 찬 　양

왕 의 위 엄 을 　신 령과진 정 한

찬 양 으 로 영 광 돌 려 만 왕 의 왕 께

| 기타코드 |

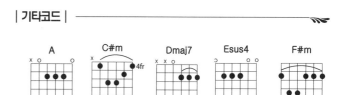

A　C#m　Dmaj7　Esus4　F#m

718 그 누가 뭐래도 난 주님 사랑해
(Higher)

천관웅

그 누가뭐 래도 난 주님사랑 해 －
남 들이날 더러 뭐 라고말해도 －
좋은 직장 돈 명 예이것 저것찾지 만 －

나 의주하 나님영 원히찬양 해 －
내 안의이 기쁨감 － 출수없 네 －
그런 것이참 행복줄 － 순없잖 아 －

날 구원하신그 － 사 랑때문에 －
어 쨌든천국 은 － 비 밀이니까 －
우리 찾는행복 은 － 다른데있 는 걸 －

아 무라도 나의주님 전하고싶 어

높 이 더높이－ 크 게 더크게－ 주

뛰 는 내가슴－ 주 께드 릴거야－ 이

밤 이다 가도록－ 주님앞에춤을출－ 거야 －

D.C. al Coda

주님앞에춤을 － 다윗처럼춤을 － 주님앞에춤을출－거야 －

719 기쁜 맘으로 가요
(noah의 축복송)

남보현

기쁜 맘으로－ 가요 － 언제나 나를아－ 끼는－ 당

신 의그따－스한맘으로－ 바라 보기만－해도－ 세상을

살아갈－힘이－ 가슴 가득 넘쳐나－네요 － 수없

이감사－하죠 당신을보내주－신것－ 때 론 힘에겨워벅찬

세상에－ 주님이주신－선물－ 당신이 곁에있 어서－ 나의

삶 이 더욱빛－나요 － 우리를 구원하－신주 － 그앞에

모 두모－ 여 서 － 함께 찬 양하 － 며 나아갈때에

－ 부족한 우리의－모습－ 새 로워지겠죠－ 감사

해 요 나의주－님께 － 사 랑 해 요 이

세상속에서－ 나의 사 랑 당 신께드－려요 － 허락

하 신 당 신의귀한삶－ 아름 답게 만들어－가요 －

| 기타코드 |

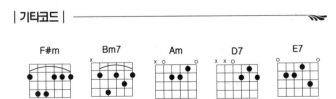

720 끝없이 울리는

(나의 찬양 멈출 수 없네 / How can I keep from singing)

Chris Tomlin, Matt Redman, Ed Cash

끝없이 울리는 나의 영혼의 노
가운데 바라보리라 살아

래가 들리네 폭풍이 일어도 내반
계신 내구주 날감찰 하시는 주를

석되신 주님 붙드네
찬양하며 주님과 걸으리

나의 찬양 멈출 수 없네 놀라운

주의 사랑을 말로 다 할 수 없네

주를 향한 끝없는 외침 주님날사

랑 하시네 내마음 주를 노래

1. 해   2. 어둠 해 찬양

해 고난가운데 난 승리해 찬양

해 갈길을 잃고 또 넘어져도 찬양

해 주항상계셔 날 붙드네 찬양 해 나의기도에 항상

응답하시네 찬양 해 생명다 해

주보좌앞 천사들 성도들도 함께

찬양하리 라 해

721 깨어라 어둔 네 무덤에서

(Wake up O sleeper)

Graham Kendrick

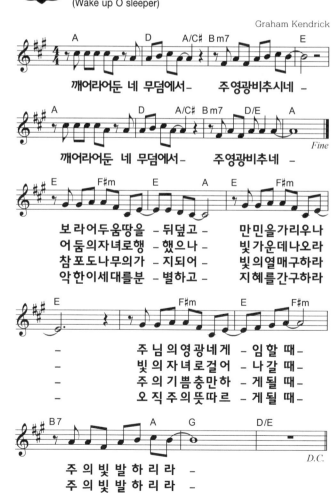

깨어라 어둔 네 무덤에서 주영광비추시네

깨어라 어둔 네 무덤에서 주영광비추네

Fine

보라어두움땅을 뒤덮고 만민을가리우나
어둠의자녀로행 했으나 빛 가운데나오라
참 포도나무의가 지되어 빛의열매구하라
악한이세대를분 별하고 지혜를간구하라

주님의영광네게 임할 때
빛의자녀로걸어 나갈 때
주의기쁨충만하 게 될때
오 직주의뜻따르 게 될 때

D.C.

주의빛 발 하리라
주의빛 발 하리라
주의빛 발 하리라
주의빛 발 하리라

722 나 가진 재물 없으나
(나)

송명희 & 최덕신

나 가진재물 없으나- 나 남이가진지식 없으나-

나남에게있는건강있지않으나- 나 남이없는것있으 니

나 남이못본것을 보았고- 나- 남이 듣지못한음-성

들었고- 나 남이 받지못-한사랑 받았고- -나

남이모르는- 것 깨 달 았네- - 공 평하신- 하

나님이- 나남이가진것나 없지만- 공 평하신-- 하

나님이- 나 남이없는것 갖게 하셨네-

724 나를 사랑하는 주님

나를사랑하는 주 님   나를위해죽으 시 고
고 마우신그의사 랑   내어이다노래하 리

부활승천하시어 서   나의주가되셨 네
나의사는그날 까 지   주만위해살리 라

주오시 면   -천국에 서   -주님과

살 리라 -영원토 록   -영원토 록

723 나는 찬양하리라
(I sing praises to Your name O Lord)

Terry MacAlmon

나는찬양하리 라 주 - 님 그이름찬 양 예 -
나는영광돌리 리 주 - 님 영광의이름 예 -

수 크신 주 이름 나 찬 양 하 리 라
수 크신 주 이름 나 찬 양 하 리 라

나는찬양하리 라 주 - 님 그이름찬 양 예 -
나는영광돌리 리 주 - 님 영광의이름 예 -

수 크신 주 이름 나 찬 양 하 리 라 -
수 크신 주 이름 나 찬 양 하 리 라 -

725 나의 기도하는 것보다

홍정식

나의기도하- 는 것보다-   더욱응답하실 하 나님

나의생각하- 는 것보다-   더욱이루시는 하 나님

우리가 운데 역 사하신   능력대 로 우리들의

간구함 을 넘 치도록 능 히하실 주 님께모든

영광과 존귀 찬양과 경배를 돌릴지 어 다   모든

영광과 존귀 찬양과 경배를 돌릴지 어 다

726 나의 달려갈 길과

윤주형

나의달-려갈-길-과 - - 오직주향한-믿음-지키기

원하-네- 믿음의-주요-우릴 - - - - 온전

케하실-예수-만보-리 - 십자-가 를참으시-고-우릴

구원하-신주를위- 해 나무엇으-로-그은혜보답할까- 예수-

의심장으-로- 살든 지죽든-지오직주만 온땅가운-데-존귀

케 되도록 - - 내가 선한싸 - 움다싸우고

- - 나의 달려갈 - 길을 마치고 - 나를위해

- 예비하신 - 의 의면류관 주앞에 - 서받아쓰리

라 - 내가 선한싸 - 움다싸우고 - 나의

달려갈 - 길을마치고 - 영원토록 - 보좌앞에

- 영광중에 기쁨으 - 로경배드리 리 -

Bridge

땅끝 까지복음이전 해질때까지 -

증 인된삶 - 을결코 쉬지않으 - 리 -

땅 끝 까지복음이전 해 질때까지 -

증 인된삶 - 을결코쉬지않으 - 리 -

727 나의 가장 낮은 마음
(낮은 자의 하나님)

양영금 & 유상렬

나의가-장- 낮은마-음- 주님께-서- 기뻐하-시고
내가지-쳐- 무력할때- 주님내-게- 힘이되-시고

작은일-에- 큰기쁨-을- 느 끼게하시는도 -다-
아름다-운- 하늘나-라- 내 맘에주시는도 -다-

우리에게 - 축복하신 - 하 나님 사랑

낮은자를- 높 여 주 시고 - -

아름다운 - 하늘 나라 - 허락 하시고 -

내모든 - 것- 예 비 하 시네 - -

찬 양함에 기쁨을- 감 사 함에 평안을-

간 구 함에 하나님- 알 도록-

하 셨네 - 네 -

A

728 나의 반석이신 하나님
(Ascribe Greatness)

Mary Kirkbride & Mary Lou King

나 의 반석이신 하나님 행하신
의 생명되신 하나님 내게행

모든 것 완전하시니 – 나 – 신
하신 일 찬 양합니 다

실 하 신하나– 님 실수– 가 없으–신–

종 으 신 나의 주 – – – – 신

종 으 신 나의 주 –

730 나의 안에 거하라

류수영

나의 안에거하라 – 나는네 하나님이니 – 모든

환난가운데– 너를 지키는자라– 두려 워하지말라– 내가널

도와주리니– 놀라 지말라– 네손잡아주리라 – 내가너를

지명하– 여불렀나 – 니너는 내것이라– 내것이라– 너의

하나님 이라– 내가너를 보배롭– 고존귀하– 게

여 기노라– 너를 사랑하 – 는네여호와라 –

729 나의 백성이
(Heal our land)

Tom Brooks & Robin Brooks

나의 백성–이 다 겸비하여 내게기도하며 –
무릎꿇– –고 다 겸비하여 주께기도하리 –

나의 얼 굴–을 구하여서 그 악한길떠나 면
주의 얼 굴–을 구하여서 그 악한길떠나 리

하늘에 서듣 –고 죄를 사 하 며
주님의 자비 –로 죄를 사 하 며

그 –들 의땅 –을 고 치 리 라
주님의 자비 –로 임 하 소 서

아 버 지여 – 고 쳐 주 소 서 –

이 나라 주 의것 되게 하 소 – 서

주 하 나님 간 절 히기 도 하 오니 –

상 한 이땅 새 롭 게하 –소 – 서 –

| 기타코드 |

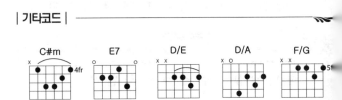

C#m   E7   D/E   D/A   F/G

731 나의 아버지 그 거룩한 사랑
(우리 그 날을 위해)

유지은

나의 아버지 그 거룩한사랑아 들 의생명 보내주시어
아 들아 내 사랑하는자내 가 너희를 기뻐하노라

그피 로 주앞 에 나아가오니주 여호와─여구원하─소 서
오주 여 당신 께 예배하오니주 여호와─여임하옵─소 서

우리 안 에 한 성령부으사 우리 사랑할─때하나님 보게하소서
우리 안 에 한 소망있으니 참─ 진리되─신예수님 여기계시니

우리 앞 에선 저 풋대향하여 주 복음위─해힘써싸 우 겠네
우리 부르신 이 땅위에서서 주 이름위─해크게외 치 겠네

그날 에 예수 주 다시오셔─서 하 늘과땅─ 모든권세

─위엄 나타내리─ 니 보좌 위 영광 빛 흘러넘쳐─서

우리 흘린눈물모두새 찬양되겠─네그날 에 ─ 나의

에 주의 영광─ 주의 나라─ 임하겠 네 ─

732 나의 영혼이 잠잠히
(오직 주만이)

이유정

나의영혼이─ 잠잠히 하나님만바람이여 ─
나의영혼이─ 간절히 여호와를갈망하며 ─

나의구원이─ 그에게─서─ 나─는 도 다
나의입술이─ 여호와─를─ 찬─양 하 리

나의영혼아─ 잠잠히 하나님만─바라라 ─
나의영혼이─ 즐거이 여호와를따르리니 ─

나의소망이─ 저에게─서─ 나─는 도 다 오직
나의평생에─ 여호와─를─ 송─축하 리

주만이─ 나의 반─석─ 나의구─원─ 이시니 오직

주만이─ 나의 산 ─ 성 내가 요동치아니 하 리

리 나의구원나의 영 광 하나님께있으

니 내 힘의─ 반 석과─ 피난처되 시 네 ─ 오직

─

| 기타코드 |

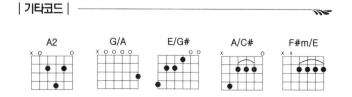

A2   G/A   E/G#   A/C#   F#m/E

733 나 의지하는 것들
(세상은 주를 빼앗지 못해 / What the world will never take)

Matt Crocker, Scott Ligertwood, Marty Sampson

나의지하는것들 – 바라는그모든소 망

꿈꿔왔던모든것 – 미래의모든계획 – 세상이주는약속

– 비할수없는것들 – 주 께모두 드리 리

– 세상의 길따르지않으 리 – 나의구원자살아

계신주님 – 워 – 알기원해 주님을알기원해

– 그무엇보다귀 하신주님 – 세상 어떤유혹도 내

주 님 을 빼 앗 지 못 해 – – 예 수

– 세상은뺏지못해 – 예 수 – 누구도뺏지못해 –

734 나의 힘이 되신 여호와여

최용덕

나의 힘이되신여 호와여 내가 주 님을사랑합니 다
나의 생명되신여 호와여 내가 주 님을찬양합니 다

주는 나 의 반 – 석이 시며 – 나의요 새 – 시 라
주는 나 의 사 – 랑이 시며 – 나의의 지 – 시 라

주는 나 를 건 지시 는 나의주 나의하나 님
주는 나 를 이 끄시 어 주의길 인도하시 며

나의 피 할 바 – 위시 요 나의방 패시 라
나의 생 의 목자되시 니 내가따 르리라

나의 하 나 님 나의하 나 – 님

나의 하 나 님 나의하 나 – 님

그 는 나의여호 와 나의 구 세 주

| 기타코드 |

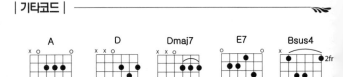

735 나 자유 얻었네

나 자유 얻었네 너 자유 얻었네 우리 자유
나 구원 받았네 너 구원 받았네 우리 구원
나 성령 받았네 너 성령 받았네 우리 성령
나 기뻐 하겠네 너 기뻐 하겠네 우리 기뻐
나 은혜 받았네 너 은혜 받았네 우리 은혜
나 믿음 얻었네 너 믿음 얻었네 우리 믿음
나 감사 하겠네 너 감사 하겠네 우리 감사

얻-었 네 - - 나 자유 얻었네 너 자유
받-았 네 - - 나 구원 받았네 너 구원
받-았 네 - - 나 성령 받았네 너 성령
하-겠 네 - - 나 기뻐 하겠네 너 기뻐
받-았 네 - - 나 은혜 받았네 너 은혜
얻-었 네 - - 나 믿음 얻었네 너 믿음
하-겠 네 - - 나 감사 하겠네 너 감사

얻었 네 우리 자유 얻-었 네 -
받았 네 우리 구원 받-았 네 -
받았 네 우리 성령 받-았 네 -
하겠 네 우리 기뻐 하-겠 네 -
받았 네 우리 은혜 받-았 네 -
얻었 네 우리 믿음 얻-었 네 -
하겠 네 우리 감사 하-겠 네 -

주 말씀 하시길 죄 사 슬 끊겼네

우 리 자유 얻-었 네 할 렐 루 야

736 나 주와 함께 걷기 원해요
(나의 사랑이 / Falling)

Brenton Brown & Paul Baloche

나- 주와함-께걷 기-원-해 -요-
주님 내곁에- 머물러-주-세 -요-

주 님곁에- 날품어-주- 세 -요-
주 얼굴볼- 때커지-는- 사 -랑-

언 제나주- 의진리- 날- 감동 -해-
주 앞에나- 의모든- 것- 버리 -고-

내 영혼오-직주님-만- 갈망 하네 -
내 사랑주-님따르-기- 갈망 하네 -

나의- 사랑이- 더욱- 커-져-가네

-주를- 향한내-사랑 -더욱- 깊어져만가네

깊 어 져만 가네 - - - - - -

| 기타코드 |

F#m   E   D/E   Esus4   A7

737 나 주의 것 주 내 안에
(Eternity)

Brian Doerksen

나주의것 - 주내안에 - 영원 - 히함께하리라

우리맘에 - 주의사랑 - 영원 - 히함께하리라

영원 - 히함께하 리라 - -

더 - 눈물없네 - 우리눈에 - 더 - 두려움없네

- 주님 - 과함 - 께해 - 주님 - 과함 - 께해 -

주경배 - 해 주를경 - 배 - 해 - 영원 - 히 -

| 기타코드 |

E7 A/C# A/E Esus4 Bm

738 나 홀로 있어도 내 아픈 마음
(주 없이 살 수 없네 / Can't Live A Day)

Connie Harrington, Joe Beck & Ty Lacy

나 홀로있어도 - 내 아픈마 - 음 감싸줄 - 사람 - 하
저 아름다운세상 - 놀 라운일 - 들 속에서 - 도난 - 주

나없어 - 도살 - 수있어난 - 꿈이없어도 - - 저아름다 - 운
님만생 - 각해 - 요나에게 - 부를준다해 - 도 은혜로 - 날

수많은 - 별들 - 만 질수없 - 어도 - 살수있
감 싸주 - 시는 - 주 님 사랑 - 과바 - 꿀수없

어 - 세상소중한모 - 든것 - 나 - 가질수 - 있어 하지만
네 - 수많은어려 - 움도 - 모두 이길수 - 있죠 하지만

나의마 - 음속 - 에주님의 소망이 - 없이 - 는 - - 난

하 루도살 - 수없 - 네 - 주 - 님 - 의

사랑의 - 팔로 - - 날안아 주지않 - 는다 - 면 - - 난

한순간도 - 못사 - - 네 - 난주없이살 - 수없 - 네 -

- 오 - - 주님 - - - 내 - 생명되 - 시 - 네 -

내호흡과 - 같네 - 오 - - - 주 - 님 - - 내게

모두주 - 셨네 - - 주 나의모 - 든 것 오진실 - 로

- 난주없이살 - - 수없 - - 네 -

739 난 행복합니다 내 소중한 사랑
(사랑합니다)

sky

난 행복합－니다－ 내 소중한－사랑－ 그
대가있－어세상이－ 더아름－답죠－ 난 행복합 니다－ 그
대를만－난건－ 이 세상이－나에게준－ 선물인－거죠－ 나의
사 랑 －당신을 사랑합니다－ 세상 이우릴－갈라－ 놓지－라도
－ 나의 사 랑 －당신을 사랑합니다－ 내 삶이끝－날지 라도
－ 난 － 기억 해－요 － 당신만을 － － － － 나
사랑할－게요－ 나 언제까－지나 － － － 나의
－ 영원 히당신－을사 랑 － － 합니다 －

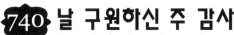

740 날 구원하신 주 감사
(Thanks for God for my Redeemer)

Arr. Roy Brunner & John A Hultman

날구 원 하신주 감사 모든 것 주심감 사
응답 하 신기도 감사 거절 하 신것감 사
길가 의 장미꽃 감사 장미 꽃 가시감 사

지 난 추 억인해 감사 주내 곁 에계시 네
헤쳐나 온풍랑 감사 모든 것 채우시 네
따스한 따스한 가정 희망주 신것감 사

향 기 론 봄철에 감사 외론 가 을날감 사
아 픔과 기쁨도 감사 절망 중 위로감 사
기 쁨과 슬픔도 감사 하늘 평 안을감 사

사 라 진 눈물도 감사 나의 영 혼평안 해
측 량못 할은혜 감사 크신 사 랑감사 해
내 일의 희망을 감사 영원 토 록감사 해

| 기타코드 |

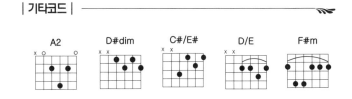

741 날 찾아오신 주님
(주께서 원하시면)

유상렬

날 찾아오신주님 그거룩한–음성 내삶을 부르시네–

내삶의이유와– 목–적은– 내안 에 주님계시는 것

날 포기해야 만 주님이계–시 네 그모습닮 을수있네–

내뜻과의지는–십자가앞에두고 주말쏨내안에있 네 주께서

원하시면–나드리리 – 주님앞에나–의생명과– 그무엇도–아까

울것없으니–주께서 보 내시면– 나는가 리 절망과어둠– 의

골짜기– 우리주님의–복음 의증인되어 – 우릴 향한주님소–망

이뤄지도록– 주 님앞에– 내 삶을드 리 네

742 내가 만민 중에
(Be Exalted)

Brent Chambers

내가 만 민 중 에 오–주 께감 사 하–며 주님

을 찬양하 리 열방 중 에–서 – 주의

인 자는 커 서 커서하 늘에 미 치–고 주의

진 리는 넓은 궁 창에 이르나 니 – 하 늘

위 에 주– 는 높이들 리 며 주의

영 광은 온 세 계 위– – 에 – 하 늘

위 에 주– 는 높이들 리 며 주의

1. 영 광은 온 세 계 위– – 에 – 내가

2. 영 광 은 주의영 광 – 은 주의

영 광은 온 세 계 위– – 에 –

| 기타코드 |

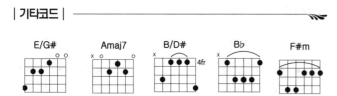

743 내가 엄마 품 속에서
(야베스의 기도)

설경욱

744 내게 허락하신
(나는 믿네 / Rompendo em fe)

Ana e Edson Feitosa

| 기타코드 |

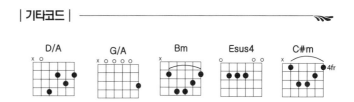

D/A G/A Bm Esus4 C#m

745 내 마음 다해
(My Heart Sings Praises)

Russell Fragar

내마음 다해 - 주이름 찬양 - 해 -

주사랑 깊어 - - - - 말로다 못 하

네 주앞서 가며 - 길을만 드시 - 네

오직내 갈망 - - - - 영원히 주 찬

양 내맘 에 힘이되신 - 주 - 영원한

- 빛이되 - 신주 - 내모 든 호 흡이주의행하

- 심찬 - 양해 - 주 는 위 대한통치 -

- 자 - 내모든 것 주께순복해 - 내 삶

을 주의불로 - 채우 - 소서 -

746 내 마음에 주를 향한 사랑이
(십자가의 길 순교자의 삶 / The Way Of The Cross The Life Of Martyr)

Stephen Hah

내마음에주를향한 사랑이 - 나의말엔주가주신
내입술에찬 - 양의 향기가 - 두손에는주를닮은

진 리로 - 나의눈에주의눈물 채 워 주 소
섬 김이 - 나의삶에주의흔적 남 게 하 소

서 서 하나

님의사랑이 - 영원 히함께하리 - 십자 가의길을걷는자에

게 순교 자의삶을사는이에 게 조롱

하는소리와 - 세상 유혹속에도 - 주의 순결한신부가되리

라 내생명 주님께 드리리

| 기타코드 |

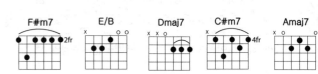

F#m7　　E/B　　Dmaj7　　C#m7　　Amaj7

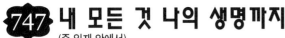

747 내 모든 것 나의 생명까지
(주 임재 안에서)

748 내 삶의 목적이신 주
(목적이 이끄는 삶)

기타코드

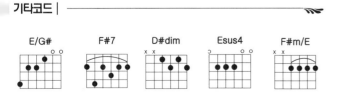

기타코드

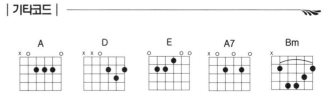

749 내 생명 다해

박용규

내생명다해 – 주를 찬 양한 – 다해도 –
내호흡다해 – 크게 외 칠지 – 라 – 도 –

주를향한 – 나의 – 사랑 – 모두다 형언치못 – 하리라
주를향한 – 나의 – 열정 – 모두다

표현치못 – 하리라 –

주를향한 – 나의 – 사랑 – – 다 표현치못 – 하리라
주를향한 – 나의 – 사랑 – 내 생명다해 – 찬양해

주를향한 – 나의 – 열정 – – 다 표현치못 – 하리라
주를향한 – 나의 – 열정 – – 내

호흡다해 – 외치리 –

경 배 하 리   찬 양 하 리 –

기 뻐 하 리 – 오 직 – 주 – 님만 –

Fine

D.S. al Fine

750 내 안에 부어 주소서

내 안에 – 부어 주소서 – 성 령의 – 충만한 기름을 –

내 안에 – 충만케 하소서 – 성 령의 – 기 름 으로 –

내 게기 – 름 가득할 – 때 주 의복 – 음전할 수 있 – 네 –

내 게기 – 름 가득할 – 때 주 의사 – 랑베푸 네그 날 에

우 리주 – 님께서 – 밤중 – 에 찾아 오 – 실때에 –

기름준 – 비된 자만 이 – 잔치 자 리들 – 어가네 –

기타코드

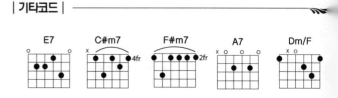

E7   C#m7   F#m7   A7   Dm/F

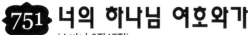

751 너의 하나님 여호와가
(스바냐 3장17절)

김진호

너 의 하 나 님 여 호 와 가

너 의 가 운 데 계 시 니 -

그 는 구 원 을 베 푸 실 전 능 자

전 능 자 시 라 -

그 가 너 로 인 하 여 기 쁨 을

이 기 지 못 하 시 며 -

너 를 잠 잠 - 히 사 랑

하 시 - - 며 - - - - -

즐 거 이 부 르 며 기 뻐

기 뻐 하 시 리 라 -

752 당신은 지금 어디로 가나요
(예수 믿으세요)

김석균

당신 은 지금 - 어디 로 가나요 발 걸 음무겁 게
은 오늘 - 누굴 만 났나요 위 로 받았나 요
를 믿고 - 새롭 게 되니 - 기 쁨 이넘쳐 요

이세 상 어디 쉴곳 있 나요 - 머 물 곳있나 요
이세 상 누가 나를 대 신하여 목 숨 버렸나 요
어둠 걷 히고 새날 이 되니 - 행 복 이넘쳐 요

예수 안 에는안식이 있 어요 평 안이 넘쳐 요
고통 의 멍에벗어버 리 세요 예 수이 름으 로
이전 에 없던평안을 얻 으니 찬 송이 넘쳐 요

십자 가 보혈 믿는 자 - 마다 구 원 을 받아 요
마음 문 열고 주님 맞 으세요 기 쁨 이넘쳐 요
샘솟 는 기쁨 전해 주 - 어요 예 수 이름으 로

예 - 수믿으 세요 - 예 - 수믿으 세요 -

예 - 수믿으 세요 - 예수 믿 으세 요 당신
예수

요 주를 믿 는자 그는 행복 해요 - 영원

한 생명 얻으 니 하나 님 나라 그의

것이 라 - - 어서 예수믿 으세 요 주를 요

| 기타코드 |

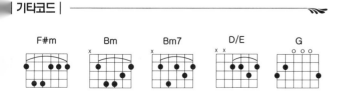

F#m Bm Bm7 D/E G

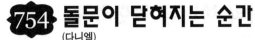

753 당신의 그 섬김이
(해 같이 빛나리)

김석균

당신 의 - 그섬김 이 천국 에서 해같이빛나 리
당신 의 - 그순종 이 천국 에서 해같이빛나 리

당신 의 - 그겸손 이 천국 에서 해같이빛나 리
당신 의 - 그사랑 이 천국 에서 해같이빛나 리

당신 의 - 그믿음 이 천국 에서 해 같이빛나 리
당신 의 - 그찬송 이 천국 에서 해 같이빛나 리

당신 의 - 그충성 이 천국 에서 해같이빛나 리
당신 의 - 그헌신 이 천국 에서 해같이빛나 리

주님이기억하시면 족하리   예수님사랑으로 가득한모습

천사도흠모하는 아름다운그모습 - 천국 에서해같이빛나리

754 돌문이 닫혀지는 순간
(다니엘)

이천

돌문이 - - 닫 - 혀지는 순간 - 당신이 - 곁에계셨

죠 - - - - 굶 주린 - - 사 - 자들의 입을 -

당신이 - 막아주었 죠   사자를 - - 어루만 지며 -

그몸에 - 편히기대고 - - - 당신의 - - 평안함 속에 -

나 - 는 - 잠아들었 죠 다 니엘아 - - 네가 - 섬 기는 -

여호와 - 하나님 - 께 서   사자의 - - 입에 - 서

너 - 의 - 영혼 - 을 - 능히 - - 구하셨 느 - 냐 -

왕 이 - 시 - 여 죽 음을 - - 주 셔도 - 은혜인

저 의영혼을 - 사자의입에서 - - - 벗 어나게 -

은혜를베푸사 - 구원을 - - 그 는사

시 는 - 전능 - 의 하 나님 - 영 - 원히

변 - 치않 으 - 시는 - 우 - 나의 - 하 나 님

영 - 원히 - 변 - 치않 으 - 시는 - 우

- 나의하 나 님

755 두렵지 않네 이 땅 가운데
(New leader)

이천

두렵지않 네 이땅가 – 운데 어 둠이 – 가
네 이땅가 – 운데 평 화가 사

득하다해도 – 전능하 – 신주 우리들 – 에 – 게 – 승
라졌다해도 – 신실하 – 신주 우리들

리를 – 약속하셨 – 으니 낙심치않 – 에 – 게 – 회

복을 – 명령하셨 – 으니 – 주가 – 우리와

– 함께 시 작하 – 셨으니 – 그가 – 또한

– 역사 – 를 – 이 루시 – 리 라 – 나 두렵지않 네

이땅위 – 에서 어둠을 – 깨고일어나리 – 라 – 여호수

아처럼 – 마음을 – 지켜 다시담 – 대함을가지리라 –

– 난 낙심치않 네 이땅위 – 에서 다시복

– 음을외치리라 – 다윗왕 – 처럼보좌앞 – 에서

새로운소망의노래 – 부르리 라 – –

756 들어오라 지성소로 오라
(거룩하신 주님께 나오라 / Come into the holy of holiness)

John Sellers

들어오라지성소로 – 오 라 – 어린양의보혈로써 –

찬양하며주님앞에 – 나와 – 보좌앞에경배하세 –

– 왕의 왕 주께 – 거룩 한 – 손들

고 경 배해 – 주 님께 –

경 배해 – 주 님께 –

757 머리들라 문들아

Graham Kendrick

머리들 라 문들 아 너희영원 – 한문들
죽음에 서 사셨네 모든권 세 – 이기셨

아 머리들 라 영광 의왕 들어 가시네 – 영광
네 죽음에 네 하늘 높이주임 하시네 – 너희

의 왕 들어 가 시네 – 영광 의 왕 들어
문 을넓게 열 어라 – 하늘 높이 주임

가 시네 – 영광 의왕 들어 가 시네 –
하 시네 – 너희 문을넓게 열 어라 –

758 만왕의 왕
(아도나이 / Adonai)

김준영 & 장상래

만 왕 의 왕 통치– 자 이신 나의 주

경 배 – 해 나 의하나 님

만 왕 의 왕 나– – 의 – 구 원 자

소 리 높 여 경 배 드 리 네

할 렐– 루 할 렐 루 – 야 할 렐–

루 할 렐 루 – 야 할 렐– 루 할 렐 루 –

야 할 렐– 루 할 렐– 루 아– –멘

759 많은 사람들
(난 예수가 좋다오)

김석균

많은– 사람 들 참된 진 리를모른 채 –
무 거운짐진 자 다 내 게–로오 라 –
그 대–가만 일 – 참된 행 복을찾거 든

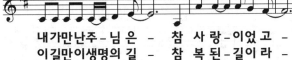

주 님곁을 떠 나 갔 지만 –
내 가 너를 쉬 게 하 리라 –
예 수 님을 만 나 보 세요 –

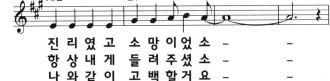

내가만난주–님 은 – 참 사 랑–이었 고
이길만이생명의 길 – 참 복 된–길이 라
그분으로인–하 여 – 참 평 안을얻으 면 –

진 리였 고 소 망 이었 소 –
항 상내 게 들 려 주셨 소 –
나 와 같 이 고 백 할거 요 –

난 예 수 가좋 다오 –

난– – 예 수 가좋 다오 – – 주를

사 랑 한 다던 – 베 드 로고백처 럼

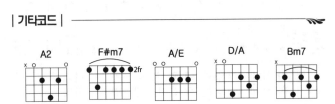

난 예 수를사랑한다 오 –

| 기타코드 |

A2   F#m7   A/E   D/A   Bm7

760 모두 나와
(그는 왕)

이종현

모두나 와 경배하 _ 며 _ 모두나

와 찬양하 _ 세 모두나 와 소리높

_ 여 _ 높으신 _ 그이름 _ 외치세 _ 모두나

_ 그이름 _ 외치세 _

그는왕 _ 우리의 통치 _ 자 그는왕 _
그는왕 _ 영원한 통치 _ 자 그는왕 _

그는왕 _ 우리를 다스 _ 리 시는왕 _
그는왕 _ 왕중의 왕이 _ 요 그는왕 _

761 모든 능력과 모든 권세
(Above All)

Lenny LeBlanc & Paul Baloche

모든능 _ 력 _ 과 모든권 _ 세 _ 모든것 _
라 _ 와 모든보 _ 좌 _ 이세상 _

위 _ 에뛰어 _ 나신 주님 _ 세상이 _
모 _ 든경이 _ 로움 _ 보다 _ 이세상

측량 _ 할수 _ 없는 _ 지혜 _ _ _ 로
모 _ 든 값진 보물 _ 보다 _ _ _

모 든만 _ 물창 _ 조하 _ 셨네 _ 모든나 _

더욱귀 _ 하신 _ 나의 _ 주님 _

십 자가 _ 고통당 _ 하사 _ 버

림 받고 _ 외면당하 _ 셨네 _ 짓밟힌

_ 장 미꽃 _ 처럼 _ _ _ 나를 _ 위해

_ 죽으셨네 _ 나의 _ 주

기타코드 |

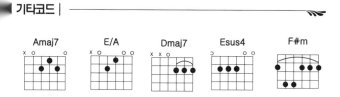

Amaj7   E/A   Dmaj7   Esus4   F#m

762 모든 민족과 방언들 가운데
(Hallelujah To The Lamb)

Debbye Graafsma & Don Moen

모 든민족과방언들 가운데 수 많은주 백성모였-
어 린양피로씻어진 우리들 은 혜로주 앞에 서있-

네 주 의-보 혈과- 그사랑-으 로 친백-성
네 주 이-름 으로- 자녀된-우 리 겸손-히

삼 -으셨네 - 주를향한 감사와-찬양-을 말로다
구 -하오니 - 주의능력 우리게-베 푸-사 주를더

표 현할수 없네- - 다만- 내 소리높여- 온
욱 닮게하 소서- - 그때-에 모든나라 주

맘을다해- 찬 양 -하리라- - 할렐
영광보며 - 경 배 -하리라- -

루야 할렐루야 할렐 루야어린양 할렐 루야 할렐루야 주의

보혈덮으사- 모든 족속 모든방언 모든 백성열방이 모든

영광 모든존귀 모든 찬양주께드- 리네 -

-          Fine

무릎꿇- 고서 -

다함께 -고백해 만유의주님 -   할렐

763 모든 상황 속에서

김영민

모든상황속-에 서 주를찬양할-지 라
주의얼굴구-할 때 주의영을부-으 사

주는너의큰- 상 급 큰도-움이시 라
크신사랑안-에 서 주를보게하-소

서 내 영혼이-확정 되고 -확 정되었-사 오-니-믿

음 의눈들- 어-- 주를 바라봅--니다 내

영 혼이-확정 되고-확 정되었 -사오-니-믿

음의눈들- 어-- 주를 바라봅-니다

주를 바라볼-때주의나-라 이미임-했네 그-

영원한-나라- 보게하-소서 - -내

| 기타코드 |

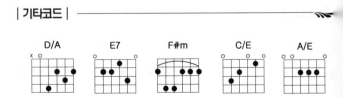

D/A   E7   F#m   C/E   A/E

764 모든 이들 필요해
(내 주는 구원의 주 / Mighty to Save)

Reuben Morgan & Ben Fielding

모든이들필요 –해 완전한주사 –랑– 자
내실 –패와두려 –움 주받아주소 –서–

비베푸소–서 – 모든이들필요 –해 구세주의온유
날채우소–서 – 내삶–을주께드 –려 온전히주따르

–함– 열방의소망 –
–리– 주께순종해 –

예수 산을옮기– 시 는 내주는 능력의주 – 그는

구원의주 – 영원한구원의창조자 사망을

이기시고 – 예수부활했네 –

Fine

D.C.

비추소서 주님의빛 –을– 찬양–해

다시사신 왕의영광 –을– 예수

비추소서 주님의빛 –을– 찬양–해

다시사신 왕의영광 –을–

D.S. al Fine

765 무화과 나뭇잎이 마르고
(Though The Fig Tree)

Tony Hopkins

무화과 나뭇 잎이– 마 르고 – 포도

열 매가없 으며 – – 감 람 나무열매

그 치고 논밭에 식 물이없 어도 – 우리

에 양 떼가 없 으며 외양간 송 아지

없 어도 – – 난 여호 와 로 즐거워하 리

난 여호와 로 즐거워하 리 난 구 원의

하 나 님을 인해 기 뻐 하 –리라 –

| 기타코드 |

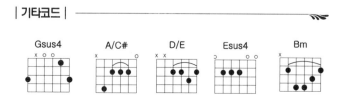

Gsus4   A/C#   D/E   Esus4   Bm

766 민족의 가슴마다
(그리스도의 계절)

김준곤 시, 박지영 정리 & 이성균

민족의– 가 슴 마다 피묻 은 그리스도를–심

어 이땅 에 푸르고–푸른– 그리 스도의계절–이– –

오게하 소 서 오게하 소 서

이땅에– 하나님 –의나라가– 이뤄 지 게하옵–소

서 모든 사 람의마 –음과– 교회 와가정 –에도– –하나님

나 라가– 임 하게 하 여주–소 –서 – 주 의

청 년들이– 예수의 꿈 을꾸고 – 인류 구원의– 환상을

보게하 –소 –서 – 한손엔 복음들고 – 한손엔 사랑을들고 – 온땅

구석 구석누비 –는 나라– 되게하 소 서 이땅

구석구 –석에 –서 – 예수를주로 고백 하게하 –소 –서 –

하늘의뜻 이땅에 이뤄주 –소 –서 – 주의 나라 –되게하소 –

서 – – 주의 청 년들이 – 예수의 꿈 을꾸고 – 인류

구원의– 환상을 보게하 –소 –서 – 한손엔 복음들고 – 한손엔

사랑을들고 – 온땅 구석 구석누비 –는 나라 –되게하소 서

767 믿음따라
(I Walk By Faith)

Chris Falson

믿 음 따 –라 – 걸 음 마 –다

– 말 씀 따 –라 – 주 님 만

따르– 리 – 믿 *Fine* 나 의 가는 길

– – 믿 음따라갈 –때 군 대가 날에워 싸

–도 겁 없네 – 또 내 입술의 기

–도 믿 음의선포 – 주 님 날위하 시

– 면 누 가 날 대 적하 –리 믿

768 보좌에 계신 하나님
(Salvation Belongs To Our God)

Adrian Howard & Pat Turner

보 좌에계신– 하나 님 그 의 어린양 예 –수
주 께구속된– 우리 들 한 마음과한 뜻으로

구 원하–셨 네 – 찬 양영광– 지혜감사
선 포하–리 라 –

존 귀– 와힘 과 능 력 – 하 나님 께 영

원히–영원 –히 하나님 께 영 원히–영원 –히

하나님 께 영 원히 –영원히아 – 멘 – – –

769 보혈 세상의 모든
(예수 피밖에 / Nothing But The Blood)

Matt Redman

보 혈 세상의–모든 – 헛된외침–보다
가 은혜의–증거 – 주마음알–게해

– 능력있는–말씀 – 날의롭다–하며 – 날보호하–시네
– 우리길되–시네 – 담대히나–가네 세상의지–않고

– 예수의–보혈 – 보혈 – 십자
– 오직주보–혈로

우리 죄–를 씻 –기 고–
우릴 정–결 케 –하 여–

다시 온–전 케 –하 는– 예수피밖에–
친구 되–게 하 –기 는– 예수피밖에–

예수의피밖– 에 없 –네

없 –네 십자

없 –네 주 보혈찬양해 – 주

보혈찬 양해 – 예수피 밖에–

예수의피밖 에 없 –네 주 없 –네

770 선포하라
(All heaven declares)

Noel Richards & Tricia Richards

선 포하 라 부활하신영 광 의주
선 포하 라 부활하신영 광 의주

아 름 다 운 영광의주 를 보 라
하 나 님 과 화목하게 하 신주

보 좌에 앉으 신 그 어린양예 수
찬 송과 존귀 와 영 광과능력 을

다 무릎꿇고 서 주 경배하 리 라
영 원영원토 록 받 아주옵 소 서

771 볼찌어다 내가 문 밖에

김지현

볼 - 찌 - 어다 - 내가 문 밖에서서 두 드리노 니
볼 - 찌 - 어다 - 그의 음성을듣고 맘 문열 - 라

볼 - 찌 - 어다 - 내가 문밖에서서 두 드리노 니 -
볼 - 찌 - 어다 - 그의 음성을듣고 맘 문열 - 라 -

누 구든지내 음성 듣고 - 문 을 열 면 - - -
주 의크신사 랑을 믿고 - 문 을 열 면 - - -

누 구든지내 음성 듣 - 고 - 문 을 열 -
주 의크신사 랑을 믿 - 고 - 문 을 열 -

면 - 내가 들 어가 - 그로더불어 먹 - 고
면 - 나의 하 나님 - 생명의반석 되 시니

그 는 나 로 더 불 어 살 - 리 - 내가
나 와 항 상 함 께 하 시 - 리 - 나의

들 어 가 - 그 로 더 불 어 먹 - 고
하 나 님 - 생 명 의 반 석 되 시 니

그 는 나 로 더 불 어 살 리
나 와 항 상 함 께 하 시 리

772 사망의 그늘에 앉아
(그날)

고형원

사망의그늘에앉 아 죽어 가는 나의백성 들 절망

과 굶주림 에 갇힌저들은 내마음의 - 오랜슬 픔

고통의멍에에매 여 울고 있는 나의자녀 들 나는

이제일어나 - 저들의 멍에를꺾고 눈물씻기기 - 원하는 데

누가내게부르 - 짖 어 저들을구원케 - 할 까

누가나를위해 - 가 서 나의사랑을전 - 할 까 나는

이 제 보기원하 네 나의 자녀들 - 살아나는 - 그 날 기쁜

찬 송 소리하늘 에 웃음 소리온 - 땅가득한 - 그 날

| 기타코드 |

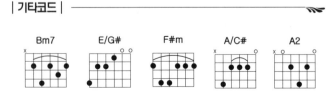

Bm7   E/G#   F#m   A/C#   A2

773 산을 내려오는 바람과
(목수의 이야기)

한웅재

| A9 | E/G# | F#m7 Em7 |

산을 내려오 –는 바람과 –같이 – 우리에 –게붙어

| DM7 | E7 | A9 | E/G# |

–온 –그하늘의 –이야 –기 – 닫힌 우리마 –음 자유케 –하던

| F#m7 Em7 | DM7 | E7 | D/A A |

– 그 나사렛 –에서 – 온 – 한목수의 –이야기 – 나와

| A9 E/G# | F#m7 Em7 | DM7 E7 |

같은이 –도 복이있 –다던 – 이전엔 –한번 –도 – 듣지못한 –이야

| A | E/G# | F#m7 Em7 |

–기 – 우리 이마에 –맺혀있는 –땀들 – 친 절히쓰 –다듬

| DM7 E7 | D/A A | E |

–던 – 예수님의 –이야기 – 메 마른땅 –위에 – –내리는

| D/A A Bm/A A | E |

– 비처럼 – 흐르 는 내땀 –방울 –로 – –부는바

| D/A | A A7/C# | DM7 | A/C# |

–람처럼 – 나를향 –하신 – –그분의 –마음– –널사

| Bm | B7/D# | D/E E | A9 | E/G# |

랑한다– 참 귀하다 – 나와 같은이 –도 복이있 –다던

| F#m7 Em7 | DM7 | E | D/A A |

– 이전엔 –한번 –도 – 듣지못한– 이야 –기 – 와서

| A9 | E/G# | F#m7 | Em7 |

나의마 –음 자유케 – 하던 – 그 나 사렛 –에서

| DM7 | E7 | Bm/A A | A9 | E/G# |

–온 – 한목수의 –이야기 – 나의 모든짐 –그 어깨에 –지고

| F#m7 Em7 | DM7 | E7sus4 | A |

– 갈 보리향 –해가 –던 – 예수님의 –이야기 –

774 새 힘 얻으리
(Everlasting God)

Ken Riley & Brenton Brown

| A | A sus4 | A A sus4 | A A sus4 |

새힘얻으리주 –를바랄때 주 –를바랄때우리주

| 1. A sus4 A | 2. A sus4 A /C# D | A/C# D |

–를바랄때 – –를바랄때주 님 – 통 치

| D E F#m | E | A/C# D | A D | E F#m |

–하시 – –네 소망 – 구원 – –주시

| F#m | E | A | A/C# D |

– – – –는 – – 당신 –은영 –원하 –신주
약한 –자방 –패 되 –시 며

| D | F#m |

– 내영 –원하 –신주 – 지치
– 위로 –자되 –신주 – 독수

| F#m | D | 1. | 2. D | A |

–지않 –으 시 는 주님– 시 네–
–리 같 –은 힘 주

| 기타코드 |

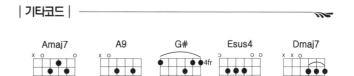

Amaj7 A9 G# Esus4 Dmaj7

775 성령의 바람 불어와
(Wind Of God)

Gary Sadler

776 성령이여 내 영혼에
(Come and fill me up)

Brian Doerksen

| 기타코드 |

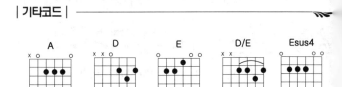

777 세상의 빛으로 오신 주
(Light Of The World)

Scott Brenner

세 상의 – 빛 으로 – 오 신주 –

예 수님 – 정 죄하 – 지 아 니하 – 시고

구 원을 – 주 셨네 – 쓰 러진 – 나를 –

세 우신 – 주님은 – 연 약한 – 나를 –

강 하게 – 하시는 – 분입 – 니다 약 – 한 –

나 – 를 – 온 전케 – 하 시는 – 주 님은 –

부 족한 – 나 – 를 – 채 우십 – 니다 –

778 소망없는 내 삶에
(내 삶 드리리)

박은미

소망없는 – 내삶 – – 에 – 새생명허 – 락하 – – 신 –
삶의문제 – 힘겨 – – 워 – 눈물만드 – 릴때 – – 도 –

날향한주 – 님의은 – – 혜 – 놀라운주 – 님의사 – – 랑 –
날안아주 – 시는주 – – 날 – 한없는주 – 님의사 –

– – 랑 나찬양하네 – 나 의믿음주 – 께 – 드려

– 나 의삶이주 – 를 – 향해 – 내 유일한사

– – – 랑 – 되 신주 – 께 내삶 드리 리 나의믿음주

– 께 – 드려 – 나의삶이주 – 를 – 향해 – 내 유일한사

– – – 랑 – 되 신주 – 께 내삶드리 리 –

기타코드

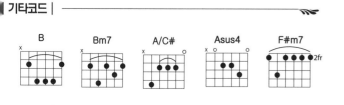

기타코드

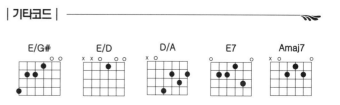

779 소망 없는 세대 가운데
(교회를 부흥시키소서)

민호기

소망없는세대—가운데 — 빛을잃은세상—향하여 — 진리

의등대로—세우신 몸된교회 — 복음 의능력 — 나타 내소서 — 예수

의흘리신보혈로 — 사 신교회 — 십자 가사랑만 — 증거하

는교회 — 죽어 가는영혼 — 살려 일으키고 — 가난

한자에게 — 나눔 과섬 김을 — — 주의 교회를 — 새롭게

하소서 — 말 씀 으로성 령 으로주의 교회를 — 부흥시

키소서 — 열 방 중에 이 루 소 서

780 순전한 나의 삶의 옥합
(삶의 옥합)

오세광

순전 한 나의 삶의옥 합깨뜨려 주께모두 — 드리리

나의 가장 귀한 것 주께 드리리 나의주—님 — 예 수

순전 한 나의 삶의옥 합깨뜨려 주께모두 — 드리리

나의 가장 귀한 것 주께 드리리 나의주님 예 수

내 가힘을다 하 여 주의날을 — 예 비하리니

주가보고 — 그 사랑으로 — 주 의것삼으시 네 이것이

나의기 — 도나의소 — 망 나의모 — 든것 눈물로주님께

간 구하 오니 — 이것이 나 의기 — 도 나의소 — 망

나의모 — 든것 주여나 — 를기억하 — 소 서 이것이 서

| 기타코드 |

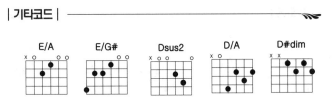

E/A   E/G#   Dsus2   D/A   D#dim

781 시작됐네
(은혜로다)

심형진

시 작 됐 네   우리주님의능력이

나의삶을다스리고   새롭게하네

자유하네   죄와사망으로부터

나의삶은변하고난   충만하네

은혜로다   주의은혜

한량없는   주의은혜

은혜로다   주의은혜

변함없는 신실하신 주의은혜   –

782 아름답고 놀라운 주 예수
(I stand in awe)

Mark Altrogge

아름 답고놀라운 주예 –수 – 말 로할수– 없네

– 그 측량할수없 는위 –엄 – 주 님과같은분없 네

– 한없 는 그지혜와사 –랑 그 누

구도 다 알수없네 – 아름 답고놀라운 주예

–수 보좌에 – 앉으– 셨네 – 주님 앞 에내 가

서있네 – 주 앞 에내 가 서있네 – 주는

거 룩하 신 하 나 님 그 앞 에서 있 네

기타코드

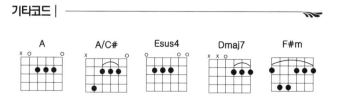

A   A/C#   Esus4   Dmaj7   F#m

783 아버지의 놀라운 사랑
(아버지의 눈물)

박용규

아버지의- 놀라운사랑- 그아들- 우리게 주셨네- 십자
가에서- 흘린 주보혈- 온열방- 구원하 셨네-- 온세
상위한- 십자 가구원- 세상은- 알지못 하네- 아버지
눈물로- 탄식하 시며- 내게- 말씀하시 네 나의
자녀여- 이제 일어나- 나의 눈물있는곳- 그곳에
눈물뿌리라- 나의 자녀여- 나의 마음있는곳- 그땅에
- 나의사랑 외치라- 아버 지눈물- 온땅
에 전 하리- 주의 사랑의 눈물- 생명
되 어흐르리- 모든 열 방은- 주님
께돌아 오리- 주님 의구원 온땅가득하-리 라

784 아침이 밝아 올때에
(그 이름 / Your Name)

Paul Baloche & Glenn Packiam

아 침이 밝아 올 때 에
주 의 이름 부 를 때-
찬 양의 맘 주 시 네- 주
나 의 맘 채 우소서- 내
를 향한- 나의- 찬양- 주
삶 을주- 께드- 리며- 주
마 음을- 리리- 그이- 름- 강하
이 름높- 이리-
고 견고- 한성- 루 그이- 름- 나의
피 난처- 되시- 네 그이- 름- 구원
의 능력- 되시- 니 온 열 방이- 다찬- 양하 네
- 그이름-

| 기타코드 |

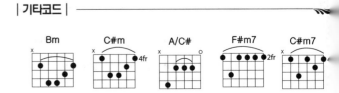

785 안개가 날 가리워
(주님은 산 같아서)

김준영 & 임선호

안개가 – 날가리워 –   내믿음 – 흔들리려
주님은 – 산같아서 –   여전히 – 그자리에

– 할 – 때 – 나 주님께 – 나 아 가네 –
– 계 – 셔 – 눈 을들면 – 보

이 리 라 – 날 위 – 한 그 사 랑 – 주 는 나

– 의 도움이시며 – 주의계 – 획 영원하시네
– 서 날이끄시며 – 주가항 – 상 함께하시네

– 주 의 위 – 엄 앞 에 – 믿음으로순종의
– 주 의 사 – 랑 안 에 – 믿음으로순종의

예배드리리 – 주님께 – 영원히 –
예배드리리

| 기타코드 |

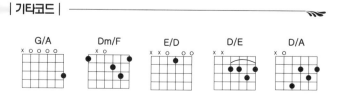

G/A   Dm/F   E/D   D/E   D/A

---

786 예수 나의 주
(I Know Who I am)

Chris Tomlin & Israel Houghton

예 수 나 – 의주 –   나 는 – 아네 –   예

수 나 – 의주 –   나 이제 – 주 의것 –   예

– 나는 – 아 네 –   예 – 수 나 – 의주

– 나 – 의주 –   예 – 수 나 – 의주

방황할 – 때   찾으시 – 고   눈먼나 – 를
상한마 – 음   만지시 – 고   죽어갈 – 때

보게하 – 셨 네   찬양의노 – 래주 – 셨네
생명주 – 셨 네   주내모든 – 것 되 – 시네

나는 – 아네 – 예

용서 – 받은 – 나 –   주의 – 친구 –

날받 – 으셨 – 네   예 수 나 – 의주 –

변함 – 없 는 –   주의 – 사 랑 –

나확 – 신 해 –   예 수 나 – 의주 –

주님 – 안 에 –   나자 – 유 해 –

주 – 님 내 – 안 에 – 나주 – 안 에 – 있 네

예

787 예수 나의 첫사랑 되시네
(Jesus You Alone)

Tim Hughes

예수나의 첫사랑되시 -네- 내 첫-사랑- 지

존자되신 그리스도예 -수- 찬 양-하리-

보좌앞에 나의삶이 향기로운 제사로

주께드려 지기원하네 -

오직주만바 -라보-며 나의삶을드 -리네--
나의온전한 -열정-과 나의찬양되 -시네--

1. 다른길은찾 -지않 -으리 -

2. 주의길을 따 -라가 -리라 -

788 예수 아름다우신
(Beautiful Saviour)

Henry Fielding

예 수 - 아름다 우 신 - 위대하 신 주
양 - - 거룩과 공 의 - 새벽별 같 -

님 부활의 -주 - 어린 모든 하 늘
은 나의구 -주 -

찬 양 -해 - 모든 만 물 이주 --경 배

해 -아 름답 고 -놀 라우 신 모든이

름보 다 높 은이 름 -아 신 주의이 -름-

높으신 그이 름예 -수 - - -

영 원 히주 찬 - - -양 주사랑

해 요 - 주사 랑 해 - 요 -

예 - - - 수 아름다 우 - - -신 -
예 - - - 수 아름다 운 - - -주 -

| 기타코드 |

A/C#   Bm   D/A   D/F#   F#m

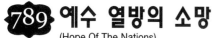

789 예수 열방의 소망
(Hope Of The Nations)

Brian Doerksen

예수 열방의소-망- 예수 우리의위-로-자

주는 - 온땅-의영 -원한 소망 -

예수 어둠속의-빛 - 예수 변함없는-진-리

주는 - 온땅-의빛 - 이되 시네 - 우리

- 위해 죽으 - 시고 다시 - 사신 생명 - 의주-

- 주님만이 - 소망이요 - 변함없는 - 반석이라

- 주님만이 - 온세상을 비추--시네 -

- 또죽음에서 - 부활하신 - 우리구주

- 평강의왕 - 주를믿는 - 모든자의

- 소망 - 되신 - 주를--믿네 -

790 예수 우리 왕이여
(Jesus, We enthrone You)

Paul Kyle

예 수 - 우리 왕 이여 -

이 곳 에 오 소 서 -

보 좌 로 - 주 여 임 하 사 -

찬 양 을 받 아 주 소 서 -

주 님 을 찬 양 하 오 니

주 님 을 경 - 배 하 오 니

왕 이 신 예 수 여 오 셔 서 좌 정

하 사 다 스 리 소 서 -

기타코드 |

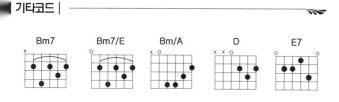

Bm7   Bm7/E   Bm/A   D   E7

791 온 세계 지으신
(온 세계 지으신 창조의 하나님 / God of Wonders)

Mark Byrd & Steve Hindalong

792 온 세상 창조 주
(모두 승리하리 / Winning all)

심형진

793 왕 되신 주께 감사하세
(Forever)

Chris Tomlin

왕 되신주께– 감 사하–세– 그 사랑영원하리 –라–
력의손과– 펴 신팔–로–
해 뜨는데서–지는데까–지–

모든것위–에뛰어 나신–주– 그 사랑영원하리 –라–
거듭난영–혼들을 위하–여–
주은혜로– 우리걸 어가–리–

찬 양 – 찬 양 – 능

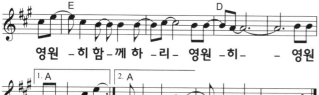

– 찬 양 – 찬 양 –

영원 –히신–실하 –신– 능력 –의하–나님 –

영원 –히함–께 하 –리 영원 –히– 영원

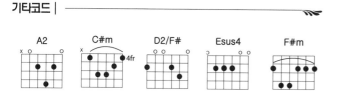

– 히 – 영원 –히 – 영원 –히 –

794 우리 보좌 앞에 모였네
(비전 / Vision)

고형원

우리 보 좌앞에 모 였네 함께주를찬양–하 며

하 나님의사랑 그 아들주셨네 그 의피로우린

구원받았 네 십자 가 에서쏟으신그 사랑

강 같이온땅에– 홀 러 각 나라와족속 백

성방언에서 구 원받 고주 경배드리 네

구 원하심이 – 보 좌에앉으신 우 리하나님과 어

린양께있도 다 구 원하심이 – 보 좌에앉으신 우

리하나님과 어 린양께있 도 다

기타코드 |

A2   C#m   D2/F#   Esus4   F#m

기타코드 |

D69   F#m7   Bm   E   Bm7

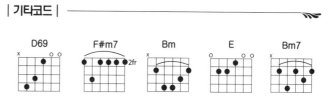

(Thank You For The Cross)

Mark Altrogge

우리죄위해 –죽으 –신주 – 십 자가그사랑 –감 –사하

네 날 마다주의형상대로 변화 되리라 – – 십

자가우 –릴새롭게하 리 놀라 운사랑 – 찬양하

– 리라 우 리를위 해 생명주셨 –네 –

놀라 운 사랑 – 찬양하 – 리 라 십자

가 의그 능 력 십자가 의그 능 력

| 기타코드 |

D/E C#m7 A/G D/F# E/G

(높이 계신 주님께 / That's what we came here for)

Russell Fragar & Darlene Zschech

우리 주안에서노래하 –며 – 주 –의이름찬양해 –

감사로 –그 –문 –에들 –어가 – 주이름송축 –하네 – –

진 실한찬 –양안 –에 – 권 –능임 –하니 –

외치세 –할렐루 –야손 –뼉치 –며전 능하신 –주께 –

높이계 –신 주 –님 께 –우리 여기 모 –인이유 –

우리 마음모아 – 주님을높 –이는것 –

내안에 –모든 –것 – 주를바 –랄때 –

주의 능력 – 또 영광 – 은 혜와자 – 비 도 –

찬양 하 며 – 춤 추 세 – 마 음문 – 열어 –

주가자 유 케 –하리 – 주의 이름찬 – 양해 –

– – – 주님을높 –이는것 – – –

높이계 –신 주 –님께 – 높이계 –신 주 –님께 –

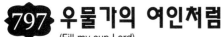

797 우물가의 여인처럼
(Fill my cup Lord)

Richard Blanchard

우물 가의 여인 처럼 난 구 했네 – 헛
많고 많은 사람들 이 찾았 었네 – 헛
내 친 구 여 거 기 서 – 돌 아 오 라 – 내

되 고 헛된 것들 을 그 때 주님 – 하신
되 고 헛된 것들 을 주 안 에 감 – 추인
주 의 넓은 품으 로 우 리 주님 – 너를

말씀 – 내 샘에 와 생 수를 마셔 라 오 –
보배 – 세 상 것 과 난 비 길 수 없 네
반겨 – 그 넓은 품 에 안 아 주 시 리

주님 – 채우 소서 – 나의 잔 을 높이 듭니 다 하늘

양식 내게 채워 주소 서 넘치 도 록 – 채워 주소 서

798 유월절 어린양의 피로
(Under The Blood)

Martin Nystrom & Rhonda Scelsi

유월 절 어린양 – 의 피 로 나의 삶의 문이 – 열렸 네 – 저

어둠의 권 – 세는 힘 이 없네 주 보혈의 능 – 력으로 – – 원

수가 날 정죄할 때 – 도 난 의롭게 설 수 있 네 – 난

더 이상 정죄함 없 – 네 난 주 보혈 아 – 래 있네 – 난

주 보혈 아 – 래 있네 – 그 피로 내 죄 – 사했 – 네 –

하 나 님 의 궁 홀 날 거룩케 하시었 네 – 난

주 보혈 아 – 래 있네 – 난 원수 의 어 – 떠한 공격에 도

더 이상 넘 어 지지 않네 난 주 보혈 아 – 래 있네 – –

| 기타코드 |

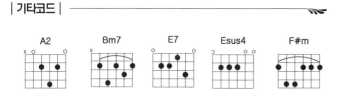

A2   Bm7   E7   Esus4   F#m

799 이 땅의 황무함을 보소서
(부흥)

고형원

이땅의황무함을 보소서 – 하늘의 하나님 – 긍휼을
베푸시는주여 우 리의죄악용서 하소서 – 이
땅 고쳐주소 서 이제우리모두하 나되어 – 이땅의
무너진 – 기초를 다시쌓을때 우 리의우상들을
태우실 – 성령의불 – 임하소 서 부흥의불길 – 타오르게
하 소서 – 진리의말씀 – 이땅새롭게 하소서 –
은혜의강물 – 흐르게 하소서 – 성령의바람 – 이제불어
와 오 – 주 의 – 영광 가 득한 새 날주소
서 오 – 주 님 – 나 라 이 땅에 임 하 소 서

800 이 시간 너의 맘 속에

김수지

이 시간너의맘속 에 하나님 사 랑이가득하기
를 진심으 로 기도해 간절 히 소망해 하나
님 사랑가 득하 기 를 하나님은너를사랑
해 얼마나 너 를사 랑 하시 는 지 너를위
해저 별을만들 고세 상을만들 고 아 들을보냈 네 오래
전 부터널 위해 준 비된 하 나 님의크신 사 – – 랑
너의가는길 – 주 의 사 랑 가 득 하기를 축복
– 해 – 힘든일도 있 겠 지 만 나
그 때마다늘함께할 게 하 나 님보 이신 – 큰
사랑으로 – 나 또한 너 – 를사랑 – 해 – 오 래

| 기타코드 |

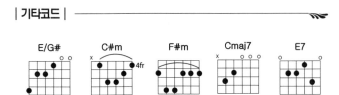

E/G#   C#m   F#m   Cmaj7   E7

801 이제 우리 함께 모여서

이지음

이제 우리함–께모–여서–주 를노래–하네– 주
를찬양–하며– 자랑하네 형제 자매모–습속–에서– 하
나님형–상을– 하 나님모–습을– 그려보 네 이제
나님모–습을– 그려보 네 주 는– 나의 모습
있는그–대로– 모두 사랑하–셨네– 사랑하–셨네–
나 도–당신 모습 지금그–대로– 그저 사랑하–리라–
사랑하–리라 – 이제 나님모–습을– 그려보 네

802 이젠 우리는 하나
(에클레시아여 영원히)

설경욱

이제 우리는하나 – 어떤 어 려움 –에도 – 험한
세상의–고통–이 –우릴 흔들어도– 이제 우리는하나– 우리
나누던–시간– 우리마음속–에간절한– 주님의사랑–
우리 마음을모아– 우리 영혼을–담아– 저기
하늘까–지 들리게– 노래 할때마다– 가슴 속에흐르는– 예수
님 의사 –랑이 – 멀리 멀리퍼 –져 나아가– 온세상
뜨겁게했죠 – 아 –직도 그대
로 지요– 변함 없는그기쁨– 그 설 레임– 그–사랑우리
노 래 속에 – 영원 히살아– 숨쉴 거에요 – 시간이
흘 러도변하지 말 아요– 주님사랑하–는 그마음은 – 우린
하 나잖아요–주사랑안–에 서 에클레시아–여 영원 – 히

기타코드 |

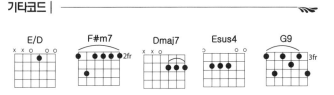

803 일어나 두 손 들고
(거룩하신 주 / Holy is the Lord)

Chris Tomlin & Louie Giglio

일어나두손들고 - 나의힘 -이되신-주님께 -

엎드려-경배 -드리세-크고 -위대-하신주 -우리모두함-께

찬양-하 -세- 거룩하-신주

- 전 --능-의- -주- 영광 -온땅 -에가득

-해 거룩하-신주 -전 --능-의- -주- 영광

- 온땅 -에가득 -해 -영광 - 온땅 - 에가득

- 해 -

1. E
2. E 주님의

- 이름- 온 - 땅에 -높아지 -리라- 찬양

--- 하리 주의 -이름- 온 - 땅에 -높아지

-리라- 찬양 --- 하리 -주님의 --- 하리-

우리모두함-께 -해 -영광 -온땅-에가득 -해-

804 잊을 수 없네
(우리 때문에 / We Are The Reason That He Gave His Life)

David Meece

잊을 수없네-하나님의사 랑 날살리시려
보았네-피묻은십자 가 날구하시려

고 주신 생명 내-십자가지 고오르신갈보리언
고 흘린사 랑 나를바라보시 며흘리신용서의눈

덕 -날향한사 -랑때문에
물 -날향한사 -랑때문에

우리때문 -에생명 -주셨고 우리때문 -에고통

당하셨네- 우리 때문에갈 -보리오 -르셨네 -무

지한우리 -때문에 - 나는 - 내가

살아야할 -이유찾았 -네 -나의삶 -을모두주께드리

- 는것 그가 날위해모 -든것주 -셨듯이 -나의삶

- 을 주께 -드리리 - 주 위 해 -바로

우리때문 -에 -십자 가지셨고 - 우리때문 -에죽음

당하셨네 - 우리 때문에물 -과피쏟 -으셨네 -무

지한우리 -때문에 - 나 같은죄인 -때문에 -

805 전능하신 나의 주 하나님은
(Nosso Deuse Poderoso)

Alda Celia

전능 하 신나 - 의주 - 하나 - 님은 - - 능치

못하실 - 일전 혀 - 없 - 네 우리 의모든 - 간구 - 도 우리

의모든 - 생각 - - 도 우리 의모든 - 꿈과 - 모든 - 소망

- 도 - - 신실 하신나 - 의주 - 하나 - - 님은 - 우리의

모 든괴 - 로움 - 바꿀 - 수 - 있 - 네 - 불가

능한일 - 행하 - 시고 죽은 자 를일 - 으키 - 시니 그를

이 길자 - 아무 - 도 없 - - 네 - 주의말씀

의 지 하여 - 깊은곳에 그 물던져 - 오늘

그 가놀 - 라운 - 일을 - 이루 - 시는 - 것보라 주의말씀

의 지 하여 - 믿음으로 그 물던져 - 믿는

자 에겐 - 능치 - 못함 - 없 네 -

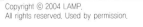

806 존귀하신 이름
(낮아지신 예수)

박성호

존귀 하신이름 - 하늘영 - 광 버리고 -

이땅으 - 로 내려와 - 낮아지신 - 예 - 수 - -

내가 주를보며 - 낮아지기 - 원 합니다 -

그곳으 - 로 내려가 - 썩어지 - 게 하소서 - -

내 온맘다하여 - - 주 예수를 바 라 고

- 내삶속에 새 기 며 - 주님의 낮 아 지 심

나 도알 - 게하소서 - 내 섬 김을 따 르게하소 서내

모 습 나의 몸 에 새 기네 - -

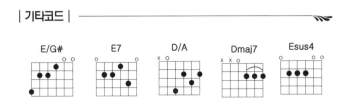

| 기타코드 |

E/G#   E7   D/A   Dmaj7   Esus4

807 주가 보이신 생명의 길

박정은

주가보이신- 생명 의 -길- 나 주님과함께 -

상한 맘을드리며 - 주님- 앞에 - 나-가리 -

나의 의로움- 이 되신주- 그 이름예수 -

나의 길이되-신 이-름- 예 - - -수 -

나의 길 오직그-가 아 -시나니 - 나 를

단 련하신 후- 에 - - 내가 -

정금 같 이 나-아 오 리 라 -

808 주 곁에 거하리
(By your side)

Noel Richards & Tricia Richards

주 곁 에 거 하 리

주 품 에 안 기 리

예 수 나 를 사 랑 해

나 주 께 모 두 드 리 리

주를사랑 주를찬양 오직내할 말

주를향 한 나의사 랑 날마다더 하

네 네 -

809 주님과 같이
(There Is None Like You)

Lenny LeBlanc

주님과같- -이- 내마음-만지는 분은없네-

오랜세-월찾아 난알았네- 내겐 -주밖에없- - -네

주 자비강-같이 흐르-고 주 손길치-료-하- 네

고통받는-자녀품 -으-시-니 주밖에 없 네

| 기타코드 |

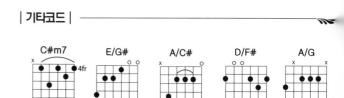

C#m7　　E/G#　　A/C#　　D/F#　　A/G

810 주께 가까이 날 이끄소서

Adhemar de Campos

주 께 가까이 - 날 이끄소서 - - - 간

절히주 - 님만 - 을원합니 - 다 - - 채 워주소서 - 주

의 사랑을 - - - 진 정한찬 - 양드 - 릴수있도

1. A   2. A   E   A
- 록 - 주 - 록 - 목 마 - 른 나의영혼 - 주

를 부르니 - - 나 의맘 - 만져 - - 주 - 소서

- - 주님만을 원합니다 - 더 원합니다 - -

나 의맘 - 만져 - - 주소 - 서 -

811 주께 가오니
(Power of Your Love)

Geoff Bullock

주께가 오니 - 날새롭게 하 시고 -
나의눈 열어 - 주를보게 하 시고 -

주의은혜 를 부어주 - 소 서
주의사랑 을 알게하 - 소 서

내안에발 견한 - 나의연약 함 모두 - 벗어지리
매일나의 삶에 - 주뜻이뤄 지 도록 - 새롭게하소

라 - 주의사랑으로 - - - -
서 -

주 사랑 - 나를붙드 시 - - 고

주 곁에 - 날이끄소 - 서 - -

독 수리 - 날개쳐올라 가 - - 듯 나주님과함

께 일어나걸으 리 주의사랑안에 - - - -

| 기타코드 |

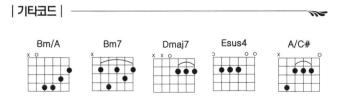

Bm/A   Bm7   Dmaj7   Esus4   A/C#

(One thing I have desired)

Scott Brenner

C# C#7 D A
주께 구 - 했던한 -가-지-- 소-망 -

Esus4 E C# C#7 D
기도하 - 니 - 나의 사 - 는 - 날 - 동 - - 안 주

A Esus4 E Bm Bm7/A
- 집에 - 거하며 - 주 아름 - 다 움

E/G# A/C# D Bm Bm7/A
- 앙망 - 하며 - - 그 전 에서 - 사모

E/G# A/C# D C#7sus4 C#7
- 케 하 - 소서 - 오 나의 - 주 - 거룩한

F#m7 Bm7/A E AM7 DM7 Bm7
- 주의 - 아 름 - 다움 - 오직한가 - 지내소

C#7sus4 C#7 F#m Bm7 E AM7
- 망 - 주님정 - 결하 - 게 하 - 소서 -

DM7 Bm7 C#7sus4 C#7 F#m7
영광에서 - 영광으 - - - 로 - 영원히 -

(만세 반석 / Rock of ages)

Rita Baloche

| 기타코드 |

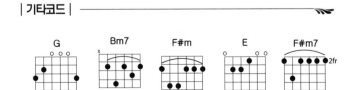

| 기타코드 |

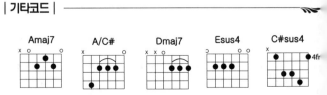

(Draw me close to You)

Kelly Carpenter

주님곁 – 으로 – 날이끄 – 소서 –
나의참 – 소망 – 그무엇 – 과도 –

내모든것 – 다드 – 리며 –
바꿀수없 – 는주 – 사랑 –

주음성듣 – 기원 – 하네 –
그품안에 – 나안 – 기리 –

주님의 – 길로 – 인도하 – 소서 –

주님 – 만이 – 내모 – 든것 – 되시 – 니 –

주님 – 만을 – 더알게하 소서 –

주영광

주님계 신곳 – 에나아 가 –
나의맘 중심 – 의열 정과 –

그의발 등상 – 에엎드려 –
나의가 슴속 – 의호흡을 –

나의입술 – 의노래를 –
나의귀한 – 어린양께 –

주님께 모두 – 드리리라 –
온전히 모두 – 드리리라 –

주를향해고 – 개를들어 – 나의마음의 – 문을열어
영광과 존귀 – 와능력을 – 하늘에계신 – 어린양께

오직주 님만 – 을바라며 – 나의삶을드 – 리리 –
나의목 소리 – 를높여서 –

– 주를찬양합 – 니다 – 나의목 – 소리 – 높

– 여 – – 내 – 주를 – 노래 – 하 – 네 –

오내 주여 – 하늘을 여 시고 –

나를 받아주 – 소서 – 나를 받아주 – 소서 –

– 주를향해고 – 개를 들어 – 나의마음의 – 문을열어

(go to 2nd time word)
오직주님만 –을바라며 – 나의삶을드 –리리 –

기타코드 |

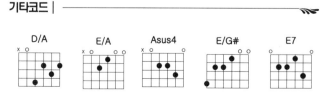

D/A   E/A   Asus4   E/G#   E7

816 주님 나라 임하시네

고형원

네 너는 일어나 주를따르라 하나님널부르시

네 세상은 아직 어둠 속에 빛되신주보기원하

네 너는일 어나 그 빛을발 하라

주님의영광 네게임 했 네 일어나

주 위해서라 강한용사여 주님이너와 너와

함께하시네 주께서 다 시오실길 그 길예비하라

영광의주님 오 만왕의왕 곧오시네

817 주님 나를 택하사
(보내소서)

Stephen Hah

주님 나를 택하사 잃어버린 자
성령으로 임하사 소망없는 자

에게 아버지의 사랑을 나누게하시
에게 생명의 그 말씀을 전하게하시

네 어두움을 밝히며 차가운마음
네 목자없는 양같이 방황하는저

녹이는 진리의빛전 하게하소서
들에게 주의사랑전 하게하소서

보내소서 시련이찾아 올때도

주님의눈물 기억하게하소서

보내소서 주께서가 신길을나

도 걸어가게 하소서

| 기타코드 |

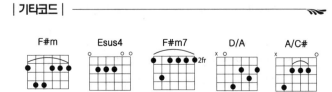

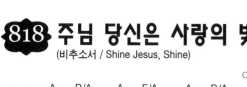

818 주님 당신은 사랑의 빛
(비추소서 / Shine Jesus, Shine)

Graham Kendrick

819 주님 보좌 앞에 나아가
(신실하신 하나님 / Lord I Come Before Your Throne Of Grace)

Robert Critchley & Dawn Critchley

기타코드

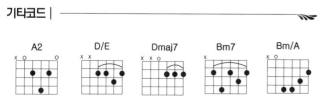

820 주님은 내 삶에
(예수 만물의 주 / Lord Over All)

Gary Sadler

주님은내삶에 - - 소망과 이유 - 되시며
내영혼의생수 - 귀한 - 보물 - 되 - 시네 -
주님은내맘에 - 불타는 - 사랑 - 되 시며
나의모든호흡 - 온 맘을다해 - 부르는 -
노 - 래 - - - - 예 - 수 만 물 - 의주 - - -
내 - 모 든 것되 - 신 주 - -
주 - 의 제 단 - 앞에 - 나가 - 오 니 - 주님의뜻
- 내안 에 이루 - 소서 -

821 주님은 내 호흡
(Breathe)

Marie Barnett

주님 - 은내 - 호흡 - 주님 - 은내 - 호흡 -
말씀 - 은내 - 양식 - 말씀 - 은내 - 양식 -
내안 - 에성 - 령 살아 - 계셔 -
생명 - 의말 - 씀 나누 - 시네
- 오나 - - - 의 - 주 난갈망해 - 요
- - - 없 - 이 난살수없 - 네
오주 주님 - 은내 - 호흡 -
주님 - 은내 - 호 - 흡

822 주 보혈 날 씻었네
(It's Your Blood)

Michael Christ

주보 혈 날씻 었 - 네 내게 생명 을주 - 셨 -
네 주보 혈 나의죄 를 구속 하 신어 린
양 - - - 날씻었 네 - 흰눈보다 더 희 - 게 하셨
네 - - - 예 수님 - 귀 하신 어 린 양

| 기타코드 |

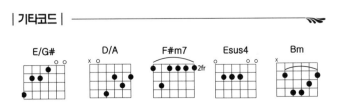

823 주님은 아시네
(King Of Majesty)

Marty Sampson

주님은 아시네 주사랑 하는맘
내마음 다하여 주님께 고백해

이전보-다더- 주님-알기원-해-
주님만-위해-

내삶-드리기-원해 위대하-신왕

- 내맘의- -한소-망 언제나 주와-함께

- 언제나 -주와-함께 -

예수 나의영혼의구세-주 영원

무궁히주님만 울 나찬양-하리

824 주님의 그 모든 것이
(부족함없네 / Enough)

Louie Giglio & Chris Tomlin

주님의 - 그모-든것 -이 내삶을 -가-득채우

-네 내모든 - 갈-증과필-요 주사랑

-으로만족시-키니 - 부족함없네 -

Fine

나의공 - 급 자
내죄위 - 하 여

- 또내-생 명 - 놀라우 -신하나님-
- 대속-하신 - 놀라우 -신하나님-

주나의-상급 -삶-의-이유 - 놀라우
다시오-실왕 -나의모-든것 -

- 신하나님- 주님의 - 신하나님 -

내가원 -하는 모든것 -보다 - - -부족함
내가말 -하고 아는것 -보다 - - -더욱더

- 없는나 -의주님 - 놀라우 -신주님의

D.S. al Fine

기타코드 |

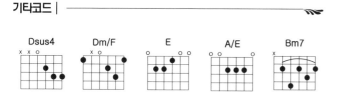

Dsus4 Dm/F E A/E Bm7

825 주님의 임재 앞에서

박희정

주님의임재앞에 -서- 권능의날개아래 -서-

그의능하신행 -동- 을 -인하여 찬양해

주 의 나 라 주 의 권 세 찬 양 중 에 임 하 네

모 든 원 수 굴 복 하 네 주 의 임 재 앞 에 -
모 든 원 수 굴 복 하 네 내 가 춤 을

출 때 - 에 다 윗 처 럼 춤 을 추 면 서 -

전 심 으 로 주 를 즐 거 워 - 하 라 - 모 든 만 물 들 아

찬 양 하 - 라 영 원 히 - 영 원 히 -

826 주님이 주신 땅으로
(이 산지를 내게 주소서)

홍진호

주 님 이 주 신 땅 으 로 - 한 걸 음 씩 - 나 아

갈 때 에 수 많 은 적 들 과 견 고 한 성 이 - 나 를

두 렵 게 - 하 지 만 주 님 을 신 뢰 함 으 로 - 주 님

을 의 지 함 으 로 - 주 님 이 주 시 는

담 대 함 으 로 - 큰 소 리 외 치 며 - 나 아 가 네

이 산 지 를 내 게 주 소 - 서 - 그 날 에 - 주 께 서

말 씀 - 하 신 이 제 내 가 주 님 의 이 름 으 로 - 그 땅

을 취 하 리 니 이 산 지 을 취 하 리 니 -

| 기타코드 |

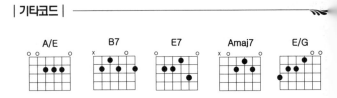

827 주님 큰 영광 받으소서
(Jesus shall take the highest honor)

Chris Bowater

주님 큰영광받 - 으 소서 - 홀로 찬양받으 - 소

서 모든 이름위에 - 뛰어 난 그이름 - 온

땅과하 - 늘이다찬 - 양 해 겸손하 - 게우리무 - 릎

꿇고 - 주 이름앞 - 에영광돌 - 리 세 모

두절하세 - 독생 자예 - 수 - 주님께 - 찬양드 - 리 리 모든

영광 과존귀와 능력 - 받으소서 - 받으소서 -

그리 스도 살아계신 - 하나 님 -

828 주님 한 분 밖에는
(나는 행복해요)

김석균

주님 한분밖에 는 아는 사람없어 요
주님 한분밖에 는 사랑 할이없어 요

가슴 깊이숨어 있 는 주를 사랑하는 맘
작은 가슴뜨거 웁 게 주님 피가흘러 요

주님 한분밖에 는 기억 하지못해 요
주님 한분밖에 는 약속 한이없어 요

처음 주를만난 그 날 울 며 고백하던 말
나를 믿고따르 는 자 반 석 위에서리 라

나는 - 행복해 요 죄사 함 받았으 니

아버 지 품안에 서 떠나 살 기싫어 요

나는 - 행복해 요 사랑 이 샘솟으 니

이세 상 무엇이 든 채우 고 도남아 요

기타코드 |

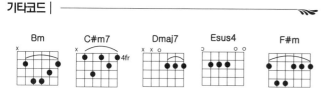

829 주 모든 삶 붙드사

(치료자 / Healer)

Mike Guglielmucci

주 모든삶―붙드―사― 날 잠잠케―하네― 주
나 와함―께 하―며― 내 상처치―유해― 주
신 뢰해 주신 뢰―해 난믿네 내치료자
난믿네 주내모든 것 난믿네
주내기업 난믿네 내 게부족함―없 는―
예수내모―든것 ― 주
능치 못―함없 ―으 리―주 께 능치못―함없
―으 리― 능치 못―함없 ―으 리―주 께
― 주의손날 붙드네― ―붙드― 네
― ―

D.S.

830 주 발 앞에 무릎 꿇고

(주의 옷자락 만지며)

Saul Morales

주발앞에― 무릎꿇고― 그사랑에― 나안기네―
어떤말도― 그 어떤소리―도 그 발앞에서― 잠
잠해지네 ― ― 주나의사 ―랑 ― 그발
앞 에―앉아 ― ― ― 내모든기도 ― 는―사랑의
노 래가 되네 ― 주 의 옷자락만지 며 주의
두 발을씻기며 ― 주님 ― 그발에입맞 ―추며― 나의
왕 관을놓으리 ― 주의 옷 자락만지며 ― 주의
두 발을씻기며 ― 주님 ― 그발에입맞
―추 며― 나의왕 관 을 놓으 리

| 기타코드 |

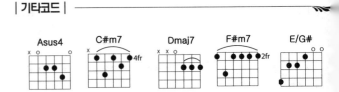

Asus4   C#m7   Dmaj7   F#m7   E/G#

831 주 신실하심 놀라워

(주님의 은혜 넘치네 / Your Grace Is Enough)

Matt Maher

주 신-실하 -심 놀-라워 -
공 의-와사 -랑 놀-라워 -

죄 인-의 마 -음 흔-드네 -
약 한-자 들 -어 쓰-시네 -

자 비-의물 -가로-인도 -하시-니
구 원-의노 -래로-인도 -하시-니

그 무-엇도 -끊지-못해 - 주 여
만 백-성함 -께찬-양 해 -

기 억-하소서 -주 백성-자녀 들-신

실 한-주 님 의-약-속 - 주

님 의은혜 - 내 게 넘치네 - 나 를 향한주

1.
- 은--혜 -
2.
주 님 의은혜

- 이-땅에 -부으소-서 - 나 를 향한주

- 은---혜 - 넘 -치는 주 님 의은혜

- 나를 -덮은 사-랑 - 나 를 향한주

- 은---혜 - 은---혜 -

832 주 앙망하는 자

(I Will Run To You)

천관웅

주 앙-망하 -는 자- 새 힘-을 얻
온 종-일 달 -려 도- 피 곤-치 않
주 성-령임 -할 때- 내 영-혼 자
주 은-혜안 -에 서- 뛰 놀-며 춤

- 으 리- 독 -수 리 올 -라감 -같이
- 으 리- 저 -하 늘 -까
- 유 해- 희 -락 의 영 -이 임 -하네
- 추 리 -외 -양 간 -송

- 지 오 - 르 리 -
- 아 지 - 같 이 -

I will run to -you -

I will run with You - 주 앞 에

설 때 까 - 지 -

I will run to - You -

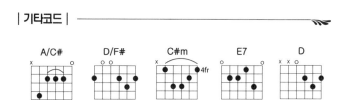

| 기타코드 |

A/C# D/F# C#m E7 D

833 주 앞에 나와 제사를 드리네
(온전케 되리 / Complete)

ndrew Ulugla

주 앞 에 나 와 – 제사를드리네 – 마음열
어 – 내삶을드리네 – 주를봅니 다 끝없는사랑나
– –회복 시–키–네 이제 눈 들어 주
보 네 그능력날새 롭게 해 주 님
의 사랑날–만 지 시니– 내 모든두–려움사라지
네 폭 풍 속 에 도 주붙 들 고 믿음
으 로주 와 걷 네갈 보 리 –언덕너머그
어 느날– 주 안에온전케 되 리

834 주여 우린 연약합니다
(주는 완전합니다)

함은진 & 소진영

주 여 – 우린연 약합 – 니 다 우린
주 여 – 우린넘 어집 – 니 다 오늘
오 늘을–힘겨–워 – 합니 – 다 – 주뜻
하 루 – –또실 – 수 합니 – 다 – 주의
이 루며 – 살 기 – 엔 – 부족합 – 니 다 우린
긍 휼을 – 구하 – 는 – 죄인입 – 니 다 우린
– 우 린연약합 – 니 다 다 한
– 주만바라봅 – 니
없 는주님의 –은혜 – 온세상 – 위에 –넘칩 –니다
– 가 릴 수없는주–영 – 광 –
온 땅위에충 – 만합 – – –니다 – 주
님 만이길이–오니 – 우린그 – 길따 –라갑 –니다
– 그 날 에우릴이–루 – 실 –
주 는완 – 전 합 니 – 다 –

| 기타코드 |

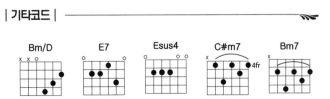

Bm/D   E7   Esus4   C#m7   Bm7

835 주 여호와는 광대하시도다
(Great is the Lord)

Steve McEwan

주 – 여호 와는광대 하시 도 다 그
거룩한하나 님성 – 에 서 찬 양할 지 – 어 다
– 주 – 승리 우리에게주셨 도
다 모 든원수물리 치 – 셨네 엎
드려 절 – 하세 – 다
주 의크 – 신이 – 름높 이 며 우
리에게 – 행하 – 신 위대 한일감 – 사하 – 세 오
주 의신 – 실하 – 신그사 랑 온
땅과하 – 늘위에게 – 셔 홀로영원하신 이 름– –

836 주 예수보다 귀한 것은
(예수보다)

심형진

주 예 –수보 다 –귀한 것은 – 없 네 – – 주
예수 – 보 다더 –값진 것은 – 없 네 – – 날
위해죽으 신 주 –바꿀 수 – – 없 네 – – 세
상자랑– 즐 거움 –비길 수 – – 없 네 예
수 – 보 다더 –귀한 것은 – 없 네 – 세
수 – 보 다더 –귀한 것은 – 없 네 – 내
상의 –무– 엇도 –바꿀 수 – –없 – 네 –예
삶의 –모 든것 – 되신 –예–수 –

| 기타코드 |

837 주 예수의 얼굴을 구하며
(다시 한 번)

정신호

주 예수의– 얼굴– 을구– 하며 – 예
배하는– 세대일–어나 – 주위해–살며– 주위
해 죽으니– 이 것이 우리의부–르심 – 살
기위해– 주따르지–않고 – 죽 기위해–주를따–르며
– 내 가진것–모두– 주를 위해 드–리리리 주
님의일– 행하시옵–소서 – 다 시한번– 부흥을주–소서
– 주의 나라가– 이땅에다–시 세 워 지 는그
영광을– 우리보게하–소서 – 주예수–의영광 을

838 주의 나라가 임할 때

심형진

주의 나라 가– 임할 때– 하 나 님– 임재
하실 때 –예배가 회복 되 며 – 기적은 일어 나 네
– 전능 하신 주 – 영 원하신 – 능력 의–
통치 자 –자유가 선포 되 어 – 주백성 돌아 오 네
– 하나 님나라 –임하소 –서 – 영광
과존귀 –능력과 위 –엄– 놀 라운사랑의 기
적의하나님 지금 이곳에 오소 –서– 하나
서 주 높고–위대 – 하심을 크게 외– 쳐
선포하네– 만 왕 의–왕주 하 나 님
지금 –오소 –서– 주 서

| 기타코드 |

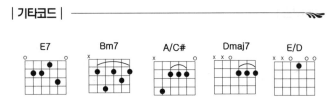

E7 Bm7 A/C# Dmaj7 E/D

839 주의 도를 내게 알리소서
(주의 도를 / Purify My Heart)

Eugene Greco

주의 도를 – 내게알 – 리소서
진리의길로 행하 – 리
주 님의이 름 – 을 – 경외하 – 리 라
내 마 음 다 하 – 여 –
나 의마 – 음을 – 씻 어주 – 시 고 –
내 발걸음을 주 –의길 – 로 인도하 – 소 – 서 –
인 도하 – 소 – 서 – 주 께 로 –

840 주의 도를 버리고
(성령의 불로 / Holy Spirit)

Stephen Hah

주 의도를버리 고 헛된 꿈 을좇던우리 들
심 한고난을받 아 살소 망 까지끊어지 고

거 짓과 교만 한 마음을 용 서하여주소 서
죽 음과 같은 고 통에서 주 를보게하셨 네

하 나님의긍휼 로 부끄 러운 우리삶 –을 덮어주소서 –
용 서받을수없 는 나를 위해 십자가 –에 달리셨으니 –

우리의 – 소망 우리의 – 구원 주 께간구합니 다
주사랑 – 에서 그 어느누 – 구도 끊 을수는없으 리

성 령의 – 불 로 나 의맘을태워 주소서 –

성 령의 – 불 로 나의 영혼 새롭게하소 서

A

| 기타코드 |

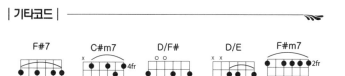

F#7   C#m7   D/F#   D/E   F#m7

841 주의 은혜 아침 해 같이
(새롭게 하시네)

이규헌

주의은혜 – 아침해같 –이– 나의 삶 비추시네

– 변치않는 – 주의사랑 – 나의 삶 돌보시네

– 매일 새 로운 그 사 –랑– 매일 새 롭게 하시 그 은
새 롭 게 하시 – 네 – 매일 새 롭게 하시

–혜 나를 –네– 나를새롭게하 시 –네

다시새롭게하 시 –네 나를새롭게하 시 –네

다 시 새 롭 게 하 시 –네 –
last time Fine

주보혈 날 –정결–케 해 –

주보혈로 – 나아–갈때 – 나를새롭게하
D.S. al Fine

842 주의 집에 영광이 가득해
(Redeemed)

John Barnett

주의–집–에–영 –광–이가–득해 주의–집–에–영

–광 – 이가–득해 주의–집–에–찬 –양 –이가–득해

주의–집–에–찬 –양 –이가–득해

주 나 –를구원–했 네 영광 돌 리 세

주 나 –를구원–했 네 찬양 드 리 세

주 나 –를구원–했 네 와서 경배 해

영원– 히(영원히 –) 영원– 히(영원히 –)

| 기타코드 |

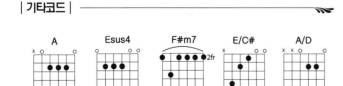

| 기타코드 |

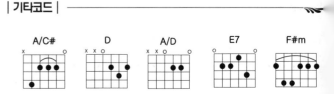

843 주 크신 사랑 세상 가득히
(주의 집에 나 살리라 / Dwell in Your House)

Paul Ewing

주 크신사랑 세 -상가득-히 전하도록-나를부
님은내힘 내산 -성이시-니 그누구를-두려

-르셨네 - 진리안에- 날 -이끄소 -서
-워하리- 내평생에- 주 -위해살-리 내

모든소망- 내주 -께있네- -주의집에
모든길을- 인도 -하소서- -

나 살-리-라 -영원-히- 주 이름- 높이

---- -며- 나 살-리-라 -영원-토 록

1. D/E 2. E
- - 주 주뜻 대

-로 날이끄 사 - 충만하

-게 임 -하소서 - 주성령 - 이 - 여-

- - 주의집에 나 살-리-라 -영원-히-

주 이름- 높이 ---- -며- 나 살-리-라

- 영원- 토 록 - - -

844 주 하나님 독생자 예수
(하나님의 독생자 / Because He Lives)

Gloria Gaither & William J. Gaither

주하나 님 독생자 예수 날위하 여
주안에 서 거듭난 생명 도우시 는
그언젠 가 주뵐때 까지 주를위 해

오시었 네 내모든 죄 다사하 시고
주의사 랑 참기쁨 과 확신가 지고
싸우리 라 승리의 길 멀고험 해도

죽음에서 부 활하신 나의구 세 주
예수님의 도 우심을 믿으며 살 리
주님께서 나 의앞길 지켜주 시 리

살아계신 주 나의참된 소망 걱정근 심

전혀없 네 사랑의 주 내 갈길인도 하니

내 모 든 삶 의기쁨 늘 충만 하 네

| 기타코드 |

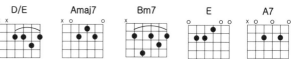

D/E Amaj7 Bm7 E A7

845 지극히 높으신 주님 안에
(He who dwells)

Chris Bowater

지-극히- 높-으신-주님 안에거-하는 자

자 그 는 전능 자의- 그 늘 아래- 거 하

리 라- 그 리 라 주 는 나 의 피난 처 가- 되

시 며- - 주는 나 의 능 력 이 되- 시

네 주 님 계 신 곳 에 나 거- 하 리 -라-

- 주 는 나 의 하 - 나 님 주 나 의 하 - 나

님 내 가 의 뢰 하 는 하 나 님 이 라 -

846 지금 우리는 마음을 합하여
(일어나 새벽을 깨우리라)

조동희

지금 우리는- 마-음을 합하여- 진정으로 찬양할때니
지금 우리가- 하나님의 지하고- 담대히- 나갈때이니

- 모이자- 하나되 자 우리가갈- 길이라 -
- 모이자- 하나되 자 주님이지키시리라 -

찬양과- 온맘과 정성을다해 - 기도와- 주님께서

기도하신것처럼- 말씀속에 권능으로 임하시니- 사랑으

로 하나 되 자 우리의 젊음 모두다 해 주님을

찬 양 하 며 온 세 상 에 주 의 사 랑 전 하 리 라

- 일 어 나- 새 벽 을 깨 우 리 라- 지금

너 희 가- 하 나 될 때 이 니 일 어 나- 새 벽 을

깨 우 리 라- 내 가 너 희 와- 함 께 하 리 라 -

847 지금은 엘리야 때처럼
(Days of Elijah)

Robin Mark

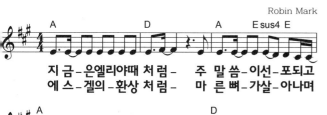

지 금-은엘리야때 처 럼- 주 말씀-이선-포되고
에 스-겔의-환상 처 럼- 마 른뼈-가살-아나며

- 또 주 의-종모 세의 때와- 같 이-
- 또 주 의-종다 윗의 때와- 같 이-

언 약-이성 취-되 네 비록 전 쟁-과기 근-과
예 배-가회 복-되 네 추수-할때 가-이

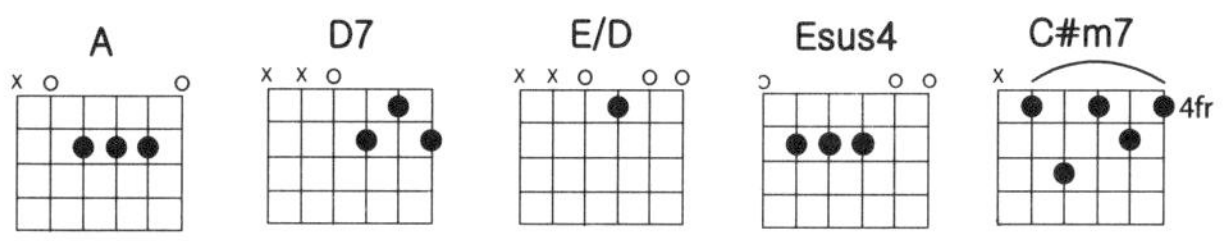

핍 박- 환 난 날-이다 가-와 -도- 우
르 러- 들 판--은희 어-졌 -네-

리 는-광야 의외 치는- 소리-주 의길을에- -비하라
우 리-는추 수할 일꾼- 되어-주 말씀을선- -포하리

- 보 라 주-님 구름타시고 - 나팔불때에

- 다시오-시 네 모두외치 - 세 이는은혜의하니

- 시온에서 구원 이임하 네 또 네

850 참 반가운 신도여

프랑스 캐롤 & 캠퍼스워십 편곡

참 반가운 신도여 다 - 이리와 서베
저 천사여 찬송을 높 - 이 불러 서 온
여호와의 말씀이 육 - 신을 입어 날

들 레헴성 - 내에 가 봅시다
광 활한 천 - 지를 울 리게 해
구 원할 구 - 주가 되 셨도 다

저 구유에 누 이신 아 - 기를 보 - 고
주 하나님에게 늘 영 - 광 돌리 - 고
늘 감사한 찬 송을 돌 - 려 보내 - 고

엎 드 - 려 절 하 세 엎 드 - 려 절 하 세

엎 드 - 려 절 하 세 구 세 주 났 네

851 천 번을 불러봐도

(천 번을 불러도)

이권희

천 번을 - 불러 - 봐도 - 내 눈에 눈 - 물이 - 멈

추 지 않 - 는것 - 은 - 십자 가 의 그 - 사 랑 -

나 를 살 - 리 려 - - 지 신 그 십 - 자 가 -

모 든 물 - 과 피 - - 나의 더 러운 죄 - 씻 으 셨 -

네   나를 향 한 그 - 사랑 - 생명 을 내어 - 주사 - 영원

한 생 - 명 - 을 - 내 - 게 - 주 심 을 감 - 사 해

- 천 번을 불 - 러도 - 내 눈 에 는 눈 - 물이 - 멈

추 지 않 - 는것 - 은 - 십자 가 의 그 - 사 - 랑 -

나 를 살 - 리 려 - 하늘 보 좌 버 - 리 신 - 나

를 사랑 - 하신 - 분 - 그 분 이 예 - 수 요 -

| 기타코드 |

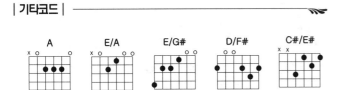

A   E/A   E/G#   D/F#   C#/E#

852 평강의 왕이요
(I Extol You)

Jennifer Randolph

평 강의 – 왕이요 – 자비의 –
하 나님 – 만군의 – 주시요 –
다시오 – 실 영원하신왕 – 주를 찬 – 양 주님을
찬 – 양 온땅위에높 – 으신 – 주를
모 든만 – 물찬양주를 찬 – 양 주님을
찬 – 양 나의 여 호 와께찬 – 양

853 풀은 마르고

김영진

풀은 마르고 꽃은 시드나
주 의 말 씀 – 은영 원해 –
말 씀 – 은영 원 해 –
주 의말 – 씀 – 을 – 믿 는 – 자 –
주 의말 – 씀 – 을 – 행 하 는자 –
주 의구 – 원 – 을 – 얻 으 리 – – – –
그 의능 – 력을 – 보게 되 리 라 – –
주 의 말 씀 – 은영 원해 –
주 의 말 씀 – 은영 원해 – – – – – 영원해
– – – – – 영 원해 –

A

기타코드

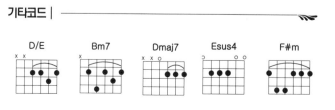

D/E   Bm7   Dmaj7   Esus4   F#m

854 하나님 어린 양
(Lamb of God)

Chris Bowater

하 나님 - 어린양 - 독생자 - 예 - 수 -

날 위해 - 죽 으신 - 주 님 -

주 흘 리신 - 그 보혈 이 - 나의 죄 를

정 결케 하 네 - 내 영 을 - 고 치 시 네

송 축 하 리라 - 화목 케 하 신주 -

나의 모 든죄 - 깨 끗 케하 - 셨 네 -

송 축 하 리라 - 귀하신 어 린양 -

모 두 절 하고 - 모 두 외치리 라 -

855 하나님 우리를 사랑하사

정진형

하나님우리를 사랑 하사   속죄물로 아들 보내셨네

죄인을부르신 구원 의주   그사랑찬양하 리 -

죄 앞 에연약한 우리영혼   보혈로힘입어 주를보네

주안에더이상정죄없네 거룩한옷입고 주찬양 해 -

기 뻐 해 - 찬 양 해 -

나 무에달리신 존 귀 한어린양 께   주님 께

꿇어엎 드 려 - 경 배 해 -
두손들 고 서 -

그 아들보내신 사랑의하나님 께 -

856 하나님은 우리의 피난처가 되시며
(너희는 가만히 있어 / Psalm 46)

tephen Hah

하 –나님은 우 리의– 피 –난처가 되 시며–

환 –난중에 우리의– 힘 –과도움 이 시라–

너 희는가만히 있 –어– 주 가하나님– 됨 알지–어다

열 방과세계가 운 –데– 주가 높임을– –받으리 라

사 랑합니다내 아버지 – 찬 양합니다– 내 온맘다하여

선 포합니다예 수그리스도 주님 오심을– –기다리 며

857 하나님의 빛 앞에서
(하나님의 빛)

장윤영

하나님의빛앞에– 서   그투명한빛앞에 서

모두–드러날 나의–모든죄–와허물 –   그 –리고

하나님의빛속에서 –   그따뜻한빛속에 서

모두–고쳐질 나의모든죄와상처 그의빛속에 서 드러내어

징계함– 아 닌 드러내어 고치 –시– – –는 하나님의

은 –혜와– –사랑 – 하나 님의 빛 – 드러내어

부끄럽– 게하 지않고– 더욱 단–단 –히– – –만 –들 은혜–와

사 –랑전–하–게 –할 하나님의 –빛– –

A

기타코드 |

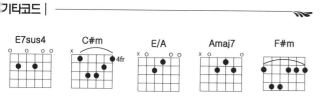

E7sus4   C#m   E/A   Amaj7   F#m

| 기타코드

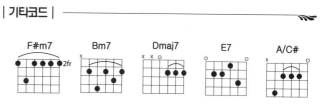

F#m7   Bm7   Dmaj7   E7   A/C#

858 하나님의 사랑을 사모하는 자
(주만 바라 볼지라)

박성호

| 기타코드 |

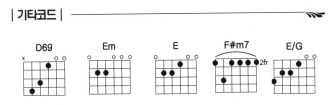

859 하늘에 계신 아버지
(As it is in heaven)

Matt Maher & Ed Cash

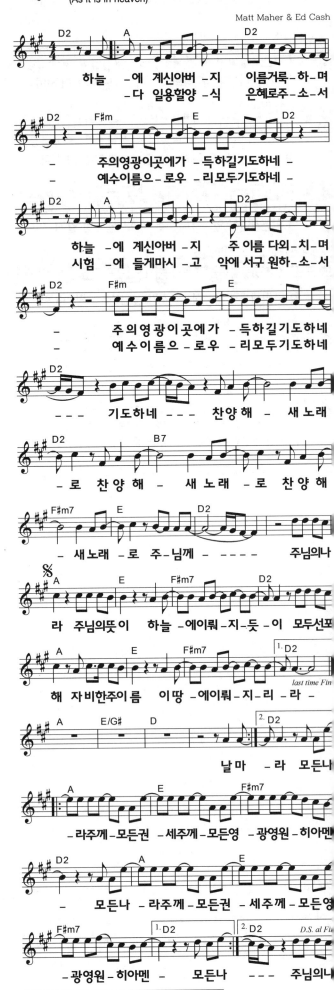

860 하늘에 계신 우리 아버지

하늘에－계신－우리아버지 － 온땅에－가득－한그－사랑
하늘에－계신－우리아버지 － 온하늘－가득－한그－영광

－ 내 영혼 － 이 기뻐합 － 니 다 － －
－ 내 영혼 － 이 노래합 － 니 다 － －

내 영혼 － 이 찬양합 － 니 다 － － 모든
내 영혼 － 이 경배합 － 니 다

영광과 － 존귀 － 와능 － 력이 － 우리하나님 －께 －

영원무 － 궁히 － 주의 나라와 － 권세 － 와영 － 광이 －

우 리 아 버 지 －께 영 원 히 －

861 하늘 위에 주님밖에
(주는 나의 힘이요 / God is the Strength of My Heart)

Eugene Greco

하늘위 에주 － 님 － 밖에 － 내가

사모할자 － 이세상 － 에 － 없 － 네 －

내맘과 힘 은 믿 을수－ 없 네 －

오직한가 지 그 진 리를－믿네 주는나의

－ 힘이요 － 주는나의 － 힘이요 － 주는나의

－ 힘이요 －영원히－주를 의 지－하리

주는나의 영원 － － 히 －

기타코드 |

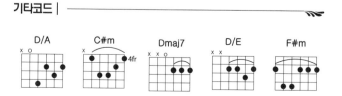

| 기타코드 |

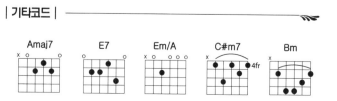

862 하늘의 문을 여소서
(임재)

조영준

하늘의문을여 소서 – 이곳을 주목하소서 – 주를
향한노래가 –꺼지 지 않으니 – 하늘을열고보
소서 – 이곳에임재하 소서 – 주님을
기다립 니다– 기도 의 향기가– 하늘 에 닿으니 –
주여임재하여 주 소서 – 이곳에오셔
서 – 이곳에앉으 소서– 이곳에서드 리는– 예배를받으소
서 주님의이름 이 – 주님의이름 만이– 오직주의이
름만– 이곳에있습 니 다 이곳에오셔 다

863 하늘이여 외치라
(Let The Heaven Shout Aloud)

Stephen Hah

하 –늘이여 외 치라 – 하 나 님의 – 크
신 위엄 – 주의 영광을 – 선포 하여라 – 주
지으신만 – 물 아 산과 바닷물이 – 기뻐
외 치네 – 주행한일 – 놀라 운 권능 – 모든
땅의끝이 – 경외 하 리라 – 선하신하 – 나
님 귀한 생명주신 – 나의 창 조자 –
주님만을 – 송축 하 리라 – 빛난 영광중에 – 다시
오 실왕 – 영 원히찬 – 양 해

| 기타코드 |

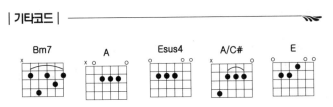

864 할렐루야 할렐루야 전능하신 주
(하나님의 어린 양 / Agnus Dei)

Michael W. Smith

할 - - 렐 루 - 야 - 할 - - 렐
루 - - 야 - 전능하 - 신주다 - 스 리 네
- - 할 - - 렐 루 - - 야
- 거 - - 룩 - 거 - 룩
- 전 능 하 신 - 주 - 하 나 님
- 존 귀 하 신 주 - 존 귀 하 신 주
주 는 거 - - 아 - - 멘 -

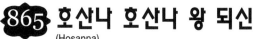

865 호산나 호산나 왕 되신
(Hosanna)

Todd Pettygrove

호 산 나 - 호 산 나 - 왕 되 신 주 님
께 - 호 께 광 대 하 신 주 - 찬 양 - 다
시 사 신 왕 께 - 찬 양 지 존 하 신 - 주 를 찬 양 경
배 를 드 리 세 지 존 하 신 - 주 를 찬 양 경
배 를 드 리 세 세 호 산 - 나 - 호
양 - 을 - 드
랑 - 을 - 드
산 - 나 - 왕 되 신 주 님 께 - 찬 께
리 네 - 왕 되 신 주 님 께 - 사
리 네 - 왕 되 신 주 님

| 기타코드 |

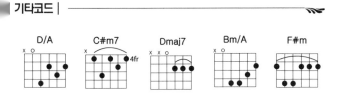

D/A   C#m7   Dmaj7   Bm/A   F#m

| 기타코드 |

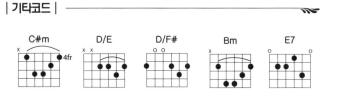

C#m   D/E   D/F#   Bm   E7

866 홀로 위대하신 주
(오직 주만)

정신호

홀로위 – 대하 – 신주 – 예수그리스도
주의얼 – 굴구 – 하며 – 기 도하 – 는

우릴위 – 해오 – 셨네 – 이땅의어 – 둠걷 – 히고
세대일 – 으키 – 소서 – 이땅의모 – 든결 – 박을

– 영광의 – 빛 우릴위 – 해비 – 추네 – 그
– 끊으시 – 고 주님임 – 재하 – 소서 – 그

은 혜안 – 에서 – 날 구원하 – 셨네 – – 그
영 광안 – 에서 – 주 보게하 – 소서 – – 그

사 랑이 – 날살 – 게하 – 셨네 – 오직
능 력으 – 로살 – 게하 – 소서 –

– 주만 – 사랑하 – 네 오직주 – 만 오직주 – 만 나의

– 맘이 – 주보 – 게하 – 소서 – – 오직

– 주만 – 찬양하 – 네 오직주 – 만 오직주 – 만 나의

– 맘이 – 주보 – 게하 – 소서 – –

867 흰 눈보다 더

윤주형

흰 – 눈보다 – 더 – 흰 양 – 털보다 – 더 – 깨끗게

– – 하시는 – – 예수의 – 피 주의피 – –

주 – 홍빛같 – 은 – 그보다 – 더 – 중한죄 – 깨끗게

– – 하시는 – – 예수의 – 피 주의피 – 한번도

– 실패한적 – 없으신 – 능 력의 – 이름 – 모든정

– 죄와 – 두려움 – 에서 우리를 자유케 – 하시네

– – 에 그이름 예 – 수 – – 예 수 – 십자

가 의사 – 랑으로 – – 우리를 구원 – 하셨네 – 그이름

예 – 수 – – 예 수 – 십자

가 의능 – 력으로 – – 우리는 승리 – 하리라 – –

868 소리쳐 주를 찬양하고
(온 세상에 전하리라 / Tell The World)

Marty Sampson & Jonathon Douglass, Joel Houston

소리쳐주를찬양 하고　　　돌아서서그를잊 을까
나의주인 - 그리 스도　　　진리로날 - 자유 케해

주님만위해서살 리라 - -　　　주보다귀한분은
새로운삶 - 이시 작됐네 -　　　주의자비 - -

없네 - - 내 삶의전 - 부는 오 직 - 예 수
은혜 - 로

내 삶의소 - 망도 오직 - 예 수예 - 수

살아계신 주예수　　온세상 - 에 - 전하리 - 라

우리위 해죽으 신 주　　다시살 아 -

나 셨네 - -　　　예수　　예수 - 온세

- 상에 - 전하 리　　예수 - 예수 - 온세

- 상에 - 전하 리　　예수 세

다시살 아 - 나 셨네 예수 - 예수 - 온세

- 상에 - 전하 리　　　예수

- 예수 - 온세 - 상에 전하 리

869 주님 우리게

김영범

주 님 - 우리 - 게 - 임하 - 소서

- 주님 - 의얼 - 굴 - 간절히구 - 하니
영 - 광

- 거룩 - 한불 - 꽃 - 내리 - 소서

- 내안 - 의열 - 정 - 회복시키 - 소서 -
예배 - 의
구령 - 의

임하 - 소서 - 임하 - 소서 - 임하 - 소서

- - - - 주님 - 임하 - 소서 -

Fine

D.C. al Fine

| 기타코드 |

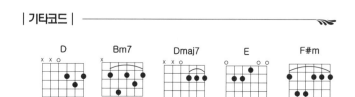

D　　Bm7　　Dmaj7　　E　　F#m

870 기쁨의 옷을 입은
(거룩하고 아름다운 / Holy And Beautiful Jesus)

김지혜 & 전필구

기쁨의 옷을 -입-은--- 평-
화의 구-원자 - 거룩하--고 아름다
--운 - 예-수- 자신-
을 비우-시--고 - 십자 가에 달-리--신
- 거룩하--고 아름다--운 - 예
- 수 - 하늘 과 땅--이
수 의 이-름--은
- 즐 거이 부-르--며 - 그 발 앞
- 해 같이 빛-나--리 - 모든 영
- 에 모두 나 -와 엎드려 경배-하--네
- 광 모든 존 -귀 보좌 위 어린-양--께
- 예 영-원--히 -
- 영 -원--히 -
하-늘--이 - 열-리--고 빛 비- 추네 -
구-원--이 - 온-땅--에 선포- 되네 -
- 영 - 원 - 히 -

871 내 안에 주를 향한 이 노래
(아름다우신)

심형진

내안에 - 주를 향 한 이 노래 영원한 노래 있으 니
십자가 - 그사랑 찬양하리 날구원하신 그사 랑
날 향한 - 주님의 크신 사랑 영원히 찬양하리 라
내삶을 - 드려 찬 양하리 라
영원히 찬양하리 라 영원히 찬양하리 -라- 아름다
놀라우신 주의 사 랑
우-신- 오놀라 우-신- 형언할 -수없는-사 랑
- 오 위대 하 -신- 하나님 의 사 랑 영원
히 찬양 - 하리 - - 주와 같은 분-은 없
-네- 이세상 -그누-구도 - 주와 같은 분-은 없
-네- 누구도 -비길수-없 네 - 주와 - 아름다

| 기타코드 |

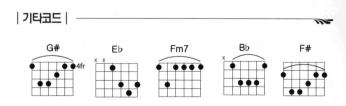

G# Eb Fm7 Bb F#

872 내 영혼에 주의 빛

(내 영혼에 빛)

심형진

내영혼 – 에 – 주의빛 비춰주 – 시니

– 내영혼 – 은 – 참평 – 안얻 – 네 –

하나님 – 의 – 임재가득 – –한이 – 곳에

– 주의영 – 광의 빛비 –추 – 시네 –

모든어 – 둠 – 물러 –가고 – 새
하 – 신 – 주의 – 이름 – 온

– 아침 – 밝아 –오네 – 왕 –되신 – 주
– 땅 에 –높으 –신주 주 –님만 – 주

–님께 – 엎 드려 –경배할 –때 –
–님만 – 높

경배하 – 리 – 신 – 령과

– – 진정 – 으로 – 내삶다 –해 –

내힘 – 다 해 – 하나님 –이 –

다스리시 – –는이 –곳에 – 주의나

– 라 임하 – 시네 –

모든어 드려 –경배 할 –때 – 승리

임 받으소 –서 – 경배하

873 내 영혼이 은총입어

C.F Butler, J.M Black & Bridge 심형진, 캠퍼스워십 편곡

내영혼이 –은총입어 –중한죄짐 –벗고보니 –슬픔많
주의얼굴 –뵙기전에 –멀리뵈던 –하늘나라 –내맘속
높은산이 –거친들이 –초막이나 –궁궐이나 –내주예

은 –이세상도 –천국으로 –화하도다 할렐루
에 –이뤄지니 –날로날로 –가깝도다
수 –모신곳이 –그어디나 –하늘나라

야 –찬양하세 –내모든 죄 –사함받고 –주예수

와 –동행하니 –그어디나 –하늘나라

라

할렐 –루 –야 날자 –유 –케하셨 네

내모 –든 –삶 주예 –수 –께속했 네

하늘 –나 –라 모든 –삶 –에임하 네 –

내모 –든 –삶 주예 –수 –께드리 리 – 할렐루

A

874 아버지의 마음

심형진

아버지의-마음 -　열방을사랑
아버지의-마음 -　가난한자억

하시는- 　한-영혼을천 -하 보다 -귀하
울한자- 　빛이없는-자 -들 에게 -구원

게 여기는마음 - 　의 의를알리는마 음 가서전하

-세- 아버지사 -랑- -잃어 버린영-혼 돌아오도

록 가서나누 -세- 아버지사 -랑- -모

든열방- 구원에이르도 록 가서전하 록

내눈을-여-소 -서- 　내맘을-여-소 -서-

내눈을-여-소 -서- 　내맘을-여-소 -서-

- 서 - 가 서 전 하 록

875 영광의 왕께 다 경배하며
(O worship the King)

W. Tethe, J.M. Haydn & 어노인팅 편곡

영 광의 왕 께 다 경배 하 며 그
력과 은 혜 다 찬송 하 라 그
아름 답 고 놀라운 일 이 가

크신 사 랑 늘 찬 -송 -하 라
웃은 햇빛 그 집 -은 -궁 창
득한 이 땅 다 주 -의 -조 화

영 원히 -방 패요 -또 산 성 -이
큰 우뢰 -소 리로 -주 노 하 -시
창 조주 -보 호자 -또 우 리 -구

신 그 영광의 주를 다 찬 -송 -하 라
고 폭풍의 날 개로 주 달 -리 -신 다
주 그 자비 영원히 변 함 -없 -어 라

능 영 광의 -왕-
저 광 의 주-

께 다 경배 -하 -라 영 라
를 다 찬 송 -하-

| 기타코드 |

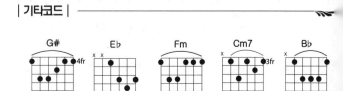

876 영원 전에 나를 향한
(하나님의 꿈)
천관웅

영원전에 나 – 를향한– 하늘 아버지–의–꿈 –
그누구도– 알 –지못한– 하늘 아버지 의–꿈 –

아들예수– 죽이기 – 까지 – 포기할수– 없던꿈 –
성자예수– 외면할 – 만큼 – 포기할수– 없던꿈 –

죄로죽어– 깨 –져버린– 하나 님의형 –상–을
하나님의– 아 – –들이 사람 이되신– 것–은 –

회복하여– 아 – 들삼아– 하늘보좌– 앉
사람들을– 하 – 나님의– 아들삼기 위

–히셨네– – 찬양 하 세 하 나님사–랑 그누
–함이라– – 찬양 하 세 하 나님사–랑 그누

구 – – 도 끊을수–없 네 경배 하 세

위 대 한사 –랑 – 하 나님– 의꿈 –

877 주 보좌 앞에 엎드려
(만왕의 왕)
진연선

주 보좌앞에 – 엎드려 – 경배해 –
주 영광의빛 – 주백성 – 비추네 –

주 – – 음성듣기 간절히 – 원하네
주 – 뜻 보이소서 – 주위해

– – 살도록 – 주음성 – –온땅새

–롭게해 – 주이름 – 찬양해 – 주 의빛

– –온땅자 – 유케해 – 주이름 – 선포해

– 만왕의왕 – 영광의주 – 모든만물

– 주님께영광 – 열방의왕 – 영원하신주

– 영원영 – 원히 – 다스리시네 –

878 진흙 같은 나를
(토기장이)

천관옹

1. 진흙같은 – – 나를 – 창조의손 – 이 빚
부드러운 – 손길 – 실수없는 솜씨
2. 사랑으로 – 다듬고 – 자비로날 – 만 져
내안에시 – 작하 – 신 주의선한 – 일 들

– 어 아름다운 – 그릇 – 삼아주 – 시네 –
– 하나님두 – 손에 –
– 의롭게하 – 시네 – 날 인도하 – 시네 –
– 그가이루 – 시리 – 온

내삶 드 – 리리 – 주 는 – 토
전케 하 – 시리 –

– 기장이 – 나는주 – 의 – 진흙 – 나를

빛으소서 – 주 – 뜻대로 – 나 를 – 향

– 한주의 – 완전하 – 신 – 계획 – 흠과티도

없 – 는 – 예수닮게 – 하소서 –

879 나는 주님을 찬양합니다
(I will celebrate)

Linda Duvall

1. 나 는주님을 찬 양합니다 새 노래로주를 찬–양
2. 노 래부르며 주 송축하리 새 노래로주를 찬–양

주 를 찬 양 새 노래로주를 찬–양
찬 양 하 리 새 노래로주를 찬–양

할 렐루야할 렐루야 할렐루야할렐루야
할렐루야할렐루야 할렐루야할렐루야

할 렐루 – 할렐루 – 야
새 노래로주를 찬 – 양

| 기타코드 |

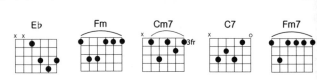

◆ 소그룹에서의 예배인도
Leading Worship in a Small Group

소그룹의 예배인도에는 독특한 어려움과 도전이 있다. 얄궂게도 소그룹의 예배인도가 더 큰 규모의 회중을 인도하는 것보다 훨씬 더 어렵다. 큰 규모의 회중을 인도하는 경우에는 함께 예배드리는 사람들의 수로 인해 자체적으로 내제된 추진력이 있다.

그러나 만일 당신이 여덟 명이 모임 소그룹 예배를 인도한다면, 때로는 처음에 예배드릴 분위기를 만드는 것이 어려울 수 있다. 이들 여덟 명 중에 두 명은 소리 내어 노래 부르는 것을 꺼릴 수도 있고, 또 다른 두 명은 처음 온 사람들이어서 노래를 모를 수도 있고, 나머지 네 명의 핵심 멤버 중에서도 당신 외에 한 명만이 힘찬 목소리를 낼 수 있을지도 모른다. 나는 여기서 최악의 상황을 설정하려는 것이 아니라, 단지 현실적으로 바라보고자 말하는 것이다. 소그룹의 예배인도는 큰 도전이 될 수 있다. 특히 초보 예배 인도자에게는 정말로 두려운 일일 수 있다. 여기서는 소규모의 예배를 인도할 때 참여도를 높이기 위한 몇 가지 제안을 적어 보았다.

잘 알려지고 따라 부르기 쉬운 찬양을 선택하라

되도록 모든 사람이 알고 있는 곡을 선택하라. 자신이 잘 알고 있는 곡을 부른다면 사람들은 좀 더 자신감을 갖고 큰 목소리를 낼 것이다. 소그룹 예배를 최근 유행하기 시작한 찬양들을 시험하는 기회로 이용하지 말라. 악기가 제한되어 있다면 반주하기 힘든 곡도 많이 있다.(레퍼토리를 확장하기 위해서, 기타의 카포를 사용해 원하는 프렛으로 자유롭게 움직여서 어려운 음조의 곡을 부를 수 있다.)

예배에서 벽을 좀 더 낮추기 위한 또 다른 방법은 노래 가사가 있는 악보를 사용하는 것이다. 사람들이 예배에 참여하기를 원한다면 가사가 적힌 악보를 나누어 주라.

적극적으로 나아가라

차라리 너무하다 싶게 큰 목소리가 너무 작은 목소리보다는 낫다. 침대 위에서 혼자 노래를 부를 때보다는 사람들을 인도할 때 훨씬 더 많은 성량이 요구된다. 열정적으로 노래하는 것은 음악적 실력이나 기교의 부족을 보완해 준다.

대담하게 노래를 부르는 모습을 보여 줌으로써 다른 사람들도 그렇게 하도록 자극 할 수 있다. 예배 인도자가 망설이거나 주저하면 다른 사람들도 그렇게 된다. 예배 인도자의 목소리가 들릴락 말락 할 정도라면, 사람들은 인도자가 예배를 끝까지 인도할 수 있을지 걱정할 것이다. 아마도 회중은 예배를 드리는 대신 당신을 위해 중보 기도를 할지 모른다!

예배 인도자는 가끔씩 사람들에게 일어나라고 할 수도 있다. 싱어들은 대부분 앉아서 노래하지 않는다. 왜냐하면 서서 부를 때 훨씬 더 많은 성량을 낼 수 있기 때문이다. 사람들을 의자에서 일어나게 함으로써, 특히 하루 일과가 끝날 때쯤 지쳐 있을 때, 활력을 불어넣어 더욱 풍부하게 표현하도록 격려할 수 있다.

타악기

예배의 역동성을 더하기 위해서 타악기 주자를 모집하라. 셰이커나 핸드 드럼은 가정 소모임의 예배에서 분위기를 고조시킬 수 있다. 이러한 악기들은 대부분 연주하기도 쉽고 값도 매우 저렴하다. 뛰어난 리듬 감각이 있는 사람이라면 더 빨리 배울 수 있다.

다른 기타나 키보드 연주자가 있다면 같이 연주하자고 초청하라. 타악기 연주자가 초보 수준이라면 한 곡이나 두 곡정도 따라 연주하면서 시작 할 수 있다. 그들에게 코드표를 주면 점차 많은 곡을 배울 수 있을 것이다.

사람들이 친해질 수 있는 시간을 가지라

사람들은 작은 원으로 둘러앉아 서로를 바라보고 있는 것이 불편할 수 있다. 특히 이제 막 서로 인사를 나눈 사이라면 더욱 그렇다. 예배의 자유스런 분위기는 모인 사람들이 얼마나 편안하고 안정된 관계를 맺고 있느냐 하는 것과 밀접한 관련이 있다. 먼저 사람들이 서로 마음을 열고 신뢰를 쌓을 때, 그들은 예배에서 하나님에게도 좀 더 마음을 열고 자신의 연약함을 드러낼 수 있게 된다. 사람들이 긴장을 풀 수 있는 시간을 갖도록 하라.

사람들을 섬기기 위해 그 곳에 있음을 기억하라

예배에 생동감이 별로 없으면 예배 인도는 매우 힘든 일이 될 수 있다. 그럴 때는 회중을 섬기기 위해 그 곳에 당신이 있음을 상기하라. 당신은 하나님께 선물을 드리기 위해서 그 곳에 있는 것이며, 언제나 하나님이 즉각적으로 답례를 주시는 것은 아니다 많은 인내가 필요하다. 아무도 당신을 따라 하지 않는다고 느낄 때조차도 당신은 예배하기로 결정해야한다. 그러한 순간에는 순종이 곧 성공을 의미함을 기억하라. 자신을 자유롭게 드리고 있다면 당신은 성공한 것이다.

장기적으로 준비하라

당신이 이제 막 시작한 기타연주자나 피아노 연주자라면, 기본적인 연주 방법만 알아도 많은 곡을 인도할 수 있다. 그러나 음악적으로 더 성장하기를 원한다면 어느 정도 음악 강습을 받는 것이 좋다. 실력과 자신감을 얻기 위해서 그 정도의 시간과 돈은 투자할 만한 가치가 있다. 또는 연주 독본과 책에 수록된 부록 시디를 이용해 혼자 배울 수 있는 몇 가지 코스를 알아보는 방법도 있다.

위 글은 '하나님을 갈망하는 예배 인도자'(IVP. 앤디 파크 지음)의 일부(p345-348)를 발췌한 글입니다.

작은소리 큰울림
[경청]

B

880 내 삶의 소망
(예수 닮기를)

심형진

B2 / E / B2 / E
내삶의 소망 – 내가바라는–한 분
온유하 시고 – 겸손하신––성 품

C#M7 / E / B2 / E
예수–닮기–를– 내가–원하–네– 한없는사랑 –
예수–닮기–를– 내가–원하–네– 자비하시고 –

B2 / E / C#M7 / E
풍성한긍 휼 예수–닮기를– 내가–원하
위로자되시 는

F# / ％ B2 / E / B/D#
–네– 예수–닮–기를– 예수–보–기를–에

C#M7 / B/D# / E / F#
수 만– 높– 이길– 내 가–원하–네 –

B2 / E / B/D#
내 평– 생– 소원– 예수–닮–기 를–에

C#M7 / B/D# / 1. E / B2
수만– 닮–기를–내 가 원–하 –네–
Fine

2. E / B2 / C#M7 / F#
가 원– 하– 네– 완 전하신 예 수

C#M7 / F# / C#M7
새 롭게하 시 –네– 연 약한내 영

D#M7 / E / F#
D.S. al Fine
– 혼 – 온 전하게 되 –리–

881 떡과 잔을 주시며

박기범 & 김두남, 이지윰

B / E M7
떡 과잔을주시 며 – 예수 께 서말씀하 시길– 이것
이 제우리주보혈 – 힘입 어주앞에나 가네– 우리

G#m / F#
은 나의–몸이–요 이것 은 나의– 피니 받아
를 위해– 열린– 문 새로 운 생명– 길로 들어

F#/E / E / 1. F#/E / E / 2. F#
먹고 – – – 나를 기억– 하라 예배
갑 니– 다–

F#/E / E / F# / F#/E
합니– 다– 주가주신담대함으로 찬양합니–다– 놀라

F# / F#/E / F#
운일행하신주님 경배합니–다– 생명되신주를의지해–

C#m / D#m / E / G#m / D#m / E
은혜의보–좌앞에 – 거룩하신– 주앞– 에– –

| 기타코드 |

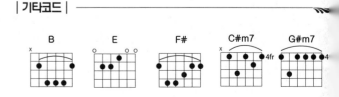

B   E   F#   C#m7   G#m7

882 세상이 줄 수 없는
(기쁨의 예배)

김석주

세상이줄 - 수 - 없 - 는 - - 진정한기
이곳에가 - 득 - 넘 - 치 - 는 빛나는주

- 쁨 - 의 - 예 - 배 - 할 렐루 - 야 -
- 님 - 의 - 영 - 광

두손을높 - 이 - 들 - 고 - 서 - 큰소리외
천국의잔 - 치 - 속 - 에 - 서 - 주님과함

- 쳐 - 주 - 님 - 께 - 할 렐루 - 야 -
- 께 - 뛰 - 네 -

기쁨의제 - 사를드 - 리 - 네 - 성령의충

- 만한은 - 혜 - 로 - 이곳에넘 - 치는주 - 의 - 위

- 엄 - Yeah - 거룩한성 - 령의은 - 혜 - 가

- 내안에기 - 쁨이되 - 시 - 네 - 내삶에주

- 님만찬 - 양 - 하 - 리 - *Fine* 주앞에연

- 합하게하소 - 서 - 이땅의교 - 회와열 - 방 - 이

- 주앞에하 나되게하소 - 서 - 기쁨 의예

- 이땅의교 - 회와열 - 방 - 이 - 주앞에하

- 나되게하소 - 서 - 기쁨의예 - 배 - 로 -
D.S.

883 무너진 내 맘에
(주의 나라 오리라 / Oceans Will Part)

Ben Fielding

무너 진내맘 - 에 - 주사 랑임하 - 네 - 나의
고난 지나가 - 고 - 자비 영원하 - 네 - 나의

눈을열 - 어 - 주보게 - 하시네 - 길잃 은날위 - 해 - 성령
눈을열 - 어 - 주보게 - 하시네 - 주를 찬양하 - 며 - 기쁨

간구하 - 사 - 나의눈을열 - 어 - 주보게 - 하시네 나의
의길가 - 리 - 나의눈을열 - 어 - 주보게 - 하시네 나의

눈을열 - 어 - 주보게 - 하시 - 네 주의나 라 오리라
눈을열 - 어 - 주보게 - 하시 - 네

- 주 께서 - 부르 - 실때 - 소망과 - 영광의

- 주의 - 뜻 - 이루 - 소 - - 서 -

B

888 주 이름 찬양
(Blessed Be Your Name)

Beth Redman & Matt Redman

1. 주-이름 -찬양-풍요 의 강-물 흐 -르는- 부요
거치 른광- 야와 -같은- 인생
2. 주-이름 -찬양- 햇살 이 나 -룰비 -추고- 만물

한 땅-에살 -때에- 주님 -찬양해-
길 걸- 어갈 -때도-
이 새 -롭게 -될때- 주님 -찬양해-
이 따 -를지 -라도-

모든축복 주신주님   찬양 하 리

어둔날 이 다 가 와 도   난 외치 리 주의이름

을 찬-양-해- 주의이름 을   주의이름

을 찬-양-해- 영화로운 주 이름-찬양 -

Fine

1. E   2. E   B   F#
주님은주 시 며   주

G#m7   F#   B   F#
님은찾 으 시네   내 맘에하 는 말   주

G#m7   1. E   2. E   *D.S.*
찬 양 합 니 다 -   주 다 - 주의이름

889 소리 높여 찬양하리
(아도나이 / Adonai)

Ray Badham, Mia Fieldes

소리높 여 -   찬양하리 - 주-께

- 손을들고 -   경배드리 - 리-

주 께 어떤 - 말보 다 - 주사 -랑해 -

어 떤 - 말보다 - 주사-랑해 -   찬양해

- 오 직 - 주님 만 - 경배하리 - 영화 로

- 우 신 - 주님 만 - 섬기 -리 - 세 상

사 라 져 가-도 -   주께 찬 양

드 리 -리 -   주님만 -경배- 하리 -

Fine

오 -직 - 주 사 -랑 -해 -   오 -직

- 주 -사 - 랑 -해 -   찬양 해

D.S. al Fin

| 기타코드 |

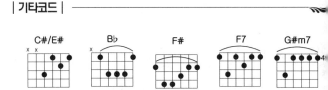

C#/E#   Bb   F#   F7   G#m7

890 구원의 반석

Kevin Singleton

구원의 – 반석 주 나의반 – 석찬 – 양 –

오 주 님께 – 영광 –

Fine

주를높 – 이리 그 의이름 – 영원 – 히 – 주를높 – 이리 거

룩한손 – 들고 주를높 – 이리 그 의이름 – 영원 – 히 –

나 는 주를높 – 이 리

주 내반석과힘내 산 성내피난 처

주 밖에누구를두 려워 하리 –

D.C.

892 나의 믿음 주께 있네
(In Christ Alone)

Don Koch & Shawn Craig

나의믿음 – 주 께있네 – 십 자가

능력이 – 내영 – 광되 – 었 네 주 께 – 서

우 리를 – 승리케하 시니 – 나의

– 능력 – 나의 – 소망 – 주께있네 –

891 나의 왕 나의 주

주민정

나 – 의왕 나 – 의주

내 – 삶은 주안에 있 – 네

나 – 의왕 나 – 의주

내 – 삶은 주를 높 – 이 네 –

주 찬양합 – 니다 – 주 경배합 – 니다 –

내 마음 다 – 하여 주께 – – –

주 나의친 – 구되시 – 고 내 영원 한

– 기쁨되 – 시 네 – 찬 – 양해 –

주 나의소 – 망되시 – 고 내 영원 한

– 빛이되 – 시 네 – 찬 – 양해 –

B

893 놀라운 주의 이름

진연선

놀 라운주-의이 -름 - 그 위엄과-능력
영 원한주-의나 -라 - 그 진리와-함께

- 하 늘에-찼 네 -
- 온 땅에-섰 네 -

찬 양해 - 크 신왕께 - 거

룩 하신주 -

경 배해 - 어 린양께 - 존 귀 하신주

- 만유 의-주재 - 존귀 한-예수 -

찬양해-내 영광 되신-주 - 저 천군과-천사

- 주보좌-앞에 - 영원히-엎드려

경 배 해 - - 만유의-주재 -

영-광 과존-귀 능-력 과위-엄 높-임
왕-의 왕주-께 영-광 의왕-께 높-여

받 으-소서 -
경 배-하세 -

894 마라나타

고형원

마라나타- 주예수여- 어서오시옵-소 서

땅의모든 끝 모든족속 주를찬송하-게 하소서-

마라나타- 주예수여- 어서오시옵-소 서

모든열방 이 주께돌아 와 춤추며경배하- 게

하소서 - 우리주님 다시오실 길을만들자- 십자

가를들- 고땅끝까-지 우린가리라- 우리주님 하늘영광

온땅덮을때- 우린 땅끝에-서주를맞-으 리 -마라나타

- -마라나타 - 아멘 주예수-여오시옵-소 서 -마라나타

- -마라나타 - 아멘 주예수-여오시옵소 서

| 기타코드 |

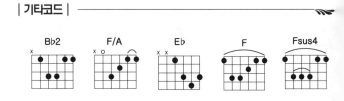

Bb2   F/A   Eb   F   Fsus4

895 모든 만물 경배해
(위대한 하나님 / God is great)

Marty Sampson

모든만-물경-배해 - 오직성-령과-진리안-에서 -
나의생-명드-리리 - 주님의-길가-르-치-소서 -

신실하-신주께영광 - 예수그리스도 - 주보도록 -
성령의-불우리안에 - 모든땅-끝이 -

모든만-물찬-양해 - 홀로위-대하신왕 -

주만다-스리-시네 - 영원영-원히 - - 위대

한하나님 온민족 - 찬양하-네 그소 리땅과하-늘가득하네

- 위대 한 하나님 온민족 - 찬양하-네 난오

직 주만위-해 살리라 - 주 영광위-하여 -
Fine

거룩하신 - 주 모든민족 - 주찬양해 - 위대
D.S.

기타코드
Bb Cm Fsus4 Gm7 Fm7

896 어두운 세상에 한 줄기 빛
(주의 나라 세우소서)

김준영 & 송은정

어 두운 세 - 상에 - 한 줄 - 기 빛 -

말씀이신-그분-육신-되어 이곳에오 -셨네- 그의

자녀들-을위-해 그가 지으신- 세상위해 - 십자가사랑

- 구원의반석위 --에- 교회를 세우시고- 주의나라

이루셨네 - 주께경 배하며 일어서리 - 이땅의회

-복과 부흥을위하여 - 주 께서 승 리하신 이나라

- - 우 릴통해 다시세우시리라 - 모든

교 회가- 성령님의-인 도하심따라 - 한 목 적 위해- 기

쁨으로하 나되어 - 주께경 - 우

릴통해 - 우 릴통해- 이 나 라 세우- 시리라

- 어둔 밤 지나고동 튼 다 환한

빛 보아라 저 빛 주 예 수 의 나라

이 땅 에 곧 오겠네오 겠 네

B

897 온 세계와 열방 가운데
(영광의 이름 예수)

심형진

온 세계 와 – 열 방 – 가운 – 데 –

예수와 같 – 은 이 – 름 없 – 네 –

죄악과 어 – 둔 세 – 상 유 일한 – 소 망 –

예수와 비 – 교 할 – 수 없 – 네 –

모든 – 민 족 – 을 구 – 원 할 – 이 름 – 예 수 –

그 발 – 앞 에 – 헛된 – 우 상 – 무 너 – 지 리 – 영광의

1. 이 름 – 예수 – 찬 양 – 하 리 – – –
   경 배 – 하 리 – – –

1. 처 음 과 나 – 중 되 – 시 는 – – – – 영광의
2. 온 세계 와 – 열 방 – 을 구 원 하 – 실 주 –

898 주 찬양해 내 모든 것으로
(예수는 내 삶의 모든 것)

심형진 & 이규현

주 찬 – 양해 – 내 모 – 든 것 – 으로 온 – 맘 다 – 해 주

행 하 신 – 일 감 – 사 드 – 리 세 –

전 능 – 하 신 – 주 다 – 스 리 – 시 네 영 – 원 토 – 록 내

모든 삶 – 을 주 – 께 드 – 리 리 –

예수는 – 내 삶 – 의 모 – 든 것 – 난 영원 – 히 주 만 따 – 르 리

내 가 살 – 아 숨 – 쉬 는 – 동안 예수의 이 – 름 예 – 수 만 높 – 이 리

Last time to Coda

1. Gm F Eb
2. Gm F Eb

Gm7 F Eb Gm7 F Eb
주님 내 – 삶 을 만 – 족 시키시니 내게 부 – 족 함 전 – 혀 없 – 네

Gm7 F Eb Cm7(Gm7) F (F/A)
세상의 – 어떤 부 – 귀 영화도 예수와 – 비 길 수 – 없 네

F/A D.S. al Coda Bb Eb Bb/D Eb Bb

| 기타코드 |

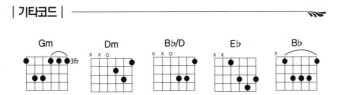

Gm Dm Bb/D Eb Bb

| 기타코드 |

F   F/A   Cm   Gm7   Bb/D

목차

◀ 찬양과 경배 ▶

《 천국과 소망 》

C#m

Eb

Cm

F

Guitar Chords

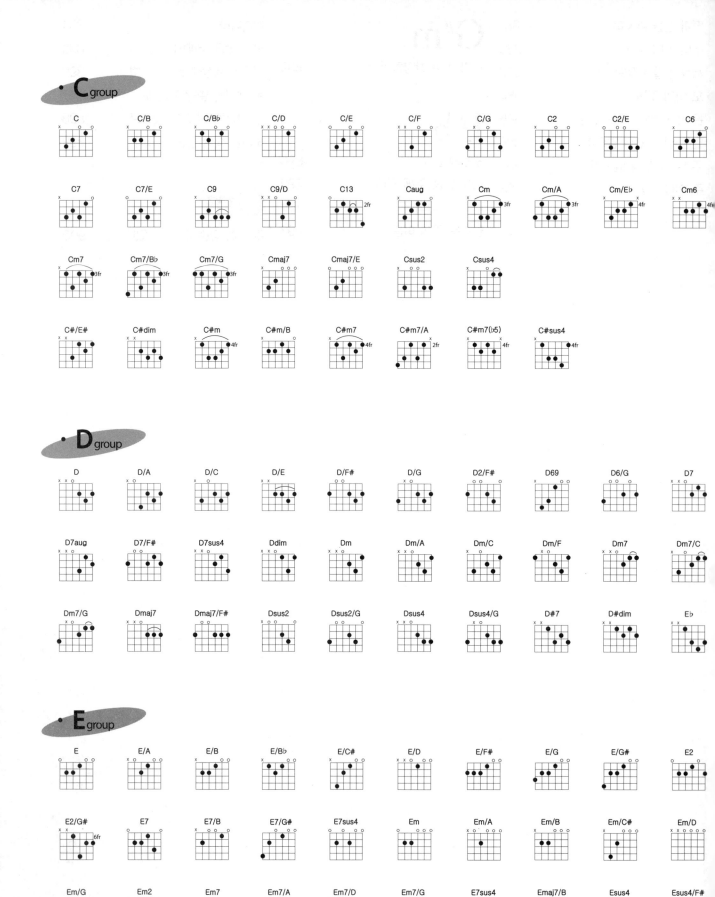

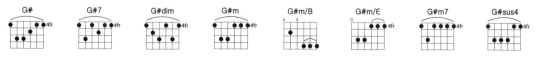

F group

| F | F/A | F/C | F/G | F2 | F2/A | F6 | F7 | F7/A | F9 |

| Fm | Fm/A♭ | Fm/E♭ | Fm6/A♭ | Fm7 | Fm7/A♭ | Fmaj7 | Fmaj7/G | Fsus2 | Fsus4 |

F# group

| F# | F#/B | F#/D | F#/E | F#7 | F#m | F#m/A | F#m/B | F#m/E | F#m6/A |

| F#m7 | F#m7/B | F#m7/C# |

G group

| G | G/A | G/B | G/C | G/D | G/E | G/F | G2 | G2/A | G2/B |

| G6 | G69 | G7 | G7/B | G7/D | G7sus4 | G9 | Gm | Gm/B♭ | Gm6 |

| Gm7 | Gm7/C | Gm7/D | Gmaj7 | Gmaj7/D | Gmaj9 | Gsus2 | Gsus4 |

G# group

| G# | G#7 | G#dim | G#m | G#m/B | G#m/E | G#m7 | G#sus4 |

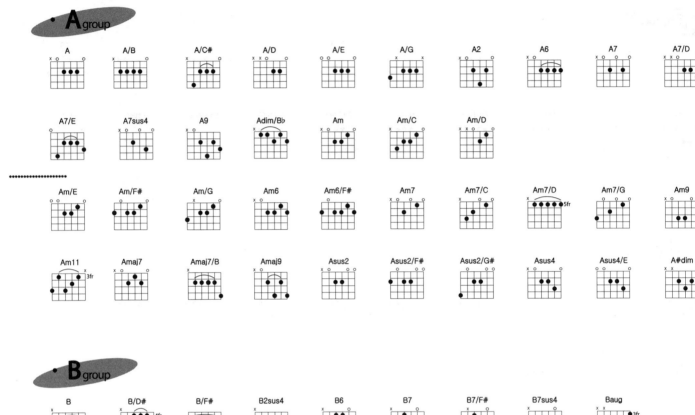

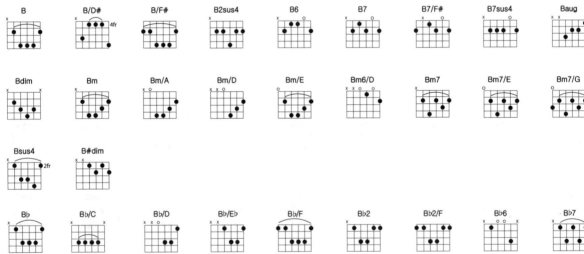

Memo ———————————————————————

Memo

Memo

Memo

작은소리 큰울림 Vol.2

초판 발행일	2015년 11월 1일
펴낸이	김수곤
펴낸곳	ccm2u
출판등록	1999년 9월 21일 제 54호
악보편집	노수정, 권보화, 김종인
업무지원	기태훈, 김한희
디자인	서경화, 위은애
주소	서울시 송파구 백제고분로 27길 12(삼전동)
전화	02-2203-2739
FAX	02-2203-2738
E-mail	ccm2you@gmail.com
Homepage	www.ccm2u.com

1192304